# 新唯识论

十力丛书

熊十力 著 ////

上海古籍出版社
上海书店出版社

**图书在版编目(CIP)数据**

新唯识论／熊十力著. —上海：上海古籍出版社，
2018.12(2023.9 重印)
（十力丛书）
ISBN 978-7-5325-9071-1

Ⅰ.①新… Ⅱ.①熊… Ⅲ.①唯识宗–研究 Ⅳ.
①B946.3

中国版本图书馆 CIP 数据核字(2018)第 283091 号

## 新唯识论

熊十力 著

上海古籍出版社出版、发行

（上海市闵行区号景路 159 弄 1-5 号 A 座 5F 邮政编码 201101）

（1）网址:www. guji. com. cn
（2）E-mail:guji1@guji. com. cn
（3）易文网网址:www. ewen. co

常熟市文化印刷有限公司印刷

开本 635×965 1/16 印张 22.25 插页 2 字数 268,000
2019 年 1 月第 1 版 2023 年 9 月第 5 次印刷
印数:6,751—8,050
ISBN 978-7-5325-9071-1
B·1085 定价:66.00 元

如有质量问题,请与承印公司联系

# "十力丛书"出版缘起

大约在 2006 年,我动念想出版熊十力先生的书,遂与熊先生后人联系。其时我不过是初入出版界的资浅编辑,没想到万承厚女士欣然慨允,给予我极大的信任。万女士为此事咨询王元化先生,元化先生又委托时任上海书店出版社社长的王为松先生主持出版事宜,事情很快落实,由当时我所在的世纪文景公司与上海书店出版社联合出版。

熊十力先生的曾孙女熊明心博士参与了丛书的编校工作,现代新儒家的传人罗义俊先生担任丛书的学术顾问。罗先生不顾久病体弱,亲自参与审稿或复校。王元化先生则将旧文中有关熊先生的片段连缀成《读熊十力札记》以代丛书序,并在前面写了一段引言,据说这是王先生亲撰的最后文字。丛书自 2007 年 8 月起陆续出版,历时两年,而王先生于 2008 年 5 月去世,未及见到丛书出齐。

转眼间十多年过去了,万女士也于今年仙逝。今由上海古籍出版社联合上海书店出版社再版"十力丛书",因记其始末。新版"十力丛书"改正了不少初版未校出的错讹和不当的标点,将初版遗漏的《论六经》与《中国历史讲话》《中国哲学与西洋科学》等合为一册,《熊十力论学书札》增补了若干新发现的书信,"十力丛书"庶几完备焉。

当时为初版所撰"出版说明",仍录于下:

1947 年门人刘虎生、周通旦等于熊先生家乡谋印先生著作,名之曰"十力丛书"。盖先生亲定名焉。丛书原拟印先生前期主要著作,因

1

赀力不继,仅印出《新唯识论》语体本及《十力语要》各千部。先生晚年自筹付印《与友人论张江陵》《原儒》《体用论》《乾坤衍》诸书,亦以十力丛书为名,显见先生续成之意。然亦止成数百部以便保存而已。今汇集出版先生前后期主要著作,成为一完整系列,仍决定沿用"十力丛书"之名,亦为完成先生夙愿云。

本丛书编辑体例如下:

一、采用简体横排,以广流传。

二、以原始或原校较精之版本为底本,并参考其他版本点校。

三、依熊先生原文之句读,重施标点。通假字保留;异体字酌改为通行字;凡显系手民误植者,径改不出校记。

四、引文约引、节引或文字与出典稍有出入处,一般保持原貌;与出典差异较大者,予以说明。引文或正文少数缺略的内容有必要补出者,补入文字加〔 〕。原版个别无法辨识的文字以□示之。

补记:《新唯识论》立"翕阗成变"之义,系熊十力哲学的重要概念,为尊重故,丛书中与此相关的"阗"字不简化成"辟",而写作"阗"。另外适当照顾作者的用字习惯,如"执著"之"著"熊先生习惯写成"着",古印度论师世亲之兄,熊先生也写作"无着",今亦仍其旧。

刘海滨

2018 年 12 月 5 日

# 目录

## 新唯识论（文言文本）

题记 / 2

序　马　浮 / 5

绪言 / 7

部甲（境论）/ 9

　　明宗 / 9

　　唯识 / 12

　　转变 / 33

　　功能 / 43

　　成色上 / 57

　　成色下 / 59

　　明心上 / 64

　　明心下 / 84

## 新唯识论（语体文删定本）

题记 / 116

赘语 / 117

新唯识论语体文本壬辰删定记 / 119

节录印存上中卷初稿记 / 133

　　节录原本绪言 / 134

# 新 唯 识 论

## （文言文本）

# 题　记

《新唯识论》（文言文本）1932 年 10 月由浙江省立图书馆发行。此即以该版本为底本，并参考中华书局 1985 年版等其他标点本点校。

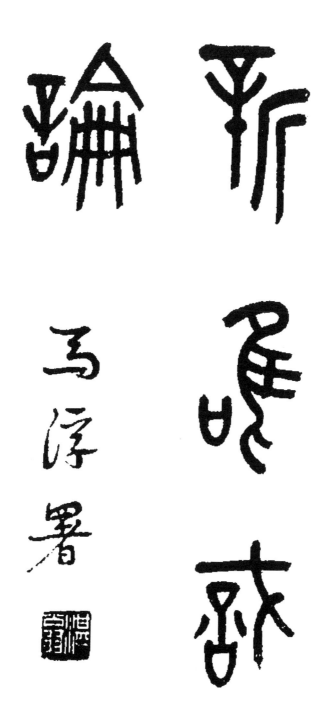

马一浮先生为《新唯识论》文言文本 1932 年版所题书名

# 序

夫玄悟莫盛于知化，微言莫难于语变。穷变化之道者，其唯尽性之功乎。圣证所齐，极于一性。尽己则尽物，己外无物也；知性则知天，性外无天也。斯万物之本命，变化之大原，运乎无始，故不可息；周乎无方，故不可离。《易》曰："乾道变化，各正性命。"性与天道，岂有二哉？若乃理得于象先，固迥绝而无待；言穷于真际，实希夷而难名。然反身而诚，其道至近；物与无妄，日用即真。睽而知其类，异而知其通，非天下之至精，其孰能与于此！惑者缠彼妄习，昧其秉彝，迷悟既乖，圣狂乃隔，是以诚伪殊感，而真俗异致。见天下之赜，而不知其不可恶也；见天下之动，而不知其不可乱也。遂使趣真者颠沛于观空，徇物者沦胥于有取。情计之蔀不祛，智照之明不作，哲人之忧也。唯有以见夫至赜而皆如，至动而贞夫一，故能资万物之始而不遗，冒天下之道而不过，浩浩焉与大化同流，而泊然为万象之主，斯谓尽物知天，如示诸掌矣。此吾友熊子十力之书所为作也。十力精察识，善名理，澄鉴冥会，语皆造微。早宗护法，搜玄唯识，已而悟其乖真。精思十年，始出《境论》，将以昭宣本迹，统贯天人，囊括古今，平章华梵。其为书也，证智体之非外，故示之以《明宗》；辨识幻之从缘，故析之以《唯识》；抉大法之本始,故摄之以《转变》;显神用之不测,故寄之以《功能》;征器界之无实,故彰之以《成色》;审有情之能反,故约之以《明心》。其称名则杂而不越,其属辞则曲而能达,盖确然有见于本体之流行,故一皆出自胸襟,沛然莫之能御。尔乃尽廓枝辞,独标悬解,破集聚名心之说,立翕辟成变之义,足使生、肇敛手而咨嗟,奘、基挢舌而不下。拟诸往哲,其犹辅嗣之幽赞《易》道,龙树之弘阐中观。自吾所遇,世之谈者,未能或之先也。可谓深于知化,长于语变者矣。且见晛则雨雪自消,朝彻则生死可外,诚谛之言既敷,则依似之解旋折。其有志涉玄津,犹萦疑网,自名哲学,而未了诸法实相者,睹斯文之昭旷,亦可以悟索隐之徒勤,亟回机以就己,庶几戏论可释,自性可明矣。彼其充实不可以已,岂曰以善辩为名者哉?既谬许予为知言,因略发其义趣如此,以俟玄览之君子择焉。

马　浮

# 绪　言

本书拟为二部，部甲曰《境论》。所量名境，隐目自性，<sub>此中境者，以</sub>所量名，隐指自性而名以境故。自性即实体之代语，参看本书《明宗》章注。不斥言体而云境者，对量论说，此是所量故。然只是将自家本来面目推出去说为所量耳。自性离言，本非言说可及。假兴诠辨，故有《境论》。部乙曰《量论》。量者，<sub>知之</sub>异名。量境证实，证实者，证得其实故。或不证实，应更推详，量为何等，<sub>其</sub>证实与不证实所由分者，应更致详于量底本身为何。故次《量论》。

书中用自注，以济行文之困。或有辞义过繁、不便分系句读下者，则别出为附识，亦注之例也。每下一注，皆苦心所寄，然时或矜慎太过，失之繁琐。又间用语体文，期于意义明白。注文不能务为高简，恐反失用注之意也。

本书于佛家，元属创作。凡所用名词，有承旧名而变其义者，<sub>旧名，</sub>谓此土故籍与佛典中名词，本书多参用之，然义或全异于旧，在读者依本书立说之统纪以求之耳。如恒转一名，旧本言赖耶识，今以显体，则视旧义根本不同矣。此一例也，余准知。有采世语而变其义者。世语谓时俗新名词。自来专家论述，其所用一切名词，在其学说之全系统中，自各有确切之涵义而不容泛滥，学者当知。然则何以有承于旧名，有采于世语乎？名者公器，本乎约定

7

俗成，不能悉自我制之也。旧名之已定者与世语之新成者，皆可因而用之，而另予以新解释，此古今言学者之所同于不得已也。

本书才成《境论》，而《量论》尚付阙如。《境论》创始于民十之冬，民国十年，省称民十。后皆仿此。中间易稿无数，迄今始为定本，历时几十有一年。世变日亟，疾病交摧，十年来，患脑病、胃坠，常漏髓，背脊苦虚，近方有转机。《量论》欲赓续成之，亦大不易。谈理一涉玄微境地，非旷怀冥会，不能下笔。述作之业，期于系统精严，又非精力不办也。

《境论》初稿，实宗护法，民十一授于北庠，才及半部。翌年，而余忽盛疑旧学，于所宗信极不自安，乃举前稿尽毁之，而《新论》始草创焉。余于斯学，许多重大问题，常由友人闽侯林宰平志钧时相攻诘，使余不得轻忽放过，其益我为不浅矣。

《境论》文字，前半成于北都，后半则养疴杭州西湖时所作。十年病废，执笔时少，息虑时多，断断续续，成兹《境论》，故文字精粗颇有不一致者。自来湖上，时与友人绍兴马一浮 浮商榷疑义，《明心》章多有资助云。《明心上》谈意识转化处，《明心下》不放逸数，及结尾一段文字，尤多采纳一浮意思云。

此书评议旧义处，首叙彼计，必求文简而义赅，注语尤费苦心。欲使读者虽未研旧学，亦得于此而索其条贯，识其旨归，方了然于新义之所以立。

# 部甲（境论）

## 明　　宗

今造此论，为欲悟诸究玄学者，令知实体非是离自心外在境界，及非知识所行境界，唯是反求实证相应故。实证即是自己认识自己，绝无一毫蒙蔽。是实证相应者，名之为智，不同世间依慧立故。云何分别智、慧？智义云者，自性觉故，本无倚故。吾人反观，炯然一念明觉，正是自性呈露，故曰自性觉。实则觉即自性，特累而成词耳。又自性一词，乃实体之异语。赅宇宙万有而言其本原，曰实体；克就吾人当躬而言其本原，曰自性。从言虽异，所目非二故。无倚者，此觉不倚感官经验，亦复不倚推论故。慧义云者，分别事物故，经验起故。此言慧者，相当于俗云理智或知识。此二当辨，详在《量论》。今此唯欲方便略显体故，学者当知。世间谈体，大抵向外寻求，各任彼慧，构画抟量，虚妄安立，此大惑也。真见体者，反诸内心。自他无间，征物我之同源；内心之内，非对外之词，假说为内耳。此中心者，即上所言自性。盖心之一名，有指本体言者，有依作用言者，切不可混，学者宜随文抉择。语曰："一人向隅，满座为之不乐。"此何以故？盖满座之人之心，即是一人之心，元无自他间隔故耳。足知此心即

9

是物我同源处，乃所谓实体也。**动静一如，泯时空之分段**。此心却是流行不息，而又湛寂不乱。于其流行不息，假以动名；于其湛寂不乱，假以静名。即动即静，无流转相，时间无可安立；即静即动，复无方所，空间不得安立。**至微而显，至近而神。冲漠无朕，而万象森然**；故云至微而显。**不起于坐，而遍周法界**。华严偈云："随缘赴感靡不周，而常处此菩提坐。"此喻心虽近主乎一身，而实遍全宇宙无有不周也，故假以明至近而神之义。**是故体万物而不遗者，即唯此心，见心乃云见体**。体万物者，言即此心遍为万物实体，而无有一物得遗之以成其为物者，故云尔。然此中直指心为体，却是权说，参考《明心》章。**然复应知，所言见心，即心自见故**。非别以一心见一心也。《中庸》所谓"诚者自成"，《易》所谓"自昭明德"，《论语》所谓"默而识之"，皆明心自见义。**心者不化于物**，此中义趣，若浮泛解去，便绝不相干。心之所以可说为体者，正以其不物化耳。今于吾人生活上理会，只在生活力之刚健足以胜物而不为物引处，可说这里才是心，亦即说这里才是体。若其人陷于物欲不能自拔，即是完物质化，而消失生命，便不曾有心，便失掉了固有的本体，只是一堆死物质。**故是照体独立，而可名为智矣**。心既是不物质化的，所以是个觉照精明之体而独立无倚的，因此把他名之曰智。**吾人常能保任此智而勿失之，故乃自己认识自己，而无一毫锢蔽焉。云何自己认识自己？以此认识离能所、内外、同异等分别相，而实昭昭明明，内自识故**，故非空洞无物，亦非混沌。**故假说言自己认识自己**。自己亦是假设之词。**由斯义故，得言见心，亦云见体**。由斯义故者，即上所说自己认识自己义是也。**今世之为玄学者，弃智而任慧**。智是人人所固有的，而不知所以保任之，故谓之弃。既弃之，故不了自家元来有此也。然此言弃智之智，与老氏所言弃智，绝非同物。老氏所弃之智，乃谓知识，即吾所云慧。**故其谈体也，直以为思议所行境界**，思者思构，议者论议。论议则有封畛，思构则有影像。而所谓体者，固不可以影像求之，不可以封畛测之也。然而任慧者不悟，则且视为思议所行之境。**为离自心外在境界**。既以为思议所行之境，便视为离自心而外在的境界了。易言之，即一往向外求理，如观物然，自"故其谈体"至此，明任慧乃如是也。所谓慧者，本是从向外看物而发展的。因为吾人在日常生活的宇宙里，把官能所感摄的都看作自心以外的实在境物，从而辨别他，处理他。慧就是如此发展来。所以慧只是一种向外求理的工具。这个工具，若仅用在日常生活的宇宙即物理的世界之内，当然不能谓之不当。但若不慎用之，而欲解决形而上的问题时，也用他作工具，而把实体当做外在的境物以推求其理，那就大错而特错了。明儒王阳明、黄梨洲讥世儒为"求理于外"，在他底玄学方面说，确有特见。而自来学者多不了其立言自有不逾之范围，亦大可惜。但此义详谈，当在《量论》。**而不悟此理唯在反求**，反诸本心，昭然不容瞒昧。直是一毫为己之私不许藏匿，此心恻然知其不可，故知此心至真至实，浑然与天地万物同体。而所谓己私，原属形气上后起之妄，自与本体上了不相干。故反诸本心，即已见体矣。**只堪自识。**自识者，即前云自己认识自己，所谓内证离言是也。**遂乃构画忖量，虚妄安立**，如一元、二元及多元等论。**以是驰逞戏论**，至于没齿而不知反。**宇宙既等空无**，思议所构的实体世界，同于捏目生华故。**人生杳无根据**，不见体，则人生亦是泡影。**不亦大可哀耶！然则明慧用之有限，故似除知**；慧只行于物理世界，其效用有限，而不可以见体。故在玄学上，不得不排除知识，而实非一往除知，故言似也。**示玄览之攸归，宜崇本智。**玄览，老氏语，此借用为玄学的穷究之意，与原义不必符。本智者，以智是根本故名。**善反，则当下便是，勿须穷索；**反之一义，最宜深玩。止观双运，方名反求。**顺性，则现前即真，毋庸欣寂。其诸本论之宗极欤。**夫提示旨归，如上略备；辩彰唯识，兹后宜详。故次《明宗》而谈《唯识》。

11

# 唯　　识

唐窥基法师序《唯识》曰："唯遮境有，执有者丧其真；识简心空，此言成立识者，所以简别于心空之见也。彼许识不空故，心亦识之异名。滞空者乖其实。"见《成唯识论述记序》。此非了义。夫妄执有实外境，诚为丧真，不可无遮。而取境之识，是执心故，即妄非真，云何而可不空？若以妄识认为真心，计此不空，是认贼作子，过莫大焉。今谓妄境唯依妄识故有，而实非境，观识则了境无，于是遮境无过。此中境者，均谓所执外境。妄识亦依真心故有，而实乖真，识者，依作用得名。以作用幻现而无自体故，又杂习染故，所以说之为妄。夫用依体起，故说妄识依真心故有。然用之起也，既不能无习染之杂，故至乖其真，而有妄执外境之咎。证真则了识幻，故应说识是空。真心依本体得名。见体，则可了知用之刹那幻现，本无实法可得；至习染无根，元为虚诳。然不见体者，则直以作用之与习染夹杂流行者认为实在，此过之大也。由斯义趣，先以唯识遮境执，次乃除彼识执。

初遮境执。此在唯识旧师，盛有发明。古时外道、小师，并执有实外境，离识独存。小师谓小乘师。旧师一一破斥，乃令恶见之徒，见不正，名恶见。闻而失据。其辨证精严，稍见基师两记，《二十论》及《三十论》述记。名理斐然，犹资研讨。综观外小境执，略检二计，以相质定：曰应用不无计，此在实际生活方面，因应用事物的串习，而计有外在的实境，即依妄计所由，以为之名。曰极微计。此实从前计中别出言之，乃依所计为名，极微是所计故。应用不无计者，谓或别计有瓶盆等法，离识实有，此虽俗计，然外小实根据于此。或总计有日用宇宙，离识实有。此依俗计，而锻炼较精，以为吾人日用间所接触的万象，唤做宇宙，这是客观存在的，不须靠着自识去识他才有他的。外小都属此计。极微计者，于物质宇宙推析其本，说有实微，亦离识有。极微亦省名

12

微。近人立元子、电子，亦其流也。故今依据旧师，逐驳如次。

应用不无计者，或计现前有多粗色境，<small>如瓶等物。</small>离识独存，<small>此即俗</small>计。不悟此境若离自识便无有物。由分别起，境方起故；<small>分别即识。</small>若离分别，此境即无。如世所计瓶，视之而白，触之而坚，即由意综合坚白等相，命之为瓶。在计执粗色者，本谓瓶境离识实有；若乃实事求是，则此瓶境设离其视、触、综合诸识相，果复有何物哉？故知瓶境，理实全无。或复难言："瓶等粗色，于理不无。视之有白，触之有坚，故乃综合坚白等相而得瓶，奚谓外瓶亡实，从识妄构耶？"答曰：如汝所难，纵令坚白等相果属外物，不即在识，而此坚及白等，要自条然各别，从何可得整个之瓶？汝意综合坚白等相以为瓶境，即此瓶境纯由汝意虚妄构成，离识何曾有如是境？矧复以理推征，坚白等相属外物否，极难置断。如汝所计瓶白相是诚在外，不从识现。若尔，此白应有定相，云何汝视或远或近，白便差殊？况复多人并视，得白各异。是知白非外有，随能视识而现其相。故瓶白在外，难得其征。又汝谓瓶坚不由识现，此复无据。坚若在外，亦应有定相。今汝触瓶坚，少壮老衰所得坚度，前后不同，<small>一人之身，自少迄衰，前后屡易，实是无数人，但从其相续而视为一人耳。</small>各人触坚，更不一致，是知坚非外有，亦随触识而现其相。故坚相在外，如白无征。据此，则坚白等相均从识现，综合为瓶，纯由意计。<small>意识虚妄计度。</small>外粗色境，理定不成。<small>计有心外粗色境者，此于理不得成立故。</small>

如上所破，虽遮俗计，复有知解精者，能不定执瓶等个别实物，终计离识实有外界。<small>彼计日用宇宙自离识而实有。</small>故或难言："瓶等粗色，许非实有，我亦无诤。坚白等相，虽从识现，岂无外因而识得现？若无外因识得现者，应不视时识恒现白，亦不触时识恒现坚。今既不尔，坚白等相，自有外因，理当成立。"应答彼言：识现坚白等相，有境为因，是义可许。但此为因之境，定不离识独在。云何不离？以境与识为一体故。一体，故得交感。由交感故，假说境于识有力为因，令带己相。<small>带</small>

者似义，见《识论述记》。己者，设为境之自谓。此言由境有力为因，方令识现似境之相也。如是言因，义应许有。今汝言外因，便不应理。何以故？汝计外因者，许离内识而独在故。内外离隔，两不相到，两不相亲，既无交感之方，焉有为因之义？故汝计有外界为因，得令内识现坚白相者，悉汝妄计，义不应许。僻执外界与彼计执——粗色境者，根柢无殊，妄习起故。

前所陈义，虽甚易知，然人情封著，难以涤除，恒滞近习，不达神旨。如往世小师，曾以现量证外境有，以为诸法由量刊定有无，一切量中，现量为胜，故举此为征。如世人言："我今见色，乃至触触，下触字，名词，谓一切境界。若无离识实境，宁有此觉，我今现证如是境耶？"其为说如此。夫言法之有无，宜以现量楷准，此诚谛论。独其所谓现量者，则以眼接色乃至身触触而有色等觉云尔，故亦说名现觉。斯则近似乱真之说也。据实言之，有色等觉时，即能见已无，不名现量。所以者何？眼等识现量证境时，于境不执为外，以无计度分别故。后时意识起，虚妄分别，乃执有外境，故色等觉，唯在意识。觉意识分别。与正见，感识现量。二时不俱，则此觉时，能见感识现量。已入过去，宁许有是现量证外境有？应立量云：起此觉时必非现量，是散心位；意识散动，名以散心。能见已无故；如散心位缘过去百千劫事。缘者思虑。至我所谓现量，既不执外，斯乃证外境无，异汝所云。

又汝言现觉色等之时，其能见现识于前刹那成已灭无，即所见现境，亦复与彼能见俱时谢落。故汝所云色等现觉，实已不及现境，此境已灭故。复立量言：起此觉时必非现量，是散心位；境已无故；如散心位缘过去百千劫事。

又如梦等时，等谓幻觉。虽无外境而亦得有此觉。我今现见如是色等，汝能以此许梦等时，实有色等外境否耶？汝若不许，则于余时现觉，何因缘故，定执此境离识实有？余时，谓非梦幻时也。

14

在昔大乘，如前遮诠，彼乃不伏，设难自救。一举忆持，仍成现量，证外境有。忆持者，记忆之代语。谓由过去眼等识，于尔时现受外色等境，今时意识方能忆持。先若未受，今何所忆？由忆持故，应许过去世感识是有非无，即此识于过去世现所受外境，亦决定有。由斯许曾现识，现量曾有境，是义极成。曾者，过去义也。

次以梦征，仍信有外境。梦觉二识，若同无外境者，世能自知梦境非有，其觉时境亦无，例应复自知。今故应诘：梦心无有境，觉时便知无，觉识境既无，何不知非有？既不自知觉境非有，宁复能知梦境定无？返复推征，应信觉时识，外境定实有。

今勘彼二难，但逞肤谈，不研理实。姑先释初难。汝以今识忆持，决定由过去识于尔时现受外色等境者，是义不然。应知过去感识，缘非外境，我非不许。非外境者，以与识不离故。如世虚妄分别所执为离识实境者，与此所谓境不相应故。然过去识，缘非外境，刹那俱灭，识是刹那生灭，境亦刹那生灭，无有暂住法故。但由想力有遗习故，想者心所之一，详《明心下》章。心缘境时，想与心相应而于境取像。此想力用不唐捐故，必有习气遗留，故所缘境之像赖以保存也。今时意识，由念势力令习现起，习者前念想之遗习。得忆前境，是名忆持；念者记忆，为心所之一，见《明心下》章。非由曾时识缘外境故，后方有忆。汝以忆持证先现见实有外境，理实不然。如实说者，汝举忆持但可证有过去现识，曾现受非外境，实无有如汝所计外境为曾所现受故。故汝举证，只自唐劳。

复释次难。梦境非心外实有，必觉时方知。如处梦中，终不自知梦境非有。其觉识境亦非心外实有，必真觉时方知。世间虚妄分别，串习蒙昧，如在梦中。诸有所见，皆非实有，未得真觉，恒不自知。至真觉位，方能如实了知绝无如世所执外在实境。非不许有境，但不许有如世所执外在实境耳。既许眠梦得世觉时，知先梦境非有，应从虚妄得真觉时，知先妄习所执境亦无。义既相齐，何庸疑难？

上来酬对，已足匡迷，极微计者，复当勘定。梵方外道，本已创说极微，逮佛家小师，则其说益盛。今此虽不暇详稽，要其大端相近，可以略言。诸立极微者，大抵执极微是团圆之相，而以七微合成阿耨色：中间一微，四方上下有六微。如是七微，复与余多数的阿耨色。合，辗转成几等或大地，乃至无量世界。毗婆沙师说诸极微无相触义。无触者，不得互相逼近故，距离远故。如彼说者，吾今所凭之几，其所有阿耨色实如无数日系，然吾身实凭焉而不忧其坠陷，其俶诡有如此。

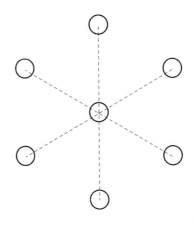

大乘不许有实极微，诘难外小，恒以有无方分相逼。若言极微有方分者，既有方分，应更可析，可析者便非实极微。若言微相圆故，所拟东非是东，西等亦尔，无有方分者，萨婆多作是计。此亦不然。极微无方分，即非色法。遂立量云：极微应不成色，不可示其东西等故，犹如心法。成极微非色已。又汝粗色即诸极微，粗色外无极微，极微外无粗色。当复立量云：汝粗色应不成色，体即极微故，如汝极微非色。成粗色非色已。遂立量云：手触壁等应无对碍，非色法故，如虚空等。如上三比量，返证极微定有方分。有方分故，必更可析。物之可析者，必无实自体。由此，汝说极微实有，义不得成。

当时小师，如古萨婆多师、经部师、正理师。是三师者，又主极微或极微所成和合色，为感识所亲得之境，证成极微实在。至极微如何而直接成为感识境，则萨婆、正理解说互异。大乘复一一遮之，略如下述：

古萨婆多师执实多微各别为境，彼计众多极微，皆有实体，云实多微。如瓶等为眼识境时，实即一一极微各别为眼识境。所以者何？一一极微体是实有，若多微和合，成瓶等粗显境，但是和合假法。瓶等合多极微而成，即无实自体，故名和合假。眼识缘实不缘假，须有实体方能引生眼识故。感识缘实不缘假，见《明心上》章。

大乘遮曰：各别极微，纵许得为感识缘，彼计极微有实体，得为引生感识之缘藉故。此姑纵之词。定非感识所缘。非是感识所缘虑故。何以故？识于所缘起缘虑时，识上必现彼所缘境相故。今眼等识上无极微相，故知极微非感识所缘。

经部师执实多微和合为境。一处相近名和，总成一物名合。此说一一实微，非眼等境，眼等识上无极微相故。若多微和合而成瓶等粗显境，体虽是假，眼等识上有此相故，故为眼等识境。

大乘遮曰：汝和合色于识非是缘。此言缘者，藉义。识不孤生，必有缘藉，如青色为缘，方引生了别青之眼识是也。此中意云：经部所谓和合色如瓶等者，固非眼等识生起之缘。何以故？彼体实无故。彼者谓和合色。此无实体，是假法故。凡为所缘缘者，必有实体方能为缘引生识故，非无体法得为此缘故。参看后文所缘缘中。

正理师执实多微和集为境。和义见前，不为一体名集。此说诸极微一处相近，辗转相资，各各成其大相。如多极微集成山等，多微相资，即一一微各有山等量相，故与眼等识作所缘缘。上缘字，缘虑义。下缘字，缘藉义。

大乘遮曰：极微和集位与不和集相资位，其体是一，如何相资能为大物发生感识？量云：汝相资极微应不与感识为其所缘，即极微相故，如不和集相资时。又如汝说者，亦有量等相一过。如俱以一亿极微作瓶瓯，瓶瓯相应同一，以极微头数相资等故。今既瓶瓯二相各别，故知非是相资量等方为感识缘。

萨婆、正理，并主极微为感识所可亲得，其持论初不本之实测，而出于思构，故大乘一一难破之，彼亦无以自救。或有问言："外小创发极微，颇近晚世科学思想，而大乘独一往遮拨，何耶？"余曰：大乘本玄学之见地，以遮拨实微，固其宜也。外小若仅在世间极成之范围内假说极微实有，世间极成义者，即在实际生活方面或经验界，假定万象为实有。略见《大论·真实品》。固亦与科学在经验之范围内假定元子、电子为实有者，同其旨趣。顾自玄学言之，则对于世间或科学所假定为实有之事物，不能不加以驳正。何则？玄学所求者为绝对真实。所谓实体。世间或科学所假定为实有之事物，从玄学观察，即泯除其实有性，而齐摄入绝对真实中故也。若于现象而洞见其实体，即现象本非实有，只此实体是唯一实在。或曰："所谓极微或元子、电子者，不可说为实体欤？"曰：恶，是何言！实体者，所谓太易未见气也。本《易乾凿度》。《易》具变易、不易二义。虽变动不居，而恒如其性，故即变易即不易也。佛家以不变不动言如，似偏显不易义，而未若《大易》以即变易即不易言之为更妙也。此体本不可名，姑强以"易"名之耳。太者，赞辞。未见气者，此体至虚，而不属于有。夫气，则有之至希至微者也。气之未见，所谓无声无臭至焉者也。善谈体者莫如《易》。玄奘上太宗表云："百物正名，未涉真如之境。"以此议《易》，奘师实不解《易》也。虚而不可迹，不可以迹象求。故无不充周，若有迹象，即有方所，则不能充周也。圆满之谓周，不息之谓充。故遍为万有实体，充周故为万有实体。其得以极微或元子、电子言之耶？其得以实体为细分之集聚耶？胜论外道说极微亦名细分，彼计心物皆有极微，似即以极微为实体。吾国今日学子，甚倾心唯物之论，颇遇人言实体不必说得玄妙，只是元子、电子而已。

总前说而观之，大乘遮拨外境，甚有义据。夫识对境彰名，才言识便有境，如何可言唯识无境耶？原夫境识以义用分，义用者，因其作用不一故，即义分境与识。而实全体流行，非可截然析成两片也。唯其非顽然之体，故幻现能所相貌。名识为能，是能知故。名境为所，是所知故。但就相貌言，则能所相待，不可说能生于所，亦不可说所生于能。然能所偕同而无封畛可得，寻不着境识间底界划故。则虽欲离析之而固无从也。所谓全体流行者以此。夫由吾自身以迄日星大地乃至他身，自身已外，有一切众生身。皆境也。自身境与自识不离，夫人而知之。自身境者，以自身望自识，亦是境故，是所知故。日星大地乃至他身等境，皆为自识所涵摄流通而会成一体，初无内外可分，乃人尽昧焉，以为此皆离自识而独在者，果何据耶？日星高明不离于吾视，大地博厚不离于吾履，履即触识。他身繁然并处不离于吾情思，是故一切境相与识同体，感而遂通，其应如神，以其一体本无离隔故也。据此，则唯识为言，但遮外境，不谓境无，以境与识同体不离，故言唯识。唯者殊特义，非唯独义。识能了境，力用殊特，说识名唯，义亦摄境，岂言唯识，便谓境无？然或有难言："信如境不离识者，则科学上所发见日用宇宙，即自然界。所有定律公则等等，纯为客观事实，虽自识不曾了别及之，而此事实之为信有自若也。如缺乏科学知识者，即于科学上所发见底事实多了别不及，而其事实之为信有自若。必言境不离识者，于义何取？"余曰：理之难言，为其多泥于一曲也。唯识不谓无境，即所云定律公则等等，何尝不许有此事实，只是不必问此事实耳。这些事实底研究，可以让诸科学，故玄学不必问也。至若识于当境了别，固名境不离识，当境者，当前之境故。然了别不及之境，要亦识量所涵。但了别之部分，或因作意力故而特别显现。作意见《明心下》。了别不及之部分，只沉隐于识野之阴，识遍照故，假言识野。阴者，形容了别不显现处。固非与识截然异体，不相通贯；如其作意寻求，此境亦得豁然明著。以是征知，凡所有境，当了别不及时，实未曾离识独在。汝以科学上定律公则等等，纵了别不及，其信有自若，以是证成外境，毋亦未窥理要而泥于一曲乎！

19

　　夫境不离识义者,岂惟梵方大乘夙所创明,即在中土先哲,盖亦默识于斯而不肯衍为论议耳。征其微言,约略可见:"合内外之道",《中庸》之了义也;合内外者,即是心境浑融之谓。盖诚明之心通感天下万有而无碍,所谓境随心转,无有对待纷扰之相。"万物皆备于我",子舆氏之密意也;会物归己,正是唯识了义。若有物与我为对,则我亦是一物耳。既物莫非我,则我亦无待以立也。而言我者,假为之名耳。物我之相都亡,是立于无对者也。到此方信得自家生命元来无限。若其落于物我对待之中者,则是自丧其无限之生命而成乎一物已耳。"仁者浑然与物同体",程伯子之实证也;伯子之言,同己于物,然与孟氏意同。"宇宙不外吾心",陆象山之悬解也。慈湖《己易》盛弘师说。逮于阳明昌言"心外无物",门下诘难,片言解蔽。语录有云:"先生游南镇。一友指岩中花树问曰:'天下无心外之物,如此花树在深山中自开自落,于我心亦何相关?'先生曰:'汝未看此花时,此花与汝心同归于寂。汝来看此花时,则此花颜色一时明白起来,便知此花不在汝心外。'"其持说精到如此。故知理有同然,华梵哲人,所见不异。程陆王诸师,稍涉禅家语录,并不曾窥法相唯识典籍,而所见适与之符。然大乘诸师多流于分析名相,如《二十》等论成立唯识以遮外境,全用形式逻辑,虽复名理可观,而空洞的论调嫌多,颇近诡辩。凡大乘论文几都不免此病。至中土诸师不肯驰逞论议,其宏大渊微之蕴偶流露于笔札语录,虽单辞片语,往往意思深远,玩索不尽,特非解人则莫之悟耳。原夫唯识了义,**要在会物归己,而实际复焉无待**;物即是己,则己亦绝待也,特假名为己耳。实际者,本体之代语。会物我于一原,即复绝而无待之本体于是乎显现矣。人生之真实而非虚幻,即在此耳。**摄所归能,而智体炯然独立。**心能分别境,亦能改造境故,故说为能。境但为心之所分别,及随心转故,故说为所。智体者,智即本体,故云智体。智义见《明宗》章。若切近言之,即本心是已。设问:"何谓本心?"应答彼言:人人隐微间有个自鉴之明,不可欺瞒者,即本心也。只此是人生所固有的神明而不曾物质化的,故说为本体。**所以遮彼外执**,执有外境,名以外执。**欲令悟兹本根。**本根即谓本体。**执则内外纷歧**,执有外境,则外尘与内心相对,外物与内我相对,而一切纷歧,不相连属。**悟则内外融释。**悟无外境,则一切纷歧之相俱以泯除,故云融释，言一切相都消融释散而无有所执也。夫万物皆感而遂通，万有皆思之所及，故一言乎识即已摄境，一言乎境便不离识。境识为不可分之全体，显则俱显，识于境分别显现时，境亦与之俱显。寂则俱寂。识于境不起分别时，是之谓寂，境亦与之俱寂。一体同流，岂可截然离之乎？必谓境离识而外在，是将自家生命与宇宙析成二片也，有是理乎？

夫境识同体，本无内外，然世皆计执有外境何耶？人生不能舍离实际生活，无弗资万物以遂其生长者。郭子玄曰："人之生也，形虽七尺，乃举天地以奉之。故天地万物凡所有者，不可一日而相无也。一物不具，则生者无由得生。"其言虽近，乃有远旨。然人以资物为养之故，遂乃习于取物，习字吃紧。而妄计物为心外之境，役心以驰求之。迄串习既久，则即以习为心而逐物不反，无有厌足，其外物之执乃益坚。执之相貌，略分总、别。别执有一一实物，如瓶盆等。方分空相，由斯而起。如依瓶而计执有东西等分位，此即空间相也。总执有实外界，所谓日用宇宙。混同空相，由斯而起。混同者，十方虚空浑是空洞而无异相故，故云混同。人心总执有实外界，遂计有个空空洞洞的空间，故万有于中显现。空相起故，时相即俱。横竖异故，假析时空。于横的方面计有空间相，于竖的方面计有时间相。理实时相即是空相，形式不异。过、现、未三世相，历然沟分，犹复纪之以符号，如为干支以纪时数。表之以器具，如钟表上之分秒等。故分段时相，实空相之变形也。起外境执时，空时相定俱起；若不执有外瓶等实物者，则方分空相将于何起？若不执有实外界者，则混同空相亦自不起。空相无故，即时相亦无。以理推征，故知空时相实随外境之执以俱起也。空时相起故，外境执乃益坚。由有空时相故，更增外境以实在性。辗转增迷，人情所以无悟期也。

已遮境执，次除识执。夫执有外境，故假说唯识以遮之。不离识之境，理应许有。然世所执离识而独存之外境，则本无有，特由妄识计执以为有耳，故说外境唯识所现。假说者，以非实有识可唯故，其义见下。若复妄执内识为实有者，则亦与执境同过。盖识对境而得名，则其形著也，不唯只作用幻

21

现，凡言识或心者，本依作用立名，然复有别义，亦不妨假目本体。详《明心》章。实乃与妄习恒俱。取境之识，恒挟妄习以俱起。习云妄者，以无根故耳。此识既杂妄习，所以亦成乎妄而不得为真心之流行也。此处吃紧。故识无自性，亦如外境空而无物。自性犹言自体。盖所谓识者，非有独立存在的自体故。或曰："外境实无，故说为空，而识以作用幻现故名，即非全无，云何亦说为空耶？"曰：外境以本无故，说之为空。识以无自性故，说之为空。空之情虽异，而其为空则同也。故彼执识为实有者，与执外境等是迷谬。维昔大乘虽说唯识以破境执，然又虑夫执识为实者，其过与前等也，故乃假说缘生，以明识相虚幻无实。缘者，藉义。众相互相藉待，故说为缘。生者，起义。识相不实而幻起故，姑说为生。识相，即是众缘互待而诈现者，故说幻起。夫识若果为实有者，即是有实自体。有自体故，便无待而恒现成。今说缘生，既明识相即众缘相。易言之，即此识相唯是众缘互待而诈现，舍此无别识相可得。诈现者，谓虽有相现而不可执为实故，故名之为诈。故识者，有待而非现成，元无自性，自性见上。此非实有，义极决定。云何众缘？曰：因缘、因为诸缘之一，而于诸缘为最重要，故首列之。等无间缘、所缘缘、增上缘。今当以次释诸缘义。

因缘者，旧说谓有为法，亲办自果，方乃名因。见《三十论》七及《述记》四十四第一页以下。有为法者，即斥为因之法而言之。有能生力用，故名有为。办者，《记》云成办。因亲生果如成办事业，故云成办也。详此所云，因亲办果，是因于果，有创生义，亲办云者，即是因能亲创果故。亦有决定义。即因于果，能决定成办故，方云亲办。如是言因，固与科学上旧有之因果观念甚相吻合。其错误既已有正之者，可无赘论。今所当辩者，迹旧师树义，本建种子为因体。所谓因者，非空洞而无所指目之词，故言因则必有为此因的法体。《三十论》七，说此体有二，其一曰种子，详《述记》四十四第一页以下。今此中谈识相缘生，故但举种子为因体云。彼计心识现起，厥有来由，心识合称者，以取复词便举故。故立种子为因，建立种子，以明心识来由。而以心识为种子所亲办之果。《三十论》

22

新唯识论（文言文本）

七因缘中说种生现义，现者具称现行，乃心识之代语，即言种子为因而亲生心识也。**种子法尔分殊**，彼计种子是个别的。法尔犹言自然。**心识于焉差别**，差别者，不一义。彼说一人有八识，谓眼识、耳识，乃至赖耶识，此八为各各独立之体，即由其所从生之种子不同故。**此所为以亲办自果言因缘也**。据彼所说，种子是个别的，必不许杂乱生果。故眼识种子为因而亲办自家眼识果，耳识种子为因而亲办自家耳识果，乃至赖耶识种子为因而亲办自家赖耶识果。参考《摄大乘》世亲释种子六义引自果条。**顾彼不悟心识为流行无碍之全体，而妄析成八聚，此已有拟物之失**，彼析心为八个，如析物质为分子等，是不悟心无方相而妄以物质比拟之也。**又复计心从种生，能所判分，其谬滋甚**。旧说种子六义，其一曰："果俱有者，言种子是能生因，而心识是所生果，此果与因同时并有，故云果俱有。"详此即以心与种判作能所两法，若亲与子为两体者焉。其谬不亦甚乎？

吾于旧师种子论既当辨正，详《功能》章及《明心上》章末。故言因缘亦不敢苟同。今改定因缘界训曰：**心识现起**，现读发现之现，亦即起义。**元为自动而不匮故，假说因缘**，不匮者，动势相续，不忧匮乏也。**非谓由有种故，定能生识，方予因名**。"非谓"至此为句。夫识者，念念新新而起，即是念念新新而自动。念念新新云云者，心法迁流不息，念念灭故而生新，故通前后而言之曰念念新新云云。**何以言其为自动耶？识无方相**，无方所，无形相。**唯以了别为特征；虽凭官体故起**，此言官体，综五官与神经系统而言。凭者，凭藉。心本至虚而资官体以运行，故说为凭藉。**而实主宰乎官体，故非官体副产物**；耳目等官接物而不足以乱其心者，则以心为官体之主宰故耳。以故不可说心作用为脑筋底副产物。**虽藉境界故起**，识起必有所缘境界。**而足转化乎境界**，色声等境界皆不足以溺心，而心实仗之以显发其聪明之用，是心于境界能转化之而令其无碍。**故非境界副产物**。或言感官或神经系受色声等境界刺激而起反应，即此反应说为心作用，其实无所谓心也。如此说者，是心作用亦为境界刺激力所生底副产物。然心既能转境而不随境转，征其自在殊胜，则此说之无理可知。**是固验知识起，本即自动**。验知者，内自体验而知之。**忽乎莫测其端**，动无端故。**茫乎莫见其形**；动无形故。**廓然无物**，动而已矣，无有实物可得，故为幻现。**而又炽然非空**。动势猛炽，虽幻而不空也。所以遮彼谬执心作用为官境副产物者，而说识起元为自动，自动之言，正以对破谬执。即依自动义故，假说为因。自动方是本因。若如旧立种子为能生因者，则是世俗执物之见，何足明心？世俗计稻等物皆从种生，今计心法亦尔，岂非大谬？然复应知，说识起是为自动者，原不谓心有自体。若心有自体，便等于世间所执神我灵魂，同计有实物故。盖且克取动势而名心识，故是幻现而本无自体也。所谓心识者，元来没有独立的自体，即无实物。他只是一种动的势用而已。吾人内自体验见得如此，因把这个动的势用为他安立名字，就叫做心或亦名识。克取云云者，言此中但直取动的势用而名心识，元不涉及本体。易言之，即依作用以立心识之名，而与《明心》章以本体言心识者，涵义绝异。此等义理分际不同之处，学者务随文审择焉可也。又盖且者，不遍之词，本章所言识，乃对境之识，故且依作用而名之，非一往如此说，或有难言："既云自动，疑有自体，若无自体，说谁自动？"不悟自动之言，但显此动势不从官体生，亦不从境界生。何以故？官境只是物质，不能以物质而产生非物质之作用故。若物质而能产生非物质的作用者，即物质便成神秘而不成为物质矣。故自动言，义兼遮表，不容立难。遮拨谬执此动的势用为从官境生者，而动的势用非物质之作用，即于此而表示明白，故云义兼遮表。

等无间缘者，谓识前为后缘，行相无间，等而开导，故立此缘。

云何前为后缘？识者动而不居，前念识方灭，后念识即生，故说前识望后为缘。

云何行相无间？识者动而趣境，虽体无封畛，而行相固殊。见色闻声，乃至了法，各别行相，不相间碍，前灭引后，是事恒然。行相者，识行于境之相，即识于境起解之相也。如见色与闻声不同，即识上行相之殊，非如旧说以眼等八识为各各独立之体。间者隔碍义。无量行相，容俱起故，故名无间，此亦与旧言无间者迥异其旨。

云何等而开导？导之为言，是招引义。开义有二：一避义，二与后处义。前法开避其处，招引后法令生，故成缘义。由具开与导之两义故，方成此缘。若两义中随缺一义者，即不名缘。此本旧说。复有难言："前法开避，即是已灭。彼灭无体，云何招引？"应知前法正起位，即有望后招引之势，非彼灭已，方为招引。又前念灭时，即后念生时，生灭中间，更无时分可容间断。然则变化密移，畴觉之欤？旧说识亦有间断者，因依识之行相而剖析为各各独立之体，故妄计见色等行相不显现时，即是眼等识间断也。复言等者，即等流义，由前引后，平等而流，故置等言。

综前所说，则知等无间缘，开前导后，方灭方生。心识所以迁流不息，唯有新新，都无故故。其德之至健，几之至神者乎！设有不明开导，但计心识为由过去至现在复立趋未来者，则犹坠于常见而未闻胜义也。

所缘缘者，略有四义：一有体法，二为识所托，三为识所带，四为识所虑。

有体法者，为缘之法，必是有体，方有力用，能牵生识，如白色非空而无物，故能牵令眼识同时俱起。故成缘义。法若是无，何得为缘？世俗有计瓶等得为缘者，此倒见也。所谓顽然之瓶，世间本无此物，其以为有者，特妄情所执耳。今试问汝侪，所得于瓶者果何物？则必曰视之有白，乃至触之有坚等也。若尔，汝眼识但得于白，不曾得瓶，乃至汝身识但得于坚等，亦不曾得瓶。诚以汝感识现量灭谢，散意识方起，遂追忆白及坚等境，妄构为瓶等实物。散意识者，谓凡人意识散乱故。是故白及坚等境，诚有非无，方得为缘；妄情所执之瓶等，此非有体，缘义不成。

或复问言："若有体法方为缘者，如意识缘空华时，岂非无所缘缘耶？"应知意识此时现似所缘影像，妄作华解。华虽本无，识上所现似华境之影像，彰彰不无。即此影像以不无故，亦名有体。得随境摄，成所缘缘，非无此缘识得生故。

又复有计感识后念以前念境为所缘缘者，唐贤普光曾作是计。此亦非理。一切法顿起顿灭，无暂时住故。前念境即于前念灭，何容留至后念为后识境耶？如眼识前念青境，实不至后，后念青境乃是新生耳。诚以眼等识现量,刹那已入过去,一刹那顷,感识与所了境同生同灭。后念意识继起迅速,由念势力,念者记忆。能忆前境,即现似前境之影像而缘之。此影像即心上所现,本非前境,而此心乃妄以自所现影作前境解。彼乃不辨,以为犹是后念感识取于前境,此在因明,乃云似现。实则前境已灭即非有体,如何成所缘缘?此说违理,故宜刊定。

为识所托者,即有体法望能缘识为所仗托,令彼得生。彼者谓能缘识。识不孤起,须托境故。如眼识非仗托青等色境,必不孤起。感唯托尘,意则托影,必有所托,方得成缘。感识唯托尘境而起,谓眼识唯托色尘,耳识唯托声尘,乃至身识唯托触尘是也。至于意识筹度一切法时,尝利用想与念,诈现似所缘境之影像以为所托焉。想、念皆心所法,见《明心下》章。

为识所带者,谓所缘境为彼能缘之所挟带。能缘即识。能缘冥入所缘,宛若一体,故名挟带。如感识现量证境时,能缘所缘,浑尔而不可分。如眼识现见白色时,不起分别或推想,即此见与白色浑成一事,无能所可分。此由境为缘,令彼能缘亲挟己体故。己者,设为境之自谓。挟带义发于奘师。时正量部有般若毱多者,尝难及大乘所缘缘义,戒日王请奘师为设十八日无遮大会。奘师造《制恶见论》破毱多,论中即申挟带义也。其文今不传。

为识所虑者,前之三义,不足成所缘缘。何以故?若有体法但为识所托所带即得成所缘缘者,则应外质望镜等照用作所缘缘。外质是有体法故,镜等照用起时,亦以外质为所托所带故。镜等照用依外质同时显现,故有所托义。又亲挟外质影像而起,故有所带义。此若许然,即境望识作所缘缘与外质望镜等作所缘缘,两义齐等。由此应许识亦犹如镜等,以所缘缘义不异故。为遮此失,复言所虑。由境有体,能引令识托彼带彼缘虑于彼,方许望识作所缘缘。上三彼字皆谓境,缘虑即思虑。以所缘缘具所虑义,影显识为能虑,不同镜等色法,故说唯识,不言唯境。于俗谛中许有识,亦许有不离识境,但识为能虑,境属所虑,故特尊识而说识名唯。

新唯识论（文言文本）

**附识**：思虑作用乃心识之特征，不可以官品与境界相互之关系说明思虑。思虑若是官境之合所生，应非了知性故。昔者印人有言镜等能缘，犹如识者，今人亦有云照相器能见物，此皆戏论。镜等与照相器只能于所对境而现似其影像，然此影像仍随境摄，固无有思虑作用于其间也，何可等心识于色法乎？理本至明而索之愈晦，凡情迷妄，往往如是。夫思虑属心之行相，行相者，思解貌。此与心上所现影像，本不为一事。世俗未能辨此，故说照相器能见物也。然唐人言唯识者，于此已有不了。备云："但心清净故，一切诸相于心显，故名取境。"见《解深密经注》六第七页。太贤云："相于心现，故名所虑。"见《成唯识论学记》卷六第三十七页。此皆不悟心之取境，有其行相，但云心上现影而已。若尔，镜等能缘、照相器能见之说，又何可遮耶？如斯肤妄之谈，其当刊正久矣。

综上四义，明定所缘缘界训，庶几无失。然旧于此缘判亲疏者，其说原主八识分立。寻彼义据，不足极成。识所取境，皆不离识而有，但应许境于识作所缘缘，何须更判亲疏？然旧说主张八识为各各独立之体，则亲疏遂分。如眼识亲所缘缘，即自所变相分是也。其疏所缘缘，即第八识相分，眼识托此以为本质，而变自相分云。护法八识各各有相分、本质为亲疏缘，名相琐繁，此姑不述，述亦短趣。若为治旧学者解纷排难，当为别录云尔。

增上缘者，略有二义。增上犹言加上，旧训为扶助义。谓若此法虽不从彼法生，然必依彼法故有，即说彼法为此法之增上缘。一者有胜用。为缘之法必具胜用，方与果法而作增上。果法者，如彼法为此法之增上缘，即说彼为因法，此为果法也。所谓胜用者，不徒于果法为密迩之助，但不障者即其力也。取征近事，如吾立足于此，五步之内所有积土，固于吾立足亲为增上，直接为助，故言亲也。即此五步之外，推之全地乃至日局，亦皆与吾立足攸关。假令五步以外山崩河决，又或余纬越轨，冲碎员舆，斯皆障害吾之

27

立足。故知吾今者立足于此,即由全地乃至日局,俱有增上胜用。由不障害,即其胜用。准此,则增上缘者宽广无外,势不胜穷。然求一事之增上因,增上缘望所增上法,而得因名。则恒取其切近,遗其疏远,不定遍举也。今即心法为征,如一念色识生时,其所待之增上缘何限,感识了色亦名色识,了声亦名声识,乃至了触亦名触识。然官缘、官者,谓眼官与神经系,乃色识所依以发现,故是增上缘。空缘、空者,空隙,亦色识增上缘,障隔则色识不行故。明缘、明者,光也,阙明缘不能了诸色境故。习气缘,色识生时必有习气与之增上,如乍见仇雠面目,即任运起嗔,便是旧习发现。盖习气即是心所,故望心为增上缘,能助心以取境故。参看《明心》章。则关系切至,在所必举也。余识生时,皆应准知。余识,谓声识乃至意识是也。声识生时,必有耳官及习气等为增上缘,乃至意识独起思构时,亦必有习气等为增上缘。习气种类无量,一切心生时皆有习气为增上缘云。

**附识**:增上缘义最精。世学谓如科学。所云因果唯相当于此,以其但甄明事物相互之关系故也。顷有问言:"若如公说增上缘者,则将随举一事皆以全宇宙为之因乎?"曰:理实如是,但学者求一事之因,初不必计及全宇宙,恒自其最近者以为推征。设秤物之重量为如干,若地心吸力,若气压,固皆为其致此之因,即至迥色之空或太阳系统以外之他恒星,亦无不与此有关者,故曰一事而全宇宙为之因也。然学者于此,但致详其近缘,若地心吸力,若气压,以明此事之因,则能事已毕。吾人常能由一知二或由甲知乙者,率此道也。

二者,能于余法或顺或违。余法犹言他法。随举一事,以明此义。若霜雪于禾等增上,能牵令转青色为枯丧,转者改转也。禾等枯丧之位,其以前青色皆灭,义说为转,非谓前青色不灭可转为后枯丧也。又枯丧之起,有自动因,霜雪于彼，但为增上缘，故言牵也。世学谈生物适应环境者，多忽略生物自身之动因，便为大过。问："霜雪非青色灭之因耶？"曰：凡法之灭也，法尔自灭，何待于因？灭若待因者，应不名灭，当说为生，以有因便是生故。**即此霜雪，望枯丧为顺缘，望前青色作违缘。一顺一违，几之所不容测也。然复当知，此中义分顺违，据实违缘云者，非与灭法为缘。如前所说，霜雪与枯丧为缘时，前青色已灭。今云霜雪与前青色作违缘者，彼既灭无，望谁为缘？由枯丧是前青色之相违法，既与枯丧为缘，即义说为前青色之违缘。一事向背，义说为二也。**霜雪与枯丧为增上缘，是为一事。向背者，一事之两面。与枯丧为缘，是向义；既顺枯丧令起，即违前青色令不续起，是背义。由此二义，故说顺违耳。**例此而谈，如善习为心增上缘时，顺生净识，即违染识令不生。恶习为心增上缘时，顺生染识，即违净识令不现。顺违之几，其可忽欤！**净识者，善心也。染识者，不善心也。心岂有不善耶？恶习发现而蔽其心，以成其恶。此时心无权而唯以恶习为心焉，故说为不善心也。若善习有力现起，以扶助本心之善，则违彼不善心而令不得起。

上述诸缘，由识起是自动义故，立因缘。心识者何，只是一种动的势用而已。这个动的势用虽依藉脑筋与外境底刺激力而发出，要不是物质底副产物，遂乃说为自动。即以此义，假说因缘。**由前念能引义故，立等无间缘。**前念识能引生后念识故，故立此缘。**由有所取境故，立所缘缘。**于俗谛中不谓无境，但不许有离识独存的外境，而不离识之境非无。所以说识起必有所取境，而得立此缘。**除前三外，依种种关系，立增上缘。**如官体与习气等等，皆于心识作用为扶助故，故立此缘。**详此诸缘，本以分析心识，假说缘生，令知心识唯是幻现而非实有。若识果实有者，即有自体。**或用心识复词，或单言心，或单言识，唯随文便。他处准知。今分析此识而说为众缘互相藉待，幻现识相，则识无自体甚明。故缘生言，非表识由众缘和合故生，乃对彼执识为实有者，善为遮遣。如对彼不了芭蕉无自体者，为取蕉叶，一一披剥，令知非实。此义亦尔。或复有难："说缘生故，明识无自体即识相空。然众缘相为复空否?"今答彼言:假设缘相,明识相空。识相空故,缘相亦空。众缘相待,唯幻现故。如因缘相,便是动的势用。这个势用曾无暂住,非幻现而何?若等无间缘相,即谓前念识,此亦不暂住,非幻现而何?若所缘缘相,即色声等境界,此实刹那生灭,固是幻现。若增上缘相,如官体等,既属色法,即莫非刹那生灭。至习气念念迁流,生灭不住,尤不待言。故知同属幻现。夫诸缘相唯幻现故,即无自体。无自体故,即是皆空。爰假施设,以遮执故。假设众缘,乃对彼执识为实有者而遮拨之也。

　　夫言说有遮诠、表诠。表诠者,直表其事,如在暗室而对彼不睹若处有几者,呼告之曰若处有几。遮诠者,因有迷人于暗中几妄惑为人为怪,怪者鬼怪。乃从所惑而遣除之,即以种种事义,明其如何非人,以种种事义,明其如何无怪,而不复与直说是几,卒令彼人悟知是几。故缘生言,但对彼不悟识自性空者,自性即自体之代语。方便遣执,因迷者执识实有故,故乃分析诸缘而说众缘互待,幻现识相,是名缘生。以此遣除其执,乃方便说法也。故是遮诠,对执而施破,所以为遮诠。如或以为表诠者,将谓缘生为言,表示识由众缘和合故生,是反坠于执物之见,宁非甚谬?俗计物体由分子集合而成,今若计识从众缘和合故生者,便同一谬见。故知辞有遮表,不可无辩。详夫玄学上之修辞,其资于遮诠之方式者为至要。盖玄学所诠之理,本为总相,所谓妙万物而为言者是也。总相者,言其遍为万物实体。妙万物者,言其不属部分,不属形质也。以其理之玄微,玄者,悬也。其理虚悬无所不冒,而不可以物求之也。微者,无方所,无形相,所谓神也。故名言困于表示。云困,则不止于难也。名言缘表物而兴,字之本义都是表示实物的,虽引申而为极抽象之词,总表示一种境象。今以表物之言而求表超物之理,总相的理,是玄微的,是超物的。往往说似一物,兼惧闻者以滞物之情,滋生谬解,故玄学家言,特资方便,常有假于遮诠。此中奥隐曲折,诚有非一般人所可喻者。古今为玄言者众矣,其极遮诠之妙者,宜莫如释氏,而空宗尤善巧。唯其见理洞彻,故其立辞无碍也。独至有宗,始渐违遮诠之方式而主于即用显体。此其失不在小，吾今兹不能不略辨之。

盖云即用显体者，固谓用亦实法，但不离体，乃即用而体显。不知体上固无可建立，又安可于用上建立乎？设计用为实法而可建立者，则用已与体对，谈用何足显体？有宗自无着肇兴，谈用犹以分析。如《瑜伽论》及《辩中边》《杂集》等论，其谈蕴、处、界等法皆属谈用，然只是分析而谈，原与建立有异。至于世亲始立识为能变，以之统摄诸法，下逮护法、窥基，衍世亲之绪而大之，乃于能变因体加详。能变因体，即谓种子。要之，皆于用上建立，世亲以一切法摄归于识而尊识为能变，其所谓能变法者，即对不变之真如而名用。世亲既立识以统摄诸法，便是于用上建立为实有也。护、基两师于种子义发挥加详，盖以识名现行，是乃有而非无，而种子则为现行识所从生之因，亦即为现行识之体，是固明谓用有自体矣。此亦于用上建立，实根据世亲之思想而衍之者也。而不悟其有将体用截成两片之失，世亲等所谓现行识与其种子是生灭法、是能变法、是用，而真如是不生灭法、是不变法、是体，固明将体用打作两片看。如何可言即用显体？既于用上建立，便把用说成实在了，从何显得体来？故有宗之学，至护、基而遂大，亦至护、基而益差。差者差失。窃谓体不可以言说显，而又不得不以言说显，则亦毋妨于无可建立处而假有施设，即于非名言安立处而强设名言。盖乃假名以彰体，体不可名而假为之名以彰之。下章恒转、功能诸名，所由施设。称体而用已赅。一称夫体，而用即赅备，岂其顽空可以名体哉！用之为言，即言乎体之流行，状夫体之发现。发现非有物也，流行非有住也，故不可于用上有所建立。以所言用者，本无实法故。此中义趣须细玩《转变》章始可得之。是故权衡空有，监观得失，岂其妄托知言，聊且自明微旨。因论缘生之为遮诠，而纵言及此。

综前所说，首遮境执，明色法之非外；此中色者，犹言物质，与眼识所取颜色之色，其涵义广狭迥异。他处准知。次除识执，明心法之无实。执缘境之心以为实在而不知其为缘生如幻，世俗之大惑也。然色非外而胡以复名为色，如前所言，既不许有客观存在的色界，则其所谓不离识之色者，根本不是色法，而胡为复以色名之耶？**心无实而何乃复字以心？**心非实有，则所云心者，但假名耳。然由何义而立此假名？**俗之所许，真岂无依？**色法、心法皆世俗所许有者，然俗所共许，亦或有真理为所依托，否则不应凭空而许有色心万象。**故次详于《转变》。**

# 转　　变

　　盖闻诸行阒其无物，行者，幻相迁流义，此作名词用。色法、心法，总称诸行。滞迹者则见以为有实，以为有实物也。达理者姑且假说转变。转变一词，见《成唯识论述记》。言转变者，取复词便称耳，实则但举一变字可也。然吾谈变义，本不据前师，学者勿执旧说相会。夫动而不可御，诡而不可测者，其唯变乎！此言动者，非俗所谓动。俗以物之移转为动，此则以忽然幻现为动，非有实物由此转至彼处。谁为能变？故设初问。如何是变？故设次问。变不从恒常起，恒常非是能变故。观夫万变不穷，知非离此而别有恒常之体。古代梵天、神我诸计，要皆为戏论。变不从空无生，空无莫为能变故。无始时来，已刹那刹那变而未有休歇。过去之变无留迹也，故假说空无，岂复离此变而别有空无之一境为变之所从出哉？爰有大物，其名恒转。大物者，非果有物，假名耳。如《中庸》所谓"其为物不贰"之物，亦假名也。恒言非断，转表非常。非断非常，即刹那刹那舍其故而创新不已，此生理之至秘也。渊兮无待，无有因故。湛兮无先，非本无而后有，故云无先。有先则是本无。处卑而不宰，卑者，状其幽隐而无形相，非高卑之卑。不宰者，以遍为万物实体，非超物而存，故不同神我、梵天等邪计。守静而弗衰。静者湛寂义。弗衰者，非顽空故。此则为能变者哉！能变者，状词，即克指转变不息之实体而强形容之以为能耳，故未有所变与之为对。宇宙元来只此新新无竭之变，何曾有所变物可得哉？答初问讫。变复云何？牒前次问。一翕一辟之谓变。两一字，显动力之殊势耳，非谓翕辟各有自体，亦不可说先之以翕而后之以辟也。原夫恒转之动也，相续不已。此言动者，变之别名耳。前一动方灭，后一动即生，如电之一闪一闪无有断绝，是名相续，非以前动延至后时名相续也。动而不已者，元非浮游无据，故恒摄聚。恒字吃紧。惟恒摄聚，乃不期而幻成无量动点，势若凝固，名之为翕。俗不了动点，故执有实极微或元子、电子耳。凝固者，言其趋势有如此，而非果成

33

凝固之质也。翕则疑于动而乖其本也。恒转者，虽有而非物。翕则势若凝固而将成乎物矣。故知翕者，恒转动而将失其自性也。然俱时由翕故，俱时者，谓与翕同时。常有力焉，健以自胜，而不肯化于翕。以恒转毕竟常如其性故。唯然，故知其有似主宰用，本无作意，因置似言。乃以运乎翕之中而显其至健，有战胜之象焉。即此运乎翕之中而显其至健者，名之为辟。一翕一辟，若将故反之而以成乎变也。答次问讫。夫翕凝而近质，依此假说色法。夫辟健而至神，依此假说心法。以故色无实事，心无实事，只有此变。事者体义，色法、心法都无实自体故。

**附识**：翕辟理趣，深远难言。兹更出笔札四则，系之左方。

所谓恒转，从他翕的势上看却似不守自性了。易言之，即似物质化了。唯物论者所以错认实体是物质的。同时，从他辟的势上看，他确是顺着他底自性流行，毕竟不曾物质化。那翕的势，好似他要故意如此，以便显出他唯一底辟的势。不如此，便散漫无从表现了。说辟为心，说翕为色。色者，即身躯与所接属之万物是也。若无这身和物，从何见得心来？由此便可理会翕辟之故。

汉儒谈《易》曰："阳动而进，阴动而退。"夫阳为神、为心，阴为质、为色。详彼所云，则动而进者，心也；动而退者，色也。宋明诸师，言升降、上下、屈伸等者，义亦同符。今云翕辟，与进退义复相印证。翕则若将不守自性而至于物化，此退义也。辟则恒不失其健行之自性，化无留迹而恒创，德以常新而可贞，故能转物而不化于物，此进义也。

说翕为色，说辟为心。心主乎身，交乎物感而不至为形役以徇物，所谓辟以运翕而不化于翕也。是则翕唯从辟，色唯从心。翕辟毕竟无异势，即色心毕意非二法。

造化之几不摄聚则不至于翕，不翕亦无以见辟。故摄聚者坤道也。坤道以顺为正，终以顺其健行之本性也。夫本体上不容着纤毫之力，然而学者必有收摄保聚一段工夫，方得亲体承当，否则无由见体。故学者工夫，亦法坤也。

大哉变乎！顿起顿灭，曾无少法可容暂住。言无些少实法可暂住也。无少云者，显其全无。《阿含经》言："佛语诸比丘，诸行如幻，是坏灭法，是暂时法，此言暂时者，对执常住者而言之耳。实则亦无暂时可说，以不容于此起时分想故。刹那不住。"此云刹那不住，故知上言暂时法者，非果许有暂时法也。今人罗素以暂时的为真实，犹是计执耳。此义确尔不虚，俗情顾莫之省。寻检义据，聊与征明。

一者，诸行相续流名起，若非才生无间即灭者，应无诸行相续流。相续流者，前灭后生而无断绝之谓。相续流故，名之为起。起者，生义。才生即灭，不容稍住，故说无间。前不灭则后不生，故诸行若非才生即灭者，便无相续流。若汝言"物有暂时住，次时则先者灭后者起，故可名相续"者，此亦不然。由暂住时，后起无故。自下数义，依据《庄严经论》而引申之。

二者，若汝言"诸行起已，得有住"者，为诸行自住，为因他住？若诸行自住，何故不能恒住？若许诸行得自住者，则彼应常住不坏也。若因他住，非离诸行别有作者可说为他，谁为住因？二俱不尔，自住、因他，二说俱不然也。故才生即灭义成。既不容住，故知才生即灭。

三者，若汝执"住因虽无，坏因未至，是故得住。坏因若至，后时即灭，有如火变黑铁"者，后时者，对其先之暂住未灭时而言耳。此言变者，变坏义。喻意云：火为铁上黑相坏灭之因。此坏因未至，则黑相暂住，坏因若至，黑相便灭。世俗谓凡法之灭，必待于因，若未逢灭因，即得暂住也。此复不然。坏因毕竟无有体故。坏因无体者，易言之，即无坏因之谓耳。灭不待因，吾于前章谈增上缘中已言之矣。火变铁譬，我无此理。铁与火合，黑相似灭，赤相似起，黑相灭时，即是赤相起时。能牵赤相似起，是火功用，实非以火

35

坏铁黑相。俗以火为黑相之坏因，实乃大误。黑相之灭只是法尔自灭，非待火坏灭之也。唯火之起也，则赤相与之俱起。由此说火有牵起赤相之功用可也，说火为黑相之坏因则不可也。又如煎水至极少位，后水不生，亦非火合，水方无体。水相之灭也，只自灭耳，岂由火相灭之哉。由此才生即灭，义极决定，以灭不待因故。

四者，若汝言"若物才生即灭，即是刹那刹那灭，便已堕边见"者，边者偏执，偏执灭故。不然。应知刹那刹那灭，实即刹那刹那生。一方说为灭灭不停，一方说为生生不息。理实如是，难可穷诘。

五者，若汝言："若物刹那刹那新生者，云何于中作旧物解？"应说由相似随转，如前刹那法，才生即灭。次刹那有似前法生起，亦即此刹那便灭。第三刹那以下，皆应准知。故刹那刹那，生灭不已，名为相似随转。得作是知。由后起似前故，得起旧物之知。譬如灯焰，相似起故，起旧焰知，而实差别，实则前焰后焰有差别也。前体无故。后焰起时，前焰之体已灭无故。若汝言："纵许灯焰念念灭，岂不现见灯炷如是住耶？"应知汝见非见。汝所谓现见灯炷如是住者，实是意识颠倒分别，固非现见也。由炷相续，刹那刹那，有坏有起，汝不如实知故。忽其刹那生灭相续之实，乃见为住而不灭，即不如实而知也。若汝言："诸行刹那如灯焰者，世人何故不知？"应说诸行是颠倒物故。本无实色及实心法，而世人于此横生计执，故说诸行是颠倒物也。相续刹那随转，此不可知，此理本不可以凡情推度而知。而实别别起。世人谓是前物，生颠倒知。

六者，若汝言"物之初起，非即变异"者，不然。内外法体，后边不可得故。内法者，心法之异名。外法者，色法之异名。本无内外，但随俗假说之耳。凡法若得住而不灭者，应有后边可得。今我此心念念生灭，既无初端可寻，亦无后边可得。色法亦然。析物至极微，更析之则无所有。唯是相续不断之变而已，何有后边？由初起即变，渐至明了。譬如乳至酪位，酪相方显，而变相微细，难可了知，相似随转，谓是前物。以故才生即灭义得成。由乳位至酪位，非可一蹴而至也,中间经过无量刹那生灭相似随转。唯是相似之程度,则刹那刹那随其俱起相依之诸法,如热、如空气等,逐渐微异。盖凡后一刹那与其前一刹那,无有全肖者,至于酪位,则由多刹那微异之递积,而其异相乃特著矣。世俗于此不察,以为乳之初起便住不灭,后时成酪,乳相方灭,不知酪位以前之乳,已经无量生灭,原非一物,特由相似程度未骤形其悬殊,故犹谓是前物耳。

**七者,若汝言"诸行往余处名去,故知得住"者,**此言去者,犹俗所谓动也。凡物由此处转至彼处,是名为去。以有去故,知非才生即灭。若生已不住,依谁说去? 世俗皆为此计。**不然。汝执诸行为实物,能由此处转至彼处,故名为去。**此言转者,搬移义,非转变之转。**此则以日常习用械器之见,推论法尔道理,迷离颠倒,抑何足谈? 如我所说,诸行唯是刹那刹那,生灭灭生,幻相宛然,无间相续。**恒无间断而相续也。**假说名去,而实无去。**由生灭无间相续故,假说名去,非有实物住而不灭,历先后时从此处转至彼处也。故实无去。**故汝言住,取证不成。**

**附识:** 此言无去者,即无动之谓,然不可以傅于世间哲学家积动成静之说。彼执有实物,亦执有实时方,时者时间。方者空间。以为物先时静住于甲方,后时由甲转至乙方,即静住于乙方。积先后之动,而实皆静住,便不得谓之为动,故飞箭虽行,其实不行也。此则辗转坚执,执时、执方、执有静住之物,谬执一团,不可救药。难以语于无方无体之变矣。方者方所。体者形体。无方无体,犹言无实物也。吾宗方量既空,本无实方,俟详《量论》。时量亦幻,吾宗所言刹那,非世俗时间义,亦详《量论》。念念生灭,此云念者,非常途所谓之念,乃依生灭不断,而假说每一生灭为一念顷。实则生灭灭生,不可划分间隙,即念念之间,无有间隙,不可以世俗时间观念应用于此处也。何物动移? 何物静住? 才生即灭,未有物也。依谁说动,依谁说住? 凡计有动、有住者,皆由妄执有时方及有实物故耳。此所以迥异世间一切之见。学者必会吾说之全,超然神解,方莫逆于斯耳。

八者，诸行必渐大圆满。如心力由劣而胜，官品由简而繁，皆渐大圆满之象。若初起即住不灭者，则一受其成形而无变，如何得有渐大圆满？若汝言"不舍故而足创新，故积累以到今，今拓展而趋来，如转雪球，益转益大"者，来者未来。此复不然。汝计有积留，即已执物，岂足窥变。变者运而无所积，此言运者，迁流义、幻现义。有积则是死物，死物便无渐大圆满。是故应如我说，诸行不住，刹那刹那，脱故创新，变化密移，驯至殊胜。殊胜者，即渐大圆满之谓。

九者，若汝计执"诸行为常为断"，世俗之见，恒出入常断二边。如一木也，今昔恒见，则计为常；忽焉睹其烬灭，遂又计为断。皆有大过。应知诸行才生即灭，念念尽故非常，尽者，灭尽。新新生故非断。一刹那顷，大地平沉，即此刹那，山河尽异。此理平常，非同语怪。庄子《大宗师》云："夫藏舟于壑，藏山于泽，人谓之固矣。然而夜半有力者负之而走，昧者不知也。"郭子玄释之曰："夫无力之力，莫大于变化者也。故乃揭天地以趋新，负山岳以舍故。故不暂停，忽已涉新，则天地万物无时而不移也。世皆新矣，而目以为故。舟日易矣，而视之若旧。山日更矣，而视之若前。今交一臂而失之，皆在冥中去矣。故向者之我，非复今我也。我与今俱往，岂常守故哉？而世莫之觉，谓今之所遇，可系而在，岂不昧哉！"子玄斯解，渺达神旨，故不暂停一语，正吾宗所谓才生即灭也。大法东来，玄学先导，信非偶然已。

综前所说，则知诸行儵忽生灭，等若空华，不可把捉。世俗执有实色、实心，兹成戏论。远西唯心论者执有实心，唯物论者执有实色。原夫色心诸行都无自体，谈其实性乃云恒转。色法者，恒转之动而翕也；心法者，恒转之动而阗也。翕阗本动势之殊诡，盖即变之不测，故乃生灭宛然，虽尔如幻而实不空。奇哉奇哉，如是如是变！翕阗，皆动势也。不一之谓殊诡。宛然者，幻现貌。

吾旧著论，尝以三义明变。略曰：一者，非动义。此俗所谓之动，与吾所云变动之动异训。世俗之言变也以动。动者，物由此方通过余方，良由俗谛，起是妄执。变未始有物，即无方分可以斠画。犹如吾手，转趣前方，转者转移，趣者趣往，皆俗动义。实则只有刹那刹那别别顿转无间似续，恒无间断，相似相续。假说手转，而无实手由此趣前。本无有实在之手，由此方以趣往前方也。云何神变，辄作动解？变本至神不测，何可作动想？《中庸》曰"不动而变"，可谓深达奥窔。此当是晚周诸儒语，非汉人所能傅益。又近人柏格森之言动也，以为是乃浑一而不可分。世俗于动所经过方分，可以划割，遂计此动亦可划割，是其谬也云云。柏氏此论，不许杂划割方分之想以言动，几近于吾宗之谈变，而异乎世俗之所谓动矣。然但言动为浑一不可分，而不言刹那刹那生灭相续，则是动体能由前刹那转至后刹那，此犹未免执物与计常之见耳，岂可附于吾说哉！此非只豪厘之差也。

二者，活义。活之为言，但遮顽空，不表有物，说是一物即不中。盖略言之，无作者义是活义。作者犹云造物主。外道有计大梵天为作者，有计神我为作者，吾宗皆不许有。若有作者，当分染净。若是其净，不可作染；若是其染，不可作净。染净不俱，云何世间有二法可说？又有作者，为常、无常？若是无常，不名作者；若是其常，常即无作。又若立作者成就诸法，即此作者还待成就，辗转相待，过便无穷。又凡作者，更须作具，倘有常模，便无妙用。反复推征，作者义不得成。由此，变无适主，故活义成。幻有义是活义。虽无作者，而有功能。功能者，体是虚伪，犹如云气，功能者，无有实物可得，故以虚伪形容之耳。若自其清净绝待，遍为万物实体而言，又当说为真实。从言异路，义匪一端。阒然流动，亦若风轮。此言流动者，幻现义，迁流不息义，然非实物，故云阒然。阒然者，无物之貌。云峰幻似，刹那移形，唯活能尔，顿起顿灭。风力广大，荡海排山，唯活能尔，有大势力。此中幻有，非与实有为对待之词。不固定故，不可把捉故，说之为幻。此幻字不含胜义，亦不含劣义，学者切须如分而解。真实义是活义。大哉功能，遍为万物实体！极言其灿著，一华一法界，一叶一如来。法界，实体之异名。如来，本佛号之一，此则以目实体。帝网重重，无非清净本然，即觌目而皆真实。非天下之至活，孰能与于此？帝网重重，以喻世界森罗万象。圆满义是活义。洪变唯能，能者功能。圆神不滞。秋毫待之成体，以莫不各足。无有一物得遗功能以成体者，虽秋毫且然，况其他乎？秋毫举体即功能，则秋毫非不足，他物可知已。盖泯一切物相而克指其体，则同即一大功能而无不足也。宇宙无遍而不全之化理，王船山云："大化周流，如药丸然，随抛一丸，味味具足。"此已有窥于圆满之义。验之生物，有截其一部，其肢体仍得长育完具者，良有以尔。吾人思想所及，又无往不呈全体。吾人于一刹那顷，思想及于某种事理，在表面上若仅有某种意义而不及全宇宙，实则此刹那之思想中已是全宇宙呈显，特于某种意义较明切耳。故乃于一字中持一切义，如一人字，必含一切人及一切非人，否则此字不立。故言人字时，即已摄持全宇宙而表之。不能析为断片，谓此唯是此而无有彼也。若真可析，则非圆满。以不可析故，圆满义成。于一名中表一切义。准上可解。刹复摄亿劫于刹那，劫者时也。涵无量于微点。都无亏欠，焉可沟分？了此活机，善息分别。交遍义是活义。神变莫测，物万不齐。不齐而齐，以各如其所如，因说万法皆如。彼此俱得，封畛奚施？太山与毫毛，厉与西施，其顺变化之途而各适己事，自得均也。区小大、别好丑，皆情计之妄耳，岂可与测变化之广大哉？极物之繁，同处各遍，非如多马，一处不容，乃若众灯，交光相网。张人之宇宙，李人之宇宙，同在一处，各各遍满而不相碍。故我汝不一而非异，不一者，我之宇宙汝不得入，汝之宇宙我亦不得入。如我与汝群盗同在北京，实则我也，汝群盗也，乃人人各一北京。我之北京寂旷虚寥，群盗不可入也。群盗之北京喧恼逼热，我亦不可入也。非异者，我之北京，群盗之北京，乃同处各遍而不相障也。高下遗踪而咸适，唯活则然。世说大鹏高止乎天池，小鸟下抢榆枋之间，此徒自踪迹以判高下耳。苟遗踪而得理，则无高无下，固均于自适也。无尽义是活义。大用不匮，法尔万殊。众生无量，世界无量。一切不突尔而有，一切不突尔而无。是故诸有生物，终古任运，不知其尽。此就一切物之实体而言。斯非突有，亦不突无，故说无尽。如上略说活义粗罄。

三者，不可思议义。此云不可，本遮遣之语。既非不能，又异不必。将明不可之由，必先了知思议相。思者，心行相。议者，言说相。

心行者,心之所游履曰行。言说者,谓心之取像,如计此是青非非青等,斯即言说相。此是染慧,即意识取物之见。染慧谓俗智有杂染故,略当于世所谓理智。取物之取,犹执也。意识发起思议,必有构画,若分析物件然,是谓执物。盖在居常生养之需,意识思议所及,无往而不执物,所以为染慧也。夫以取物之见,移而推论无方之变,无方者,变未始有物,即无方所。则恣为戏论,颠倒滋甚。故不可思议之云,直以理之极至,非思议所可相应。易言之,即须超出染慧范围,唯由明解可以理会云尔。明解即无痴也。详心所中。诸有不了变义是不可思议者,或计运转若机械,或规大用有鹄的,此则邀变之轮廓而执为物。邀者,有意期之也。变本无物,即无轮廓,然以生灭相似随转,故幻似轮廓焉。愚者邀而执之以为有物也。故回溯曾物,过去名曾。宛如机械重叠;逆臆来物,来者未来。俨若鹄的预定。自宇宙化理言之,固无所谓鹄的,法尔任运,无作意故。若就人生或生物以言,则其奋进于不测之长途中,仍隐寓有要求美满之趋向,可说为鹄的。盖鹄的者即其奋进所由耳。斯乃以物观变而变死,皆逞思议之过也。于所不可用处而用之,故曰逞。

**附识:** 此章为全篇主脑,前后诸章,皆发明之。而吾与护法立说根本歧异,亦于此毕见。学者于护法学或未疏讨,即不足以知吾说所由异者,故粗陈护公义旨,以资参校。护公建立八识,识亦名心也。彼以为心者,盖即许多独立体之组合耳。易言之,宇宙者,即许多分子之积聚耳。又各分心所,心所者,心上所有之法。八识各各有相应之心所。此诸心所,亦各成独立之体。而于每一心、每一心所,皆析以三分。护法谈量,虽立四分,然其谈变,仍用陈那三分义,故此但说三分。三分者,一相分,二见分,三自证分。试取耳识为例。声,相分也。了声之了,见分也。相见必有所依之体,是为自证分。每一心,由相等三分合成。每一心所,亦由相等三分合成。唯是一切心、心所,通名现行。现行者,略释之则以相状显现故名。此得为分名,亦得为总名。分名者,随一心、心所得名现行是也。总名者,通一切心、心所各各相等三分,森罗万象,得总说为现行界,略当于俗所谓现象界也。

现行不无因而生，故复建立种子为其因。每一现行心法，有自种子为因。每一现行心所法，亦有自种子为因。现行既有差别，现行八聚心、心所，体相各别故。种子足征万殊。轻意菩萨《意业论》云"无量诸种子，其数如雨滴"见《瑜伽伦记》卷五十一第七页。是也。种现既分，彼计种现各有自体。故其谈变也，亦析为二种，即以种子为因能变，由种子为因，生起现行故。现体为果能变。现体者，通目一切心、心所之自证分，此对因法种子而得果名也。果能变者，谓诸自证分各各能变现相、见二分故。此其大略也。《成唯识论述记》卷十二第十至十五页说因果二种能变；其卷二第十八至廿二页说识体变二分，同卷十二之果能变。迹护公立因果变，乃若剖析静物，实于变义无所窥见。彼于因变中则以种为能变，现为所变；于果变中则以现体为能变，相、见二分为所变。总之，能所各别，犹若取已成之物从而析为断片者然，是何足以明变也哉？彼唯用分析之术，乃不能不陷于有所谓已成之断片相状，而无以明无方之变。其操术固然。尝谓护公持论条理繁密，人鬓鱼网犹不足方物。审其分析排比，分析者，如八识也、五十一心所也、三分也，皆析为各各独立之体。此一例也。余义亦皆析如牛毛。排比者，如三分说本为量论上之问题，而护法则以主张一切心、心所各各独立之故，势不得不排比整齐，于是谓八识、五十一心所各各为相、见、自证三分。此一例也。自余法数，亦务为穿凿排比。钩心斗角，可谓极思议之能事。治其说者，非茫无头绪，即玩弄于纷繁之名相而莫控维纲，纵深入其阻，又不易破阵而游。斯学东来，未久遂坠，有以也夫！

# 功　　能

前之谈变也，斥体为目，实曰恒转。于转变不息之本体而析言其动势，则说为一翕一闢之变。直指转变不息之本体而为之目，则曰恒转。恒转者，功能也。此乃前所未详，故次明之。

尚考护法业已建立功能，然吾今之言此，则与彼截然殊旨。姑陈其概。

一曰：功能者即实性，非因缘。护法计有现行界，因更计有功能沉隐而为现界本根，字曰因缘。现行界，亦省称现界，义详前注。此巨谬也。夫其因果隐显，判以二重；功能为现界之因，隐而未显；现界是功能之果，显而非隐。两相对待，故云二重。能所体相，析成两物。功能为能生，其体实有；现界为所生，其相现著。截然两片，故非一物。显而著相者，其犹器乎？隐而有体者，其犹成器之工宰乎？护法固以因缘喻如作者。以上叙彼计讫。妄执纷纶，空华幻结，以此除执，谁谓能除？护法亦依《般若》而言触无所得，但按其立义，实未能除执。余以为现界自性本空，自性犹言自体。唯依妄情执取故有。现界者，即世俗所执色心诸行之总名耳。若将情见或意想所执取之色相、心相，一切剥落，更有何物可名现界哉？若了现界实无，则知因缘亦莫从建立。唯由妄情所执现界空故，而本有不空实性，方乃以如理作意得深悟入。本有者，法尔本然，不由意想安立故。实性者，本体之异名。作意者，观照义。正智观照，契应正理，远离颠倒戏论，故曰如理作意。元来只此实性，别无现界与之为对。不取色相，不取心相，乃至亦不取非色非心之相，远离一切意想境界，冥然所遇即真矣，寂然本体呈露矣。宁复有所对可说为现界哉？是故我说功能，但依实性立称，不以因缘相释。现界已无，说为谁之因缘？斯与护法，异以天渊。

43

**附识：**吾宗千言万语，不外方便显体。显者，显明之也。本体难设言诠，故须方便。见到体时便无现界。即如凡情执有山河大地等相，智者了知此等相都无自性，即是皆空。如实义者，森罗万象，无非清净本然，即于万象之上而一一皆见其是清净本然，却非谓万象浑然成一合相，始名清净本然。此处切勿误会。清净本然者，本体之代语。实未曾有如世间情见所执山河大地等相可得故。岂等空见论者荡然一无所有，但谓如世间情见所执山河大地等相不可得耳。如世如字对下等相为指似之词。故见体则知现界本空，非故作妙语。悟《般若》者，当印斯旨。

护法唯未见体，故其持论种种迷谬。彼本说真如为体已，又乃许有现界而推求其原，遂立功能作因缘，以为现界之体焉。若尔，两体对待，将成若何关系乎？夫现界者，随俗假说故有。若据胜义，即现界诸相元无自体，故不应作现界相想。而现前莫非真体呈现矣，安有现界可得乎？如其执取现界，又计有隐于现界背后之体以为因者，是则唯凭情识妄构，种种建立，惑相纷纭，从何觌体？宁非作雾而以自迷欤！至于真如一名，大乘旧以为本体之形容词。古译如如，以其非戏论安足处所故。后译作真如，似稍失本义。原其广除相缚，情计所执诸相，总名相缚。而后微示本体非空，以其难为之名，状曰真如。此固人天胜义也。然自护法说来，则真如遂成戏论矣。彼既许有现界，又许有现界因缘之体，明是层层相缚，则其所谓真如体者，不过又增一重相缚耳。护法之学，昔无弹正，吾所为辩之者，诚有所不得已耳。虽获罪宿德，亦何敢辞！

二曰：功能者，一切人物之统体，非各别。护法之立功能也，固不以众生为同源，宇宙为一体。其说以谓每一有情之生，皆有自功能为因，而此功能亦名种子，体性差别，数极无量，殆如众粒。有情者，人或众生之异名。体性差别者，不一之谓差别。护法本以功能为现界因缘，而于现界

## 新唯识论（文言文本）

则析成许多独立之体，即将一人之全宇宙总分为八识，每一识又析作相、见、自证三分，已见前注。然亦将自证摄属见分，以与相分对待成二。如眼识二分，相分即色境，见分即了别是已。耳识等准知。据此，则现界千差万别，当由其因缘不一，故说功能众多，其体差别。又彼计诸功能复有染净或善恶等之异其性，故说性差别。**若尔，势等散沙，伊谁抟控？ 爰建阿赖耶识，是作含藏。**彼计一人有八识，阿赖耶为第八识。阿赖耶者，藏义、处义，以是无量种子所藏处故。**阿赖耶者，因自种起，**赖耶亦析作相、见二分。相分者，略举之则根身乃至日局、员舆等器界皆是也。见分，旧说为深细不可知。赖耶二分，各有自种为因，必有因缘方得起故。**复持自种及余种，**自种者，赖耶自家种子也。余种者，谓眼识、耳识、鼻识、舌识、身识、意识、末那识，各各有自种子也。赖耶含藏万有，凡自种及余眼识等种，皆为所摄持，恒不散失。问："赖耶持余识种，于义可成。赖耶既因自种起，如何能持自种？"答曰：彼计赖耶自种为因，而赖耶为果。无始已来，因果恒俱时而有，非是因先果后，以故果得持因。**故号一切种子识。**所以生生不息。**此识无始时来，念念生灭，前后变异**其体非是恒常。**而恒相续，定无间断，**未尝随形骸以俱尽。**故喻如暴流。**暴流非断非常：前水引后，故非断；后水续前，故非常。**迹护法功能又名种子，析为个别，摄以赖耶，**摄者总持义。阿赖耶识亦省称赖耶。**不悟种子取义，既有拟物之失，**拟稻等物种故。**又亦与极微论者隐相符顺。**外道、小宗计有实微，其数众多。此亦计有实种，数复无量。**宇宙岂微分之合，人生讵多元之聚？ 故彼功能，终成戏论。若其持种赖耶流转不息，**流转者相续义。**直谓一人之生自有神识迥脱形躯，从无始来恒相续转而不断绝，则亦与神我论者无所甚异。**神识者，第八识染净之通名。旧说第八识在凡位则名赖耶，以摄藏染种故；及入圣位，此识唯持净种，则不复名赖耶而号为无垢识矣。要之，可以神识一名，为其染净之都称。又，此识虽自后来大乘建立，然小乘已有与此相当之义，见《成唯识论》。大抵佛家各派，无不谓各个人之生命都无始无终者。世人皆言佛家无我，不知佛家固极端之多我论者。其以无我为言，盖谓于我而不起执著，斯所以异于神我论者耳。**夫云有情业力不随形尽，理亦或然。**业者，造作义。佛家以为凡人种种造作，皆有余势不绝，名为习气，亦云业力。

《大智度论》五云:"业力最大故,积聚诸业,乃至百千万劫中不失、不烧、不坏。是诸业能久住。如须弥山王尚不能转是诸业,何况凡人?"详此所云业力或习气,既许久住,将谓其恒存为种族间或社会间之共业乎?此于义虽复可通,而佛氏本意殊不如此。彼直谓一人所有一切业力或习气,揉杂而成一团势力。其人虽死,而此一团势力恒不失不散,为其人死后不断之生命也。粗略言之如此。盖亦理之所可或有耳。顾如神识之说,即群生本来法尔一齐各具,则是众生界原有定数,而所谓宇宙实体将为分子之集聚,适成机械论而已,岂其然乎?今若承许业力或习气恒不散失,则于《二十论》所谓化生之义为近。然生曰幻化,毕竟无实自体,毕竟是后起的,非本来有此各别底物事也。至如神识之说,便是群生本来法尔一齐各具,此于理极不合。

　　已破他计,须申自义。我所说功能,本与护法异旨。盖以为功能者,即宇宙生生不容已之大流。言大流者,显非个别物故。此体绵绵若存,原无声臭可即;冥冥密运,亦非睹闻所涉;泊尔至虚,故能孕群有而不滞;孕之云者,不得已而设为之辞耳。实则群有即是功能呈露,非谓功能超越于群有之外,而为其孕之之母也。湛然纯一,故能极万变而莫测。天得之以成天,地得之以成地,人得之以成人,物得之以成物。芸芸品类,万有不齐。自光线微分,野马细尘,乃至含识,壹是皆资始乎功能之一元而成形凝命,莫不各足,莫不称事。斯亦谲怪之极哉!故观其殊,即世界无量;会其一,则万法皆如。斯理平铺,乌容议拟。夫品物流行,明非断片各立;如万物一体义不成,便似许多断片各各孤立,岂其然乎?宇宙幻化,征其圆神不滞。幻化者,活义,非毁词。故知功能无差别,方乃遍万有而统为其体,非是各别多能,别与一一物各自为体。多能,具云众多功能。是义决定,奚用狐疑?

　　三曰:功能、习气非一。护法立说最谬者,莫如混习气为功能也。彼计一切功能,综度由来,可为二别。一者本有,谓无始法尔而有故。二者始起,谓前七识一向熏生习气故。本无而新生之曰始起。前七识者,谓眼识乃至第七末那识;以此七对第八识而言,故曰前也。一向者,由无始时来念念熏故，通常言之曰一向。习谓惯习。气谓气势。习气者，谓惯习所成势力。熏者熏发，谓前七识起时，各各能发生习气以潜入第八识中，令其受持勿失而复为新功能也。护法谈功能，以本有、始起并建。其说实有所本，今此但归之护法者，以彼持说始严密故。

其说弥近理而大乱真。夫功能者，原唯本有，无别始起。所以者何？功能为不可分之全体，具足众妙，无始时来，法尔全体流行，曾无亏欠，岂待新生，递相增益？设本不足，还待随增，何成功能？故知本始并建，徒为戏论。迹护法根本谬误，则在混习为能，故说本外有始。由不辨能、习之殊故，故说习气为始起功能，以别于本有功能。若了习气非可混同功能者，则知功能唯是本有而无所谓始起也。寻彼所谓习气，我亦极成。但习气缘起，护法虽严密分析，说为前七识各别熏生，彼计眼识熏生眼识习气，为后念眼识种子。耳识乃至第七识亦尔。而犹未明其故。所以熏生之故，彼犹未详。若深论者，实缘有情有储留过去一切作业以利将来之欲，遂使过去一切作业，通有余势，宛成倾向，等流不已，即此说为习气。作业，犹言造作。自意念微动，乃至身语发动之著，通名作业。余势者，如过去某种作业，虽刹那不住，仍自有续起而不断之潜势，说名余势。倾向者，每一作业之余势潜伏，皆有起而左右将来生活之一种向往故。等流者，等言相似，流谓流行，如香灭已尚有余臭，刹那刹那似前而起流行不绝，是其譬也。此理验之吾生，凡所曾更，曾者过去，更者经验。不曾丧失，信而可征。若过去经验不能保留，吾人便不能生活。是故习气自为后起，决不可混同功能。尝以为能习二者，表以此土名言，盖有天人之辨。天者，非谓有外界独存之神，乃即人物之所以生之理而言也。人者，以众生自无始有生已来，凡所自成其能而储留之以自造而成其为一己之生命者，于此言之则谓之人耳。功能者，天事也。习气者，人能也。以人混天，则将蔽于形气而昧厥本来。习气随形气俱始。如人生有了此身及身所接之物理世界，总名形气。吾人具此形气以生，习气便与之俱始。若夫功能者，则所以成乎此形气而为形气之主宰，故状其灵妙可字以神，言其发而有则亦云为理。所谓人生本来者即此，而蔽于形气者不之知也。悠悠千祀，迷谬相承，良殷悼叹。故推校能、习差违，差者差别，违者违异。举其三义，著于左方。

一者,功能即活力,习气有成型。功能者,生之宝藏。功能即实体,而说为宝藏者,乃以形容其丰富盛大云尔。其神用之盛也,精刚勇悍,任而直前。精者纯洁无染。刚者至健不挠。勇者锐利而极神。悍者坚固而无不胜。任者莫之为而为也。直前者周流不息。此固尽性者之所可反躬而自喻也,故谓之活力也。功能者,相当于此土先哲所言性。《中庸》以尽性为言。尽者,亲知实践而实现诸己,使此理之在我者无一毫锢蔽亏欠,说之为尽。夫功能即性也,人之所以生之理也,是本来固具也。然人不能尽之,则但为形役,即困于形而不见夫本来固具之理,此理遂若非其人之所有,故人亦不能自证其有也。世之谈人生者,往往持机械观而不能自信有无穷活力之大宝藏。人类之自绝其生理也久矣夫!习气者,自形生神发而始起。暨夫起已,则随逐有情,俨若机括,待触即发,以为生之资具。吾人固有生机之运行,本以习气为资具,而结果则以资具当作生命底本身了。此非反观深切者不能知也。故其力之行也,恒一定而不可御,故谓之成型也。上言机括者,犹云发动机也,不必含劣义。至后所举有漏习气方具劣义。有漏习气之为机括也,恒受役于形躯而动焉。王阳明所谓随躯壳起念,正谓此也。若无漏习气之为机括也,则以顺其生理本然之妙用而不为形役矣。两者均可说为机括性,而所以为机括者,则又迥乎不同也。随逐有情者,谓习气即成为有情之生命,不断舍故,假说随逐。成型犹言方式,亦不必含劣义。

二者,功能唯无漏,习气亦有漏。唯者,此外无有之谓。漏谓染法,取喻漏器,顺物下坠。有漏、无漏,相反得名。亦者,伏无漏二字,习气不唯是无漏而亦通有漏故。纯净升举是无漏义,杂染沉坠是有漏义。功能者,法尔神用不测之全体,乃谓性海。光明晃曜,原唯无漏,是以物齐圣而非诬,微尘、芥子同佛性故。行虽迷而可复。无恶根故。若护法计功能通有漏、无漏者,护法析功能为个别,已如前说。彼计诸功能,有是有漏性,有是无漏性,故概称功能即通此二。则是鄙夷生类,坚执恶根,其愚悍亦甚矣!彼许本有有漏功能,即是斯人天性固具恶根。惟夫习气者,从吾人有生已来经无量劫,一切作业余势等流,万绪千条辗转和集,如恶叉聚,其性不一,有漏无漏,厘然殊类。劫者时也。辗转,相互之谓。和集者,一处相近名和,不为一体名集。无量习气互相附著成为一团势力，故言和也。然又非浑合而无分辨，故言集也。恶叉聚者，果实有不可食者，俗名无食子，落在地时多成聚故，梵名恶叉聚。此喻习气头数众多，互相丛聚也。**推原习气染净，本即吾人生活遗痕。良以生活内容不外一切作业。若使自计虑至动发诸业**，计虑谓意业，乃深细盘结而未著于外者。动发即见之身口而形诸事为，此业便粗。**壹是皆徇形躯之私而起者，此业不虚作，必皆有遗痕储为潜势，成有漏习。**遗痕者，如贪欲初动甚微，即是意业之一。此业虽当念迁灭，然必有余势续起不绝者，故名遗痕。潜势者，即前业遗痕成为潜伏的势力，故名潜势。**若使自计虑至动发诸业，壹是皆循理而动而不拘于形躯之私者，此业不虚作，必皆有遗痕储为潜势，成无漏习。凡习染净由来，大较如此。乃若染净亦各有分族，略举其要，染习谈三，净习谈四。**

　　**染习三者，一曰贪习，二曰瞋习，三曰痴习。此三为染根本，**一切染法皆依此三而起，云染根本。**如后心所中说。**三者皆因拘执形躯故起。**净习四者，曰戒，曰慈，曰定，曰勇。**此四，依善心所略举而谈。戒即不放逸，慈谓无瞋，定即定心所，勇者精进。**戒者，念念不颠倒故，恒离染故，名之为戒。**戒底工夫精纯，便即本体扩充。**慈者，柔愍故，以他为自故，名之为慈。**柔者柔和，愍者怜愍，所谓恻隐之心是也。《瑜伽论》言"菩萨以他为自"，与儒先言"仁者浑然与物同体"，意思一般。**定者，离沉掉故，能生明故，名之为定。**沉谓昏沉，掉谓掉散，定离此二。明者本智，依定方生，故此言能生明。**勇者，猛利前进故，能无倒故，名之为勇。**前进者，向上义，不随染义。无倒者，懈怠方生颠倒，精进则正觉所依，故此言能无倒。**此四习者，皆是随顺本具清净性海，亦名无漏。或复有难："戒等即性，**等者谓慈、定、勇。**云何而以习言耶？"应知此心发用处即有为作，以有为作名之为习。**戒等只是依心而起底功用，是有所为作的，故是习。参看《明心下》触数中。**习之于性，有顺有违。顺性为净，违性为染。戒等只是顺性而起，故说为净习。净习者，性之所由达也。虽复名习而性行乎其中，然不可即谓之性。净习、染习，势用**

49

攸殊,此消彼长,净长则染消,染长则净消。顺吉逆凶。净则于性为顺,全生理之正,故吉。染则于性为逆,既乖其生理,故凶。然生品劣下者,则唯有漏习一向随增,净习殆不可见。吾前不云乎:功能者,天事也;习气者,人能也。人乘权而天且隐,故形气上之积累,不易顺其本来。习与形气俱始,故是形气上之积累。染习则恒与形气相狎,而违拂其固有生理。净习虽与天性相顺,然欲长养之也又极难,故云不易尽顺本来。愚者狃于见迹见读现,见迹谓染习。而不究其原,不穷性命之原。因众生染习流行,遂以测生理之固有污疵。护法立本有有漏功能,与儒生言性恶者同一邪见。果尔,即吾于众生界将长抱无涯之戚。然尝试征之人类,则通古今文史诗歌之所表著,终以哀黑暗、蕲高明为普遍之意向。足知生性本净,运于无形,未尝或息。悠悠群生,虽迷终复;道之云远,云如之何! 险阻不穷,所以征其刚健;神化无尽,亦以有夫剥极。使无剥者,则宇宙只平平帖帖地一受其成型而不变,何有神化之妙耶? 愚者困夫迷途,先觉垂其教思,义亦相依。若有小心,妄测宇宙之广大,必将恐怖而不可解。《易》道终于《未济》,不为凡愚说也。

**附识**:此稿初出,怀宁胡渊如教授于友人黄梅汤用彤处得读之,谓汤君曰:"熊子能习之分,可谓善已。衡以儒宗故言,能者其犹义理之性,习者其犹气质之性欤?"予曰:此未可比拟也。能者,固是清净本然,于所谓义理之性为符。习者,人心凡所造作之余势潜行不息,亦云串习力,此与气质俱始,而习不即是气质也。气质者,形生而才具,故名气质。形者形躯,才者能也。形生而能即具焉,故形能不异,而亦不一。然能之发现,因形为其型范而有剂限。如生而较灵或较蠢,及其偏柔或偏刚等等,皆从其形生时而具此种种趋势。此谓才能,非功能之能。所谓气质,即形与才之通名。此其成就,出于造化之无心,元非有生自力所造作,故不可谓之习也。凡习之起,必依于气质,而亦得以习矫正气质之偏也。

50

是气质非即性也，而气质所以凝成之理便谓之性，此中理字，隐目本体。故不可离气质而言性矣。伊川言义理之性，只是就气质中指其本然之善而为之名。易言之，乃就气质所以凝成之理而言之耳。故义理之性即是气质之性，非有二也。明儒多有讥伊川之言为二本者，此未得伊川意。气质之性，本自横渠发之，二程皆用其说。明道亦言："论性不论气不备，论气不论性不明，二之则不是。"明性即具此气中而无乎不在，不可离而二之也。《论语》"性相近也"章，朱子《集注》曰："此所谓性，兼气质而言也。"其下一兼字者，正以即此气质之中而本然之性存焉。就气质言，则通塞不一其品。就此气质之本然之性言，则其所具之理，本无弗同也。然不言同而言近者，正以此性既非离气质而别为一物，性即是凝成此气质者，但气质之凝成，变化万殊，难以齐一。且既已凝成，亦自有权能，虽为本性表现之资具而不能无偏，固不得悉如其性矣。故性乃随其气质之殊而有显发与否之异。盖有气质甚美而所性之全得以显发者，亦有气质不美而所性之全不克显发者，故不能谓之同。然其所争只在能充分显发与否，而非本有差别，故云相近。《集注》释性，谓兼气质而言，可谓深得孔子之旨。夫人性既相近而圣狂若是其远者何也？此中狂者昏惑义，非与狷对称之狂。此则习为之也。习顺其性而克变化气质，则日进于高明矣。习违其性而锢于气质之偏，则日究乎污下矣。故谓习相远也。因论习气与气质之分，而纵言及此。《论语》"性相近也"章，拟别为解说，此不及详。


三者，功能不断，习气可断。可者，仅可而未尽之词也。功能者，体万物而靡不贯，本无定在，故乃无所不在。穷其始则无始，究其终则无终。执常见以拟议，便成巨谬；执断见以猜卜，尤为大过。或复计言："如人死已，形销而性即尽，尽者灭尽。岂是人所具功能得不断耶？"性尽即是功能断故。应答彼言：形者，凝为独而有碍；独者，成个体故。性者，贞于一而无方。此言一者，非算数之一，乃绝对的也。无方者，无有方所故。人物之生也，资始于性性谓功能。而凝成独立之形。形者质碍物，固非复性之本然已。但此性毕竟不物化，其凝成万有之形，即与众形而为其体。自众形言，形固各别也。自性言，性则体众形而无乎不运，乃至一而不可剖，不可坏。不可剖与坏者，贞也，性之德也。若乃人自有生以后，其形之资始于性者，固息息而资之。形非一成不变，故其资始于性也，乃息息而资之耳。非仅禀于初生之顷，后乃日用其故，更无所创新也。易言之，是性之凝为形而即以宰乎形、运乎形者，实新新而生，无有歇息之一期。然形之既成，乃独而有碍之物，故不能有成而无坏，但不可以形之成乎独且碍而疑性之唯拘乎形，遂谓形坏而性与俱尽耳。性者，备众形而为浑一之全体，流行不息。形虽各独，而性上元无区别；一己与人人乃至物物，据形则各独，语性惟是一体。形虽有碍，而性上元无方相。方相者，形也。性则所以成乎此形者，而不可以方相求之。以形之必坏而疑性亦与形俱尽者，是不知性者大化流行，原非有我之所得私。执形以测性，随妄情计度而迷于天理之公，死生之故，所以难明耳。故功能无断，理之诚也；如其有断，乾坤便熄，岂其然哉！

习气者，本非法尔固具，唯是有生以后种种造作之余势，无间染净，造染则有染势，造净则有净势。无分新旧，旧所造作者，成为旧有之势。新所造作者，成为新有之势。辗转丛聚，成为一团势力。浮虚幻化，流转宛如，宛如者，流动貌。虽非实物而诸势互相依住，恒不散失。储能无尽，储能，犹言储备种种能力。实侔造化之功；王船山云："习气所成，即为造化。"应机迅速，是通身物之感。物感乎身，而身应之，即由习气应感迅速。故知习气虽属后起，而恒辗转随增，力用盛大。吾人生活内容，莫非习气。吾人存中形外者，几无往而非习。此可反躬自明者。吾人日常宇宙，亦莫非习气。各人底宇宙不同，即由各人宇宙由自己习气形成之故。如吾人认定当前有固定之物，名以书案，即由乎习。若舍习而谈，此处有如是案乎，无如是案乎？便有许多疑问在。则谓习气即生命可也。然则习气将如功能亦不断乎？曰功能决定不断，如前说讫。习气者，非定不断，亦非定断。所以者何？习气分染净，上来已说。染净相为消长，不容并茂，如两傀登场，此起彼仆。染习深重者，则障净习令不起，净习似断。又若净习创生，渐次强胜，虽复有生以来染恒与俱，而今以净力胜故，能令染习渐伏乃至灭断。始伏之，终必断。断于此者，以有增于彼，染增则净断，净增则染断。故概称习，则仅曰可断，而不谓定断也。为己之学，哲学要在反求诸己，实落落地见得自家生命与宇宙元来不二处。孔子曰"古之学者为己"，正就哲学言。无事于性，性上不容着纤毫力。有事于习。修为是习。增养净习，始显性能，极有为乃见无为，性是无为，习是有为。习之净者顺性起故，故极习之净而征性之显。尽人事乃合天德。人事以习言，天德以性言。准上可解。习之为功大矣哉！然人知慎其所习而趣净舍染者，此上智事，凡夫则鲜能久矣。大抵一向染习随增，而净者则于积染之中偶一发现耳。如乍见孺子入井而恻隐之心，此即依性生者，便是净习偶现。若乃生品劣下者，则一任染习缚之长驱，更无由断。其犹豕乎？系以铁索，有幸断之日乎？故知染习流行，傥非积净之极足以对治此染，则染习亦终不断。要之，净习若遇染为之障，便近于断；近字注意。净习无全断之理，然间或乍现而不得乘权，则其势甚微，故已近于断。染习若遇净力强胜，以为对治，亦无弗断。故习气毕竟与功能不似也。功能则决不可计为断故。

综前所说，性习差违，性谓功能。较然甚明。护法必欲混而同之，未知其可。今此不宠习以混性，亦不贵性而贱习。虽人生限于形气，故所习不能有净而亡染，此为险陷可惧。然吾人果能反身而诚，则舍暗趣明，当下即是，本分原无亏损，染污终是客尘。坠退固不由人，战胜还凭自己，人生价值如是如是。使其生而无险陷，则所谓大雄无畏者，又何以称焉？

是故我说功能，与护法异趣。如上略辨，已可概见。复以难曰："公谓功能，实性之目。夫实性者，所谓一真法界，无对待故，故云一真。以其遍为万法实体，故名法界。界者体义。本非虚妄，故说为真。恒无变易，故说为如。于一切处，恒如其性。此即不生不灭、不变不动，故名实性。斯是了义，允为宗极。今公所持，似以生灭变动恒转功能名为实性。是义云何？傥即生灭变动为实性者，宇宙浮虚，元无实际，人生泡影，莫有根据，将何为安身立命之地？若此，显乖宗极，过犯无边。凭何理据，是义得成？"余曰：善哉，子之难也！夫最上了义，诸佛冥证，吾亦印持。吾不能自乖于宗极也。子疑吾以生灭变动者为实性，吾且问汝：汝意将于生灭法外别求不生不灭法，于变动法外别求不变不动法乎？若尔，是生灭变动法便离异不生灭不变动法而有自性，何须安立不生灭不变动法为彼实性？不容有二体性。又实性若唯是顽然不生灭不变动者，即是空洞无物，将谁得名诸法实性？反复推征，汝皆堕过，是于了义，竟未真知，何足难我？

应知我说生灭即是不生不灭，我说变动即是不变不动。何以故？所谓生灭者，刹那刹那幻现其相，都无暂住故。详《转变》章。实无有生灭法可得，俗言生灭者，却不了刹那无住义。他承认有现前底物事，以为凡物本无今有，说之为生。凡物生已而住，终归于坏，名之为灭。如此把生灭看做是有实物生起及灭去，此妄执耳。若知现前诸法实是刹那幻现，无暂时住，即此现前诸法在实际上确未曾有此个物事出生。他既不生，即亦无所灭，故欲求得生灭界底物事，毕竟不可得。便是不曾生灭。本性上恒自如如，既没有生出另一个物事来，亦不曾灭却个甚物事，所以说不生不灭。所谓变动者，刹那刹那幻现其相，都无暂住故。实无有变动法可得，俗言变动者，盖以为物逢异缘而起或种变化者，即名变动。因不了刹那无住义，却把变动看做有实物在那里起甚变化。今此不尔，乃就俗所计为实物者，而审观其元来无物，只有幻相，刹那刹那新新而起都不暂住，是名变动。故俗计有变动界底物事，在实际上乃不可得。便是不曾变动。本性上恒自如如，既没有变作另一个物事来，故说不变不动。然则生即无生，以生而不有故；不有，即无物为碍也。灭即非灭，以灭而不息故；不息，故非空无。变即不变，以变而恒贞故；贞者贞固，恒如其性故谓恒贞。盖其在物在人，在凡在圣，性恒不改，如水成冰，不失水性。动即不动，以动而不迁故。肇公《物不迁论》备发此旨。《易·井》卦："井居其所而迁。"迁者迁流。言其流不竭而恒居其所，即仍是不迁义也。会得时，于万象皆见为真如，不可离现象而别寻实体。于流行便识得主宰，主宰者，非神或帝之谓，只此流行中有则而不可乱者，说为主宰。如吾人当万感纷纭而中恒湛寂，泛应曲当，能有裁制而不徇乎物，此即主宰义。于发用自不失静止。庄子云："尸居而龙见。"尸居是静止义，龙见是发用义。即发即止，动静一致。夫言生而未了生即无生，乃至言动而未了动即无动，此执物者也。言无生而未了无生之生，乃至言不动而未了不动之动，此沉空者也。故知实际理地，微妙难言，过莫大于沉空，而执物犹次。故乃从其炽然不空，强为拟似：拟似者，形容之谓，此理无可直揭故。假注恒转，令悟远离常断；伪说功能，亦显不属有无。理不思议，理之极至，非思议所行境界，唯内自证知。名本筌蹄；傥反观而冥会，毋由解以自封，庶几疑情顿释乎！

夫析理诚妄，咨于二谛：曰真，曰俗。详在《量论》。顺俗谛故，世间极成。地唯是地，水唯是水，乃至群有悉如其自相共相而甄明之，不违世间。入真谛故，决定遮拨世间知见。故于地不作地想，地性空故，现前即是真体澄然；地无自性，故云地自性空。于水不作水想，水性空故，现前即是真体澄然；乃至于一切相，不作一切相想，一切相无自性故，现前即是真体澄然。此则一理齐平，虑亡词丧，唯是自性智所证得故。学者若不辨于真俗，则于上来所说必将疑怖，以为生灭界或变动界诸物事既不可得，岂非宇宙皆空。不知此约真谛，即泯俗归真，总言无物。斯乃荡除物相，举俗所假名一切物都无自性，实一切皆真，遂言无物，谁谓本体洞然顽空？故知理之极至，迥超情识，无容疑怖耳。

上来假设功能，以方便显示实性，今当复取前章《转变》。谈色心而未及尽其义者，郑重申之。曰《成色》，曰《明心》，以次述焉。

# 成 色 上

世言色法，以有对碍为义。<small>对碍犹言质碍。</small>有对碍故，故有数量，<small>如云一颗石子或两株树或八大行星，皆以数纪物也。</small>《传》所谓"物生而后有象，象而后有滋，滋而后有数"是也。故可剖析。<small>如析物质为分子乃至元子、电子等。</small>此世俗所公认也。然随俗兴诠，色有对碍；如理而解，对碍不成。<small>如理云者，恰如其理之真而解，不谬误故。</small>盖色法者，恒转之动而翕也，故色之实性即是恒转，而实无对碍。所谓对碍者，唯是动势之幻似耳。动而不能无翕，故幻似对碍，岂其实尔哉？夫恒转之力，本无处不周遍，本无处不充塞，<small>处者，不得已而设为之辞耳，而实无有处。</small>然其为用，则存乎摄聚。不摄聚，则浮游无据，又何以见其力之行乎？故摄聚者，生生之机，造化之萌也。才摄聚便是翕，翕即幻成无量动点。动点者，幻似有质而实非质也。<small>世俗言元子、电子者，若执为固有实质便大误。</small>动点之形成不一其性，而阴阳以殊；动点之相待不一其情，而爱拒斯异。阴阳相值适当而爱，则幻成动点系焉。系之组合，当由多点，其点与点之间，距离甚大，但相引相属而成一系耳。然无量诸点，自有不当其值而相拒者，此所以不唯混成一系，而各得以其相爱者，互别而成众多系也。凡爱拒之情，只生于相待之当否。有拒以行乎爱之中而成分殊，有爱以彻乎拒之中，使有分殊而无散漫。此玄化之秘也。故凡系与系之间，亦有爱拒。二个系以上之爱合，<small>合者，相引义，非谓无距离。</small>形成粗色。如当前书案，即由许多动点系幻成此粗色境，乃至日星大地靡不如是，及吾形躯亦复如是。世俗计物尘世界对碍凝然，今此说为无量动点幻现众相，此非天下殊诡至怪者耶？夫滞于物相者，则见为对碍，若乃即物相而深观动势，则知物相只是动而方翕之势，貌似对碍，而实无对碍也。故曰：色之实性即是恒转。此穷原极本以言之也，设令顺俗为谈，则色有对碍，世共极成，吾亦何间然之有耶？

**附识：**昔者印人言世界缘起，约有二说：一转变说，如数论计万物皆从自性转变而生是也。但数论立自性神我，却外于转变而别求恒常之法，此乃巨谬。若吾《易》言"乾道变化"、"品物流行"，其所谓乾即此变化不息而为品物实性者是，初非离变化或品物外而别有恒常法，所谓变易即是不易耳。斯固数论所未逮闻。二集聚说，如胜论计地等法，皆由极微集聚而成是也。外道、小乘立极微者，皆属此派。今科学家言元子、电子者，亦其类也。后者偏于机械观，而不悟宇宙本非质点之聚合。前者较精于知化，而不立动点，则于世俗所计物质世界，终欠说明。学者参稽二说，而观物以会其理焉可也。

# 成　色　下

夫综一切色法而为之称，则曰器界。犹俗云自然界。器界者，貌似物各独立，疏离隔碍，而实则凡物互相系属，互相通贯，浑成全体。一片荷华岂容孤特繁荣，实与百产精英相为资藉耳；一颗沙子何堪单独存住，实与无量星球相为摄持耳。故知器界实乃完然全体，虽其表象宛尔许多部分为各各独立之物事，而究极言之，各部分相属相贯，要不容截然离异也。

器界一切现象，世俗习见谓从过去生已便住，持续至今，当趋未来，故说器界可容久住。虽不必恒住，而容有长久时住故。世间作此解。此说似是而非其实也。器界果是实物，堪云久住，今既无实，住者其谁？如前已说，器界唯是无量动点，幻现众相。动点者，才生即灭，即字吃紧，无有暂住时故。刹那刹那，别别顿起，前后刹那动点，各各新起，都不住故。别别者，不一义。前不至后，此不至彼。实无前后彼此等相，特顺俗而设言之耳。本来无物，说谁久住？世俗计动点或为有质微粒，小莫能破，实则动点幻似凝质而本非质，俗顾未之审耳。复有难言："动点非质，理亦宜然。唯吾人于动点随转，前灭后生，说名随转。既不能不设想有前后刹那，其前刹那动点起已即灭，后刹那动点新生亦复不住，造化无有留碍，斯理固尔，但前后刹那中间，宜有少隙可得。意谓中间有至小之时分，名为少隙。有少隙可得故，则造化岂不有中断时耶？"曰：恶，是何言！汝计有少隙可得者，是以世俗时间观念推度法尔道理。此云刹那，原依妄相迁流假为之名，而实非世俗时间义故。《量论》详之。故虽假说前后刹那，而于其间无容画割，奚有少隙而可得哉？是以动点生灭随转，新新不住，前刹那动点方灭，后刹那动点即生，虽复前灭后生，宛尔迁流，而不容设

59

想生灭中间有时分故。然则化恒新而蜕故不留,时非实而无隙何断。理实如是,其复奚疑? 夫动点随转,幻似有物推移,恍若此物从一状态而至别一状态,如跳跃以进者,不知此乃先后动点方灭方生,如是随转,先方灭,后方生,刹那刹那生灭密运,随转不熄。幻似有物飞跃而无实物由此趣彼。斯理之玄,难为索证。理之至极,本不可以知测,以知识推测,徒疑而不信。不可以物征耳。

或复难言:"刹那既非世俗时间义,而仍于刹那说前后何耶?"曰:言前刹那灭,显其非常;言后刹那生,遮执为断。为明非断非常义故,假说前后,而不可如世俗执实前后相,以是假说故。至理本超时空,以言思表之,不得不曲成封畛与次第。此须善会,不可执故。或复难言:"若动点刹那刹那顿现者,宇宙之化岂非有顿而无渐耶?"曰:化无留迹,新新而起,如何非顿? 彼计为渐者,若依前后刹那假说,前灭后生,相似相续,亦得名渐。然此前后相,毕竟假说故,要非可执实,如何定执有渐义耶? 或复难言:"若如顿变说者,造化岂非绝对自由耶?"曰:自由者,待限制而后见。宇宙变化,其力无待,极神极妙,本无限制。斯无所谓自由,亦无所谓不自由。以自由与不自由而猜卜化理,同是情识迷妄故。设计为不自由者,如前已说,无限制故,云何不自由? 设计为绝对自由者,无限制故,又从何而见其为自由乎? 且如绝对自由说者,将可谓宇宙之化刹那刹那,诡出杂乱,而为毫无天则与恒性者耶? 天则犹云自然之则。故知自由与不自由,此于大化,两无可拟。或更问言:"动点随转,决无中断,是义成就,已如前说。随转义注见前。然多数动点系,形成粗色,则不能无散灭,何耶?"曰:粗色境者,其成幻成,其灭幻灭,自性空故,粗色无有实自体故,故云成灭皆幻。何须置论? 然俗计粗色为实有者,随情施设,但随妄情而施设故。亦可无遮。此言在世俗谛中亦不遮拨粗色境也。如俗计书案或瓶盆等为实有者,吾又何曾不随顺之而说为实有耶?

新唯识论(文言文本)

于俗所谓广博器界之中而有一特殊部分焉,即吾等有情之身体是已。有情者,众生之别名,以其有情识故,因名有情。身体本器界中之一部分,非离器界而独立。然人情之惑也,执身体为内,而不知器界非外,实则身体即器界摄。何可猥执一隅,昧厥全体乎?善夫杨慈湖之说曰:"自生民以来,未有能识吾之全者。惟睹夫苍苍而清明而在上,始能言者名之曰天。又睹夫隤然而博厚而在下,又名之曰地。清明者吾之清明,博厚者吾之博厚,而人不自知也。人不自知而相与指名曰,彼天也,彼地也,如不自知其为我之手足,而曰彼手也,彼足也,如不自知其为己之耳目鼻口,而曰彼耳目也,彼鼻口也。是无惑乎!自生民以来,面墙者比比耶。"又曰:"不以天地万物万化万理为己,而惟执耳目鼻口四肢为己,是剖吾之全体而裂取分寸之肤也,是梏于血气而自私也,自小也,非吾之躯止于六尺七尺而已也。坐井而观天,不知天之大也;坐血气而观己,不知己之广也。"详此所云,甚有理致。世俗或以己身为自然界之一断片而不知己身实赅摄自然,本为一体同流。虽复说有全分之殊,自然界是全,而身体则此全中之一分也。其实分即全也,分即全之分故。全即分也。全即分之全故。气脉自尔流通,万物皆相容摄、相维系,无有孤立者。攻取何妨异用。万物有和同而相取者,有逆异而相攻者,作用诡异,要以会成全体之妙。本非一合相,此借用《金刚经》语。经约本体言,此约形器言。盖谓己身与万物对待,宛然有众多部分故。而又完然整然,不为截异之体段。己身与万物相容相系而成全体故。其妙如此。故夫于分而冥会其全,则一己之身,介群有而非小;于全而不碍其分,则一己之身,备众物而非大。直至小大之见双亡,全分之相俱泯。斯以玄同彼我而寓诸无竟者夫!然人情偏执,顾乃迷于分以昧其全。本来圆满,何为自亏?本来广大,胡以自狭?不亦悲乎!

身体虽说为器界之一部分,然从身器相互之感应为言,则身体又属器界之中心。凡吾一身周围环绕之事物,近自耳目所接声光等尘,远至日局已外或有他日局，此于吾身或疏或亲，环而交感，亲者直接，疏者间接。身受物感，至为繁复。一感之来，关系无量，如手触一颗沙子，此为直接之感，而沙子之存在则与全宇宙相关，是沙子直接的以其力来感时，实间接的挟全宇宙之力以俱来也。而吾身又即一一有以应之而毋或滞焉。其应之也，且将使器世间随吾身运动而变更状态。如体力强者举重若轻，是物之轻重视吾身之动。又如身近物则视之大，身远物则视之小，是物之大小视吾身之动。举此二例，略见其概耳。此如大一统之国然。其万方争自效以达于中枢，其中枢复发号施令以布之万方。若乃万方视听随中枢而更化，一如身动而令四周境物从之易态。故身之部分，乃于大器而为其中心。大器者，旧于器界亦名为大，相状大故。此犹俗云大自然界也。东土建言有之，"天地设而人位其中"，亦此意也。天地者，器界之异名耳。设者，器成而象著，故以陈设言之。人位其中，以人之身为器界中心故。夫身于器为中心而不穷于应者谓之往，器向中心而不已于感者谓之来。故来不自外，器非身外物故。外则隔截，云何来必有往？往来同时，只是一种事情，以此证知无隔截处。又往非驰外，其以为外物而驰求之者，特妄识分别耳。外则隔截，云何往必有来？准上可知。知往来之几者，则知身器本无实。动而往者身也，其来者则器也。故身器无实物，只此往来动势而已。往来无端，效而不息，效者谓往来之变，无端而呈也。此宇宙之情乎！此中以感应属身器，至于感之而有了别与应之而不爽其则者，方乃是心，便非此所及。

夫身器相连属而为全体，此前所已明者，然使见于全而忽于其分，则近取诸身之谓何？顾可于此不察乎？盖一身虽通于大全，大全谓器界也。而身固分化也，分化则独也。成个体故，故谓之独。其所以分化而成独者何哉？原夫恒转本生生之大力，乃浑然至一而无封畛，其犹浩浩洪流，何可以涯际测耶？然以翕而幻成乎翕，则于浑一之中不得不起分化之用。设无分化，则辟彼洪流将泛滥而无所集中，终亦无所藉以自显。故身者，分化而成器，即由恒转大力所为显其生生真机而不得不出于是耳。若乃身之组织最精巧者，厥惟神经系，而脑筋实号中枢。故善发挥其独之能事者，尤在于脑。身辟则利刃，而脑则利刃之锋也。利刃之精锐全著于锋，而身之精锐全在乎脑。是故生生之大力既以形成乎脑，而还凭于脑以发现，一若百工善事必先利其器者。而此力之全集于脑，则又若电之走尖端，势用猛疾，夫孰知其所以然耶？

上来辨章身器，色法略明，今当以次详之心法。

# 明　心　上

吾前不云乎，心者恒转之动而闢也。见《转变》章。故心之实性即是恒转，而无实自体焉。心者，非遗恒转有自体故。今夫有情假者，本依心物幻现得名，有情，见前注。假者，亦谓有情。以其名从他得，故称假者。物亦色之代语。盖有情只依心物幻现而名之耳，若除去心物两方面，即有情之名无从立也。幻现者，谓心物本非实在法故。设心与物即实在者，便不得更说心物有实体故。而心物实性强名恒转。本不可名而为之名，故强。恒转者，至静而动，静者，言其有恒性而不可易也，自然有则而不可乱也。动者，言其变化不测生生不息也。本未始有物也。无形质，无方所。然动而不能不摄聚，故乃翕而幻成乎物。此所以现似物质宇宙而疑于不守自性也。实则恒转者，纯一而亡染，无染著，即无有滞碍。刚健而不挠，不可折挠。岂果化于物而不守自性者乎？其翕而成物也，因以为资具以物为工具也。而显其自性力。此处吃紧。故行之至健，真体发现，故行健。俗言冲动者，非实有见于真体，只认取浮动者为生机，不亦谬乎？学者于《功能》章末段，虚心体之始得。常物物而不物于物也。物物一词，上物字主宰义及转化义，谓主宰乎物而转化之也。物于物一词，上物字葴锢义。不物于物，即不蔽于物。夫是行健以物物而不物于物之自性力，对翕而言则谓之闢，对物而言，则谓之心。物以翕成，故翕与物异名而同实也。心依闢立，故心与闢异名而同实也。实同名异，词有分剂。恒转幻现翕闢，而形成心物相待，其妙如此。故夫一名为心，即已与物对，已属后天。而非恒转本体矣。恒转即是本体，而首置恒转言者，用为主词故。故但曰心之实性即是恒转，而未可斥指心以为实性也。然以此心不落于物而为恒转自性力之显发也，心即恒转自性力，故吾人须自察识，确有个浑然充实炯然虚明的体段在。阳明末流，至谓离感无心，真迷妄见也，幸有双江、念庵起而矫之。则又不妨曰心即实

64

性。易言之，心即恒转本体也。自本自根，无可依他而穷索；向外觅体，即是依他。自明自了，便已亲体于现前。真理只在当躬，世固有求之愈离愈远者，何耶？

综前所说，恒转翕而成物，乃即利用物之一部分即所谓身体者以为凭藉，而显发其自性力，即此恒转自性力名之以心。是知心者实为身体之主宰，以身于心但为资具故。惟此心虽主宰乎一身，而其体则不可为之限量，限者分限，量者定量。是乃横遍虚空，竖尽永劫，无有不运，无所不包。无不包者，至大无外故；此言大者，是绝对义，非与小对之词。无不运者，至诚无息故。焉有分限可求，焉有定量可测？昔者罗念庵盖尝体认及此矣，其言曰："当极静时，恍然觉吾此心中虚无物，旁通无穷，有如长空云气流行，无有止极，有如大海鱼龙变化，无有间隔，无内外可指，无动静可分。上下四方，往古来今，浑成一片，所谓无在而无不在。吾之一身，乃其发窍，固非形质所能限也。是故纵吾之目，而天地不满于吾视；倾吾之耳，而天地不出于吾听；冥吾之心，而天地不逃于吾思。此上言天地万物皆非吾心外物也。古人往矣，其精神所极即吾之精神，未尝往也，否则闻其行事而能憬然愤然矣乎！此言心体无有古今分段。四海远矣，其疾痛相关即吾之疾痛，未尝远也，否则闻其患难而能恻然蠲然乎！此言心体无有方所间隔。是故感于亲而为亲焉，吾无分于亲也，有分于吾与亲，斯不亲矣！感于民而为仁焉，吾无分于民也，有分于吾与民，斯不仁矣！感于物而为爱焉，吾无分于物也，有分于吾与物，斯不爱矣！此言心体无有彼我分别。是乃得之于天者固然如是。谓为先天所固具也。故曰，仁者浑然与物同体。同体也者，谓在我者亦即在物，合吾与物而同为一体，则前所谓虚寂而能贯通，浑上下四方、往古来今、内外动静而一之者也。"念庵所言，质验之伦理实践上纯粹精诚、超脱小己利害计较之心作用，如向往古哲与夫四海疾痛相连，以及亲亲仁民爱物之切至，凡此皆足以证明此心不有彼我、不限时空，浑然无二无别、无穷无尽。斯所谓内自证知、不虚不妄者乎！一人一物之心即是天地万物之心，非形质所能隔别，故恒互相贯通。此理也，自甲言之固如是，自乙言之亦如是。《华严》"一多相即，重重无尽"，理趣深玄，学者所宜切究。中土学者，大抵皆从伦理实践上纯粹精诚、超脱小己利害计较之心作用，以认识心体。如孟子举乍见孺子入井而恻隐之心，亦最著之例。盖此种作用，绝不杂以小己之私，不受形气之蔽，是所谓无所为而为的，乃依于真实的心体发现，所以于此可认识心体。自孔孟迄宋明诸师，都只于此着工夫。穷神知化而不为诬诞，体玄极妙而不蹈空虚。盖生物进化，至人类而为最高。其能直接通合宇宙大生命而为一，以实显本体世界无上价值者，厥为人类。故人类有伦理实践上纯粹精诚、超脱小己利害计较之心作用，破形物之锢缚，顺性真而创新。其以心转物，以阔运翕者在是，而动物则无此能事。诚以人类中心观念得进化论而一新其壁垒，势不能以求之人者而概之于物也。心理学家言心，举人与动物而一视。彼所研究之范围原不涉及本体，其操术以分析测验，亦不待反观自识、操存涵养之功。故其所谓心与吾玄学上所言心，截然不为同物。此中反观自识，其涵义至为精深，至为严格，与心理学上所谓内观法者绝不相侔，切戒误会。操存涵养，亦中土哲学上特殊名词，涵义精深严格，又不待言。凡此，欲俟《量论》详之。吾每遇人持心理学之见地，致疑于吾所言心为无根据者，此不知类之过也。玄学、科学，各有范围，义类别矣，何可不知！世固有主张科学万能者，如斯偏执，谅愧鸿通。伦理实践敦笃勿懈，反躬而炯然有物，此物字，非事物之物，乃形容此心之词。心恒为身之主，所谓主人翁是也，故以有物言之。灼然自识。《庄子·骈拇》："吾所谓明者，非谓其见彼也，自见而已矣。"此即认识自己之谓。自己者何，此心是已。其感捷而应之也不爽，既动起万端，却恒自寂静；既恒自寂静，却动起万端。绵绵若存之际，而天地根焉；冥冥独知之地，而万有基焉。阳明咏良知诗："无声无臭独知时，此是乾坤万有基。"现前具足，历历不昧。而何为其无根据耶，而岂可以物推观，向外穷索耶？

人情之蔽也，固恒昧其神明宝藏<sub>宝藏者，形容此心备具众妙故</sub>。而自视为一物矣。耳目口鼻内脏百骸固皆物也。耳所取声，目所取色，口鼻所取臭味，乃至百骸所触，又无往而非物交物也。使宇宙人生而果如是浑成一大块物质，则有何生命可言耶？然而事实正不如此。耳则能听，以听于声也而显其聪焉；目则能视，以视于色也而显其明焉；乃至百骸则能触，以于一切所触而显其觉了焉。<sub>凡言乃至者，皆隐含中间事例而不具列之词。</sub>今故应问，此聪明觉了为发自耳目等物乎？彼既是物，如何能发生聪明觉了？抑为发自声色等物乎？彼亦是物，又如何能发生聪明觉了？且物若能发生聪明觉了者，则物即神矣，何可名物？故知聪明觉了者，心也。此心乃体物而不遗，<sub>心非即本体也。然以此心毕竟不化于物故，故亦可说心即本体耳。体物云者，言此心即是一切物底实体，而无有一物得遗之以成其为物者也。</sub>是以主乎耳目等物而运乎声色等物。语其著则充周而不穷，<sub>感而遂通，无间远近幽深而莫不运。</sub>语其隐则藏密而无阂，<sub>本无形也，疑若无焉。然万有于是乎资始，谁得而无之？是其藏之绵密，乃以不形而形，终无闭阂也。</sub>浑然全体，即流行即主宰，是乃所谓生命也。<sub>或问生命一词定义云何？余曰：此等名词，其所表诠是全体的，势不能为之下定义。然吾人若能认识自家固有的心，即是识得自家底生命，除了此心便无生命可说也。至世俗言生命者，是否认识自心，则吾不之知也。</sub>宇宙只此生命发现，人生只此生命活动。其发现，其活动，一本诸盛大真实而行乎其不得不然，初非有所为而然。德盛化神，其至矣乎！彼执物者，视宇宙如机械，等人生若尘埃，如之何其不自反耶？

生命力之显发也，不期而现为物以神其用。<sub>无物则生命力疑于泛泛而无所摄持以自表现也。</sub>既现为物，故分化而成个体，<sub>生命底本体是不可剖分的，而其变现为形物也，则分化而成个体。此生物界所以繁衍。</sub>凭此个体互相资藉，乃见其力用之大。<sub>互相资藉有二义：一者，生命力藉个体以显发，个体亦藉生命力以成故。二者，个体与全体相待，亦即互相资藉以增进夫生命力之显发故。</sub>虽然，生命力以凭物而显故,亦常沦于物质之中,胶固而不得解脱。此征之植物与动物而可见者。植物徒具形干,其生命力几完全物质化。动物则官能渐备,然其生命力受物质缠锢,竟未有以远过植物也。生物界经累级演进,迄至人类,神经系统始益发达,则由生命力潜滋默运,有以改造物质而收利用之效,故心灵焕发,特有主宰之权能,乃足以用物而不为物用,转物而不为物转。虽人之中,除极少数出类拔萃者外,自余总总芸芸,其心亦常放而易坠于物,然使勇决提撕,当下即是,《大易》所谓"不远复"也。人道之尊在此耳。

夫斯人性具生命力,<small>性具者,谓先天之禀。</small>圆成而实,<small>圆者圆满,无所亏欠。成谓现成,不由造作。实者真实,明非虚妄。</small>本无衰灭。虽云形气渺焉小哉,而其生命力固包宇宙,挟万有,而息息周流,不以形气隔也。<small>此言个人生命力即是宇宙之大生命力,岂形气可以隔之乎? 世俗以为吾人生命力当初生之顷从宇宙大生命力分化而来,既生以后,因拘于形气便与宇宙隔绝。殊不知所谓宇宙大生命力乃浑然全体而不可剖分,凡有形气皆其所凝成者,而何隔之有乎? 故吾人初生之顷资生于宇宙之大生命力,既生以后,迄于未尽之期,犹息息资生于宇宙之大生命力,吾生与宇宙始终非二体。故吾之生也,息息与宇宙同其新新,而无故故之可守。命之不穷,化之不息也如是。斯理也,船山王子,盖先我发之矣。</small>

然而人之有生,不能无惑。盖当其成形禀气之始,而忽然执形气而昧其本来,是之谓惑。<small>本来面目是不落形气的,是无私的,是无所染执的。</small>此惑既与形气俱始,则辗转滋盛,益以私其形气而小之,终乃执形气愈坚,日与物化而莫之御。举耳目心思沦溺于物欲而无节,成聋盲爽发狂之患。脑际无清旷之隙,则颓然一物,既自隔于宇宙统体之大生命力,而莫相容摄通贯矣。虽形气本不足为隔,而今以执之弥坚,私而不公,小而自封,则举其本不隔者而成乎隔绝,是以生理剥极,而卒为颓然之一物也。纵其残余之形气不即委散,而既为无生命力之物,何如速朽之愈乎! 漆园叹"哀莫大于心死",此之谓也。故夫人生虽本具无尽之宝藏，<sub>宝藏喻心，亦即喻生命力。</sub>而亦有不虞之险阻。险阻者何？即其惑与形气俱始，而渐以加深，遂至完全物化，剥其生理而终不自觉也。夫惑，阴象也。<sub>柔而莫振，闭而不通，重浊下坠，此谓阴象。</sub>其来无根，忽然而起，成乎习气，遂至不拔。吾人本具光明宝藏，奈何不克自持，而为无根者所夺乎？吾《易》于《剥》卦著其戒曰："柔变刚也。"<sub>阴盛而剥消阳，谓之变刚。</sub>吾人生命力本至刚健，今殉物而为惑所乘，则失其刚也。而于《乾》则诏之以自强而昭其大明，乃以战阴暗而胜之。"其血玄黄"，重阴破也。吾人生命力正于此开发创新，而显其灿烂之光辉，"时乘六龙以御天"也。<sub>六龙，谓纯阳纯健，所以形容生命力之至健也。御天则显其向上而无坠失，至神而不可方物。</sub>斯乃翕随闢运，物从心转，于是还复其本体而无所亏欠，终由剥而复矣。故《复》卦曰："复其见天地之心乎？"心者本体，<sub>心非即本体，而可以本体言之，其义见前。</sub>在《易》则谓之乾。剥者剥此，<sub>本体非有剥也。然人自障蔽其本体而化于物，即于人而名为剥也。</sub>复者复此而已。<sub>不复，即无由见心体。</sub>要而言之，人生限于形气，便有无因而至之惑魔，使之自迷其本来。迷故不自在；不自在故，不得不与惑魔斗。由奋斗故，乃得于形气锢蔽重阴积暗之中，乘孤阳以扩充，<sub>孤阳喻生理之不绝也。</sub>虽剥极之会，<sub>其生生不息真机何尝遽绝？人乃不克绍之而逐乎物，以速其亡，可伤也！</sub>苟能一旦反求其本心焉，则生机油然充之矣。遂有所开发创新，<sub>开发非无依据，创新亦匪凭空，即秉孤阳以为开创不竭新新不已之基焉耳。故开发创新乃是由微肇著，舍故趋新，却非从无生有之谓也。</sub>而不为物化。<sub>生理畅而日新，德盛之至矣，则用物而不必绝物，自然物皆顺其天则，而莫非生理流行，所谓"形色即天性"也。</sub>由此还复本来面目，则大明继盛而反于自在已。陶令之诗曰"久在樊笼里，<sub>喻人役于物之苦也。</sub>复得返自然"，<sub>喻人既洞见本来而得自在也。</sub>其斯之谓与？

**附识：**或问："审如公说，吾人生命力之创新，只是复初而已，<sub>复初一词，见朱子《四书集注》。初者，犹云本来面目也。</sub>二者如之何其反而相成也。"创新则不名为复初,复初则无所谓创新,故言反也。曰初者,法尔本有。法尔本有,隐目本体。人常不能全其本有者,而以后起害之。后起谓一切徇物之惑,是与形气俱始者,非本有故。以后起害所本有,是自戕贼其生命也。惟本有者乃是生命。害所本有,即戕贼生命矣。生命既受戕贼,或仅萌蘖之存焉。倘非依此萌蘖而精进以创之,涵养以新之,则亦惟有戕贼以尽而颓然物化已耳,岂复克绍其初乎? 故创新者,乃于戕贼之余,反求其本有生命力萌蘖仅存者,即本心微露处,如孟氏所谓"夜气之存"。夜气之存,只是昏扰乍平,本心虚明体段忽然微露,此正生命力不容遽泯耳。斯善端之著,在《易》为《复》卦初爻一阳尚微之象。体认乎此而扩充之,保任之,由此精进而不息,则浸长而充实矣。涵养而常新,则日盛而光辉矣。就其充实谓之创,就其光辉谓之新。从初念尚微迄于充实光辉,却是刹那刹那,生灭灭生,不是初念凝住不灭,延展至后。若初念延展至后,则心法便是一受其成型而不可变,何得有后念之浸长日盛而为创为新耶? 文中且一往横说去,学者宜知。斯所以引本有之绪而伸之,使戕贼者无自而起焉。故有生之日,皆创新之日,不容一息休歇而无创,守故而无新。使有一息而无创无新,即此一息已不生矣。然虽极其创新之能事,亦只发挥其所本有,完成其所本有,要非可于本有者有所增也。夫本有不待增,此乃自明理,无可疑者,此理不待感官经验亦不待推论而知故,故云自明。故谓之复初耳。人之生也,宜成人能,以显其所本有。显者显发。人而无所成能者,则其本有者不能以自显,将梏于形气之私,而昂然七尺只是一团死物质耳,何以复其初乎? 故此言创新者,乃就人能言也;而人能原依本有以显发,不能更有所增于本有,斯不得不言复初也。

如前所说,总略结旨。首以本体言心,简异知觉运动非即心故。

新唯识论（文言文本）

禅宗与儒家同斥以知觉运动为心之非，其所云知觉运动含义甚宽，略当于心理学上全部心作用。盖知觉运动虽亦依心故有，然四体之动，物感之交，此等形气上之作用为最有权，而顺其本心之发者鲜矣。故知觉运动非即是心，须简异之也。但吾人如不放失本心，而保任本心恒为主于中，则知觉运动又莫非心之发也。达磨故言"作用见性"。义匪一端，切须善会。又以生命言心，显示殉物缠惑难征心故。殉物者，没于物也。缠惑者，惑结不解也。人皆殉物缠惑以丧其心矣，故难令自征此心也。夫心即本体，云何剖析？若可剖析，便非本体。心即生命，便非积聚。生命本依心而得名。设以心为多数分子积聚者，则是生命如散沙聚也。惟物质乃是积聚性，而生命则浑然全体流行无息，未可以积聚言之也。若之何唯识旧师乃说一人有八识哉？今将略征而论之于后。

昔在小乘，惟说六识。及大乘兴，乃承前六，而益以末那、赖耶，是为八识。六识者，随根立名。曰眼识，依眼根故。曰耳识，依耳根故。曰鼻识，依鼻根故。曰舌识，依舌根故。曰身识，依身根故。曰意识，依意根故。眼等五识所依根，称清净色根，固不谓肉眼等为根也。所谓清净色者，在大乘似说得神秘，闽侯林志钧宰平尝以为无征而不足信也，桂林梁漱溟则谓即今云神经系者是。吾谓净色是否即神经，今难质定，姑存而不论可耳。至于意根，则小乘如上座部等亦立色根，所谓胸中色物即俗云心脏者是，固犹不知心意作用之依藉于脑也。而余部更不许立色根，乃以六识前念已灭识为意根。及至大乘建立八识，始说第七末那识为意根云。或许从境立名，即眼识亦名色识，唯了别色故。唯者，止此而不及其他之谓，后准知。色有多义，或通目质碍法，则为物质之异名；今专言眼识所了，则为颜色之色，如青黄赤白等是也。耳识亦名声识，唯了别声故。鼻识亦名香识，唯了别香故。香与臭，通名香。舌识亦名味识，唯了别味故。身识亦名触识，唯了别触故。于前四识所了，直举色声香味四境，而于身识所了，乃虚言触而不直举何等境者，则以身识所了境最为宽广，列举不尽，故以触言之。意识亦名法识，了别一切法故。有形无形的一切事物、一切义理，通名之为法。如上六识，大小乘师，共所建立。

然大乘于前六外，又建立第七、第八识者。彼计五识眼识乃至身识。

71

唯外门转，转者起义。五识皆以向外追取境界故起。必有依故；第六意识内外门转，意识一方面追取外境，一方面内自缘虑。虽无外境，亦自起故。行相粗动，行相者，心于境起解之相。此非根本，意识粗动，故非根本。亦必有依故；意识自身既非根本，故必有其所依，例同五识。由斯建立第八阿赖耶识，含藏万有，为根本依。依字注意。彼计前七识各自有种子，不从赖耶亲生，只是依托赖耶而生，故说赖耶为根本依。赖耶深细，藏密而不显。前六眼识乃至意识。则粗显极矣。疑于表里隔绝，赖耶是里，前六是表。故应建立第七末那，以介于其间。第七介于第八与前六识之间。《大论》五十一说"由有本识，赖耶亦名本识。故有末那"，其义可玩已。寻彼所立八识，约分三重。初重为六识，眼识乃至意识。通缘内外，粗动而有为作。次重为末那识，第七。恒内缘赖耶，执为自我，恒字吃紧，无间断故。第七本缘第八见分为我，此中浑言缘赖耶者，不及详四分故。似静而不静。一类内缘而不外驰，故似静也。然恒思量我相，此乃嚣动之极，实不静也。三重为赖耶，第八。受熏持种，持种者，赖耶自家底本有及新熏种子，并前七识底本有及新熏种子，均由赖耶摄持，所以为万有基。受熏者，谓前七识各有习气熏发，以投入赖耶自体，而赖耶则一切受而藏之，遂成新熏种子也。设赖耶不受熏，则前七只熏发习气，不将飘散矣乎？动而无为。恒转如流，是动也。惟受惟持，何为乎？大乘建立八识，大乘建立八个识，而不止于六。大旨如此。

又复应知，大乘以一心而分之为八，此心本是浑一之全体，故曰一心，而大乘乃分之为八个。即此八识，将为各各独立之体欤？然每一识，又非单纯，乃为心、心所组合而成。心亦名王，是主故。心所者，具云心所有法，以其为心上所有之法故。心所亦名助伴，是心之眷属故。心则唯一，而心所乃多云。如眼识似独立也，实则为心与多数心所之复合体，绝不单纯，特对耳识等等说为独立而已。眼识如是，乃至第八赖耶，复莫不然。每一识皆为心与多数心所之复合体故。故知八识云者，但据八聚而谈，聚者类聚。非谓八识便是八个单纯体故。尚考大乘建立种子为识因缘，种子为能生识之因缘，识即是种子所生之果。无著造《摄论》授世亲，明种子有六义，第四曰决定，第六曰引自果。世亲释云"言决定者，谓此种子各别决定：不从一切，一切得生；意云：非一切种子各各能遍生一切法也。从此物种，还生此物。此物种子还生此物而不生彼物，所以成决定。引自果者，谓自种子但引自果，引者引生。如阿赖耶识种子唯能引生阿赖耶识"余识种子，均可类推。又凡言识，亦摄心所，学者宜知。云云。据此，则八聚心、心所，各各从自种而生。种子亦省言种。如眼识一聚，其心从自种生，其多数心所亦各从自种生。眼识如是，耳识乃至赖耶，亦复如是。故知八聚心、心所为各各独立之体，各各二字注意。如眼识一聚中，其心自有种故，故是独立之体。其多数心所亦各自有种故，即各是独立之体。眼识一聚如是，耳识乃至赖耶，均可类推。而实非以八个单纯体说为八识。此自无著、世亲迄于护法、奘、基诸师，皆同此主张，而莫之或易者。是诚为极端多元论，抑可谓集聚论或机械论。多数独立的分子互相组合，故可谓集聚，而亦即是机械。较以印土外道，殆与胜论思想类近者欤。

迹旧师树义，盖本诸分析之术。故其分析心识，备极零碎，以归之众多种子，一如分析物质为极微或分子、元子以至电子者然。此其为术，以心拟物，谓之戏论，良不为过。夫分析术者，科学固恃为利器，即在玄学，其所为明伦察物，亦何尝不有资于是。物则之幽隐繁赜，人伦之常理变故，精以察之，明以辨之，亦是分析。然玄学务得其总持，万有统体曰总持，实体之代语。期于易简而理得，则分析毕竟非玄学所首务。何则？凡为学者操术而无谬，必其本是术以往，而果足以得其所穷究之事实而无差失也；否者，其术不可依据，差以毫厘，谬以千里矣。今玄学所穷究之事实，即所谓宇宙实体是已。夫宇宙实体一词，特从俗而称之耳。实则只将自家本分事推出言之，而名以宇宙实体。禅家语及本心，每云本分事。此心即实体，义已见前。此本分事，放之则弥六合，卷之则退藏于密。放者，遍现义。卷者，收敛义。收敛，即刚健在中而不靡散之谓也。随处遍现，其大无外，故曰弥纶六合。恒时收敛，其应恒寂，故曰退藏于密。退藏者，沉隐而迹象俱无，渊深而力用不测，此密之至也。**虽本来至无**，无者无形，无形故藏密而非睹闻所涉也。**而不属于无**；此言无者，空无之无，谓本无形而实不是空无。**虽肇始群有，弥六合者**，谓遍为万物实体也。**而不属于有**。凡已成乎有者，则非复如其实体之本然矣。执有之相以求实体，而体不可见。以此体毕竟不落于有，故云不属有。**故乃有无双遣，绝名相于常寂之津**；证体归寂，名相俱亡。**卷放自如，息诠辨于筌蹄之外**。得其卷放之体矣，则诠辨自息。譬之鱼兔已获，自忘筌蹄，非真有得于筌蹄之外者而能尔乎。**要惟鞭辟近里、切己体认，始得相应耳**。

**分析者**，起于辨物，**将欲以辨物之术而求得先物之理**，名实体者，言所以凝成万物者也，故云先物。**夫先物者，非物也，奈何以辨物之术求之乎？是犹带着色眼镜而求睹大明之白光也，至愚亦知其不可。故必由体认以得其理之一**，此言理者，谓实体。一者，绝待义。**方乃凭分析以得其分之殊**。分者分理，兼含法则等义。吾人日用宇宙中所谓物理人事，盖莫不有其分理法则，所谓至赜而不可乱也。俗每言混乱无理，此缘境事变更，违其情智所素习故耳。实则腐草委地，未无秩序；狂风拔木，亦有由渐。至于处士横议、妇姑勃豀，各有是非，又不待言矣。**盖法有总别**，本《华严经》。**学有统类**。本《荀子》书。**统者务于总持，道在一贯，故会归有极**，统之事也。**类者观其偏曲，义在散殊，故辨物知方**，类之事也。**分析之能事，虽或有见于散殊，然致曲之过，其弊为计**。抟量卜度谓之计。**体认之极功，乃能冥契于一贯，此思诚之效，其得为证**。实地亲切谓之证。**彼体认不及**，不及者，谓其不曾用过体认工夫耳，非谓曾去体认而不及证体也。**遂计体无**，哲学家不知有体认之功，故终不能得着本体，而或反谓之无。**宇宙人生，奚其泡幻**。治哲学者或计体不可得，退而研讨知识，此亦好转机也。但终不知跳出知识窠臼而别寻体认之路，乃遂止于研讨知识而竟以求体为戒，纵其辨析精微，著书立说足成系统，终是王阳明所呵为"无头的学问"。旧戒诸生语，附注于此。**或乃任意构画，戏论狂驰**，哲学家谈体者，大抵逞其意想，构画万端。虽条理茂密足以成说，而其去真理也则愈远。徒以戏论度其生涯，而中藏贫乏，无可救药。绍兴马浮一浮曰："哲学家不自证体，而揣摩想像，滞著名言，有如《淮南》所谓

新唯识论（文言文本）

遗腹子上垄，以礼哭泣，而无所归心。"此言深中其病。若斯之伦，亦可哀已。夫体认者，栖神虚静，神亦谓心也。邪欲不干，故虚静。深心反观，赫斯在中，充实光明。当反观时，便自见得有个充实而光明的体段在。充实者，至真无亏。光明者，纯净无染。赫斯者，盛大貌。在中者，形容其存在之谓耳，而非以对外名中。此体无内外可分，无方所可指故。只可言其存在而非空无，但不能指定其在身体中之何部，更不能谓身体已外即心之所不在也。然而人之梏亡其本心者，则又无从自见此充实光明的体段。此所以不自信而不克承当也。是为实体显发，自了自证。自了自证者，即自己认识自己之谓，而无能所可分。于时无意言分别，意中起想，即是言说。名为意言，不必出口方为言故。分别者，意言即是分别也，当自了自证时，便无有此。直是物我双亡，离一切相。我相、物相，时相、空相，名相、义相，乃至一切相，无不尽离云。古之所谓悬解者，其谓是耶？"悬解"用庄语，犹云大解脱也。体认至此，向后更有涵养日新及在事上磨练的工夫，此姑不详。上来因举唯识旧师分析心识之过，而论及分析术于玄学不为首务，终乃归功体认。其词似蔓，而实非蔓也。乃若其详，当俟《量论》矣。

夫佛家量论，要归内证，所谓证量。吾言体认，岂其有异？然唯识旧师如护法等，乃唯分析是务者何哉？须知学术演变，理论愈进而加密，真意累传而渐乖，此不独佛家为然也。唯识论之兴也，导源无著而成自世亲，迄护法乃益盛，至此土基师又定护法为一尊，此其传授大略也。原夫八识之谈，大乘初兴便已首唱，本不始于无著。但其为说，以识与诸法平列，如说五蕴，则识蕴与色蕴等平列。说十八界，则六识界与六根、六尘诸界平列。语幻相即均不无，语自性毕竟皆空。识与诸法虽复条然幻现其相，然都无实自性，故云皆空。是其立言善巧，随说随扫，本无建立，斯所以远离戏论。虽复说有八识，要是依妄识相貌，假析以八，依向外追取及内自构画相貌，假说前六识。依我执坚固相貌，假说第七识。依无始来染污习气深藏不断相貌，假说第八识。藉便对治，故名善巧。逮于无著，始成第八识，引世亲舍小入大。此为接引初机，固犹未堪深议。及世亲造《百法》等论，并

75

《三十颂》，遂乃建立识唯，由建立识以统摄诸法故，即识名唯，乃云识唯。而以一切法皆不离识为宗。唯之为言，显其殊特。是既成立识法非空，世亲以前诸大乘师，将识与诸法一例认为无自性，即是看作皆空。到世亲成立唯识，始以识统摄诸法，则将识之一法看得较实。且据彼种子义而推之，识既从种生，则识为有自性之实法矣。而析为八聚则如故，当非前师本旨也。前师无建立，故因对治妄识而假析乃无过。世亲既有建立，尊为能变，缘起宇宙，彼尊识为能变，以明宇宙缘起。析成各聚，析为八聚。宛如机械。以此言宇宙，实不应理。机械论者，妄计宇宙为由许多分子集聚而构成，此乃世俗执物之见，岂窥宇宙之真乎？矧复言心，义通染净，神固无方，析则有过。以机械观言宇宙既已不可，况复以之言心乎？且彼之析识为八聚也，若但据染位妄识假析固亦无妨，然彼实通净位而言之矣。夫净位则本心呈露，是所谓至神而无方相者也，今亦析成断断片片，则根本不曾得识此心，过莫大于斯矣。爰至护法谈种子义，并建本新，护法立本有种及新熏种。其本有种与吾所谓功能截然异义，其新熏种即是习气，亦不当名为功能。参考《功能》章。则由其本有种义而推之，似直认妄识以为本心，本心即谓本体。彼本有种现起之识，应即是本心。何以故？是本有故。岂可谓本有者非本心耶？岂本有之外更有夫本有以为之体耶？护法本谈染位妄识，今乃于妄识中立本有种，故是认妄识为本心矣。而说为染净混，彼说本有种，有是染性，有是净性云。其邪谬不堪究诘。若乃析识为八聚，仍承世亲而蹈其过。故由护法立论考之，知其素乏证解，证解即吾所谓体认。未曾自识本心，而惟恃分析法在妄识中作活计，遂迷罔至此。千数百年来无辨之者，不亦异乎？

如实义者，心乃浑然不可分之全体，然不妨从各方面以形容之，则将随其分殊取义，方面不同，即是分殊。而名亦滋多矣。夫心即性也。性者，本体之代语耳。以其为吾一身之主宰，则对身而名心焉。《大学》言正心者，以心受蔽障而不得为身之主，是谓不正，故正心者，所以去心之障而反之于正也。然心体万物而无不在，体万物者，犹言遍为万物实体。本不限于一身也。不限于一身者，谓在我者亦即在天地万物也。今反求其在我者，乃渊然恒有定向，于此言之，则谓之意矣。渊然者，深隐貌，有实貌。恒字吃紧。这个

新唯识论（文言文本）

定向是恒时如此，而无有一时或不如此的。**定向云何，谓恒顺其生生不息之本性以发展，而不肯物化者是也。**生生不息之本性者，约言之，纯健纯净是其本性也。健则不坠退，净则无滞碍。物化者，人若殉物而失其性，即绝其生理，乃名物化。**故此有定向者，即生命也，即独体也。**刘蕺山所谓独体，只是这个有定向的意。《大学》言慎独者，必慎乎此而勿瞒昧之耳。**依此而立自我，**我者主宰义，此非妄情所执之我也。**虽万变而贞于一，有主宰之谓也。**此云意者，即《大学》"诚意"之"意"。阳明以"心之所发"释"意"，此大误也。已发之意，求诚何及？或又以志言之，亦非也。这个有定向的意，即是实体，正是志之根据处。然《大学》于意言诚何耶？则以无始染污习气，常足以蒙蔽此意而另有所向。吾人恒乐于习气之顺其私，则常听役于习心，而对固具定向之意为诡辨，以便移其所向。此即自欺之谓也。自欺即违反其意之实，故言诚意。诚者实也，盖谓求其意之实而已。**若其感而遂通，资乎官能以趣境者，是名感识。**亦可依官能而分别名之以眼识、耳识乃至身识云。**动而愈出，**愈出者不穷貌。**不倚官能，独起筹度者，是名意识。**眼所不见，耳所不闻，乃至身所不触，而意识得独起思维筹度。即云思维筹度，亦依据过去感识经验的材料。然过去感识既已灭，而意识所现起者，便非过去材料之旧，只是似前而续起，故名再现耳。当再现时，意识固不必有藉于官能也。且不止再现而已，意识固常有广远幽深玄妙之创发，如逻辑之精严，及凡科学上之发明，哲学上之创见等等。虽未始不有资于感识所贻之材料，然其所创发者，较之感识底材料，其广狭相去，岂算数譬喻所能及耶！故意识有独起之能，诚不可知之秘也。**故心、意、识三名，**感识、意识同名为识，与前所云意及心，共有三名也。**各有取义。心之一名，统体义胜。**言心者，以其为吾与万有所共同的实体，故曰统体义胜。然非谓后二名不具此义，特心之一名，乃偏约此义而立，故说为胜。**意之一名，各具义胜。**言意者，就此心之在乎个人者而言也，故曰各具义胜。然非识上无此义，特意名偏约此义而立，故独胜。**识之一名，了境故立。**感、意二识，同以了别境相而得识名。感识唯了外境，意识了内外境。内境者，思构所成境。**本无异体，而名差别，**差别者，不一义。则以此心之蕴奥难穷，无可执一隅以究其义也。如彼旧师，析为各体，心其如散沙聚耶？是亦戏论极矣。

77

**附识**：心、意二名，皆斥体而名之也。必分别表之，而后其义不紊。识之一名，识，赅感识、意识而言。则作用之异语。设复问言："何谓作用?"应答彼言：作用者，乃以言乎体之流行，状夫体之发现，而假说作用。故谈作用即所以显体矣。若谓体上另起一种势用，其既起即别于体而为实有，如此始名作用者，是将体用看作两片，斯倒见也。又此中心、意、识三名，各有涵义，自是一种特殊规定。若在常途，则三名可以互代，如心亦得云识或意。或复合成词，如意识亦得云心意或心识也。而无所谓异义。《二十唯识论》曰："心、意、识、了，名之差别。"此中了者，具云了别。差别即不一之谓。盖言心亦名意，亦名识，亦名了别，只是名字的不一，却非此等名字各不同义也。是在随文领取。


感识缘境，缘者缘虑。唯是现量。亲得境相，名现量故。能缘识亲得所缘境之体相，名亲得境相。如眼识缘青色时，识于青色确尔证知如是境相，绝不蒙昧，但虽证知而无分别。无分别者，以不同意识作解，谓此是青非非青等故，非青等三字作名词用，即谓红白等。但冥冥证故。知而无分别故。此时能缘入所缘，毫无间隔，即是能所不分，浑然一体而转，是名亲得境相。眼识缘色如是，耳识缘声，乃至身识缘所触，皆应准知。现量亲证，离诸虚妄。凡夫虽有，不自任持。感识现量，凡夫所有，但恒为散乱意识所眩，而于现量不能保任持守也。僧肇有言："夫人情之惑也久矣，目对真而莫觉。"

感识缘实境不缘假法，如青色，是为实境。至于色上有长短等相，则名假法。如眼识缘色时，其色上长短等相，则由意识分别安立，长短等相，对待方显。意识分别力胜，而遍缘一切法，故乃观其对待，而分别此是长或短。本非眼识所缘。但意识继起迅疾，又习相应故，不待计度，如眼识缘。意识继眼识起，本甚迅疾。又过去曾缘长短等相，有习气故，乃复现起，而与现在意识相应，故现在意识于现所缘长短等相，不待计度而知之，有如眼识一览便了也。

78

意识缘一切法,《摄论》所谓"无边行相而转"是也。然意识发展,由应境故,恒假感识以为资具,直趣前境。<small>前境者,以境界现前显现故名。</small>观境共相,明辨而审处之,此其胜用也。然意识亦以恒应境故,遂有不守自性,即识起时便带境相故。如缘外色等境时,识上必现似外色等影像,虽复所缘本非外境,而识上亦现似所缘影像。此等影像亦如外境,同作所缘缘故。<small>所缘缘,参考《唯识》章。</small>即于无法而起无解,识亦现似无之影像,是法本无而在识成境矣。故知意识常带境相,刚陷乎险中之象也。<small>心本至刚,然发而为意识,则有物化之惧,故云陷险之象。</small>然意识作用,不唯外缘,而亦返缘。外缘者,缘外境界或筹度一切义理故。<small>筹度义理时,识上变似所缘影像,此影像亦如外境。</small>返缘略说以二:一者于外缘时,自知知故,如方缘色而识自知知色之知故。<small>缘者,缘知。知色之知,是识上外缘之用。同时又知此知色之知,则此知乃识上返缘之用。</small>二者全泯外缘,亲冥自性故。<small>自性谓体。冥者冥证。亲冥者,返观自体而了自自见,所谓内证离言是也。盖此能证即是所证,而实无有能所可分。</small>或谓察识,或言观照,皆此返缘作用。以返缘力深故,了境唯心,斯不逐于境;会物为己,斯不累于物。于是照体独立,迥脱诸尘,虽在险而能出矣。根本既得,则差别无碍。知一切法而不留一法,泯一切相而不拒诸相。如是慧者名为正慧,以全体即智,妙用流行,<small>智、慧分别,见《明宗》章。</small>识虽现起而不为患。盖有取则妄,离取则真;所缘既遣,能缘亦空;能缘空故,空相亦空;境相不生,洒落自在。斯名意识化,亦名意识解脱也。

识起缘境,作用繁复。但以疾转之势,摄多念于一念,浑沦锐往,莫测其几。略说五心,粗征厥状。五心者,初率尔心,次寻求心,三决定心,四染净心,五等流心。率尔心者,初堕于境,故名率尔,<small>识初接境,名之为堕。</small>此唯一刹那顷。<small>次刹那即起寻求故。</small>寻求心者,率尔初缘,未知何境,为了知故,次起寻求,欲与念俱。<small>欲者希望,希望于境得决定故。念者记忆,忆念曾经,比度现境。</small>犹复难知,寻求更起,故寻求心,经通多念。<small>通</small>

多念者，前念是一寻求心，后念似前心而起，却另是一寻求心也，非谓多念总是前心。次起决定，印解境故。决定心，次寻求而起。染净心者，决定既已，了知境界差别，或生乐受，或生苦受，是成染净。乐受无嗔即净，苦受起嗔便染。等流心者，成染净已，次念似前而起，故名等流。等流者，谓相似而流。即此等流，容多念起。多念起义，见寻求注。容者不定，盖有次念不起等流而另有创缘者，故置容言。

　　上述五心，试以例明。如闻"诸行无常"四声。四字各为一声。意、耳二识，于"诸"声至而适创缘，是名率尔。率尔心已，必有寻求，续初心起。寻求未了，数数寻求，未决定知"诸"所目故。不知"诸"字所指目者为何。缘"诸"字至寻求已，忽"行"声至。于"行"字上，复起率尔，以及寻求，爰至决定。决定知"诸"目一切"行"故。当缘"行"字时，"诸"字已灭，然有熏习，连带解生。熏习者，习气之异语。缘"诸"字底心虽灭，而有余势续起不绝，是名习气或熏习。故后心因前心缘"诸"字底熏习与现所缘"行"字连带而得生解。缘"行"字至决定已，忽"无"声至。于"无"字上，更起率尔，亦起寻求，寻求"诸行"所"无"为何。为言无我，为言无常？虽缘"无"字时，"诸"字、"行"字并灭，而有熏习连带，复如前说。缘"无"字至寻求已，忽"常"声至。于"常"字上，复起率尔、寻求、决定，乃至等流。创起缘"常"，是为率尔。方在缘"常"，其前"诸"字、"行"字、"无"字，虽复并灭，以皆有熏习故，逮此缘"常"心起，由忆念力，即过去多字熏习，多字，谓"诸"、"行"、"无"等字。连带现在字，现缘"常"字，为现在字。于一刹那，集聚显现。故率尔后，即起寻求，诸行所无，果为无其常耶？旋起决定，印是无常。决定起已，染净、等流，方以次转。是故缘"常"字时，五心完具。即所缘四声，从"诸"至"常"，经历多念，事绪究竟，总成一念。前所谓摄多念于一念者，事实如此。夫始自缘"诸"，终至缘"常"，率尔等心，于一一字上，新新而起。其所历刹那之多，若纪以干支，奚止历亿、兆、京、垓年岁？然心以疾转神速，长劫摄入一念。即在工绘事者，以万里悠长缩为方寸之图，可谓摄极长于极短，而犹不足以喻此心之妙也。

或疑心力冲进，于一一字不待析观。例如读文，实非字字而拟之，只任浑沦一气读去，便自成诵无讹。不知读出诸口，实根于心。声气之发若机括，似未字字经心，实则尔时意、眼二识，于所缘文字，必一一字经率尔等心，等者，谓寻求、决定乃至等流。他仿此。多念缘虑，绝无有一字可以疏略而得之者。但识转时，势用迅疾，不可思议。又因熏习与后念所缘连带，集聚起解，虽作用复杂，而行所无事，故若不曾字字经心也。斯已奇耳。或复难言："审如此说，不亦专以动言心欤？"曰：此中且假诠动相，理实此心即动即静，即发即敛，即变即常，即行即止。行而不驰此心流行，当下全真，而无杂妄纷驰。故止，变而有则故常，发而不散不散漫也。故敛，动而不乱故静。夫唯滞于名言，则疑动而无静；若使会其玄极，斯悟静非屏动。

上来所说，心要略尽。此中心字，不作心、意、识三种分别，而但浑沦言之。意识、感识亦均名心。他处皆准知。然言心而不及心所，则犹未究其变也。夫心所法者，本旧师所已成。见前。所之为言，心所亦省云所。非即是心，而心所有。心所法者，不即是心，而是心上所有之法。系属心故，恒时系属于心而不相离。得心所名。此叙得名之由。惟所于心，助成、相应，具斯二义，势用殊胜。云何助成？心不孤起，必得所助，方成事故。成事者，谓心现起，了别境相，如事成就，此必待所为之助也。旧说心所亦名助伴者，以此。云何相应？所依心起，叶合如一，俱缘一境故。然所与心，行相有别。行相者，心、心所于境起解之相。《三十论》言："心于所缘，唯取总相。心所于彼，所缘。亦取别相。"置亦言者，伏取总故。《瑜伽》等论，为说皆同。唯取总者，如缘青时，即唯了青，青即总相。不于青上更起差别解故。差别解者，即下所谓顺违等相是也。亦取别者，不唯了青，而于青上更着顺、违等相故。如了青时，有可意相生，名之为顺。有不可意相生，是之谓违。此顺违相，即受心所之相也。顺即乐受，违即苦受故。等者，谓其他心所。如了青时，或生爱染相，即是贪心所之相也；或生警觉相，即是作意心所之相也；或生希求相，即是欲心所之相也。自余心所，皆应准知。旧说心唯取总，如画师作模，所取总别，犹弟子于模填彩，如缘青时，心则唯了青的总相，是为模。而心所则于了青的总相上更着顺违等相，便是于模填彩。可谓能近取譬已。然二法心及心所。根本区别云何？此在旧师，未尝是究。虽云种别，彼言心及心所，各有自种。种义齐故。如彼所计，心有自种，心所亦有自种，种虽不共，而种义自相齐，即无根本区别可得。矧复析心至种，如析色至微，是谓戏论，如前破讫。据实言之，心既即性，义亦详前，性者体义。心即本体，前已说故。故知此心发用壹本固有，感通莫匪天明。若心所者，则乃习气现行，现者显现，行者流行。斯属后起人伪。心所即是习气。而习气者，则形生神发而后有，故云后起。人伪者，以此习气为吾人有生已来一切经验之所积累，本非天性固有，唯是一团幻妄势力，厚结而不散失，故言人伪。覆征前例：了青总相，不取顺违，纯白不杂，故是天明。虽复了青而更着顺违等相，串习所成故，足征人伪。据实而谈，心乃即性，所唯是习，根本区别，斠然若兹。心即性故，隐而唯微。人之生也，形气限之，其天性常难表现，故曰隐而微。所即习故，粗而乘势。习与形气俱始，故粗显。习成为机括，故云乘势。心得所助而同行有力，心本微也，得所助同行而微者显矣。所应其心而毋或夺主，心本是主，所本是伴，但伴易夺主，不可不慎也。则心固即性而所亦莫非性也。反是而一任染数纵横，以役于形、溺于物，染数者，即诸烦恼心所，详见下章。数者心所之别名。心所头数多故，亦以数名。而心乃受其障蔽而不得显发，是即习之伐其性也。习伐其性，即心不可见而唯以心所为心，所谓妄心者此也。妄心亦云妄识。

夫习气千条万绪，储积而不散，繁赜而不乱。其现起则名之心所，其潜藏亦可谓之种子。旧以种子为功能之异名，吾所弗许。详《功能》章。然习气潜伏而为吾人所恒不自觉者，则亦不妨假说为种子也。即此无量种子各有恒性，不遇对治即不断绝，故有恒性。各有缘用，缘者思量义。

种子就是个有思量的东西，不同无思虑的物质，但思量的相貌极微细耳。又各以气类相从，如染净异类故。以功用相需，而形成许多不同之联系。即此许多不同之联系更互相依持，自不期而具有统一之形式。既具有统一之形式，便知是全体的。古大乘师所谓赖耶、末那，或即缘此假立。小乘有所谓细识者，细者深细。亦与此相当。今心理学有所谓下意识者，傥亦略窥种子之深渊而遂以云尔耶。习气潜伏，是名种子，及其现起，便为心所。潜之与现，只分位殊，无能所异。旧说心所从种子生，即是潜伏之种子为能生因，而现起之心所为所生果。因果二法条然别异，如谷粒生禾。真倒见也。故知种子非无缘虑，但行相暧昧耳。前所谓各有缘用者是也。旧说种子为赖耶相分即无缘虑，必其所生识方有缘虑，此大谬误。然欲明其谬误之故，则非取其学说之全系统而论列之不可。此不暇详。然种子现起而为心所之部分，与其未现起而仍潜伏为种之部分，只有隐显之殊，自无层级之隔。或计种子潜伏，宜若与彼现起为心所者，当有上下层级之分，此甚误也。无量习心行相，此云习心者，习气之代语。恒自平铺，一切行相互无隔碍，故云平铺。其现起之部分，心所。则因实际生活需要与偏于或种趋向之故，而此部分特别增盛，与识俱转，俱转谓与意识及感识相应故。自余部分种子。则沉隐而不显发。故非察识精严，罕有能自知其生活内容果为何等也。若染污种子增长，则本心日以梏亡，即生活内容日以枯竭，剥其固有之生理以殉物而终不自觉故也。

# 明　心　下

上来以习气言心所，但明总相，前云心所即是习气，却只说明心所总相。今当一一彰示别相。原夫无量种界，势用诡异，习气潜伏即名为种，已如前说。种无量故，名无量界。诡者谲怪。异者殊异。诸种势用至不齐故，说为诡异。隐现倏忽，其变多端。每一念心起，俱时必有多数种之同一联系者从潜伏中倏尔现起，而与心相应，以显发其种种势用。同一联系云者，以诸种元有许多不同的联系故，见上章。种种势用者，以不一故云种种。即依如是种种势用，析其名状，说为一一心所法。诸数别相，数者心所之异名，后准知。旧师护法略析五十一法，盖亦承用大乘古说，取其足为观行之引导而止。观行二字，为佛家方法论中名词。行者进修，略当宋明儒所谓工夫之意。观者反躬察识。观即行故，名以观行。然颇病繁复，今仍其旧名，而稍事省并为若干数，理董之如次。吾人理会这五十一心所时，须把他当作自家生活底内容的描写，反观愈力，愈觉真切。若徒从文字上粗率了解过去，便不觉得有意义。或问："心所之六分法，若以今日心理学的眼光衡之，果有当否？"余曰：此中大体是描写生活底内容，虽对于心理学多所贡献，却不是讲心理学。须辨之。

诸数，旧汇以六分，元名六位。今约为四：性通善染，恒与心俱，曰遍行数。性通善染者，此中性字乃德性之性，非体性之性。此中染者即恶之代语。旧说于善恶外更有无记，以非善非恶名无记故。此说非理。诸心数法，其性非善即恶，非恶即善，无有善恶两非者。此义当别论。遍行数者，其性有善有染，故置通言。若与善数俱起者，必是善性。若与染数俱起者，必是染性。恒与心俱者，恒与意识、感识相应故，未有识起时而无此六数相应者，故名遍行。性通善染，缘别别境而得起故，曰别境数。善染准上。所缘义境多不同故，曰别别境。既是缘别境方起，故非恒与心俱者。性唯是染，违碍善数，令不并起，曰染数。性唯是善，对治

84

染法，能令伏断，曰善数。善数对治诸染，能令染法伏而不起，以至断灭。如是
四分，以次略述。旧本六分，今以不定并入别境，以烦恼、随烦恼并合名染，故只
四分。

　　**附识：** 本章谈心所法，虽其名目种类大体沿用旧说，然解释
不必尽符。但为文字简省计，凡删改旧义处，多不及叙明。异时
当别出语录，以资参考。

　　遍行数，旧说唯五。今并入别境中欲，即为六数：曰触、作意、受、
欲、想、思。

　　触数者，于境趣逐故，故名为触。趣者，趣取。逐者，追求。境义有二：一
尘境，如感识所取色等境是。二义境，如意识独起思构时，即以所缘义理名境故。如
眼识方取青等境，感识亦得分言之而云眼识、耳识乃至身识，详上章。同时即有
追求于境之势用与识俱起故。乃至意识独行思构时，亦有相应势用奔
取所缘故。意识思量义理时，却有一种势用对于所缘义境，而专趣奔逐以赴之者。
如是趣逐势用，是名触数，而非即心。这个趣逐的势用，正是习气现起而与心
相应者，故名触数，元非即是心。心者任运而转，心者，识之异名。任运者，任自然
而动，非有所为作也。转者，起义。心数则有为作，心数，即是习气现起而与心相挟
附以俱行者。其起也如机括，而心亦资之以为工具，故心数必有为作。如此中触数，依
趣逐势用得名，趣逐便是一种为作。此其大较也。首叙触数，便将心数与心大端异
处揭明，后述诸数，即可准知。

　　作意数者，警觉于心及余数故，故名作意。余数者，作意以外之诸心数
而与作意同起者。心于所缘任运转故，元无筹度。由作意力与心同行而
警于心，令增明故。心既受警，则虽无筹度而于所缘亦必增其明了故。又于余
数同转者，转义见前。警令有力，同助成心，了所缘故。如远见汽车，预知避
路，即由作意警觉念数，忆念此物曾伤人故。又如缘虑或种义理时，设有待推求伺察而

85

后得者,而作意力即于寻伺二数特别警觉。盖推求伺察之际,恒有作动兴奋之感相伴,此即作意是也。夫心数者,虽动如机括,而由作意力故,得有自由。如惑炽时,瞿然警觉,明解即生,经云"如理作意",正谓此耳。故此心毕竟染污不得者,赖有作意也。提醒之功,依作意故。

受数者,于境领纳顺违相故,故名为受。领顺益相,即是乐受;领违损相,即是苦受。顺益相即是可意相,违损相即是不可意相。旧虽辨其浅深,要亦强解耳。旧说于苦乐二受外,更立舍受,谓于境取俱非相故。舍受者,非苦非乐故。俱非者,非顺非违故。此不应理。夫所谓非顺非违者,实即顺相降至低度,取顺较久,便不觉顺。然既无违相,即当名顺,不得说为俱非。故彼舍受,义非能立。

欲数者,于所乐境怀希望故,故说为欲。所乐云云,旧有三义:一于可欣事欲见欲闻欲觉欲知,故有希望。此说于可厌事即无欲故。二随境欣厌,而起希求。于可欣事上未得希合,已得愿不离,于可厌事上未得希不合,已得愿离,故皆有欲。三于一切事,欲观察者便有欲生,若不欲观,随因境势任运缘者,即全无欲。综上三义,第一第三欲皆不遍,据第二义则随缘何境,皆有欲生。然第二义为正,陈义广故,故应说欲为遍行。旧说于中容境,一向无欲,故非遍行。此不应理。彼云中容境者,谓非欣非厌故,彼立舍受,故有此境。不知单就境言,无所谓可欣可厌。受领于境,欣厌乃生。领欣境久,欣相渐低,疑于非欣。然既无厌,仍属可欣,不得说为俱非。彼云中容,即是欣厌俱非之境。夫领欣境久,则欣相低微而欲归平淡,要非全无欲者,故不应说欲非遍行。或复有难:"人情于可厌事经历长时,求离不得,其希望以渐减而之于绝。由此言之,欲亦非遍。"不知历可厌事,欲离不得,如是久之,则求离之欲渐即消沮,终不全无,且其欲必别有所寄。人心一念中固不必止缘唯一事境。如郑子尹避难农家,与牛同厩而居,读书甚乐。现前牛粪为可厌境,求离不得,毋复望离。然同时读书,别有义理之境为其欲之所寄,非一切无希望也。人生与希望长俱，若有一息绝望则不生矣。故欲非遍，义不容成。旧说欲为勤之所依，此中不复及之者，因此应辨欲之种类。今只略明欲相属遍行，不及详也。

想数者，于境取像故，施设种种名言故，故名为想。云何取像？想极明利，能于境取分齐相故，如计此是青非非青等。云何施设名言？由取分齐相故，得起种种名言。若不取分齐相，即于境无分别，名言亦不得起。想形于内，必依声气之动以达于外，故想者实即未出诸口之名言。《广五蕴论》说："云何想？谓能增胜取诸境相。增胜取者，谓胜力能取，如大力者说名胜力。"详此，即以想能取境之分齐相故，故称胜力。

思数者，令心造作故，役心于善恶故，故名为思。云何令心造作？心者任运而转，妙于应感，而无造作之迹。由思造作力胜，牵引其心令相随顺故。心只是受了思的势力底牵引而不得自主，随顺着思，听他去造作，因此说思是能令心同他一起来造作的。云何役心于善恶？心者纯净而无染，故亦不以善名。善之名待染而立，既无染则亦不名乎善。由善性思力驱役心故，心亦资彼造作而显其净，遂共成乎善矣。资者，藉义。彼者，善思。善思与心气类相似故，心得藉之以显发其净。由染性思力驱役心故，心亦听彼造作，而不得显其净，遂共成乎恶矣。听者，听从。彼者，染思。染思与心气类异故，故心受其驱役，即不得自显。如主制于仆，而任仆之所为，即是共成乎恶。故说思能驱役其心以循乎善恶之辙也。此中思者，造作义，非思惟义。宜辨之。

如上六数，恒与心俱，参考前注。故名遍行。叙此六数，触先作意者，趣逐势用特胜，故先说也。然此六既曰遍行，则非次第起，斯不可不知也。又若以此六配属于心理学上之知、情、意，则想属知的方面，受属情的方面，触、作意、欲、思，乃皆属意的方面。至于别境等数，亦均可依知、情、意三方面分属之。然曾见人作一文，谓触数即感觉，想数即意象或概念者，此则未尽符。容当别论。

别境数，旧说唯五。今有移并，定为六法。曰：慧、寻、伺、疑、解、念。具云胜解。移欲入遍行，移定入善，而并入不定中寻伺二数及本惑中疑数云。

慧数者，于所观境有简择故，故名为慧。慧者由分别境事故起，境事犹云事物。**然必与想俱，**想属遍行，故慧起则必与想俱。以于境取分齐相故。若不取分齐相者，即不能作共相观，简择如何得起？**亦必俱寻伺，以于境浅深推度故。**浅推度名寻，深推度名伺。后详。**由推度已，方得决定。**如决定知声是无常，乍缘声境，未知是常无常，必起推度。瓶等所作，皆是无常；虚空非所作，而唯是常。于是决知声亦所作，故是无常。爰自推度，迄于决定，总名简择。故一念心中，简择完成，实资比量之术，但在心则不须排列三支法式耳。此云一念者，实摄多念而云一念。简择初起与心相应，只是推度，又必经如干念续起推度，始得决定，及至决定，方号完成。乃依完成而总前后以名一念。比量，详因明。**然以其术操之至熟，故曰常缘境，常若当几立决不由比度者，而实乃不尔。又慧唯分别境事，故恃慧者恒执物而迷失其固有之智，即无由证知真理。**真理一词就常途言，凡研穷事物而得其公则、定律等等与夫适于吾人应用者，皆云真理。但此言真理，则涵义特殊，盖隐目实体之词。**若能反求诸自性智而勿失之，**此云自性智者，与《明宗》章言自性觉义同。**则贞明遍照，不由拟议。虽复顺俗差别，而封畛不存；称性玄同，而万物咸序。此真智之境，非小慧之所行矣。**此义当于《量论》详之。

**慧非遍行何耶？**旧说愚昧心中无有简择，慧虽乖智，然明理辨物足以利用，故慧之发展甚难。**如世凶顽者即缺乏简择力，**今人贪残卑贱，安其危，利其菑，乐其所以亡者，皆如微虫小兽，无简择故。**故慧非遍行也。**

**寻数者，慧之分故，**寻数，即就慧初位浅推度相，检出别说，故云慧之分。**于意言境粗转故，故说为寻。**意言境者，意即意识，意能起言故名意言，意所取境名意言境。粗转者，浅推度故云。

**伺数者，亦慧之分故，**准寻可知。**于意言境细转故，故说为伺。**细转者，深推度故云。

**寻、伺通相，唯是推度。推度必由浅入深。浅者粗具全体计画，犹如作模。深者于全体计画中又复探赜索隐，亲切有味，如依模填采，令媚好出。盖后念慧续前念慧而起，历位异故，浅深遂分。浅推度位，目**

之为寻；深推度位，名之以伺。世俗以为推度之用先观于分，后综其全，此未审也。实则慧数与心相应取境，才起推度即具全体计画。然推度创起，此全计画固在模糊与变动之中，实有渐趋分畛之势。分畛者，谓作部分的详察。及夫继续前展，则分畛以渐而至明确，即全计画亦由分畛明确而始得决定。继续前展者，非前念不灭而守其故常以前展也，乃前念慧灭，后念慧即继前而起，相续不断而前展故。然当求详于分畛之际，固仍不离于全计画。唯因全计画待分畛明确而后可定，故疑于先观其分，后综其全耳。又乃由寻入伺，从浅之深，即由全计画降为分畛伺察时，则慧之为用益以猛利，常资触势令心匆遽，如猎人之有所追逐者然。常资触势者，触谓触数，寻伺亦资长触之势故。旧说寻、伺能令身心不安住者，亦有以也。

寻、伺并依慧立，故非遍行。慧非遍行，前已说故。

疑数者，于境犹豫故，故说为疑。旧说以疑属本惑之一，本惑后详。此亦稍过。夫疑者，善用之则悟之几也，不善用之则愚之始也。理道无穷，行而不著，习焉不察，则不知其无穷也。行习者，举凡五官所接触，身心所服膺者，皆是所行所习，而无从条举者也。著者知之明，察者识之精，此本《孟子》书。然著察之用，往往资疑以导其先。盖必于其所常行所串习者，初时漫不加意，冥冥然遇事不求解，即不著不察故。又或狃于传说，以传说为据而不务实事求是，亦是不著不察。安于浅见，浅见者，谓不能博求之以会其通，不能深体之以造其微，故是不著不察。故于所行所习之当然与所以然者，未尝明知而精识也。忽焉而疑虑于其所行所习之为何。向所不经意者，至此盛费筹度；疑问起时必作种种筹度。向所信之传说，至此根本摇动；向所执之浅见，至此顿觉一无所知。于是自视歉然，思求其故，疑端既起，欲罢不能。思虑以浚而日通，结滞将涣而自释，然后群疑可亡，著察可期矣。故曰：善疑则悟之几也。夫疑之可贵者，谓可由此而启悟耳。若徒以怀疑为能事，一切不肯审决，则终自绝于真理之门。须知疑虑滋多,百端推度,只增迷惘。而穷理所困,即事求征则难以语上,上者,谓理之极至。若以物质宇宙中有限的经验求之,则不相应也。刻意游玄则虑将蹈空。但使知此过患,勿轻置断。疑情既久,思力转精,不陷葛藤,则胶执自化。真理元自昭著,患不能虚怀体之耳。虚怀二字吃紧。情识上许多僻执憧扰都廓落得净,方是虚怀。若怀疑太过者,便时时有一碍膺之物,触途成滞,何由得入正理?周子曰:"明不至则疑生,明无疑也。谓能疑为能明,何啻千里!"此为过疑者言,则诚为良药。故曰:不善疑则愚之始也。夫疑虽有其太过,而人生日用,不必念念生疑,故疑非遍行摄。疑之过者,可说为惑,然善疑亦所以启悟。旧说疑属本惑,亦所未安,故今以疑入别境。别境通善染故。

胜解数者,于决定境深印持故,印者印可,持者执持。不可引转故,故名胜解。由胜解数相应心故,言胜解相应于心而取境。于所缘境审择决定遂起印持:此事如是,非不如是。虽云于决定境才有印持,然印持与决定却是同时。即此正印持顷,更有异缘不能引转令此念中别生疑惑。异缘不可引转云云系约当念说,非约前后念相望而言。尽有前念于境审决而印持之,于此念顷固是异缘不可引转,及至后念乃忽觉前非,而更起审决印持者矣。故胜解者,唯于决定境乃得有此。决定境者,从能量而名决定,不唯现、比量所得是决定境,即非量所得亦名决定境。如见绳谓蛇,此乃似现即非量所得之境。此境本不称实,然尔时能量方面确于境决定为蛇。非于境不审决故,非有疑故,故此境应从能量而名决定。又如由浊流而比知上流雨,实则浊流亦有他因,上流未尝有雨。是所谓雨者,乃似比即非量所得之境,元不称实,但尔时能量方面确于境决定为雨。非于境不审决故,非有疑故,故此境亦从能量而名决定。犹预心中,全无解起;疑心起时,便全无胜解与俱也。非审决心,胜解亦无。非审决心者,谓心于境不起审决故名。此心亦即非量。世言非量,或唯举似现、似比。实则似现比者,非于境不起量度,但不称实,乃云非量耳。更有纯为非量者,即散心于泛所缘,实不曾量度者,即此所名非审决心。以故,胜解非遍行摄。

念数者，于曾习境令心明记不忘故，故名为念。念资于前念想。想者想数，见前。由想相应于心而于境取像故，虽复当念迁灭，而有习气潜伏等流。等流者，等言相似，想之余势，名为习气，这个习气底本身元是刹那生灭，以其前后相似而相续流转，故说名等流。即所缘境像赖想习故，方得潜存，想既于境取像，而想虽灭已，尚有习气残留，则境像亦赖想的习气而潜存也。今时忆念，遂乃再现。若非想习潜存者，则过去已灭之境像何能再现于忆念中耶？然念起亦由警觉力警觉者作意数，见前。于所曾更警令不失故，故有忆持。由念能忆曾更，故能数往知来而无蒙昧之患也。若无忆念，则不能据已知以推其所未知，人生直是蒙蒙昧昧焉耳。

念何故非遍行耶？于非曾更事不起念故。又虽曾更而不能明记者，即念不生。故念非遍行摄。或有难言："若于曾更不明记时，但于曾更某事忘失，说名无念，而此时心非无余念。余者犹言其他。如我忆念旧读《汉书》，苦不得忆，此于《汉书》名为失念。然此时心于现前几席等等任运了知，不起异觉，即由几席等等曾所更故，今此任运生念，故不觉其异也。是于曾更虽有不忆，如于《汉书》。而此时心仍非无念。"如于几席等等。详此所难，实由不了念义，故乃妄相责诘。须知念者本依明记得名。于曾更事警令不失，遂有念起，分明记忆。即此明记，非任运生，必由警觉特别与力，始得分明记取故。与力犹言助力。汝所云任运生念者，实非是念，乃过去想习适应日常生活需要之部分想习见上。任运潜行，不俱意识同取境故。任运者，因任自然而起，不由警觉故。潜行者，以此想习尚属潜伏的部分故。虽云于现前几席等等任运了知，然既云任运，则无计度分别可知，而所谓了知，亦甚暧昧。前章说习气潜伏即名种子，而现起方名心所。此等想习亦属种子状态，或亦可说为种子底半现，要不得说为心所也。大抵吾人日常生活中，其应境多由种子潜伏的力用，即所谓不自觉的力用。此等力用，本不与明了的意识相俱取境，故不名心所也。此与明记截然异相，何可并为一谈？故汝所云于几席等等任运了知者，此犹属种相，言是种子相也，过去想底习气潜行，

91

名为种故。必忆《汉书》而果得分明记取者，方是念故。然则方忆《汉书》不得，即此心中实无有念，此言心者，即克指明了的意识而言。故念非遍行，彰彰明矣。

如上六法，缘别别境而得起故，故名别境。

染数，旧分根本烦恼、随烦恼，《述记》一云：烦是扰义，恼是乱义。扰乱心故，故名烦恼。随烦恼者，依根本烦恼起故，故名随。亦云本惑、随惑，一切烦恼数通名为惑。此处正须反勘。庄生有言："人之生也，固若是芒乎？"芒亦惑也。伏曼容释《易》之《蛊》曰："万事起于惑。"皆深观有得之言。今并为一类，而名染数。旧分本、随为二位，即是二类，实欠精检，故并之。

本惑，旧说有六法，今以疑入别境，存其五法，曰：贪、瞋、痴、慢、恶见。

贪数者，于境起爱故，深染着故，深染着于境也。故名为贪。贪相不可胜穷，随在发现，故难穷也。略谈其要，别以八种：一曰自体贪，此言自体者，相当于身的意义。谓于自体亲昵藏护故。此贪极难形容，强状其情曰亲昵藏护。人情唯于自体亲昵至极，无可自解，亦唯于自体藏护周密，莫肯稍疏。不独人也，下等动物于兹尤甚。吾昔在北京万寿山园中见大树上有长约二寸许之厚皮，移动甚疾。余猝尔惊曰：树皮既脱，胡能附树以走而不坠耶？徐取观之，明明一粗块之树皮，及剖视之，则其中固一虫也。此虫不知何名，乃深叹此虫于自体亲昵藏护之切也。此等事，生物学上所发见不少。二后有贪，谓求续生不断故。此从自体贪中别出言之。或有问言："世人持断见者，自知死后即便断灭，宜若无后有贪可言。"曰：不，不。爱力非断见可移。爱润生故，故有生。人之有生，由爱力滋润之故生。《楞严》谈此义极精透。如汝明知当来断灭而犹厚爱其生，则爱力非断见所移，审矣。汝后有贪不随断见亡故，故汝昨日之生已逝，今日之生已有，今日之生方尽，明日之生方有。故后有贪为有生类所与生俱有者，何足疑耶？三嗣续贪，谓求传种不绝故。自植物至人类，随在可征。四男女贪，谓乐着淫欲故。征之小说、诗歌，几无往而不表现男女之欲。

忧国情深，亦托美人芳草。即寄怀世外，犹复侈言仙女。**五资具贪，谓乐着一切资具故。**凡日用饮食、田宅、财货、仆隶、党与、权势、名誉，乃至一切便利己私事，通称资具。人类之资具贪亦从兽性传来，每见禽兽巢穴多集聚刍粮等资具。**六贪贪，谓若所贪未及得者，贪心自现境相而贪故。**如好色者，心中或悬想一美人。**七盖贪，谓于前所乐受事已过去者，犹生恋着，即有盖藏义故。**盖藏者，言其不肯放舍故。**八见贪，谓于所知所见，虽浅陋邪谬，亦乐着不舍故。**见贪重者，便难与语。如上八种贪相略明。《大论》五十五说有十贪，但列名目而无解说。《缘起经》说有四种爱，以明贪相。今并有采撮，说为八种。学者以是而反验身心间，毋自蔽焉可也。

瞋数者，于诸有情起憎恚故，故名为瞋。《伦记》五十九说，瞋略有三：一有情瞋，于有情而起瞋故。有情者，众生皆有情识故名。注见前。有情瞋者，以于有情起瞋故名。二境界瞋，于不可意境即生瞋故。三见瞋，于他见生瞋故。有情瞋者，由有我见故，有人见生。人见与我见同时生。由有人见故，有瞋生。瞋与上二见同时生。瞋相无量，略分粗细。粗者因利害毁誉等等引发，其相粗动，或转为忿等故。细者其相深微，虽无利害毁誉等等引发，亦常有与人落落难合意故。吾国士人托于清高，以孤傲为美德，不知正出自瞋惑。尼父曰"吾非斯人之徒与而谁与"，此等气象便已截断瞋种也。后儒唯濂溪洒脱得开。夫群生怀瞋而好杀。世间历史，大抵为相斫书。前世小说、诗歌，亦多以雄武敢斗为上德，皆瞋之著也。或曰："瞋为后起，固也。征以达尔文生存竞争之论，则瞋者当亦出于生存之需，而不必訾之以惑欤？"余曰：互助论者所发见之事实，明与达氏反。伊川释《易》之《比》，亦云万物莫不相比助而后得生，其言皆有证验。故知生存所需者，乃比助而非竞争。然则谓瞋非惑而为应于生存之需可乎？境界瞋者，亦有情瞋之变态。由于有情怀瞋故，境界随之而转。遂觉丘陵坎窖并是险巇，暑雨祈寒俱成嗟怨。怼人则器物皆罪，伐国则宫室为潴。忮心每及于飘瓦，诛锄亦逮于草木。此皆有情瞋盛，故无涉而非乖戾之境也。见瞋者，复于有情瞋中别出言之。此与前贪数中所举见贪实相因。夫唯贪着己见，故不能容纳他见，遂乃恶直而丑正，是丹而非素。从来朋党之祸、门户之争，皆由此起。凡人不能舍其见贪、见瞋，故一任己见以为是非，可说为感情的逻辑。而不暇求理道之真，此物论之所以难齐也。瞋相略如上说。《识论》盖言：瞋必令身心热恼，起诸恶业。

痴数者，于诸理事迷暗故，故说为痴。旧分迷理、迷事，今此不取。迷事亦只是不明那事底理而已，非可于迷理外别说个迷事也。故此言理事者，取复词便称，实只一个理字的意义。然理赅真俗。俗谛中理，假施设故，有诸异执；真谛中理，一道齐平，唯证相应。迷者，于俗妄计，于真不求证故。夫痴相无量，或总名之，或专言之。总名之者，一切染法皆属痴故。全部染数通名为惑，惑亦痴之异名。专言之者，贪等染数起时必有迷暗势用与之同转，即此势用说为痴故。人之生也，无端而有一团迷暗与生俱来。无端二字注意。这个元不是本性上固有的，只是此生时便有这迷暗与生相俱。相俱云者，只是俱有，无先后故。**触处设问，总归无答**，反问诸己，生于何来，死于何往，莫能解答。即在宗教哲学多有作答者，然彼一答案，此一答案，已难刊定。矧复任取一家答案，寻其究竟，终于无答。远观诸物，疑问万端。随举一案，问此云何，即有科学家以分子、元子乃至电子种种作答，复问电子何因而有，仍归无答。更有哲学家出而作答者，终亦等于不答，又无待言。以此类推，何在不如是耶？**而仍不已于问，不已于答。岂知俗谛问答都是假名，胜义谛中问答泊尔俱寂。**岂知二字，一气贯至此读之。胜义谛者，真谛之代语，真谛义胜故名。**若使循俗假诠，问答随宜如量，固亦无过。**如量者，称境而知，名如量故。盖在俗谛，本假设一切境事为有而推求其理，故得其理者，即为称境而知，谓之如量。然所谓如量，亦假定如是而已，寻其究竟，便非真解，故以随宜言之。**尔乃任情作解，逞臆卜度，既已非量，而不知虚中以契理。**此不如量，即迷俗谛理者。矧复于答问不行之境，此谓真谛。犹且嚣嚣驰问，昏昏恣答。**如渴鹿趁焰，演若迷头；遗贫子之衣珠，攫空潭之月影。**迷真谛理者譬于是。**此非至愚而何？**总结迷俗、迷真。**至若颠倒冥行**，冥者昏也，亦颠倒义。

是复词故。无知故作,故作者,故作恶业也。虽或自为诡释,适乃长迷不反。如今愚夫行亡国灭种之行,又何尝不自己对于自己为诡谲之解释,以为所行亦有理道耶,然而其愚不可救矣!夫痴之异名,是曰无明。无明者,非谓明无,实有此迷暗习气无始传来,若言由明无故名无明者,则无明但是虚词,而非显有此习也。导诸惑而居首,十二支中,无明居首。负有情以长驱,其势用之猛,虽转岳旋岚恐犹未足喻也。

慢数者,依于我见而高举故,故名为慢。旧说慢有七种,今述其略,而稍易次。改我慢居首故。一者,私其形躯而计为我,自恃高举,名为我慢。高举即慢相,须澄心体究。二者,于劣谓胜,于材智劣于己者,即谓我胜彼。于等谓等,于材智等于己者,即谓我与彼相等。令心高举,总说为慢。设有难言:"方劣言胜,方者,比方。方等言等,称量而知,何失名慢?"应答彼言:此慢于境转时非但称量,而实令心高举,不同明鉴照物壹任澄明。以故过重,为锡慢名。三者,于等谓胜,于材智等于我者而谓我胜彼。于胜谓等,于材智胜于我者,而谓我与彼相等。妄进一阶,斯名过慢。四者,于彼胜己,反计己胜,高前过慢,名慢过慢。五者,于所未证,谓已证得,于少证得,谓已证多,心生高举,名增上慢。六者,于他多分胜己谓己少劣,于他无劣谓我极劣,并名卑慢。虽自知卑劣而犹起慢故,故名卑慢。颇有难言:"如于他人多分胜者,我顾自谓少分不及,心有高处,卑慢诚然。若自居极劣,谓他无劣,心无高处,岂成卑慢?"不知彼于胜者之前,反顾己身虽知极劣,其心还复深自尊重,慢相隐微,非是全无,故成卑慢。七者,己实不德而顾自谓有德,恃恶高举,名为邪慢。夫慢多者,不敬有德,造诸恶行,咎始于居满,心怀高举,即是满故。其流极于无惭无愧,至不比于人,心高,则无虚怀受善之几,故日究乎污下。故学者宜先伏慢。

恶见数者,于境颠倒推度故,慧与痴俱故,别境中慧数与本惑中痴数,相俱而成恶见也。故名恶见。见不正故名恶。恶见相状复杂,不可究诘,抉其重者,略谈三见,曰:我见、边见、邪见。

我见者,一云身见,梵言萨迦耶。由不了自性故,自性见《明宗》章。私其形躯,而计我、我所,是名我见。言我见者,亦摄我所。由计我故,同时即计我所。云何我所? 我所有法,名我所故。如于形躯计为自我,同时亦计为我所,云是我之身故。若身外诸法,则但计为我所,如妻子、田宅、财货、权位、名誉,乃至一切为我所有者,皆是我所故。故有我见,即有我所。此是自私根源,万恶都由此起。或有问云:"心理学家言自我观念,大概以为意识作用间统一之形式,古时外道亦立神我,然则计我者不必是计形躯为我也。"余曰:心理学家以心作用间统一之形式说明自我观念,实无所谓计我之见也。但谓心作用非零散的,非分裂的,而为人格的已耳。此固别是一义,不须牵入此间相比较。至外道言神我者,此由意识虚妄分别而构画一个神我以为形躯之主宰,即所谓分别我执是也。今此所云计形躯为我者,此相极深细。盖人心隐微中念念执形躯为自我,无有一息而舍此执者,是乃与生俱生而不自觉其如是者,此所谓俱生我执。不独在人为然,动物亦执形躯为自体,即是我执。植物亦拘其自体,而隐有此我见,但甚暧昧耳。大抵有生之类限于形气而昧其本来,不了自性上元无物我种种差别,乃计其形躯为独立的自体而执之为我,其实非我,特妄计耳。犹如病目见空中华,空实无华,由目病故。

边见者,亦云边执见。执一边故,名边执见。略说有二,曰常边、断边。常边者,由我见增上力故,增上犹云加上,言常边见之起,亦由我见加上之力。计有现前诸物,攀援不舍,谓当常住,不了诸物元是刹那生灭,曾无实法,但假说为物。变化密移,今已非昔,而迷者视之若旧,计此相续之相,谓是常恒,此则堕常边过。断边者,由我见增上力故,于物恒常不得,转计为断。由见世间风动云飞,山崩川竭,倏忽无迹,根身器界悉从变灭,如经言"劫火洞然,大千俱坏",遂谓诸法昔有今无,今有后无,此则堕断边过。若悟物本无实,依何云断? 故知断见亦缘取物。然常、断二边元是迭堕,又复当知。迭堕者,有时离常即便堕断,有时离断还复堕常故。

邪见者,亦云不正见。略说以二,曰增益见、损减见。增益见者,于本无事妄构为有。如于色等法上增益瓶等相，眼识所取唯色，乃至身识所取唯坚，本无瓶等，故瓶等相纯是增益于色等之上的。转增益瓶等无常相。只是重重增益。乃至于形躯不如实知故，妄增益我相；不如实知故者，形躯元属幻化，非独立的，非实在的，非有主宰用的，故析色至微，微相复空，便无形躯可得。今于此不能称实而知之，云不如实知妄增益我相者，计形躯为自我，即是无端增益我相于形躯之上也。于自性不返证故，妄增益外在实体相。哲学家谈本体者都是看做离自心而外在的东西。此由不了自性，故向外杜撰一重实体，即是增益也。故增益见幻构宇宙，犹如幻师谓幻术家。幻现象马种种形物。损减见者，于本有事妄计为无。治故籍者任情取舍，将于古人确实之纪事不肯置信。故籍诚有可疑者，然亦不可谓全是作伪。如益烈山泽、禹治水，古时当有此事实，而今或不肯信有禹其人者，非损减见而何？生长僻陋者，涉历既狭，闻殊方异物则拟之齐谐志怪。浅见者流，不悟深远，则诋玄言为空诞。大抵凭有限之经验以推测事实，则不得事实之真而自陷于损减见者，此不善学者之通患也。若乃沦溺物欲，不见自性，宇宙人生等同机械，是于自家本分事损减之而不惜，愚益甚矣。凡增益见以无为有，凡损减见以有为无。然增与损必恒相依，无孤起故。如昔人说地静者，于地上增益静相，同时即于动相为损减故。增益见无孤起之理，既增妄相必损真相故。然而人生知识无往不是增益妄相，则睹真者其谁耶？或言综事辨物务得其理，即不为增益者，不知约真谛言，则一切事物皆假设故有，元非实在，云何非增益欤？

综上三见，邪见最宽，一切谬解，皆邪见摄。旧于边见、邪见，但列举外道诸计。详在《述记》三十六，亦堪参考。

本惑五数，各分粗细。粗者猛利，动损自他；粗者发动，必扰乱于心以损自，又必不利于物，即损他也。细者微劣，任运随心，于他无损。随心者，言其受节制于心而不自恣。然粗者必严对治，令不现起；细者恒共遍行，而与心俱，共遍行云云者，与遍行数同行，而与感识、意识相俱以取境也。当严对治，令其伏断。具在善数中。或有说言："贪、瞋、痴、慢、恶见，此五本惑都是保持个体的生命底必需之具。若有生之类果断尽此诸惑者，亦决定不能生活下去了。如贪数中自体贪，这个若全断了如何能生？其余诸贪，亦可准知。瞋数也是保持个体最需要的，生物没有这个，他如何分化而滋生呢？痴数亦然。植物至人类，都是芒然而生存着。慢数亦尔。他如没有高胜之心，又如何保持自己？下等生物亦有自胜心发见。像吾国人今日对外这般卑贱，不问长短的模仿，愿供鱼肉的屈服，也失掉了生物底通性。恶见又何得全无？他不计我，即失其个体了。不起边见及增益见，又如何进展于实际生活方面。所以，此五本惑，是保持个体的生命底必需之具。经说'八地菩萨犹留惑润生'，可知生必与惑俱，其粗者可令伏断，其细者不可断尽也。"其说如此。此谓众生由惑故生，在世俗谛中则尔，然非胜义谛中所许。吾友马一浮曰："留惑润生之义，至为深隐。"经言："菩萨不住无为，不尽有为。"盖以安住寂泊，则不能繁兴大用，譬如死水不藏蛟龙。然虽回真入俗，而智用精纯，亦如猛火不巢蚊蚋。如《维摩诘》言："示行贪欲，而离诸染着。示行瞋恚，于诸众生无有恚碍。示行愚痴，而以智慧调伏其心。"此为摄受众生故，权现惑相，非实有惑。在《易》谓之"用晦而明"，禅宗谓之"异类中行"。是乃吉凶同患，忧喜在人；虽复寄迹尘劳，而实宅心无上；出淤泥而不染，履虎尾而不咥。岂谓圣心尚余惑种乎？若就众生分上说，则唯其在惑，斯有对治法起。若无烦恼，亦无般若，故一切尘劳是如来种。孔子曰："天下有道，某不与易也。"若能深观惑相，知惑本空，毕竟当断，安得以无明为生命所系而有此保持个体之法耶？孔子曰："人之生也直，罔之生也幸而免。"此生本无惑之说，与生与惑俱之说异。其理甚长，今不具说，亦学者所当知也。

随惑数，旧说有二十法，今省略为十四，曰：忿、恨、恼、害、嫉、覆、悭、诳、谄、无惭、无愧、掉举、昏沉、放逸。

忿数者，瞋之分故，瞋相最粗之一分也。于现前不顺益境而愤发故。愤发者，愤怒盛发故。不顺益境者，如他人于己为不饶益事，或他见与己见违反者，皆名不顺益境。愤发极盛者，必有身、语二不善业从中达外，如莫之惩，必损自他。忿动必令自心毒恼，且将祸身，是损自也，又必伤人，是损他也。禽虫爪牙格斗，人群兴师杀伐，皆忿故也。

恨数者，由忿为先，怀恶不舍故，深结怨故，故名为恨。恨亦瞋之一分，有如蛇蝎，又过于忿。

恼数者，忿恨为先，追触暴热，极很戾故，故名为恼。追触者，于凤所忿恨者，追怀毒怨故。暴热者，谓凶暴之毒，若烈火内煎也。很戾者，凶毒至极，断尽柔慈故。恼亦瞋之一分，其毒过恨，故全失人性。

害数者，于诸有情损害逼恼，无悲愍故，故名为害。禽兽相吞噬，人猎禽兽而食，又残同类，皆由害故。害多者，恒发而不觉。常与人泛舟明湖，清波荡漾，巨鳞腾跃，美感移人，忽乎丧我。然而俗子于斯，方欲得鱼而烹之，是其害心窃发于俄顷而且不自觉。人性沦亡至是，亦可哀已。害亦瞋之一分，然必与贪痴俱。

嫉数者，徇自名利故，于他妒嫉故，故名为嫉。旧说嫉与喜违，怀嫉妒者，闻见他荣，深结忧戚，恒不安隐，故无喜悦。嫉亦瞋之一分，其恶阴慝，君子耻之。

覆数者，于所作罪隐藏故，故名为覆。覆亦贪分，诸覆罪者，多由恐失财利名誉等故。贪分者，犹言贪之一分也。覆亦痴分，覆罪则陷溺益深而不知惧，此即痴故。

悭数者，耽著财法，秘吝不舍故，故名为悭。财者，货利及诸饶益于己之事，皆得名财。法者，学术技能，亦通名法。悭亦贪分，心怀猥鄙，吝涩畜积。悭于财者，于非所需亦恒积聚。悭于法者，秘其知能不肯授人，亦悭财之变相。故悭之恶为卑私，是徇物以丧其生理者，故可哀也。

诳数者，为遂己私矫现不实故，务诡诈故，故名为诳。诳亦由贪，诸矫诳者必挟私染故。诳亦由痴，明不至则内歉，乃矫诈于外故。内歉者，内力不足故。诳之恶，大于覆。覆者犹恐人知，诳则一切无复忌惮，悍然播其恶于众而犹自谓得计。诳习既久，则所行惟是罔人自欺，故恶至于诳而极。研社会心理者，必知衰亡之代，其人皆习于诳。怀诳之人，如秽腐中微菌，无复生理，故速亡也。

谄数者，为罔他故，罔者欺罔。矫设方便，行险曲故，故名为谄。凡谄者，必无真知正见，难自树立，故由痴起。耽着利誉，患得患失，亦由贪起。谄必习为揣摩，多设罗网。或侦一人好恶，恣为诡遇；或伺群众风尚，巧与迎合。此所以名险曲也。

无惭数者，轻拒贤善故，故名无惭。此由痴故，不知自贵，甘居污下，故见贤不敬而轻忽之，闻善不乐而抵拒之。羞耻不生于其心，昏迷傲逸，人理亡灭。

无愧数者，崇重暴恶故，故名无愧。此视无惭，痴恶又进。轻贤不足而乃崇暴，拒善不足而更重恶。历史所载暴人之雄，恶行之极，常为民群之所仿效。此于衰世，尤可征也。无惭、无愧，通名无耻。

掉举数者，令心嚣纷故，嚣者嚣动，纷者纷驰。故名掉举。此依不正寻求，闲杂思虑。或复由念引令曾时爱憎等习勃然现起，爱憎即是贪瞋。故有嚣纷相生。旧以嚣动名掉举，而别说纷驰名散乱，不知嚣则未有不纷者，纷亦未有非嚣者。故今以散乱摄入掉举，不别立之。

昏沉数者，令心懵懂故，故名昏沉。此由痴增，遂成懵懂。懵懂初位，即是懈怠。故懈怠数，今不别说。旧以懈怠别为一数。懵懂深者完全物化，而疑于无心与动植比，故可惧也。下等动物与植物，只是懵懂过深故。

放逸数者，令心纵荡故，故名放逸。放逸即是不敬，为掉举、昏沉所依。

随惑略如上说。此视本惑中粗，本惑五数，各各又分粗细，如前已说。抑又过之，随惑较本惑之粗者，又乃更粗。如随中悭较本中贪的粗相必更猛，随中忿较本中瞋的粗相必更猛。他准知。故动损自他。注见上文。必严对治，令其断尽，犹如拔毒必须拔骨，毋或及肤而止。昔明道少好田猎，既而自谓已无此好。濂溪曰："何言之易也！但此心潜隐未发，一日萌动，复如初矣。"后十二年，因见猎者不觉心喜，果知未也。故知断染良难。然凛其难而勿失之放逸。十目十手严指视于幽独之地，一瞬一息善存养于宥密之中。善本既立，则诸惑自尽。先难后获，始识人生。从困难中战胜而有获,才识人生意义底丰富。**因任无功,亦物而已。**物谓鸟兽之类,乃因任其与形俱始底染污习气,而不知用对治之功故。

**本随惑数,是染污性故,违碍善故,故名染数。**

**善数,**旧说有十一法,今省并为七法,曰:**定、信、无贪、无瞋、无痴、精进、不放逸。**省去惭等五法,并入别境中定。

**定数者,令心收摄凝聚故,正对治沉掉故,**沉掉,谓随惑中昏沉、掉举二数。**故名为定。由如理作意力故,有定数生。**作意数见前。如理者,作意若与惑俱者,即是染性法。今此作意,乃背惑而顺正理,深自警策,以引发其本心。此即善性法,故名如理作意。定数必由如理作意引生。**定者,收摄凝聚,并力内注,助心反缘,**注者专注。助者是相应义。此定以其收摄凝聚的力,应合叶助于心,而深自反观故。**不循诸惑滑熟路故。**诸惑从无始来,与生俱有,与形相昵,未曾断舍,故其现起如率循他滑熟的路子走一般,所以惑起如机械而不自觉。今此收摄凝聚力者,即是自己新创造的一种定力,却要背惑而行,不肯率循他底滑熟路子走了。**是能引发内自本心,使诸惑染无可乘故。**内者,谓此本心不由外铄故。自者,即此本心是自性故,不从他得故。诸惑无可乘者,本心既藉定显发,得为主宰,故惑不容生。**夫本心者,元是寂静圆明,毫无欠缺,**寂静者,澄湛之极,其应恒止。圆明者,虚灵之极,其照恒遍。**但惑起障之,则心不得自显,而等于亡失。此昔人所以有放心之说也。然心虽受障,毕竟未尝不在,即惑染流行,而此心法尔自运,亦未堪全蔽。如浮云蔽日而言无日,实则日亦未尝不在。虽复积阴重闭,要非绝无微阳呈露其间者,但势用微劣而说为无阳耳。**无阳犹云无日。**定数者,即以其收摄凝聚势用,乘乎本心之运不容全蔽**如所谓微阳者,乃令其保聚益大,而无亡失之忧。使本心浸显而极盛,则诸惑亦渐伏而终尽。故定力者,实能对治诸惑。**诸惑者,即综全部染数而言之。**而云正对治沉掉者,则以定相与沉掉相正相翻故,故乃举胜而谈。然既置正言,即显不独对治沉掉可知。定数如是,余对治力,**余云云者,犹言其他善数底对治力。**可例观也。**

101

信数者，令心清净故，正对治无惭、无愧故，故名为信。世所言信者，大抵属胜解而非即信。胜解数见前。如现见青色而信其为青。测验气象，度明日将雨，因信明日有雨。此皆常途所谓信，实则是胜解的印持相，而非信也。又如宗教家信有上帝，此云信者亦是印持而实非即信。云何信？由如理作意力故，引生清净势用，即此净势叶合于心，而共趣所缘者是名信故。清净势用，省言净势，此与如理作意乃同时而起者。叶合即相应义。此信所缘义境，略说以二：一者，于真理有愿欲故，此中假说真理为信之所缘义境。真理者，隐目自性而言之。吾人为惑所蔽，不见自性，而又不甘同于草木鸟兽之无知，必欲洞明宇宙人生之蕴，易言之，即欲自识本来，此即求真理之愿欲。能见真故，故起信。见自性故，名见真理。见真而起信者，是惟反求实证者乃能尔。二者，于自力起信，即依自性发起胜行，深信自力能得能成故。行者，造作义。自思虑之微至身语之著，所有创造所有作为总说名行。胜行者，以此行是依自性而起纯善无染故，故名胜行。此行既顺性而发，故可深信自力能得而无失，能成而无亏也。如印度哲人甘地抵抗强暴侵略之行，绝无己私惑染，乃顺循乎其自性所不容已，故深信其自力于所行能得能成也。孔子曰："我欲仁，斯仁至矣。"亦此旨也。故信之为义极严格。世言迷信者，误以胜解为信，故有迷，胜解于迷悟心中通有之。而信实无迷。《论语》故贵笃信。信者清净相，与无惭、无愧浑浊相正相翻故，浑浊至于无惭、无愧而极。故说信于无惭、无愧为正对治。于决定境印持而不疑者，世之所谓信也。实则但是印持而非即信。盖所谓信者，唯是自明自识而起自信。《易》所谓"默而成之，不言而信，存乎德行"是也。吾友马一浮曰："此云自信，即宗门所云自肯。"妙哉斯言！自肯之言深矣远矣，必须自明自识才有自肯。到此境地便已壁立万仞，一切扰他不得，一切夺他不得，大雄无畏者以此。然而世人都是自暴自弃，如何识得自肯二字！

无贪数者，正对治贪故，无染着故，故名无贪。由定及信相应心故，有无贪势用俱转。无贪者，谓于贪习察识精严而深禁绝之，是名无贪。无者禁绝之词。身非私有，元与天地万物通为一体，即置身于天地万物公共之地而同焉皆得，各得其所。何为拘碍形体，妄生贪着，梏亡自性？形虽分物我，而性上元无差别。人若私其形而拘之，则必梏亡其性，自丧其本真，故深可哀愍。**故自体贪，应如是绝。**非绝自体，只是绝自体贪。盖私其自体为己而染着不舍，此即是贪，故须绝也。**万物诱焉皆生，而实无生相可得，生生者不住故。**刹那灭故。**不住故无物。**无自体故名无物。《易》曰"生生之谓易"，而又曰"易无体"。此明生者未尝有独存的自体可得，其旨实通《般若》。**无物矣，则生者实未尝有生也。既生即无生，则寄之无生而寓诸无竟，奚其不乐！何不悟生之幻化而欲怙之，妄执有一己之生，冀其后有耶？**"何不"至此为句。幻化一词，不含劣义。所谓生者，元来是顿起顿灭，没有暂住的东西，故谓幻化也。义详《转变》章。妄执云云者，生者大化周流，本无所谓一己，而人之后有贪则妄执有一己之生，故惑也。**故后有贪，应如是绝。**非绝后有，只是绝后有贪。盖于其生而妄计自体，即私为一己之生而怙留不舍者，此即是贪，故应绝也。**嗣续者，大生之流。**大生者，万物同体而生故名。如吾有嗣续，亦大生之流行不息故也。**物则拘形，私其种息。**动植传种，各私其类。**人乃率性，胡容私怙我嗣我续？**《列子》曰："汝身非汝有，是天地之委和也。孙子非汝有，是天地之委蜕也。"以嗣续为我之私有者，执形气而昧于性体，故是大惑。**故嗣续贪，应如是绝。**非绝嗣续，只是绝嗣续贪。私嗣续为己有，此即是贪，故应绝也。**匹偶之合，用遂其生。爱而有敬，所以率性。**敬爱之爱非贪。**徇于形者，爱变成溺，则同人道于禽兽。**中土礼教于夫妇之伦，义主相敬，故燕私之情不形于动静，此相合以天也。西人则言恋爱。爱而曰恋，正是染着，则溺于形而失其性矣。**故男女贪，应如是绝。**非绝男女，只是绝男女贪。男女合不以礼，交不由义，居室恒渎亵而无敬，此即贪之表现，故应绝也。**本性具足，无待外求。**人的本性上那有缺憾？只因向外追求才起了缺憾。**养形之需，元属有限。随分自适，不亏吾性。狂贪无餍，本实先拨。**逐物而失其性，是本拨也。**故资具贪，应如是绝。**非资具可绝，只是绝资具贪耳。并心外驰，殉物丧己，此贪过重，故应绝也。庄生《逍遥》所谓"窅然丧其天下"，《论语》曰："巍巍乎，舜禹之有天下也而不与焉"，是能绝资具贪者。贪贪，盖贪，参看贪数。作茧自缚，心与物化，生机泯灭。**故此二贪，应如是绝。真见性者，无己见可执，己本不立，何执己见？**其有若无，其实若虚，循物无违之谓智，匪用其私。循物云云者,谓率循乎物理之实然,而非以己见臆度与之相违也。庄生曰:"道未始有封,言未始有常。"惟自私用知,读智。分畛始立,"是非之涂,樊然淆乱"。故见贪者,应如是绝。如上粗析八种对治。说无贪略竟。

无瞋数者,正对治瞋故,无憎恚故,故名无瞋。由定及信相应心故,有无瞋势用俱转。无瞋者,谓于瞋习察识精严而深禁绝之,是名无瞋。于诸有情,利害等因引生憎恶。此念萌时,反诸本心,恻然如伤,不忍复校。校者计较。心体物而无不在,其视天下无一物非我故也。本心即性。性者物我之同体,故云心体物而无不在。然瞋势盛者,犹欲瞒心而逞其惑。此在常途,故云理欲交战。当此顷间,必赖无瞋势用助叶于心方能胜惑。心者天明,即性也。性难自显,必藉净习以行。无瞋数者则是净习,乃顺性而起者,故心得藉之以显。人能率性,不因利害瞋物而失慈柔。体物所以立诚,此言体物者,视万物与吾为一体故,故无瞋而尽其诚也。备物所以存仁,无瞋故备物。瞋则损害乎物而不能备之,故伤吾仁。故人极立而远于禽兽也。禽兽非是无性,但因气昏或重,故天性全泯没,本心全障蔽了,所以只知利害而不知其他。如其善于逐食及厉爪牙以防患,皆动于利害之私,寻不出他有超脱利害的优点来。至人则不然,却能发展他底天性本心而有无瞋、无贪、无痴等善心数之著见。此其所以异于禽兽。设有难言:"于暴恶者,亦起瞋否?"应答彼言:于彼暴恶随顺起瞋而实非瞋。瞋因于彼而不以私,瞋因于彼云云者,彼为暴恶不利群生,公理所不容,因而瞋之,非以私利私害而起瞋故。廓然顺应,未常有瞋之一念累于中也。故虽诛杀暴恶而不为瞋,因彼故也。因彼之当诛而诛之耳。吾无私也,故不为瞋。世儒或云嫉恶不可太严者,则是乡愿语。恶既可嫉,焉得不严。不严则必自家好善恶恶之诚未至,而姑容宽假之私。须知严嫉者,亦因乎彼之恶耳,非可以私意宽严于其间也。自乡愿之说行,而暴恶者每逞志,此可戒也。然瞋之为私与否,此最难辨。非私与无私之难辨也,人情恒以其私托于无私而自诡,故难辨也。如矫托革命者,当其在野则瞋在位之暴恶而为群众呼吁,固俨然不为私瞋也,然其实绝无矜全群众之心,特欲肆一己之贪残而苦于不得逞,故托于群众以诡示革命之谋不为私瞋已耳。彼既自诡如是，浸久亦不自觉为私，及一旦取而代之，其暴恶益厉于前，而后群众乃察见其前此之隐衷，而彼犹不自承为私也。果其瞋不以私，则当憎恚因物而起时，其中必有哀痛惨切之隐。曾子所谓"听讼得情，哀矜勿喜"者，称心之谈也，是其发于本心体物之诚而不容已也。若瞋发于私，则惑起而本心已失，心为惑所障故。即物我隔绝，乃唯见有物之可憎，而何有于哀痛惨切耶？此段吃紧。于物暴恶，以瞋相报，便已随转而弗自知，可惧孰甚！故有情瞋，毕竟应断。安土敦仁，本《易传》。土者，境界。言随境能安，乃所以敦笃吾之仁。无入不得。《中庸》云："君子无入而不自得焉。"心为境缚，则天地虽大，诗人犹嗟靡骋；境随心转，则陋巷不堪，贤者自有乐在。故境界瞋，毕竟应断。是非之执，每囿于情识。守其一曲，斯不能观其会通；取舍两端，必有偏倚。彼其明之所立，正其蔽之所成。庄子曰："是非之彰也，道之所以亏也。道之所以亏，爱之所以成。"此云爱者属所知障，当此文所谓蔽。明与蔽相因，斯执碍横生，诤论竞起，诋谇瑕衅，互为主敌。故天竺外道，至以斩首相要；此土异家，亦有操戈之喻。此见瞋之害也。惟见性者，不为情识所封，故能因是因非，玄同彼我，息言忘照，休乎天钧。知辨者之劳，犹蚊虻之于天地，虽不得已而有言，始乎无取，终乎无得。故智与理冥，而喜怒不用，岂复有断断之患乎？故见瞋者，毕竟应断。

无痴数者，正对治痴故，于诸理事明解不迷故，故名无痴。无痴依何而起？由定力故，于本心微明，保聚增长。本心微明者，心为惑所障蔽而不得显发，但于障蔽中微有呈露耳，故说微明。参看定数。由信力故，引发本净，本净者，谓本心本来清净，但为惑所障，故赖信底势用引发之。于是有自性智生。自性智者，即谓本心。本心元是圆明遍照，故以智名之。其在人则为人所以生之理，故以自性言之。参看《明宗》章注。依自性智故，遂起明解。明解即是无痴异名。盖明解元属后得，明解依自性智起而非即自性智，但是净习故，故云后得。多于境转，而积渐扩充。多于境转者，明解本是缘虑境事的，然亦能反缘自性，故于缘境而置多言。积渐扩充者，明解于种种境事上练磨益深，则其势用随练磨的推广而扩充不已故。然其势用初兆,亦非无因突现,必有自性智为根本依,方得起故。如火之燃,如泉之达,皆有依故。《集论》说明解即慧,《识论》不许,权衡得失,宜从《识论》。盖尝言之:明与慧,迹有稍似而实乃绝异。明解亦省称明。迹稍似者,慧分别境事,犹言事物。明亦分别境事故。稍似者一。又慧精者,其分别境事,明征定保必止于符,言其分别事物,必举征验而符于理。先难后获必戒于偷,其得理不由偷幸也。而明于境起分别时,亦复如是故。稍似者二。实异者,慧一向逐境而与境化,与境化者,慧起必现似境相,虽极抽象的概念,还是现似一种境相。故迷失其本有自性智而不知求之;慧是分别境事的,易言之,是向外去看东西的,所以不能反缘自性。若任慧去推求自性,他扑着不得一物,便要大炫惑了,所以古德每斥知识为此理之障。明则廓尔旷观,能不缚于境故,故云旷观。能得总相,总相即谓自性。以其在人而言曰自性,以其遍为万物实体而言曰总相。虽不亲证自性而疏缘故。不亲证自性者,若是自性智直接呈露,他便自己证知自己,即是亲证,今此明解,只是依自性智而起者,他已不是自性智底本身,虽能回顾自家底自性,只是筹度之而作共相观耳,所以谓之疏缘,非自亲证,故云尔也。然虽疏缘,比于全迷而不知求之者,其相去甚悬远矣。此实异者一。又慧于事物简择,纵言如量而犹着相故,还复是痴,非真能如量者。何以故?一切事物于俗谛中假设故有,推入真谛即皆亡实。如慧比知比者比度。地动非静,在任慧者固云如量,实则慧取境时,非不着于地相动相。须于当念察识。着相即痴,以乖真故,云何可言如量?乖真故者,着相则与真谛理不相应。明乃异慧,虽于俗中事物亦假设为有而析其理,但不着相。此处吃紧。如起地动解时,实不曾执着地相动相。宗门诸大德,尝有此境地。故此非痴,是真如量。实异者二。

综前所说,明非即慧,是义决定,然明者非一般人所得有。非谓其本来无有此也。人人固具此大宝藏而不自发展,故云不得有耳。夫明依自性智而起,若智不得显者,明即不生。自性智,亦省称曰智。然智虽不显,要非无智,但为惑障而不显耳。惟夫一向任慧而又富于探求真理之愿欲者，真理，同信数中说。参看信数注。久之自感慧用有限，而悟宇宙人生之蕴不可以物推观，必更为鞭辟近里之功，以求其在己，于是而自明自识，而本有自性智卒显发焉。宋人小词所谓众里寻他千百度，回头蓦见那人正在灯火阑珊处，喻此最似。及夫自性智起，则体立而用自行。其推致此智之妙用于事事物物而莫不得其理者，是即为明。具云明解。明者智之用，其行于事物也，恒以练磨之多而明相增盛。故明者亦缘分别事物而起，所以说为后得。明者，是分别事物的，是待练磨而增盛的，所以说明是后得。后得云者，即习之谓也。或有难者，以为若主后得，应全站在经验上说，不应说个智之用又挽入固有底东西来了。不知说到经验，便须有个能经验的，这个能经验的在此则谓之明。而所谓明者，自然不无根据，所以说是智之用。因他是智之用，所以说是依智而起。而他所以不同于慧者，元来只此。但又须知，才说到用，便是感物而动，应事而发，即已是后起而不是固有的自性之本然了。若非应感事物，亦没有这个用可见。所以又说明缘分别事物而起。如此说来，明为智之用而却是后得，于理无疑。旧师言明亦称正慧，正慧者，以别于常途所谓慧故。犹嫌稍滥。理实明依智起，是智之用故，亦得名智，或对自性名后得智。即明与慧，称名不滥。或复问言："明依智起，既得闻矣。然慧亦有依否？"今答彼言：慧亦非不依于自性智。有言慧全由经验得来者，此说亦是。但慧虽资经验而起，要自有个能经验的一种作用。这个作用才是慧底本身，此自不由外铄者。既不由外铄，则亦依自性智而起矣。试思吾人若非具有自性智者，便是无心灵的死物，又那得有慧生而为能经验者耶？然又不可言慧依智起者，此何故耶？智虽人所本有，然人自有生以后则常拘于形气以造诸染习，遂使固有性智自性智亦省称性智。恒受障蔽而不得显发。故其作用流行于障蔽中者，既杂夫形气与染习之私，而其缘境，遂成乎物交物之势。此慧所以不得名为智之用，即不得言依智而起也。此段道理煞难说，今人更不曾注意及此。故必待性智显发而后依智所起之明，乃纯为智之妙用而非慧之所及也。智如何显发？即在造净习以引发之耳。本节首举定与信，即是净习中端绪也。惟明能破暗，故说

107

无痴是痴对治。若性智未得恒时为主于中者，即明犹未盛，而慧犹时与痴俱，以扰于心。此复性之功，所以不容已耳。复性即是自性智得恒为主于中也。又阳明良知则是通性智与后得智而浑沦言之，示人亦亲切。《易》曰"明出地上，晋，顺而丽乎大明"，是无痴之象也。

精进数者，对治诸惑故，令心勇悍故，故名精进。由如理作意力故，有勇悍势用俱起而叶合于心，同所行转。凡人不精进者，即役于形、锢于惑而无所堪任，是放其心以亡其生者也。无所堪任者，无所堪能，无所任受，如草木鸟兽然也。放者放失，不自存养其心，故放失也。心者生理，放心即亡其生理故。精进者自强不息，体至刚而涵万有，此言体者，合也。人性本来刚大，而役于形锢于惑者，则失其性，故必发起精进，以体合乎本来刚大之性。夫性唯刚大，故为万化之原。唯率性者为能尽其知能，故云涵万有。立至诚以宰百为，诚者真实无妄，亦言乎性也。立诚即尽性也。百为一主乎诚，即所为无不顺性。一切真实而无虚伪，故是精进。日新而不用其故，《易》曰："日新之谓盛德。"唯其刚健诚实，故恒创新而不守故。进进而无所于止，进进本横渠语。故在心为勇悍之相焉。精进起而叶合于心，即成为心上之一种势用，故言在心。旧说精进为五种：一被甲精进，最初发起猛利乐欲，如著甲入阵有大威势故。二加行精进，继起坚固策勤方便故。即以坚固策勤为方便，乃得精进不已也。坚固二字吃紧。三无下精进，有所证得，不自轻蔑，益勤上达故。四无退精进，忍受诸苦，猛利而前，虽逢生死苦亦不退转故。虽云无下，逢苦或休，故应次以无退。五无足精进，规模广远，不为少得，便生餍足故。孔子曰："我学不厌，而诲不倦也。"又曰："发愤忘食，乐以忘忧，不知老之将至"云尔。又曰："忘身之老也，不知年数之不足也。俛焉日有孳孳，毙而后已。"此皆自道其精进之概。总之，人生唯于精进见生命，一息不精进即成乎死物，故精进终无足也。精进即身心调畅，古师别立轻安，今故不立。精进与常途言勤者异义。如勤作诸恶者，常途亦谓之勤，此实堕没，非是精进。

不放逸数者，对治诸惑故，恒持戒故，恒字吃紧。名不放逸。由如理作意力故，有戒惧势用俱起，叶合于心，同所行转，令心常惺，惑不得起，为定所依。佛氏三学，以戒为本。由戒生定，故戒是定依。不放逸即摄戒。儒家旧有主静、主敬之说，学者或疑有二，不知敬而无失，始能息诸憧扰；主一无适，内欲不萌，即是静也。此中说定，即该主静，说不放逸是定依，即该主敬。夫微妙而难见者心也，猛利而乘权者惑也。心无主宰则惑乘之，陵夺其位，心即放失。喻如寇盗相侵，主人被逐。《记》曰："斯须不庄不敬，则暴慢之心入之；斯须不和不乐，则鄙诈之心入之。"敬则自然虚静，敬则自然和乐，故不和乐即是不敬。故必斋明俨恪，收摄止畜，卦名有取于畜者。畜止即存在之义，与放失相翻。人心不止畜则流荡，凡虚妄攀援，皆流荡也。然后此心微妙不可睹闻之体，始得显发于隐微幽独之地，而力用常昭，默存于变化云为之间，而不随物靡。《易》谓"显诸仁，藏诸用"者，即此义。识得此体，须勤保任。故朝乾夕惕唯恐或失，见宾承祭同其严畏，造次颠沛亦莫之违；防检不忽于微渐，涵养无间于瞬息；绝悔吝于未萌，慎枢机于将发。斯能正位居体，不为诸惑之所侵矣。故儒者言"闲邪则诚自存"，又言"不敬则肆"。禅家谓"蹔时不在，即同死人"。此皆不放逸之教，其言至为精切。《诗》谓文王"无然歆羡，无然畔援"，此即不放逸相。学者当知始自凡夫至于大觉，戒惧之功不容或已。故曰：惧以终始，无可纵任。纵任，有作自在解者，即是胜义；有作放肆解者，即是劣义。此中是劣义也。安不忘危，治不忘乱，有不断惑之众生，即如来无可忘其戒惧。自本心言之，众生与如来本是一体。众生惑相，即是佛自心中疵累，何得不戒惧耶？经云"有一众生未成佛，终不于此取泥洹"，亦此义也。唯知机其神，斯自强不息。故敬也者，所以成始而成终也。今以不放逸为诸善心数之殿，此义甚深，学者其善思之。或疑常存戒惧，有似拘迫而碍于心。不知拘迫由惑起，戒惧则惑不得乘，而不失此心坦荡之本然，即当下受用，故戒惧恒与和乐相依，何有拘迫之患耶？又戒惧之保任此心，犹如舵工持舵，不敢稍疏。初时似劳照应，久之功力纯熟，则亦即身即舵，如庖丁解牛，游刃有余。象山有言："得力处即省力。"故以戒惧为拘迫者，无有是处。

　　如上七法，是清净性故，对治染故，故名善数。旧言心所，但具名数，无甚说明。又以染净一一相翻，似如头痛医头，脚痛医脚，全无立本之道，如何对治得去。大抵世亲以来言唯识者全走入辨析名相一途，颇少深造自得之功。奘、基介绍此学于中土，虽盛行一时，而终不可久。宗门迅起代之，亦有以耳。

　　综前所说，心者即性，是本来故；心所即习，是后起故。本来任运，任自然而运行。后起有为。本来纯净无染，后起便通善染。本来是主，只此本来的性，是人底生命，故对于后起的习而说为主。后起染法障之，则主反为客。无据曰客。本心障而不显，虽存若亡，故说为客。后起是客，染胜而障其本来，则客反为主。吾人生命，只此本来者是。然吾人不见自性故，常以染习为生命，一切所思所学所为所作，莫非滋长染习而恃之以为其生命，而真生命乃日戕贼于无形。此亦愚之至也。如斯义趣，上来略明。今更申言：欲了本心，当重修学。盖人生本来之性，必资后起净法始得显现，虽处染中，以此自性力故，常起净法不断。起者创义。依据自性力故而得创起净习不断，即自性常显现而不至物化故。依此净法，说名为学。创起净习，即是认识了自家底生命而创新不已。这个自识自创的功用，总说名觉，只此觉才是真学问。若向外驰求，取著于物，只成染法，不了自性，非此所谓学。此语料简世间一切俗学。故学之为言，觉也。学以穷理为本，尽性为归。彻法源底之谓穷，无欠无余之谓尽。性即本来清净之心，理即自心具足之理，不由外铄，不假他求，此在学者深体明辨。今略举二义，以明修学之要。

　　一者，从微至显，形不碍性故，性之所以全也。本心唯微，必藉引发而后显。微有二义：一者微隐义，以不可睹闻言之。二者微少义，以所存者几希言之。此兼具二义。既凝成形气则化于物者多，而其守自性而不物化者遂为至少。如《易》消息，从《姤》至《剥》，仅存在上之一阳。此段道理极难说。参看《转变》章、《成色》章、《明心上》章首段，须深心体究翕阖之故才得。本来者，性之代语，已见上文。性者，言其为吾人所以生之理也。若赅万有而言之，则亦假名恒转。形气者，谓身躯，此即恒转之动而翕所凝成者。易言之，即此形气亦是本来的

110

性底发现，但形气既起，则幻成顽钝的物事，忽与本来的性不相似。所以，性至此几乎完全物质化了，而尚能守其自性而不至全化为物者，实只至少的一点，如《易·剥》卦中所剩下底一阳而已。这点真阳，是生命底本身，宗门所谓本来面目，他确是形气底主宰。王弼《易例》所谓"寡能制众"者此也。然此只就原理上说，未可执一曲以衡之。盖此点真阳若不得显发，即未能主宰形气而为物役者，又随在可征。故不可持一曲之见，以疑此原理为妄立也。**此仅存之真阳**，即性。**虽遍运乎形气之内而隐为主宰，然其运而不息者，固法尔自然，未有为作。**法尔犹言自然。不直言自然者，以法尔义深故。下言自然者显无作意，与常途言自然者，义亦稍别。**而形气既生，即自有权能，**形气底权能，本是随顺乎性的，而亦可以不顺乎性。**则性之运于形气中者，既因任无为，**因任者，因而任之故。**形乃可役性以从己，而宛尔成乎形气之动，**形气简言形。乃可者，未尽之词。形之役性，非其固然也，故云乃可。己者，设为形气之自谓。**故性若失其主宰力矣。所谓本来惟微者此也。**言若失者，非真失也。形气之动者即性也。但动而从乎形，而不能主乎形，故谓之失。然性实非从形者，故非真失也。**然则形为性之害乎？曰：否否。若无形气，则性亦不可见。且形者性之凝，即形莫非性也。故孟子曰："形色，天性也。"形何碍于性乎？形之役夫性者，本非其固然，特变态耳。如水不就下而使之过颡或在山者，此岂水之固然哉？**染习与形俱始，随逐增长，以与形相守而益障其本来，**染习与形相守，故学者难于变化气质也。**遂使固有之性无所引发而不得显，如金在矿不见光采。反之，性之主乎形者，则以善习力用增长，与性相应，引发不穷，故全体顿现。如《易》消息，从《复》之一阳，渐而至于纯《乾》。如炼矿成金，不重为矿。然性之为主，亦行乎形气之中，故先儒有"践形尽性"之说，使视极其明，听极其聪，斯无往而非全体之昭著矣。**横渠云："德胜其气，则性命于德。德不胜其气，则性命于气。"此言性主乎形者，即性命于德之义。言形役乎性者，即性命于气之义。但横渠之言简要，学者或有未喻。今虽词费，欲使人易晓耳。又《易》象之消息，实善状此心之隐显。人心以锢于形气之私，遂令本性汩没，不得透露，然无论如何物化，此本性实消不尽。如古言"人穷则反本"，劳苦倦极未尝不呼天，疾痛惨怛未尝不呼父母。又如"人之将死，其言也善"，乃是形气以消索而退听，即此性于中发露。《易》所谓"《剥》穷于上，《复》生于下"，即此象也。佛氏言五阴壮盛是苦，以其盖覆如来藏心，若转众生五阴成法性五阴，则六根门头皆成清净功德。此与"践形尽性"之旨同。

二者，天人合德，性修不二故，学之所以成也。《易》曰："继之者善，成之者性。"全性起修名继，性是全体流行不息的，是万善具足的，故依之起修而万善无不成办，是谓全性起修，即继义。全修在性名成。修之全功依性而起，只以扩充其性故，非是增益本性所无，故云全修在性，即成义。本来性净为天，后起净习为人。故曰：人不天不因，性者，天也。人若不有其天然具足之性，则将何所因而为善乎？天不人不成。后起净习，则人力也。虽有天性而不尽人力，则天性不得显发，而何以成其为天耶？此上二语，本扬子云《法言》。故吾人必以精进力创起净习，以随顺乎固有之性，而引令显发。在《易》，《乾》为天道，《坤》为人道。《坤》以顺承天，故为善继《乾》健之德。《坤》卦表示后起底物事。吾人自创净习，以引发天性，即《坤》法天之象。是故学者继善之事，及其成也，性焉。《论语》曰："人能弘道，非道弘人。"《论语》言道，当此所谓性。人能自创净习以显发天性，是人能弘大其道也。人不知尽性，即化于物，而性有不存者矣，故云"非道弘人"。弘道之目，约言之，在儒家为率循五德，在佛氏为勤行六度。五德本性具之德，其用必待充而始完；六度乃顺性而修，其事亦遇缘而方显。佛氏言六度多明事相，不及儒家言五德克指本体，于义为精。故曰：无不从此法界流，无不还归此法界。法界即性之异名耳。此谓天人合德，性修不二。学者于此知所持循，则精义入神以致用，利用安身以崇德，皆在其中矣。或曰："染缚重者恶乎学？"曰：染净相资，变染成净，只在一念转移间耳，何谓不能学耶？夫染虽障本，本者，具云本来。染法障蔽本来。而亦是引发本来之因。由有染故，觉不自在。不自在故，希欲改造，自己改造自己。遂有净习创生。由净力故，得以引发本来而克成性。性虽固有，若障蔽不显即不成乎性矣。故人能自创净力以复性者，即此固有之性无异自人

112

新成之也。古德云:"一念回机,便同本得。"明夫自心净用,未尝有间,诸惑元妄,照之即空。苟不安于昏愚,夫何忧乎弱丧! 故学者首贵立志,终于成能,《易》曰:"圣人成能。"人能自创净习以显发其性,即是成能也。皆此智用为主。智体本净,不受诸惑。辨惑断惑,皆是此智。净习之生,即此本体之明流行不息者是。引而不竭,用而弥出,自是明强之力,绝彼柔道之牵。《中庸》云:"虽愚必明,虽柔必强。"此言其力用也。《易》曰:"困于金柅,柔道牵也。"柔道即指惑染,以诸染法皆以柔暗为相。阳德刚明,自不入于柔暗,故智者不惑。如杲日当空,全消阴翳,乃知惑染毕竟可断,自性毕竟能成。斯称性之诚言,学术之宗极也。故曰:欲了本心,当重修学。

# 新 唯 识 论

## （语体文删定本）

# 题　记

　　本书系熊先生于 1951 年底至 1952 年删订《新唯识论》语体文本而成，1953 年印出。此即以该版本为底本，并参考其他版本点校。

# 赘　语

此书排版方竣，颇欲补作一序，适患头晕，不可支，饮杜仲汤渐好转。未得写长篇文字，兹略揭纲要如左。

一曰：**体用本不二**体者，具云宇宙本体。用者，本体之流行至健无息、新新而起，其变万殊，是名为用。世所见宇宙万象，其实皆在冥冥中变化密移，都无暂住。**而亦有分**，譬如大海水是一，而其显为众沤乃条然宛然成分殊相。条然者，无量沤相现似各别也。宛然者，沤相本非离海水有别自体，而乃现似一一沤相，故不可谓一一沤相与浑全的大海水无分也。体用有分，其义难穷，可由此譬喻而深参之。**虽分，而体为用源，究不二**。譬如众沤以大海水为其源，大海水与众沤岂可二之乎？体用可分而实不二，由此譬可悟。

二曰：**心物本不二而亦有分，虽分，而心为物主，究不二**。

三曰：**能质本不二而亦有分，虽分，而能为质始，究不二**。质始于能，而质既形成即与能恒相俱，亦复互变。或问："由何义故，说质始于能？"答曰：质无固定性，故知其为能之所凝，即能之别一形式也。此非余一人之创说，由《大易》坤元统于乾元之原理而推之，自是质本于能。

四曰：**吾人生命与宇宙大生命本来不二**。孟轲曰"上下与天地同流"，言吾之心，上极乎天，下澈乎地，互相流通为一体，非可以一己与天地分裂为二

117

也。曰"万物皆备于我矣"，玩上语可解。庄生言"人乃官天地、府万物"，官者，主义。府者，与孟云"皆备"同。此皆证真之谈。故真治哲学者，必知宇宙论与人生论不可判而为二，非深解人生真相，决不能悟大自然之真性。尽己性以尽物性，此圣学血脉，本论所承也。

五曰：本论谈体用，实推演《易》义。或谓："本论骨子里似是生命论。"余曰：不妨如是说。夫本体无对，而其显为大用大者赞辞。却陷于相对，生命有矛盾在是。惟性统治形、公统治私、张横渠曰"性者万物之一原"，人能率性，即克治小己之私，公道所由行也。私者，由执形骸为小己，故自私而无民胞物与之感。净统治染，以生命论上之问题而观佛法，则彼所说众生无始以来有阿赖耶与如来藏相依而住，如来藏本净，赖耶杂染，染净对立，自是矛盾。佛之道，要在以净统治染。余尝欲释《楞伽经》，畅斯幽旨，终鲜暇也。而生命始得正常发展。拟别为一小册，详本论未尽之意。

余平生之学，颇涉诸宗，卒归本《大易》，七十年来所悟、所见、所信、所守在兹。今衰矣，无复进境，聊存此书，为将来批判旧学者供一参考资料，其诸大雅哂而存之，毋遽弃之，是老迂之愿也。

夏历癸巳中秋　熊十力识于北京十刹海隅漆园

# 新唯识论语体文本壬辰删定记

　　余初叩佛学即专攻唯识论，追寻玄奘、窥基宣扬之业，从护法诸师以上索无着、世亲，悉其渊源、通其脉络、综其体系、控其纲要，遂成《唯识学概论》一书，壬戌讲授北庠<sub>北京大学</sub>。即此书节本。癸亥岁，<sub>民国十二年。</sub>余于世亲迄十师之学，已甚厌其悬空构画，而基师揉译《成论》<sub>《成唯识论》。</sub>独崇护法以抑安慧，余更不敢苟同，奘师俯从基意，亦堪骇叹。甲子季秋，始取旧著《概论》稿悉焚去，屏弃夙习所有知见，旷然无系、神解透脱，时于动中观测物理，时于静中反己体认，久之新悟日多，是年冬已创草《新论》，随时以草稿为诸生讲说。唯余少时革命，三十五岁后，始得专心治学，务为强探力索、不惮艰苦，因此神经衰弱，卒至漏髓，胃疾复剧，日益危殆，《新论》写作不得不中止，亟走杭州养疴七载，直至壬申《新论》部甲始问世，是为文言本。

　　余年四十以前，于儒学犹无甚解悟，<sub>当别为《自述》一文。</sub>及深玩佛家唯识论，渐发其短，不当墨守，而求真之念益迫，姑置无着、世亲，上穷龙树、提婆之法，<sub>此法字，谓其教义。</sub>于空教四论备费钻研。<sub>龙树谈空，故称空教。四论者，《大智度论》《中论》《百论》《十二门论》。</sub>空宗妙演空义，深远无极，然于万法实体毕竟偏从空寂方面领会去，<sub>万法，犹云万物。法字之义，</sub>

《十力语要》中有一篇解释最详。其于至空而大有、至寂而大生之德用，却从不道及，终是见地有偏蔽在。大有、大生并用《易经》语。穷理至万物根源处，无形象可睹，故说为空；无形而为众形之本，无象而为万象之原，则至空而大有矣。寂寂而生生不测，孔子有天不言而四时行百物生之叹，善形容此理。空宗偏向空寂处领会，则本体为无用之体，而宇宙无发育可言，更有反人生之倾向，其流弊何堪论！余因有不满于空宗，复澄思默究，乃不期而触悟《大易》，始信象山"六经皆我注脚"之言，确然不妄。学者如无趣求真理之热诚，尽在古今人言下转，纵自信解得，只是虚弄名言，毕竟于真理无实见处。设轻为反对，要于证真之言，毫无所损。证者证知。此知字义甚深，非平常所云知识之谓。余之学佛学儒，乃至其他，都不是为专家之业，而确是对于宇宙人生诸大问题求得明了正确之解决。余信从来大学派，皆积人积世而演进，虽晦明有时，要各有独到与真是处，不可薄也。余于佛法，弹正其短，未尝不融摄其长，区区一隙微明，实自佛法启之，否则不能有悟于儒。此中甘苦难为人言，容当别论。世之议余毁佛者，恐其罪不在我而在彼。顽固而崇佛，其毁佛滋甚，世人恒不悟也。

《新论》谈本体，以体用不二为宗极，毕竟归本《大易》。然文言本在久病之余急就成章，殊嫌简略。其评佛氏，仅自世亲以迄护法，取径已狭。无着学派之宏纲要领，究在三性，文言本尚未涉及。若乃佛家宗派綦繁，必求其共同之宗趣而衡论之，方是穷源澈底，宗趣者，宗谓宗主，趣者归趣。文言本于此却付阙如。夫《新论》原为对治旧学而作，旧学，谓印度佛学是吾旧所服膺故。对治一词本佛籍，如医用药，对症而治之也。今评判佛法，不观其通、不究其源，仅从支流处论短长，则佛法之真尚未见，《新论》又何可轻弃旧学而妄立异乎？宋明诸老先生孤据其所涉于禅宗者以攻佛法，卒于禅学多误诋，于佛法得失处殊不相干，此亦言学者之殷鉴也。余于文言本之简略颇引为恨事，时有改造之意而惮其劳。丁丑避寇入川，适有钱生欲依文言本翻成语体文，上卷未竟而离川，韩生继之亦不久，余乃执笔自中卷起，卒竟其功，共得三卷，订为四册，下卷分成二册故。自是《新论》有语体本。

释尊殁后百余年，其后学有大天者出，始兴异执，判为二部，曰大众部，即大天为主之新派。曰上座部，即旧派。大众复分为九，上座析为十一，合二十部。约当佛殁后四百年间。此据中译《宗轮论》言，而后来演变，何止二十部。至佛殁后六百年顷，龙树菩萨及其弟子提婆崛起，宗《大般若经》，宏阐空义，世称其学为大乘，而前之二十部皆被目为小乘。亦曰小宗。佛殁后九百年间，无着菩萨及其异母弟世亲始出世，对治龙树学派末流沉空之弊，亦称大乘而主旨自殊，世遂目其学为有宗，自是大乘判为空有两轮。而二宗各自分支，当亦不少，惜今难考耳。佛家宗派至极复杂，彼此所持互异，斗争烈于水火，佛典中尚可考见。而乃异口同声，皆自以为传承佛说，岂非大怪事哉！聪明奇特人自成一家学，何不卓然自树，猥托释迦后嗣胡为乎？纵如庄生重言之意，则天竺大学派，其权威过于佛氏或等于佛氏者尚不少，奚独取于释迦？余以为大小诸宗开山之哲，都是天才杰出，而皆以其创获托于佛氏者，决不无因，必其入道之始，曾受释迦遗教影响。古哲大道为公，不似后人污下，私智自炫，不似二字，一气贯下。是以皈命释迦，明后先之一揆，启凡愚以正信，此其传承有本，未可以伪托目之也。识得此意，则知佛家宗派纵极纷繁，要必有共同之宗趣。因各派皆曾受过释迦遗教影响，故皆自称为佛法，今于各宗派中抽出其共同之点，即佛法全体之宗趣已毕见，而大同中虽有众异，究无碍于大同。当龙树之出而倡大乘也，诸小宗群起而攻之，谓大乘所称佛说皆非佛说，而大乘亦谓小宗之经为不了义语，义不究竟，名不了义，以佛为凡愚而说故。大小斗争无虚日。其后大乘提出三法印，以勘定各宗派之说，凡合于三法印者，皆是佛说，有不合者，即非佛说。自三法印出，而后小宗于大乘无可诤论，由此可见三法印是佛法全体之宗趣所在。尽管佛家宗派纷繁，而得此宗趣，即于各宗派中可以观其通、究其源,以此为据而衡论佛法全体之得失,庶几认清全貌,无有执支节以妄作评判之病。以此二字,至此为句。三法印重要、极重要,甚深、极甚深,研佛法者未可作习熟语悠悠过去。

三法印者,一曰诸行无常。佛书以色心诸法或宇宙万象,总名诸行。行者,幻相迁流义。宇宙万象刹那顿变,都不暂住,犹如幻化,故曰无常。

二曰一切法无我。我有二义:世人于自身心妄执为我,是谓人我相;至于官能触境时,初无虚妄分别,而意识妄构一一物相,如瓶等,是谓法我相。我之为言,是执着义。吾人身心诸相幻聚一团,本无实我,一切物相,都不固定,故二种我相,纯由意识构画。

三曰涅槃寂静。涅槃者,真如之别名,是为宇宙本体。寂静义甚深远,不通《大般若经》,终是肤浅作解,学者慎勿轻心。

第一印明宇宙万象毕竟空。一切物都无暂住故,如何不空?问曰:"《易》云'变动不居',与佛氏无常义相通否?"答曰:《易》以不居显其生生不已,佛以无常而作空观,二家宇宙观截然不同。第二印明吾人意想中妄构一切相,所谓人我相、法我相,皆本来空。意中起想曰意想。法我相最深微,吾人起想运思几乎都是法我相,不独执有瓶等及张人李人等相是为法我,即凡思维中之一切概念亦鲜不为法我相,如宗教有拟人的上帝,即是一例。人我相只是从法我相中别出言之。此二我相幽深难知,读佛书者鲜不糊涂过去。第三印则由第一印空一切物相、第二印空我相,然后本来寂静的真体焴然呈现。《大智度论》言"前二印会归第三印",宜深玩。第一印会入第三者,物相空而后真体显,譬如于冰而不取冰相,即已于冰而识其本是水。冰喻物相,水喻本体。第二印会入第三者,譬如云雾消而青天显。云雾喻二我相,青天喻本体。故第三印明本体唯是寂寂澄定,无一毫迷乱相,无为、无造、无生,如如不动。详此三印,总结而言,只是以空寂显本体。显者,显示之也。第三印是寂义,前二印皆明空而会入第三,即明示本体是空寂的。空宗揭此三印以印定佛法,小乘虽未至大乘境界,却是见浅见深之别,而无可自外于三印。其后世亲唯识派谈种现，近于戏论，于前二印未得其妙，此意须另谈。然此乃其解悟不足，非不守三印也。余于语体本中卷，楷定佛法全体之宗趣究竟空寂，却是依据三印，否则不敢妄作评判。无端横议，未知其可也。

由三印以观佛法，其广大高深之境确令人钻仰无从。第一印明一切物刹那顿变，都不暂住，可谓精察入微，但偏向空观，便成过患。第二印破二我相，幽深至极。哲学家谈本体，戏论纷然，皆由各人意想构画，适成法我相，用以自蔽，无从证真。故就本体论上言，学者如不能返观自心所妄构之法我相而遣除之，必长陷迷妄，如蛛造网自缚。第三印，本体不谓之空寂固不得，如执一切物相以求本体，则不可见本体，譬之执冰之凝固相以求水，则不可见水。又如有二我相存，则不可见本体，譬之云雾兴则青天不显。由此可悟空之为言，盖遣除一切妄相而已。但佛家只领会得空寂之一方面，便成错误。语体本中卷评空宗处，学者宜留意。空宗超越小宗而开演大乘无上义，继起之有宗，不独无着、世亲诸大菩萨以龙树学为归宿，下逮基师犹曰：清辨有言，应当修学。语体本着重空宗而首论之，良有以也。

平生学在求真，始而学佛，终乃由疑而至于攻难，然对于释尊及诸菩萨之敬仰则垂老不渝。佛法东来，适当秦汉后思想界锢蔽之际，余常以为不幸，佛法无论若何高远，而其出世之宗教精神，终无可振起衰疲之族类。儒学绝于秦汉，余有《与友人论六经》之小册可考。而道家恰恰以其守静、上柔、不敢为天下先之教，与帝者所利用之伪儒学并行不悖。爰及魏、晋，佛法来华，而道家首迎合之。佛氏义海汪洋，而其宗教精神诚挚伟大，又乘吾华缺乏此物，于是迅疾普遍深入于中国社会，虽有三武之祸，终无损其毫末。自是而柱下、漆园之籍，仅供少数诗文家之玩味，而佛氏早夺道家之席矣。向者杨仁山居士尝言：真学佛者，必是过量英雄。章太炎云：自魏晋迄近世，悠悠千祀，凡聪明人无不染佛法者。余于二公之言，颇怀无限感。江左迄至隋唐，神州胡祸之烈，中国应有一大变革。唐太宗以雄才当其运，乃以帝业称盛一时；身没未几，而藩镇惨剧延于五季，群生无所托命。此何故哉？试考中古学术史，江左、隋、唐第一流人物并在佛家。高僧大德，以其智慧、强力、奇气，悉用之于出世法，至今读其译籍，真有长风鼓众窍之浩大气势，而字里行间，实挟大悲宏愿以同流，此等文字，直从性海中滚出，非俗间雄于文者所可办也。杨公所谓过量英雄，诸大德实足当之。若以其拔众生出生死海之愿力，而阐发吾儒裁成天地，辅相万物之理想，以其忘身为法之猛志，创开世运，岂不妙哉？惜其为出世法之汹潮所转也。然佛典存于中国，却赖此等人物之力。唯其功在佛门只是传宣而难言创造，或亦宗教信仰使之然欤？唐以后，此等人物殆绝迹，只五季宗门犹多大德耳。两汉以来学人都不尚思辨，故佛法自江左、隋、唐经若干英睿人物之吸收而后，其在思想界只成为一座崇高坚固之堡垒，无有敢对之作推究而起疑问者。即不信奉，而亦心惮其艰深，太炎谓累世聪明人皆染其法者，盖以此而惊炫佛法吸引力之伟大。其实唐以后聪明人之染佛法者，智慧、强力、奇气三者均不足，大概以淫慧而稍拾玄言，又死后是否有不亡者存，此念不能不稍动，其于出世法本不足承当，只向往空王，而莫名所以耳。韩愈以古文薄艺而气势能雄，故勇于拒佛，独惜无学术。程、朱诸老先生始倡理学以掊击禅宗，顾于大小乘学理绝不问津，且戒门人勿阅佛书，恐阅之为其所引。闭门谢寇，其不坐困者几何！夫畏佛书而不敢阅，其视儒籍不足比于佛典明矣。诚如是，何须拒佛？实则儒者内圣外王合一之学，其根柢在《大易》，佛氏无此境界，惜乎宋明诸师于儒学广大悉备处似窥测不及，故自信力尚不足。广大悉备一语本《易系传》。广则无不包，大则无有外，悉备则小大精粗无乎不在，以此赞《易》甚妥。理学虽鞭辟近里切己，终未免拘碍；上追孔门遗绪，究不相似。余诚不敢妄议前贤，顾自今以往，倘有守先待后之儒，规模不可不宏大，程、朱自有可法，要不可泥守也。总之，汉以来二千余年学人不肯用思辨，故佛法在中国思想界成为莫测高深之神境，而寺宇庄严，自都市以遍穷荒，其影响于群黎百姓者，皆蕲求福报之下劣思想，源既失而其流不可问。孰谓佛书可束高阁，不当付通人研究，不当遵毛公批判接受之训哉？

奘师宣译之绩，炳如日月，不肖何敢妄议？然愚陋有未惬者，世亲唯识派，其种现之谈，吾实不敢苟同，语体本已一一驳正，是在读者能留心耳。无着《大论》及《庄严》等论颇存异义，与世亲一派正相反，真谛所传亦与世亲不同。唐贤相传有宗始于无着兄弟，余恐不必然，即就唯识而论，无着书中所存异义实比世亲为长，余在文言、语体二本均未涉及，原欲别出一小册阐明佛家唯识古学。奘师所传人者，究是印度后出末师之说为多，以《唯识》征之可见。其晚年拼命译《大般若》，足征进境。不图慧日西沉，大典多未出也。

《新论》归本《大易》。余于此理经过多方推度，又渐渐体认，忽有所悟，乃回忆到《大易》，深叹此心此理之同。又重行玩《易》，寻言外意，更扩充余之所悟。少年读《易》，只是记诵与训诂等工夫，于理道全不相涉，至此始信明理见道，须自悟始得，非由外铄我也。学人不识此意，读书何补！

中国一切学术思想，其根源都在《大易》，此是智慧大宝藏，余四十岁以前确未识得。现行《易经》，名曰《周易》，是从西汉传来，然《周易》自有渊源，不容忽而不考。夏《易》、殷《易》为《周易》所从出，汉世博士保持禄位，民间发见古籍，非其徒党所获者，必极力屏斥，此等古籍虽行民间而朝廷所不尚，自难发挥显扬。古称三《易》：夏《易》曰《连山》，昔人多以《连山》本伏羲而夏因之；殷《易》曰《归藏》，昔人多以《归藏》本黄帝而殷因之；《周易》则古籍称文王在羑里演《易》，当是孔子作《易》之所根据。证以《论语·子罕》篇："子畏于匡，曰：'文王既没，文不在兹乎？天之将丧斯文也，后死者不得与于斯文也；天之未丧斯文

125

也,匡人其如余何?'"据此,可见文王在羑里演《易》确有其事,故孔子遭厄,而引之以自况。又可见孔子实有作《易》之事,曰"文王既没,文不在兹乎"云云,是明明以继文王而作《易》自任。孔子称天不丧斯文,信己之不死,可见孔子发明《易》理,其关系于天下后世者极重大。圣怀冲虚,尝曰"述而不作",今当危难,不觉吐露其内心真实之自信力,最宜深玩。今存《周易》,当是孔子依据文王,并融会夏、殷二《易》而成此书。二代之《易》,昔人多疑为后世伪托,此乃误疑。桓谭《新论》称《连山》八万言,《归藏》四千三百万言,郑氏《礼运注》云"殷阴阳之书,存者有《归藏》",可见二《易》后汉时犹存。其佚文可考者,《连山易》<sup>夏《易》。</sup>以《艮》为首,《归藏》<sup>殷《易》。</sup>以《坤》为首,二《易》与《周易》首《乾》互不同。余以为三《易》首卦不同,不独是吾国《易》学上一大问题,而确是世界哲学思想史上一大问题。二《易》首卦之说尚存,最可宝贵,吾人因此可考见孔子作《周易》实融会二《易》,孟轲赞孔子集大成之言足征不妄。

余欲说明二《易》大意,须先释象。象之兴也,当始于占卜,兹不及详,但三《易》创作之诸圣始假象以显理,则其取象之意便与术数家全不同。汉人有以譬喻诂象,本不甚妥,却亦难下解。《易》之卦爻诸象,其意义本无定,任从各方面去领会。例如《乾》卦"潜龙勿用"之爻,如欲说明宇宙缘起而取此爻之象,则太空原始只一气浑沦而已,其时无量星云、星球都未凝成,正是潜龙未见之象。<sup>见读现。</sup>又如就群变言,远古之社会,虽极简朴无所有,而后来各种社会之复杂变化要是远古简朴之群性中已潜伏有种种发展之可能,可谓潜龙未见之象。又如就革命言,当未成功时,亦是潜龙未见之象。诸如此类,不可胜说。《易》之《象传》不过略示方隅,其未见明文者,吾人可类推。譬如《乾》九五"飞龙在天",古人以为圣人得天位之象,在古代自可如是取象,但在今日则新社会忽从旧社会突变而成功,正是飞龙之象。《易》言"穷则变,变则通"，天位可移于群众，圣人亦与群众为伍，飞龙不复为一人之象也。昔儒言《易》象包含万有，本来活泼泼地，不可执一端以求象也。如上所说，象之意义可领会，今当略释夏殷二《易》首卦。

夏《易》首《艮》何耶？《艮》之象曰"艮为山"，《艮》卦取象于山。此卦上下皆《艮》，故为连山之象。古说连山者，似山内出气也。羲皇当日观察宇宙万象，决不是从无而有，固已体会到宇宙本体，因以山象之。山静而出生云气，以喻本体虚静而发现万象，此其首《艮》之故。孔子作《周易》，其《艮》卦卦辞曰："艮其背，不获其身，行其庭，不见其人"，从来疏家各以意解，非经旨也。夫吾面自见己身，背则不获见自身，此言背居幽隐之地，故以为本体幽隐之象。"行其庭"云云者，庭院之间至近，而背则于至近处遇人亦无见，此以背不起意喻本体无有作意，即不同于宗教家所谓神。《艮》有山象，亦有背象，取义不一，要皆以喻本体。吾人玩夏《易》，对于本体是心是物似不曾分别，却是羲皇卓绝处。

殷《易》首《坤》何耶？古说坤为地，万物莫不归而藏于中，故名归藏。按此言万物所以成始成终，皆地为之，却是一种唯物论。归藏之义，似就终言，然终则有始自不待说。物之始是从大变中来，物之终则其形体消散还归于大变中，但在唯物论则大变之本体是物质的。何以知其然？按《周易·说卦传》曰"《乾》为天，《坤》为地"，夫天无形，故以为心之象，上古言天，指清虚无象之空界而言，非指诸星球也，故天无形。地有质，故以为物之象。既说《坤》为地，则殷《易》首《坤》明明以物为万有之本源，非唯物论而何？

三《易》首卦皆是显示万化根源，即谓本体。夏《易》首《艮》，殷《易》首《坤》，已说如上，《周易》独首《乾》者何？推文王、孔子之意，盖融会夏、殷二《易》而得二义，以成立《周易》。二义者何？一曰即用显体，二曰注重觉性主宰。其第一义即融会夏《易》。夏《易》于本体不说为心，亦不说为物，孔子有取于此，因以心物皆就用上立名，故首乾元而次以坤元，乾坤皆用也。夫用者体之显，喻如众沤是大海水显为如此，大海水以喻体,众沤以喻用。**用外无体**,譬如众沤外无大海水,曾航大海者,即知大海水自身全现作众沤,本体自身全现作大用流行亦犹是。**故即用而识体**。譬如即众沤而知其本是大海水。《乾》之《象》曰"大哉乾元,万物资始",此乃即用显体,故名乾以元。元者,原义,言乾为万物之本原,此从用上显体故。夏《易》以本体虚静而发现万象,万象即是用。故取象于山之静而出生云气,又以本体幽隐,取象于背,幽隐无形,故无可直揭以示人。《周易》主即用显体,譬如从众沤相上说明水性,亦自易了。得夏《易》之意而变通之,其善巧过于夏《易》远矣。善巧,本之佛经,说法无碍,方是善巧。按大海水与众沤之喻,只藉以明体用不二,但不可将本体当作大海水一类实境去想像,本体自身却是幽隐无形。《老子》"视之不见"云云与《中庸》末章"无声无臭"之叹,并宜深玩。

第二义融会殷《易》。殷《易》唯物,《周易》首《乾》,自是唯心。而切不可误会者,《周易》唯心之唯字是特殊义,非唯独义。上文已言,本体显为大用流行,而乾坤则是大用流行之两方面,不可剖为两片物事,亦不可说唯独有乾而无坤。《乾·象》曰"大哉乾元",《坤·象》曰"至哉坤元",汉人犹保存七十子后学遗说,云坤元即是乾元。余谓乾坤是大用流行之二方面,不可剖为两片物事者,即据此说。言乾即有坤在,言坤便有乾在。唯独有坤而无乾,固不可说;唯独有乾而无坤,义亦不成。《周易》唯心之唯,是以心有明觉性,性者德性。能主宰物与改造物故,显心殊特而有唯义。其以坤与乾相连而并称元,即融会殷《易》而有重视物之意义,其以乾居首,却是注重觉性主宰。《乾》卦言"乾知大始",义极深远。此知字义深,非通常所云知识之谓。此语包含无量,当从各方面去理会。就宇宙论言,宇宙开发不是由于迷暗的冲动,如印度数论三德之暗,及德人叔本华意志说,毕竟错误;就人事言,如被压迫之群众,非有先知者提醒其自觉,终无可望改革。乾以其知而大始万物,富哉斯言!

《周易》虽变殷《易》之首《坤》,着重于觉性主动,而其融摄殷《易》唯物之精神却是充盈至极。《系辞传》曰"知周万物",人心本有知,然知若

128

绝物而沦于空，是知之自杀也，知若遗物而游于虚，是知之自贼也，知周万物而后知充其量。又曰"**范围天地之化而不过**，范围二字，汉人释为拟范，伊川谓之模量，皆主以人法天，都错误。余以为《中庸》云"参赞天地之化育"，即是以人力参加赞裹天地之化，使其无过差，易言之，即使天地之化受人力裁制而不为妨害，《帝典》云"地平天成"，《荀子》云"制天而用之"，即此意，此方是范围天地。**曲成万物而不遗**"，动物至人类有灵蠢智愚强弱等等不齐，而吾人有治法教化，必一切委曲成就之，不使有一物失所，六经处处有此意，甚至植物非时不许伐之类，皆是曲成不遗。又曰"**开物成务**"，自然界之丰富无不开发，天下洪纤巨细之务无弗创成。又曰"**备物致用，立成器以为天下利**"，万物充盈于大宇，本无不备，吾人不能制而用之，乃弃天地之大利而自处于穷。又曰"**形而下者谓之器，化而裁之谓之变，推而行之谓之通**"，物成形则失其清虚无象之本性，故说为下。繁然万有皆器也，器成于天然，朴而已矣，必待人工化裁，变其自然之朴而显发其无限神奇之大用，是以推行尽利而人道大通也。今时科学不向此发展而为侵略者所藉，异乎吾圣人之志矣。又曰"**吉凶与民同患**"。古代民字，为天下劳苦众庶之称，故训可稽，古籍每言下民或小民是其证。《周易》主张与民同患，首在改造现实，此其重视物之故。详上所述，孔子力主知周万物与成物、开物、备物、化裁变通乎万物，何曾有一毫遗物绝物等弊？但"知周万物"之知，究是主动，此其首《乾》而不首《坤》也，然首《坤》唯物之精神固已尽量发挥矣。

综上所述，孔子集夏殷之长，演文王之绪，而成《周易》之大典，可谓美且备矣。惜乎汉人惩秦之祸，其言《易》实宗术数，莫究孔子之义，经文当不无改窜，此不及论。余晚而好《易》，恒潜玩爻象以求圣人之意。初研佛法，从世亲、护法唯识之论入手，甚喜其精析，及入之深，颇厌其支离琐碎；求之龙树，未免耽空；盖澄思累年而忽有契于《易》。《新论》文言本犹融《易》以入佛，至语体本则宗主在《易》，惟绳佛之短而融其长。孔子在昔有取于《连山》《归藏》之学，倘生近世，其于佛法不能无所取舍可知也。佛法至大乘，戒小宗之自利而以不舍众生、不舍世间为宗要,固于《易》道为近,然其大愿终在度尽众生出生死海,犹与尼山远隔在。余惟求识乾元性海而不见有生死海,此意深微,十力丛书中有黄君所述《摧惑显宗记》,可参看。恨不得起大乘诸菩萨而质之也。

旧与友人书,谈及《新论》旨要,其略云:《新论》于本体论方面,则以体用不二为宗极。佛家生灭、不生灭折成二片,宇宙万象不守故常,佛家谓之生灭法,犹《新论》所云用;佛家说本体是不生灭法。折者,分截离散之。西哲则实体与现象终欠圆融,《新论》确救其失。《新论》明即体即用,亦云即用即体。于宇宙论方面,以翕阗成变为枢要。宇宙论一词,以广义言,即通本体与现象俱摄之;以狭义言,即专目现象界所谓宇宙万象。此中是狭义。西洋唯心唯物,其短长兹不及论;非心非物,不穷变化之原,余尤恶其矫乱。余于此派,曾欲为一文,因资料不足而未果,今精力衰,更不暇及。《新论》翕阗义,盖以流行有象谓之物,流行中有主宰谓之心,自是实际理地。西洋生命论派持目的论者,于生命真相缺乏证会,其说不无病,如能进而深研《大易》、老、庄诸学,久之,当识得主宰意义。《新论》于此等大问题本已解决,但恐读者不能于言外会意。如今人罗素辈之关系论,则宇宙便空洞无生命,尽管精于解析,究是肤浅戏论。向日吾国人多受罗素影响。于人生论方面,以天人不二为究竟。天者,本体之目,非谓有拟人之神帝。西哲对此问题,殊不可解决,宗教,则上帝与人毕竟隔截;科哲诸学毕竟视吾人在大自然中渺如太仓一粒。吾国汉儒言天人,亦是隔截,宋儒亦有承汉人之误,明季王船山更严辨天人层级,其误尤甚。现代人生注重现实,当不感及此,然国际经济问题合理解决,人类究有向上而发扬灵性生活之要求。《庄子·逍遥游》篇言列御寇御风而行,犹有所待,人生造乎无待之境,乃即人即天。列子御风而行,近于离尘矣,然犹待风,非游于无待也。《庄子》之文妙极。此一灵感,将来人类决不能无,天人隔截,即人生终限于有待之域。《新论》于此不无贡献。

又复应知,西洋谈本体者,每以思辨之术层层推究,推至最后,始有唯一实在或名之以第一因,其为臆猜甚显然。又或以为,将于一切物而推求其本体，终是知识之所不及，遂说为不可知，卒不悟有证量之诣。<sub></sub>此中证量义极深微，须求之儒、佛、道诸家，吾欲为《量论》详之。凡诸迷谬，总由误将宇宙人生分割为二，不得不离自心而求本体，易言之，即向外求体。唯其然也，故常恃猜度之能而构成有体系之理论，自以为坚立不摇，实则妄逞戏论，如蛛造网自缚而已。东方先哲，脱然超悟吾人与宇宙本来同体，此中宇宙是狭义，犹云天地万物。未尝舍吾心而求体于外，其学不遗思辨，要以涵养为本，求心、养心与扩充心德之功日密，孟子云"求放心"，又云"养心"，又云"扩充"，并与佛家归本唯心有相近处，但孟子之学本于《易》，无趣入寂灭之弊。去小己之私而与天地万物同于大通，直至内外浑融，始于当躬默识天德，《论语》"默识"，犹佛云"证量"。天德，犹云本体之德性与德用。方信万有根源不离吾心而外在，何劳向外推寻哉！此是与西洋学者天壤悬隔处，《新论》谈体，犹秉先哲遗意。

本体说是物固不得，说是心亦错误。心物以对待立名，要皆就本体之流行而假说。流行，即名为用。然于心可以识体，以心不失其本体之德故。德字，具德性、德用二义。《新论》以唯识立名，而释之曰"唯者殊特义，非唯独义"，可知《新论》与一般唯心论者截然殊趣，此乃三《易》相传血脉也。

《新论》谈体用，在《易》则为内圣学之方面，而于外王学不便涉及，此书立言有领域故。尝欲造《大易广传》一书，通论内圣外王而尤致详于太平大同之条理，未知暮年精力能遂此愿否。

文言本《明心》章下，谈善心所相用一段，昔年就正友人马一浮湛翁，语体本依旧无所改，以识辅仁之谊。

语体文本写于川，历时六年余，移寓已数处，寇机轰炸无虚日，在嘉定时，两巨弹近身，均入地丈余未发，几不免于难，生事复窘束，文字甚无精采。又念后生见闻日与先圣相传之学远隔，今欲其通晓，或以重复言之为好，因胸中有此顾虑，文字益不精检，反令读者短趣，不解所说。时寇未降,恐草稿易散失,卒付商务印书馆印行。戊子岁,鄂中诸生侬商务本筹印中装千部,余方有病,未及审阅。去腊迄今,乃从事删改,虽文笔粗陋犹昔,然删削约三分去二,或较前易醒目也。故记余思想演变及造论经过,质诸宏达云。

公元一九五二年壬辰中秋

熊十力记于北京西城大觉胡同漆园

# 节录印存上中卷初稿记

　　此书原本为文言文,民国十二、三年间讲授于北京大学。无锡钱生尝欲迻译英文,未果。二十七年春,余避寇入蜀,寓壁山,钱生亦至。是冬,钱生欲偿夙愿,因先用国文翻成语体文,以资熟练,义有增损则余所随时口授,钱生无擅改也。翻至《转变》章未竟,钱生因事离川,不获继续。迄二十八年秋,余孤羁来凤驿破寺中,手无书籍,意兴萧索,念钱生造端遽废,仍欲完成语体本,遂依钱稿续翻。壬午之岁,上中两卷成,值寇机轰炸频数,乃商旧友广济居正觉生筹印四百余部,俾无散失,他日得更定云。

　　原本拟为二部,曰《境论》,境者义境。佛典组织每作三分,其一曰境,如本体论或宇宙论等理论。以佛典三分衡之,当名境论。曰《量论》。量犹云知。佛家有证量及比量等分类,可考因明及诸经论。余言量论者,略当于今云知识论或认识论,但吾如草《量论》,其内容当与西洋知识论不必同。《境论》完成,曾印千部,而《量论》犹未作。今本已改变原本规画,今本,谓语体文本。不复以量论属本书组织之内,故命名仍从原本曰《新唯识论》,而删去境论之目,量论既当别出,则境论之名失其所对,不容立故。

# 节录原本绪言

本书元属创作，凡所用名词，有承旧名而变其义者，旧名，谓此土故籍与佛典中名词，本书多参用之，然义或全异于旧，是在读者依本书立说之统纪以求之耳。如恒转一名，旧本言赖耶识，功能一名，旧为种子之别称，今皆变其义而以目本体。真如，旧为本体之名，今亦相仍，但今主体用不二，则视旧义以不生灭名真如者，相去何止天渊。此特略举数例耳。有采世语而变其义者。世语，谓时俗新名词。自来专家论述，其所用一切名词在其学说之全系统中自各有确切之涵义而不容泛滥，学者当知，然则何以有承于旧名、有采于世语乎？名者公器，本乎约定俗成，不能悉自我制之也。旧名之已定者与世语之新成者，皆可因而用之而另予以新解释，此古今言学者之所同于不得已也。

书中用自注，或有辞义过繁不便系句读下者，则别出为附识，亦注之类也。

本书评议旧义处，旧义，谓印度佛家。首叙彼计，必求文简而义赅，欲使读者虽未研旧学，亦得于此而索其条贯、识其旨归，方了然于新义之所以立。

右所节录者，并是今本与原本规矩不异处。又今本上卷有译者按或翻者按等文，为上卷以下所无者，盖钱生原稿有之，亦与附识同例。上卷依钱稿修正，义旨无失，而文辞粗芜处多未及改，衰年精力短，姑略于辞而存其义可也。今日作述之业，如效古文高浑，无异自绝其学；然粗芜太过，无可导人深入理趣，此实言学者之大忌也。若乃平易之文言文，达而不烦，孔子曰"辞达而已矣"，达者说理简明，深入显出。诚而有据，《易》曰"修辞立其诚"，诚者无妄。据之一字最难言。义不苟立，依于征验，精密正确，是谓据。若夫理极玄微，必其神解创获，体认深切，方是有据，杂染之心，神明早丧，无可悟理。此意难言。**雅而多蓄**，谈义至广大冲微处，必须雅词，善为含蓄，使有慧人读之自然玩索不已。雅词与华词截然不同类，学者宜知。**方是说理文之正轨**，然极难矣。又文字之役，全凭兴会，老来殊少嘉趣，颇难畅意；复为撙节印费计，时有新悟亦不增加，但依原本削其烦芜而已。此书只印二百部，聊待来贤。

壬辰冬漆园老人识于北京十刹海红梅供经室

# 卷　上

## 第一章　明宗

今造此论，为欲悟诸究玄学者，令知宇宙本体非是离自心外在境界及非知识所行境界，唯是反求实证相应故。

**译者按**：本体非是离我的心而外在者，因为大全大全谓本体，此中大字不与小对。不碍显现为一切分，而每一分又各各都是大全。

一一微尘都是横遍虚空、竖穷永劫、圆满无亏之实体炽然生动发现，不可说大全是超脱于万有之上而独在，譬如大海水喻本体。现作众沤，众沤喻一切人或一切物。即每一沤都是大海水炽然腾跃著现。试就甲沤来说罢，甲沤是以圆满的大海水为体，又就乙沤来说罢，乙沤也是以圆满的大海水为体，丙沤丁沤乃至无量沤均可类推。据此说来，吾人若站在大海水的观点上，大海水是全现为一个一个的沤，不是超脱于无量的沤之上而独在；又若站在沤的观点上，即每一沤都是揽大海水为体，吾人不要以为每一沤是各个微细的沤，实际上每一沤都是大海水腾跃著现。奇哉奇哉！由这个譬喻可以悟到大全不碍显为一切分，而每一分又各各都是大全，此老氏所谓"玄之又玄"。

**又按：**本体非是理智所行的境界者，熊先生本欲于《量论》广明此义，但《量论》尚未能作，恐读者不察其旨，兹本熊先生之意而略明之。学问当分二途：曰科学，曰哲学。科学根本从实用出发，易言之，即从日常生活的经验里出发，科学所凭藉以发展的工具便是理智，这个理智只从日常经验里历练出来，总要将一切物事看作是离吾心而独立存在，常向外追求不已，科学此种态度决不容改易。哲学自从科学发展以后，则其范围日益缩小，究极言之，只有本体论属诸哲学范围，除此以外几乎皆是科学的领域。虽云哲学家之遐思与明见不止于高谈本体，而其知周万物，尝有改造宇宙之先识，并变更人类许多谬误思想，以猛趋于日新与高明之境，哲学思想本不可以有限界言，然而本体论究是阐明万化根源，是一切智智，一切智中最上之智，元为一切智之所从出，故云一切智智。与科学但为各部门的知识者自不可同日语，则谓哲学建本立极只在本体论，是说极成。然从来哲学家谈本体，未免戏论纷然，其根本谬误即在其恃理智以向外推求而不曾反诸自心，这个道理要待本论全部讲完才会明白。熊先生说，吾人之理智作用总认为有离吾心而独在的物质宇宙，因此，推求宇宙本体不外两种结果：其一只是把本体当做外在的东西来胡乱猜拟，其次便走入否认本体一路。先生以为科学、哲学原自分途，科学所凭藉的工具即理智，拿在哲学的范围内便不可亲证本体，此是先生坚决主张。然先生说本体不可以理智推求而得，并非陷于不可知论，其说在性智与证量，先生欲于《量论》详之，兹不及谈。

137

是实证相应者,名为性智,<sub>性智亦省称智。</sub>这个智确与量智不同。云何分别性智和量智？性智者即是自性的明解。此中自性即目本体,在宇宙论上通万有而言其本原则云本体,即此本体,以其为吾人所以生之理而言则亦曰自性。即此自性本来贞明,在量论中说名明解所谓性智。此中明解义深,本无惑乱故云明,本非倒妄故云解,吾人反己识得固有明解之根便见自性,若离明解亦无自性可得。自性贞明,其行于物也未尝不待感官经验,却未尝滞于感官经验而恒自在离系,是乃自本自根、自明自觉、虚灵无碍、圆满无缺,虽寂寞无形而秩然众理已毕具,能为一切知识的根源,《易》所谓始万物之知即此性智是也。

量智是思维和推度与简择等作用,能明辨事物之理则及于所行所历简择得失故,名为量智,亦名理智。此智元是性智的发用,而卒别于性智者,因为性智作用依官能而发现,即官能得假之以自用。<sub>此中得者,言其可得,而非定然。若官能恒假性智以自用,即性智恒不得显,无此理也。</sub>人生在实际生活中,恒以官能为向外追求之工具,故所谓五官,实皆向外攻取之利器。此五种利器,乘乎性智之流行,而即假藉其灵明以逐取乎物、分别乎物、运用乎物,由此积习日深日精而成功后起之一种明锐势用,所谓量智是已。性智为本来固有,犹阳明所谓良知,而量智却是习之所染,故云后起。性智贞明,<sub>贞明见《易系辞传》,明者炤明,贞者无迷妄故。</sub>无虚妄分别;量智恒驰逐于物,即常以物为外界独存,而不悟天地万物皆自心之所流通无间、元非异体,<sub>而不至此为句。</sub>此由其杂于迷妄之习也。量智亦能明辨事物之理则及于所行所历简择得失而不谬者,此乃量智之悬解。<sub>悬解,借用《庄子》语。</sub>悬解者,量智离妄习缠缚而神解昭著之谓,悬者形容其无所系也,解者明睿义,暂离系故,亦云明睿,然以为真解则未也。以其非真离系,则非真解。必妄习断尽,性智全显,量智乃纯为性智之发用而不失其大明之本然,始名真解。此岂易言哉！上云悬解者,特妄习潜伏而未甚现起耳。且习有粗细,粗者可暂伏,细者恒潜运而不易察也。量智唯不易得真解故，恒妄计有外在世界，攀援构画，以此常违异其本，本，谓性智。而有曩哲所谓《抛却自家无尽藏》之患，无尽藏亦谓性智。故量智毕竟不即是性智。此二之辨当详诸《量论》，今在此论唯欲略显体故。本体亦省言体，他处准知。

哲学家谈本体者，大抵把本体当做是离吾心而外在底物事，只凭理智作用向外界去寻求。哲学家都不外此作法，遂致各以思考去构画一种本体，纷纷不一其说，如彼一元、二元、多元种种之论，犹如群盲摸象，各自以为得象之真，而实都无是处。更有否认本体专讲知识论者，此种主张可谓脱离哲学之立场，哲学所以脚根稳定者，因有本体论是科学所夺不去。哲学家为本分事未识得，才研究知识论，本分事系禅家语，即谓本体。今乃立意不承认有本体，而只在知识论上钻来钻去，终无结果，如何不是脱离哲学立场？世学迷谬丛生，正如前哲所谓道在迩而求诸远、事在易而求诸难，根本不悟万有本原与吾人真性元非有二，此中真性谓本心，以其为吾人所以生之理则云真性，以其主乎吾身则曰本心。遂至妄臆宇宙本体为离自心而外在，故乃凭量智以向外求索，及其求索不可得，犹复不已于求索，则且以意想而有所建立。学者各凭意想，聚讼不休，则又相戒勿谈本体，于是盘旋知识窠臼，而正智之途塞。人类自迷其所以生理，古德有骑驴觅驴之喻，盖言其不悟自所本有而妄向外求也。慨斯人之颠倒可奈何哉！

前面已说，哲学家将本体当做外界独存的物事来推度者是极大错误。设有问言："本体非外在，当于何求？"应答彼言：求诸己而已矣。求诸己者，反之于心而即是，岂远乎哉？不过提到一心字应知有本心与习心之分，本心才是吾人与天地万物所同禀之真性，习心则非本有。此二区别至后当详。下卷《明心》章。今略说本心义相：一、此心是虚寂的，无形无象故说为虚，性离扰乱故说为寂。寂故其化也神；不寂则乱，恶乎神，恶乎化？虚故其生也不测；不虚则碍，奚其生，奚其不测？

139

二、此心是明觉的，离暗之谓明，无惑之谓觉。明觉者无知无不知。无虚妄分别，故云无知；照体独立，为一切知之源，故云无不知。照体独立借用宗门语，谓本心乃明照之体，独立无待也。唯寂唯觉，明觉省云觉，虚寂省云寂。备万理而无妄，具众德而恒如，是故万化以之行、百物以之成，群有不起于惑，反求诸己不亦默然深喻哉？哲学家谈宇宙缘起，有以为由盲目追求的意志者，此与数论言万法之生亦由于暗，伏曼容说万事起于惑，同一谬误。盖皆以习心测化理而不曾识得本心，故铸此大错。《易》曰"乾知大始"，此言乾元有虚灵之德，故能大始万物也。知者虚灵无垢义，非知识之知，乾以其虚灵无垢而为万物所资始，孰谓物以惑始耶？万物同资始于乾元而各正性命，以其本无惑性故，证真之言莫如《易》，斯其至矣！是故于此心识得吾人真性，亦即于此心识得天地万物本体。黄檗有言"深信含生同一真性，心性不异，即性即心"云云，此与孟子所言"尽心则知性知天"遥相契应。宋明理学家有以为心未即是性者，此未了本心义。本心即是性，但随义异名耳。以其主乎身曰心，以其为吾人所以生之理曰性，以其为万有之大原曰天，故尽心则知性知天，以三名所表实是一事，但取义不一而名有三耳。尽心之尽，谓吾人修养工夫当对治习染或私欲，而使本心得显发其德用无有一毫亏欠，故尽心即是性天全显，故曰知性知天。知者证知，本心之炯然内证也，非知识之知。由孟子之言，则哲学家谈本体者不可徒任量智寻求，要必待修养之功笃实深纯，乃至克尽其心，始获证见。黄檗言"即性即心"，是有当于孟子。然世人颇疑在我之心云何即是天地万物本体，今答之曰：汝所不喻者，徒以习心虚妄分别，迷执小己而不见性故也。夫执小己，则歧物我、判内外，内我而外物，两相隔截。故疑我心云何体物。体物犹云与天地万物同体。若乃廓然忘己，而澈悟寂然非空、生而不有、至诚无息之实理，是为吾与天地万物所共禀之以有生，即是吾与天地万物所同具之真性，此真性之存乎吾身，恒不为形骸所锢，而发为视之明、听之聪乃至思之通等等妙用者，则亦谓之本心。故此言心，实非吾身之所得私也，乃吾与天地万物浑然同禀之真性也。然则反之吾心，而天地万物之本体当下即是，不劳穷索，吾人与天地万物语形则宛尔分殊，语真性则无二无别。孟子云："夫道，一而已矣，岂有二本哉！"何以疑为？

本体唯是实证相应，非量智可证得者，因为量智起时总是要当做外在的物事去推度，如此便已离异本体，无可言实证矣。然则如何去实证耶？记得从前有一西人曾问实证当用什么方法，余语之曰：此难作简单的答复，只合不谈。夫言实证，首须识得本心，不可认习心作本心也，西人正未了此，如何向他谈实证？次当辨者，人心缘虑之用有二方面：一曰内缘，亦云返缘，<sub>缘者，攀援与思虑义。</sub>二曰外缘。缘虑外境曰外缘。外境者，不独官能所取物名外，即在思维义理时，心中变似所思之相，此相亦名外境。内缘者，俗或妄计吾心外缘白瓶时，既知道外面白瓶，同时亦复自知正在知道白瓶，此自知其知白瓶的这个自知即是内缘云云，为此说者却是误解内缘。吾心自知其正知白瓶时，即已向外逐物，便非吾所谓内缘，吾所谓内缘者，乃专就证量言。<sub>孔子言默识，与佛氏证量义相当。</sub>证量者，即吾本心自知自识，易言之，只是本心自己知道自己。<sub>用宗门语。</sub>这里所谓知或识，绝没有想像与推求等作用参入，绝没有能所和内外及同异等分别，却是照体独立、炯然自识，不是浑沌无知，吾侪只有在这样的境界中才叫做实证。而所谓性智，正是在这样的境界中全体显现，如此方是得到本体。前面说是实证相应者名为性智，义趣在斯。据此说来，实证本无所谓方法，然如何获得实证却不可无方法，因为获得实证，必须本心或性智不为杂染所障蔽，<sub>杂染系佛家名辞，所谓习心或妄识即杂染也。</sub>若无修养方法何由到此境地？这种方法只有求之于儒、佛、道诸家。儒言散见，而俗学每不悟；佛说详密，其究趣寂，当以儒术折衷之；道家有造微之功，而反知不可为训。抉择诸家以归至当,当别为《量论》。

夫哲学以上达天德为究竟,达者犹云证会,天德犹云本体,非谓天帝。此用《中庸》语。其工夫要在思修交尽。专尚思辨者,可以睿理智,理智以思辨之功而益深锐博通也,故云睿。而以缺乏修为故,修为亦云修养,孔门求仁、思诚与存养、笃行等工夫是。则理智终离其本,本谓性智。理智是性智之发用,然既发,则交于物、杂于习而易于丧失性智炯然无系之真,故唯修养淳笃,性智无亏蔽,而后其发为理智者可以格物而不为物蔽,可以治习而不为习所缚也。然缺乏修养者,却不足语此。无可语上达也。理智离其本,即唯逐物而不可上达天德也。专重修为者,可以养性智,而以不务思辨故,则性智将遗其用,理智是性智之用,思辨废即理智绝,则是孤守性智而遗弃其周通万物之大用也。无可成全德也。全体大用俱彰,方是全德,今遗用故,全德不成。是故思修交尽,二智圆融,而后为至人之学。此意待《量论》方详。现在要阐明吾人生命与宇宙大生命元来不二的道理,所以接着说唯识。

# 第二章　唯识上

唐窥基大师造《成唯识论序》，曾解释唯识二字云："**唯遮境有**，唯者殊胜义，遮者驳斥义，境谓物。盖于识而言唯，即对世人妄执有离识而独在之物界者，特予以驳斥。**执有者丧其真**；本无离识独存之实在境物，今妄执为有，犹如捏目生华，非丧真而何？**识简心空**，简者简别，识者心之异名，心能识别境物故亦名识。有执心与外境同是空无，《三十论》言"或执内识如境非有"，《述记》卷二谓"清辨师等是也"。今说唯识，正对心空之论明示简别，易言之即不赞同心空之论也。**滞空者乖其实。**"空宗于真谛中，境空而心亦空，是乃一切皆空之见，有宗唯识正矫其过，故责以滞空云云。**基师此释，颇有未审。**世人执有离识独存之物界是谓外境，无着派下诸师对破此种僻执，说外境非有，虽其持论根柢与余不必同，然境不离心独在之大义，余不异诸师也。独谓心为不空，则非余之所许。奚为而不许耶？基师所说唯识是取境的识，此中取字含义略有三：一识攀援于境，二识于境起思虑，三识于境迷执而弗舍，具此三义名为取境。以后凡言取境者，皆仿此。这个取境的识是缘生法，无实自体，缘生详下章。对境起执，不离倒妄，倒妄故非真实，无自体故即是空，妄识异本，谁谓不空？本谓本心，妄识异乎本心，《明宗》章已略言之，向后《功能》《明心》诸章当更详。基师空外境而不空妄识却是承无着以来相沿之误。《中边颂》云"虚妄分别有"，按虚妄分别一词旧释为识之别名，有者非无义，此即言识是有也。无着学派本不说识是空无，其与般若家妄境妄识俱空之了义适相反对，余于此中不及详，愿有智者悉心参究。

本章复分以二：上章明境不离心独在，下章明妄识无自体。

今首谈境，余之主张略与旧师相近。旧师谓无着派下诸师，后凡言旧师者仿此。古时外道、小宗佛家把异己的学派名为外道。小宗者，佛家有小乘学亦号小宗。同是坚执有实在的境物离心独存，旧师一一斥破，辨论纷然，具在《二十》等论。《二十论》依据二十句颂而作，以说明境物唯是识所变现，而实无有外境。推原外小所以坚持有心外独存的实境，大概由二种计。此中计字，含有推求与执持等意义。一、应用不无计。此在日常生活方面因应用事物的习惯，而计有外在的实境，即依妄计之所由而立名，曰应用不无计。二、极微计。此实从前计中别出言之，乃依所计立名，曰极微计。心是能计，极微是所计。应用不无计者，复分总别。谓或别计有瓶和盆等物是离心实有，此虽世俗之见，然外小实根据于此。或总计有物质宇宙是离心实有，此依世俗见解而锻炼较精，以为吾人日常所接触的万物便唤做宇宙，是乃客观存在，本非因我人的心去识他方有他者，外小都有此计。极微计者，于物质宇宙推析其本，说有实在的极微亦是离心独在。近世科学家所谓元子电子，亦与极微说大概相近。以上略述外小诸计，现在一一加以驳斥，因为外小见地，今人犹不必与之相远，故非驳斥不可。

应用不无计者，或别计现前有一一粗色境离心独存，粗色境，犹言整个的物体，如瓶和盆等。殊不知这种境若离开我的心便无此物。试就瓶来说，看着他只是白的，并没有整个的瓶，触着他只是坚的，也没有整个的瓶，但吾人的意识综合坚和白等，名为整个的瓶。在执有粗色境的人，本谓瓶境是离心实有，瓶境者，瓶即是境故，此用为复词。今若以实事求是的态度来审核他，将见这瓶境离开眼识看的白和身识触的坚以及意识的综合作用，并没有什么东西存在，由此可知瓶境在实际上说纯是空无。

或有难言："整个的瓶毕竟不无。因为看他确有个白相，触他确有个坚相，故乃综合坚和白等相而得到整个的瓶，如何可说瓶境无实，纯由心上所构造耶？"答曰：如子所难，纵令坚和白等相果属外物，不即在识，但是坚和白等相要自条然各别，易言之，眼识得白而不可得坚，身识得坚而不可得白，坚白既分，将从何处可得整个的瓶？汝的意识综合坚和白等相以为是整个的瓶，即此瓶境纯由汝意虚妄构成，如何可说离我心尚有粗色境独存？

**附识**：上段文中有眼识、身识等名词，按印度佛家把心分为各各独立的八个，本论改变其义，详见后《明心》章。然佛家五识名词本论亦承用，但不视为各各独立。即以精神作用，依眼而发现以识别色境者，名为眼识；依耳而发现以识别声境者，名为耳识；依鼻而发现以识别香境者，名为鼻识；依舌而发现以识别味境者，名为舌识；依身而发现以识别一切所触境者，名为身识。精神作用本是全体的，但随其所依眼耳等等官能不同，故多为之名，曰眼识乃至身识。旧师总称五识，本论亦总名之为感识。

又复以理推征，坚和白等相谓是外物，亦复无据。如汝所计，瓶的白相是诚在外，不从识现，若果如此，这个白应是一种固定的相，汝近看他，他是这样的白，汝远看他，他也是这样的白。然而汝去看白，或远或近白相便不一样，并且多人共看，各人所得的白也不能一样，足见这个白没有固定的相，唯随着能看的眼识而现为或种样子的白相。故汝所计白相在外，理定不成。又汝谓瓶的坚相不由心现，亦不应理。坚若在外，也当是固定的相，今汝触瓶的坚，忆从少壮以至老衰所得坚度前后不同，各人触坚更不一致，是知坚相并非固定，唯随着能触的身识而现为或种样子的坚相。故汝计坚相在外与计白相在外是一例，都无定相可征。综前所说，坚和白等相均不是离心外在，至于综合坚白等相名为整个的瓶，纯是意识因实用的需要而构造得来。由此应知，决定无有心外独存的粗色境，汝不宜净。

如上所破，已斥别计。复有知解较精者，能不定执瓶等各别粗色境,乃复总计有物质宇宙离心独存,故设难言:"瓶等粗色境虽非实有,但是坚白等相,若无外境为因,云何心上得凭空现起? 如果此心不仗外因而得现坚白等相,便应于不看白时,眼识上常常自现白相,何故必待看白方现白相? 乃至应于不触坚时,身识上常常自现坚相,何故必待触坚方现坚相? 由此应知,眼等识上有坚白等相,自以外境为因方得现起,如是许有客观独存的物质宇宙,理无可驳。"答曰:心上现坚白等相,必有境物为因,是义可许。然复须知,这个为因的境决定不离心独在,因为依妄情而说则离心有实境物,顺正理而谈,则境和心却是完整体的两方面。至后面《转变》章谈翕辟处,便知此理。这个完整体所以有两方面不同,盖由于其本身法尔有内在矛盾故。法尔犹云自然,此词出佛典。心的方面是无对碍,境的方面是有形成对碍的趋势,因此说境和心是互相对峙却又互相和同。境对于心有力为因,能引发心令与己同时现起;此中己字,设为境之自谓。如瓶境当前,能引我的心与瓶境同时现起。心对于境能当机立应,即于自心上现似境的相貌,能识别和处理现前的境而使境随心转、自在无碍。所以境和心是互相对峙毕竟又互相和同,因此能完成其全体的发展。照此说来,境和心是一完整体的两方面,断不可把境看做是心外独存。如果说心上现坚白等相,有境为因,此亦吾所许可,但若说是外境为因,便不应理,因为境和心实际上无内外可分。世间所计为客观独存的物质宇宙,只缘妄识惯习于向外找东西,遂失去心境浑融真趣而妄臆有外在世界。

或复问言:"如公所说,心上现坚白等相,虽有境为因,却不许境在心外,是义无诤,但心所现相与境的本相为相似,为不相似?"答曰:心上所现相,名为影像。现者变现。此影像有仗托现前境物而起者,如眼等五识上所现相是也;有纯从心上所现者,如意识独起思构时,并无现前境物为所托,此时意中影像即纯从心上变现。

凡影像仗托现前境物而起者,即此相与境的本相非一非异。此相是心上所现影像，不即是境的本相，故非一；虽从心现，而有现前境物为所托故，其与境的本相亦非异。由非一非异故，此相与境的本相定有相似处，但亦不全同。

凡影像纯从心现者，都是抽象的，虽无现前境物为所托，然必由过去所经验的许多事物中，抽取其同而去其异，乃构成一共相。此等共相，在意识上即是一种影像，这个相不必有实物为所托，此其与五识异也。

或复问言："意识起时，恒现似境之相。所以者何？一、因意识向习于实用，恒追求种种境，必现似其相故。二、因意识富于推求和想像等力，能构造境相故。三、因意识起分别时，眼等五识及其所得境同入过去，意识复行追忆，必现似前念境相故。由上三义，意识恒现似境之相。唯眼等五识亲得现境，不更现相，如看白时，眼识所得即是白的本相，不更变现一似白之相。所以者何？一、因眼识微劣，无推求想像等力故，不能变现似境之相。二、境的本相如青等色因其距离及光线等等关系，得以投刺官能而呈显于眼识的了别中，故眼识上更无须变现一似青等色境之相。眼识如是，耳识乃至身识皆可类推。由斯应说：所云现相唯在意识，五识则否。"答曰：意识必现似境之相，如汝所说，甚符我义。但谓五识亲得境的本相而不更现相，则与吾意相乖。实则五识非不现相，五识是凭藉眼等官能而发现，是先于意识而追求当前之境。此所谓追求，其作用极细微，是不自觉的一种追求。意识是自动的现起，却非不藉待五识过去的经验，五识创起了境，本无粗显分别，意识紧接五识而起，便忆持前念境，更作明利的分别。由此应知，意识一向习于实用，其于境起追求，却是以五识为前导，如何可说五识不现相耶？又五识虽无推求等作用，而亦有极微细的了知，虽所谓了知极不明著，然不能说是无知。又五识及其所了境既成过去，意识继起而能现似前念境之相者，则以五识当过去时，于所了境曾现似其相故，后念

147

意识继起,乃得忆持前念境,现似其相。如果五识不曾现相,即于所对境冥然无知,眼识看白时,既不现似白相,便如不看白一样,乃至身识触坚时,既不现似坚相,便如不触坚一样。吾侪当知,心的了境就因为心上已现似所知境之相,否则于一切境都无所知。这种道理,我想在《量论》里详说,今不深谈。总之五识了境时,必现似境之相,所以意识继起才有似前念境的相现起,斯理无疑。至如五识上所现似境的相,决不能与境的本相完全相肖,大概由五识所凭藉底官能以及空间和光线等等说不尽的关系,都有影响于五识了境时所现的相,而令这个相不能与境的本相全肖。此意犹等《量论》再详。综前所说,不论五识、意识,其取境的时候都现似境之相,不能亲得境的本相,而是把境制造或剪裁过一番来适应自己底期待。此中自己一词,设为识之自谓。总之识现似境之相,而作外想,根本是要适合实用的缘故。说至此,有好多问题要留在《量论》再谈。综前所说,识上现似境之相,决定有境为因,吾不否认,但世间误计有外境为因,识方现相,此乃倒见。境与识本为完整体之两方面,境的方面能影响于识,识的方面能了别及改造于境。完整体有此两方面以遂其发展,是乃法尔如是,法尔犹云自然,见中译佛典。其不径译自然而译音者,以其义甚深故,平常习用自然一词不求深解故。如是一词,含义深远,是犹此也,理实如此,便还他如此。《庄子》云:“恶乎然?然于然。恶乎不然?不然于不然。”与此云如是同旨。不可致诘也。法尔如是,故不可更问其所由然。境与识本不可分内外,而世间计有离心独在之外境,则妄而已矣。

**附识**:识于境起了知时,便有同化于境的倾向,所以必现似境之相。这个相,好像是对于所知境的一种记号。如了知白时,必现似白相,他所了知的是这样的一个白,不是旁的,所以识上现似白的相就是一种记号。同时对于白境赋予以实在性,即把所了的白当作离心独在的东西来看。

以上所说，对彼应用不无计，为总为别，一一破讫。次极微计，复当勘定。印度外道本已创说极微，至佛家小乘关于极微的说法更多，现在如欲把外道和小乘的极微说一一详细考核，将不胜其繁。然若辈的说法大端颇相近，不妨总括来一说。各派谈极微者大概执定极微是团圆之相，而以七个极微合成一个很小的系统叫做阿耨色。阿耨色是译音，其义即是物质的小块。七微的分配，七个极微，下省称七微。中间一微，四方上下各一微，这七微是互相维系的而又是互相疏隔的，如此成一个小的系统。无量数的极微都是按照上述的说法，每七微合成一个小的系统，即名阿耨色。再由这许多许多小的系统，展转合成几子桌子等等粗色以及大地和诸星体乃至无量世界。粗色，犹云粗大的东西或整个的物件。小乘学派中有毗婆沙师，说一切极微彼此都相距甚远，不得互相逼近，照他底说法，我坐的这张几子是无数的阿耨色所合成，这无数的阿耨色实际上就如无数的太阳系统，因为各个极微都是相距很远，然而我凭依在这样的几子上却不怕坠陷。

佛家大乘学派都不许有实在的极微。大乘对外小常常用这样的话来逼难云：汝所说极微是有方分的呢，抑是无方分的呢？如果说极微有方分，应该是更可剖析的，更可剖析便不是实在的极微。如果说极微的形相是团圆的，因此拟他某方面是东，毕竟不成为东，拟西、拟南、拟北，也都不成，所以极微无方分。在小乘里如萨婆多师就是持此说。但是大乘又驳他道：汝的说法甚不应理，若极微无方分，即不可说他是有对碍的东西。凡有质的东西都是互相对的，故云对碍。遂立量破萨婆多师云：此中量字，其意义与三段论式相近，详佛家因明学。汝所说极微应该不是物质，因为不可标示他的东西等方分故，犹如心法一样。心法无方分，今说极微无方分，便同心法一样。上所立量，既已成立极微不是物质，遂诘小乘诸师云：汝所说粗色，实际上即是那许多的极微，粗色以外没有极微，极微以外也没有粗色。当复立量云：汝所说粗色，应该不是粗大的东西,因为他即是极微故,如汝所说极微不是粗色。上所立量,既已楷定粗色不成,遂复立量云:汝手触墙壁等应该不觉得对碍,因为他根本不是粗色故,如虚空一样。如上三个比量,比量详佛家因明学。比字是推求的意义,凡于事理由种种推求而得到证明,因依论式楷定,是为比量。返证极微定有方分。小乘师虽欲说无方分,又经大乘逼得无可再说,归结还是不能不承认极微有方分。然既有方分,必定更可分析,凡物若是可析,即没有实在的自体。由此,大乘断定极微不是离心实有的东西。当时小乘里如古萨婆多师和经部师及正理师,这三派学者不服大乘的驳斥,又主张极微或极微所成和合色是感识所亲得的境界,以此证成极微是实在的东西。和合色者,谓多数极微和合而成粗大物,名和合色。感识者,即是眼等五识,说见前。但是极微那样小的东西,当然是眼识所不能见乃至身识所不能触,如何可说极微是感识所亲得的境界呢?而古萨婆多和正理师却各有巧妙的说法,以解答这个困难问题,无奈大乘师又把萨婆多师等一个一个的都予以驳斥。兹以次叙述如下。

古萨婆多师执定有众多的实在的极微,是一一各别为眼识所看的境界,例如瓶子为眼识的境界时,平常以为眼识所看者是粗大的瓶子,实际上确是一个一个的极微各别为眼识底境界。他这种说法,理由何在?须知印度佛家是把一切物分为实法和假法。例如物质现象,佛家可于一方面随顺世间说为实法。至于假法,佛家略说三种:一、和合假,即众多极微和合而成粗大物,是名和合假。大物的本身不实在,若离各个极微即无物故。二、分位假,如长短方圆等等就是某种实法上的分位,如说一片青叶是短或长,一片青叶是实法,而短或长只是青叶上的分位,不是离开青叶而有长或短的东西存在,是名分位假。三、无体假,如说石女儿、龟毛、兔角,都是徒有名字而无其物,是名无体假。如上,已略辨实法和假法。萨婆多师以为一一极微都是实法,至若众多极微和合而成瓶子粗大物,却是和合假。又以为眼识只缘实法,此中缘字,有攀援、思虑等义,下言缘者准知。盖眼识非无思虑,只是微细而不明著,耳识乃至身识皆然。**不缘假法,**假法唯是意识所缘故。**所以眼识看瓶子时,实际上确是一一极微各别为眼识的境界。**

大乘驳斥古萨婆多师云:汝所说各别的极微都是实在的东西,得为眼识的一种缘,此中缘字,其含义略有凭藉的意思,如甲是因乙而有的,即说乙是甲的缘。此谓眼识是能知,必定有色境为所知,由色境引起眼识,故说色境是眼识的一种缘。纵许可你这种说法,但是一一极微决定不是眼识之所知,因为吾心对于所知境而起知解时,心上必现似所知境的相貌,否则心上没有那一回事,如何可说知道那种境呢? 吾今问汝,汝试张眼去看极微,汝眼识上曾现似极微的相否? 汝既不能谎说曾现似极微的相,足见极微定不是眼识之所知,如何可说极微是感识所亲得的境界? 大乘之驳斥极有力。

经部师执定有众多的实在的极微和合而成大物,得为感识所缘的境,此中缘字,有攀援、思虑等义,注见前。彼以为一一极微不能直接为眼等识所缘境,因为眼等识上没有现似极微的相,但是众多极微和合起来,便成瓶子等大物。此云和者,谓多数极微互相聚,虽不必相逼附,然非散无友纪。此云合者,谓许多极微相聚合故,总成一个大物。这些大物虽是和合假,而眼等识缘大物时,却现似其相。尽管一一极微不是感识之所知,而多数极微合成大物,乃确是感识所知的境,足见极微不容否认。

大乘破经部师云:汝所说和合的大物,毕竟不得为引发眼等识的一种缘,此中缘字,参看前叙述大乘驳斥古萨婆多师处注语。因为大物是和合假,实际上没有这个东西,如何能为引发眼等识的缘? 佛家不论大乘小乘都承认感识之发生是要有实在的境界为缘,和合假既不实在,其对于感识就没有引发的功用,所以不能为感识的缘。陈那菩萨《观所缘缘论》曾立量破经部,可参考。

正理师执定众多的实在的极微互相和集,得为眼等识所缘的境,<sub></sub>此中缘字是缘虑义。这种说法很巧妙。今先解释和集两字的意义。许多极微互相聚合,这样叫做和;虽互相聚,却各各无相逼附,不至混然无辨,这样叫做集。正理师以为每一极微虽是小到极处,眼识不能见乃至身识不能触,但是很多的极微互相和集起来,于是一一极微互相资藉,即各个极微之上都显出一种大的相貌来。如多数极微和集一处而成一座大山,平常望见山的人,总以为他所见的是一座大山,其实所谓一座大山是和合假,实际上没有这个东西,有什么可见?然而人都以为见了大山,因为很多极微和集在一处,互相资藉,各各都显出有如大山量的相。你若不信,我再繁说。吾人设想大山处无数的极微,试于其间提出甲极微来说,甲极微虽是小极,但他得到乙丙丁乃至无量数的极微互相资藉,即此甲极微之上便显出和大山同量的相貌。甲极微如此,其他一一极微都可以类推,所以看山的时候,实在有无量数的大山相。由此可见,极微毕竟是感识所亲得的境界,不容疑难。正理师此说,似乎把古萨婆多和经部师的缺点都避免。

大乘又斥破正理师云:一一极微在未和集的地位是那样小的东西,即在正和集的地位还是那样小的东西,因为极微的本身始终如一,并没有由小而变成大的,汝说一一极微和集相资各各成其大相,能为眼等识所缘境,理定不成。大乘攻难正理师,不过用形式逻辑来作摧敌武器,今此未及详述。

萨婆多和正理诸师并主张极微是感识所可亲得,其持论本不根于实测,大乘一一难破,诸师亦无法自救。今有难言:"外道和小乘首先发明极微,这种创见甚值得赞叹,晚世科学家发明元子电子等,很可印证外小的说法,大乘横施斥破何耶?"答曰:大乘为什么不许有实在的极微,这个问题很大,此处不及说。须知外小所谓极微,即是物质的小颗粒,把这个说为实有,格以大乘的本体论,当然不许可。即就物理而言，由现代物理学之发明，物质的粒子性已摇动，适足为大乘张目。我对大乘斥破极微的说法，极端赞同。

综括以前所说，只是不承认有离心独存的外境，并非不承认有境。因为心是对境而彰名，才说心，便有境，若无境，即心之名亦不立。心和境本是完整体的两方面。这个道理留待后面《转变》章再详。吾侪须知，从我底身迄大地乃至诸天或无量世界以及他心，一切都叫做境。此中他心者，谓他人或众生的心。我底身这个境是不离我底心而独在，凡属所知，通名为境。自身对于自心亦得境名，是所知故。无论何人不会否认。至若大地及诸天或无量世界以及他心等等境，都是我心之所涵摄，都是我心之所流通，绝无内外可分。为什么人人都朦昧着，以为上述一切境都是离我心而独在？实则日星高明，不离我之视觉，大地博厚，不离我之触觉，乃至具有心识的人类或众生繁然并处，不离我之情思。可见一切境都是与吾心同体，没有一彼一此的分界，没有一内一外的隔碍。心有作而境随转，境有激而心即觉。正如人身多方面的机能，互资交感，成为一体。据此而谈，唯识的说法但斥破执有外境的妄见，并不谓境无，因为境非离心独在，故说唯识。唯者殊特义，非唯独义。心能了境，力用殊特，故于心而说唯，岂谓唯心便无有境？或有问曰："说心便涵着境，故言唯心；说境也涵着心，何不言唯境？"答曰：心是能了的方面，境是所了的方面，境必待心而始呈现，应说唯心，不言唯境。或复难言："境有力故，影响于心。如脑筋发达与否，能影响智力的大小，乃至社会的物质条件，能影响群众意识。应说唯境，不当唯心。"答曰：意识虽受物质条件的影响，而改造物质条件，毕竟待群众意识的自觉，智力大小虽视脑筋发达与否以为衡，但脑筋只可义说为智力所凭藉的工具，义说者，谓在义理上可如此说。所以着重心的方面而说唯心，不言唯境。

或复有难："科学上所发见物质宇宙一切定律或公则等，纯是客观的事实，虽吾心不曾去了别他，而他确是自存的，今言境不离心独在，则科学上一切定律公则等将全凭心造欤?"答曰：所谓定律或公则等意义，相当于吾先哲所谓理。吾国宋明哲学家关于理的问题，有两派诤论，一宋代程伊川、朱元晦等主张理是在物的，二明代王阳明始反对程、朱而说心即理。此即字的意义，明示心和理是一非二，如云孔丘即仲尼。二派之论虽若水火，实则心和境本不可截分为二。此境字，即用为物的别名，他处准知。则所谓理者不应偏说为在物，当知万物元是众理灿著，吾心亦是万理皆备，是故心境两方面，无一而非此理呈现。说理即心，亦应说理即物，如果偏说理即心，是求理者将专求之于心而可不征事物。这种流弊甚大自不待言，吾人不可离物而言理。如果偏说理在物，是心的方面本无所谓理，全由物投射得来，是心纯为被动的、纯为机械的，如何能裁制万物得其符则? 符者信也，则者法则，法则信而可征，故云符则。吾人不可舍心而言理。二派皆不能无失。理的问题至为奥折，当俟《量论》详谈。今在此中唯略明此理非离心外在云尔。

又如难者所云："科学上所发见定律公则等是离心自存的，并非待吾心去了别他方才有他，以此证明一切境是离心独在。"汝持此见，确是错误。须知，凡为了别所及的境，固不曾离我心，即了别不及之境，又何尝在我的心外? 不过了别的部分，或由数数习熟，或由起想追求，遂令这部分的境特别显现起来。至若了别不及的部分，只沉隐于识阈下，不曾明著，但此境决非与吾心异体不相贯通者。如果作动意欲去寻求，即此沉隐的境渐渐在我心中分明呈露，以是征知一切境当了别不及时，元非离心独在。故难者所举义证，毕竟不能成立外境。

吾国先哲对于境和心的看法，总认为是浑融而不可分。如《中庸》一书，为《大易》《春秋》二经之纲要，其文有云："合内外之道也，故时措之宜也。"斯义云何? 人皆以为吾心是内在的，一切物是外界独存的，

154

因此将浑全的宇宙无端划分内外。其心迷以逐物，而无有灵性生活，庄子所以悲人生之芒惑而不反也。是故正凡愚之倒妄，合内外而一如，心非超物独存，物不离心独在，故云一如。惟心是觉性主宰之方面，能格物而不蔽，余讲《大学》格物，专宗朱子，谓穷究物理。用物而不溺，故以时措之事业无不宜也。《中庸》此语极深远。孟子亦云："万物皆备于我矣。"盖以为万物都不是离心独在，故所谓我者，并非小己孤立，却是赅备万物通为一体。后来王阳明昌言心外无物，其弟子记录有云："先生游南镇，一友指岩中花树问曰：先生说天下无心外之物，今此花树在深山中自开自落，于我的心有何相关？先生曰：汝于此花不曾起了别时，汝心是寂寂地，此花也随汝心同是寂寂地，没有色相显现；汝于此花才起了别，此花的色相也随着汝心同时显现起来。可见此花是与汝心相联属，决不在汝心之外。"阳明这段话亦有妙趣。总之境和心是不可分的完整体，吾先哲相承，同此密意。今所以说识名唯者，一、会物归己，得入无对故。如果把万物看作是心外独存的境，便有万物和小己对待，今说唯识，即融摄万物为自己，当下便是无对。二、摄所归能，得入正智故。能谓心，所谓境，了境者心，改造境者亦心，故说心名能。心之所了别者是境，随心转者亦是境，故说境名所。唯识旨趣，是把境来从属于心，即显心是运用一切境而为其主宰，是不役于境的。心不役于境，即解脱尘垢而成正智，此唯识了义也。

综前所说，但对治迷执外境，并不谓境无。如果随顺世间，假说境物为外在，从而析其分理，"观其会通，以行其典礼"，典礼犹云制作，此《易系传》语。一切制作，皆所以化裁乎物质宇宙而适于人生。庶几格物而不蔽，用物而不溺，正是心境浑融实际理地。虽假说外境，而不迷执为外，则亦余所不遮也。遮者斥驳义。

**译者按：**本章破外境，与印度诸师的旨趣根本不同。诸师言境不离识者，以境是识之所变故，学者考诸《二十》及《三十》等论可也。本论以境与识为不可分之整体，因以归本翕阗成变，如《转变》章所说，学者须深究。

# 第三章　唯识下

前章斥破外境,今次当明妄识亦空。妄识亦名妄心,印度佛家把这种心说为缘生法,以其无自体故。缘生义者,缘字是因由或凭藉等意思,生字是现起的意思。如甲凭藉乙丙等而现起,即说乙丙等于甲作缘,若从甲的方面说,即云甲以乙丙等为缘。倘将乙丙等缘都折去,即甲亦不可得。由此应说,甲以乙丙等为缘藉而始现起,故甲是缘生法。甲既如此,乙丙等均可类推。一切物皆待众缘而起故,即一切物都无自体,易言之一切物毕竟空。试就麦禾举例,通常以为麦禾是有自体的,是实在的,但如了达缘生义,便知麦禾确非实物。如种子为因缘,水土、空气、人功、农具、岁时等等均为助缘,如是等缘会合,方有麦禾现起,倘将所有的缘都除去,而麦禾便不可得,所以麦禾并无自体,并不是实在的。说至此,缘生一词的意义已可明白。今谓妄心是缘生法,申言之这个心就是众缘会合方才现起,当然无自体。旧师不以妄心为空,其谬误不待言。惟有须详究者,既说妄心是缘生法,必须分别那几种缘,其说方可成立,若举不出那些缘来,又如何可说缘生? 据印度佛家的说法,这个心的现起应由四种缘:一因缘,二等无间缘,三所缘缘,四增上缘。今斟酌旧义,断以己意,论定诸缘如下。

云何因缘? 先要略释因缘这个名词,然后定因缘义界。缘字义训,上面已经说过。因字,就是因由的意思,一切事物不是忽然而起,必有他的因由。从前印度外道中有一派主张世界是忽然而起,没有因由,此种思想太粗浅。佛家大斥破之,就说事物发生非无因由,即此因由,亦名为缘,故云因缘。佛家说有四缘,而因缘特为主要,故列在初。现在要定因缘义界。在昔世亲诸师,其定因缘义界云:以下用因缘一词,

157

亦省称因。凡物若有能生的力用亲生他自己的果,才把他说名为因。参考《成唯识论》卷七,及《述记》卷四十四第一页以下。旧师既定因缘义界,于是建立种子为识的因,识亦名为妄心。而说识是种子所生的果。今先详核旧师因缘义,而后评判种子说。按旧师所定因缘义界,应分三项来说明。一、凡对于果而作因缘者,必是实在的东西,否则没有生果的力用,不得为因缘。二、因所生之果是别于因而有他的自体,易言之因和果不是一物。三、因是决定能亲自创生果。这个意义最为重要,如其因不是能亲生果,或不是决定能亲生,那么这种因就是后面所要说的增上缘,而不得名为因缘,所以第三项很重要。旧师因缘义如此,至其种子说却很复杂,今此但据心理方面略为叙述。种子一词的含义就是具有能生的力用,旧师以为识的生起由于另有一种能生的力用,所以建立种子。犹复当知,旧师所谓种子并不是抽象的概念,他以为种子是有自体、是实在的,是有生果的力用,并且以为种子是各别的、是无量数的。旧师何故有此等说法? 大概以为吾人的识念念起灭,总不是凭空忽然而有,于是计持有各别的实在的种子为生识的因,而识则为种子所生的果。元来无着派下诸师,其言心喜用解析术,即把每人的识析成八个,详在后面《明心》章。因此而说对于识作因缘的种子也是各别的、无量数的。据诸师的说法,现前一刹顷的眼识有他自家的种子为因缘,推之前刹的眼识或预测后刹的眼识,各各有自家的种子不待言。眼识如是,耳识鼻识乃至第八识皆可例知。总之各别的种子,各各亲生自己的果,此是旧师因缘义,却须辨清,不可朦浑解去。现在略加评判。旧师析识为各各独立的分子,如破析物质然,此是根本错误,且俟后文《明心》章。辨正。至于以种子为识的因,以识为种子的果,因果判然两物,如母亲与小孩截然两人,参考十力丛书中《摧惑显宗记》。这种因果观念太粗笨,不足成立。总之,我于旧师的种子论根本要斥破,关于因缘的说法自不便和他苟同。

今改定因缘义界云：识的现起，虽仗旁的缘，谓以下三缘。但识本身确是一种源深不匮的自动的力。吾人假说这种自动力是识现起的因缘，不可说别有实在的种子为识作因缘。须知所谓识者，念念都是新新而起，前念刚灭，后念紧接而生起，念念都是新生的，但前念后念之间亦无间隙。易言之，这个识刹刹都是新新不住的自动力。何以云然？因为识虽凭藉官体才起，此中官体包括五官或神经系统而言。但不可说他是官体的副产物，以其能主宰乎官体故。如耳目等官所接之物至纷纭，而识的聪明不乱。识虽凭藉境界才起，俗所谓外界的刺激物，通名境界。但不可仅以刺激物的反映来说明他，以其能转化一切境并改造一切境故。如色声等境皆不足以溺心，而心实仗之以显发其聪明之用，是心于境能转化之而令其无碍。吾人反己体认，就知道此识即是内部固有自动的力跃然呈现，这种自动力是找不着他底端绪，也看不着他底形相，他好像电光之一闪一闪宛然新新而起。这也奇怪！如实言之，此所谓自动力即是识的本身，吾人只有把识的本身推出来假说为因缘，别无所谓因缘。如果不明乎此，而凭臆想以为别有所谓种子来作识的因缘，如旧师之说，固是极大错误，即如世俗之见，把识看做是官体的副产物，其谬益甚。吾人不自省其心是自主自发自创，却自视为顽物，岂不惜哉！或有问言："公前说妄心是后起的，现在讲因缘，又说他是自动的力，这个自动力是后起乎？"答曰：此所谓自动力，实即性智之发用。但克就发用上说，则其流行于官体而追逐于境物，即官体易假藉之以成为官体的浮明。至《明心上》章谈根处，方详此义。是故由其为性智之发用而言，此自动力是固有的、非虚妄的；若从其成为官能的浮明而言，此自动力是后起的，是虚妄的。违其性智之本然，顺形骸而动于私欲或虚妄分别，故云后起。凡云妄心或妄识，即据后起一义而言，学者宜知。然吾人如有存养工夫，使性智恒为主于中，不至被役于官体以妄动，则一切发用无非固有真几。此义当详之下卷《明心》章。

**译者按**：本论的缘起说，不独异于印度佛家，而近世关系论者只知着眼于事物的互相关联，却忽视事物本身底自动力，本论谈缘生首以因缘，这是独到的地方。

云何等无间缘？此缘亦名为次第缘，谓前念的识能引后念的识令生，所以说前念识是对于后念识而为次第缘。须知识是念念起灭不住，易言之即是念念前灭后生，因为前念识能对于后念识而作次第缘，能引后念的识令他生起，所以生灭不断，如果前念识不能作后念识的缘，那么前念识一灭便永灭，再没有后念识生起来，这种断见甚不合理。印度古时有断见外道，主张一切法灭已便断。由前能引后，故说前为后的缘，既后以前为缘，虽后是新生，而于前仍不无根据。次第缘之建立极有精义。或有问云："何故次第缘亦名为等无间？"答曰：这个名词当以二义解释：一等而开导义，二无间义。等而开导者，导字是招引的意思，开字有两义：一是避开的意思，二是把处所让与后来者的意思。若是前念识不灭，他便占着处所，将妨碍后念识令彼不得生。但前念识是才起即灭的，并不暂时留住，他好像是自行避开而给与后来者一个处所，他很迅速的招引后念识令其即时生起，所以说为开导。等者平等义，谓前念心望于后念心虽复异类，而恒平等开导，如前念思食之心非不引后念业务心，前念杂染心非不引后念善心，故知前念望于后念而为开导，一味平等，无有类别，所以言等也。或有难曰："前念识开避，既已灭无，如何说能招引后念？"答曰：前念识当正起时，即有招引后来的趋势，不是已经灭无还能招引也。须知一切事物当其正发生时，对于后来种种新转变，已有预为招引之几，此非深于化者不知也。

无间者，间字，是间隙或间断的意思。前念灭时，即是后念生时，生和灭之中间并没有时分、没有间隙，如果从灭至生中间还有时分，即生灭之间有空隙，那么前念灭时便断，后念如何得生？所以前灭后生紧紧接续，中间无一丝儿间隙，决不间断。庄子曾说道：一切物的变化，是于无形中密密迁移，前前灭尽，后后新起，总是迁移不住，因其过于密密，谁也不能觉得。原文云："变化密移，畴觉之欤？"由此可知，前念识为缘引后，其生灭之间没有时分，故说无间。或复问言："旧师说识有间断时，如眼识有时不见色，乃至意识有时不起思虑，此说然否？"答曰：旧师把识析为各各独立，因计眼识乃至意识都有间断的时候，其实精神作用是全体的，何有间断？眼识不见色时，乃至意识不作思理时，其能见能闻以至能思的精神作用未尝灭绝，旧师之说何足为据？

综前两义，一等而开导，二无间。次第缘所以又叫做等无间。人心念念是前的灭而开避，后的被前所导引而新起。有些学者以为心的迁流，是由过去至现在，复立趋未来，好像过去不曾灭尽，只是时时加上新的东西，这种见解却是错误。佛家呵此为常见。妄计一切物可以常存，或暂时存，此等见解，佛家均谓之常见。吾侪须知，宇宙间没有旧东西滞积在。

**译者按：**熊先生讲等无间缘，是他自己的新解释。印度佛家因为把心分成各各独立，所以讲到此缘就有许多钩心斗角的地方烦琐无谓。先生说：如果评判旧说，恐文字太繁，只好直抒己义。又旧师于物质现象，多不许有等无间缘。我尝问先生，物质现象也是时时变化的，时时是前灭后生的，应许他具有等无间缘义。物质常常由一状态转为另一状态，后者的变起也是以前的状态为其等无间缘。我曾以此意白于先生，先生颇以为然，并谓佛家有持此义者。故附记于此。

云何所缘缘？识是能缘，境是所缘，此中缘字，有攀缘和思虑等意思。能缘识不会孤起，决定要仗托所缘境才得起，因此把境界说名所缘缘。

这种缘也是非常重要,譬如白色的境界当前,对于眼识作个所缘缘,便令眼识和他同时现起,你看他的力量多么大。关于所缘缘,印度佛家很多讨论。有陈那菩萨者,菩萨犹言大智人。曾著《观所缘缘论》一书,虽是小册子,而价值甚大,自其论出,大乘量论始立定基础。其对于小乘离心有实外境的僻执,破斥最有力,中译现存可考。今此楷定所缘缘义界,只好博稽陈那、护法、玄奘诸师底说法而加以抉择,计分为四义如下。

一、所缘缘决定是有体法。法字,略当于中文物字。有体法者,犹言实有的物事。惟有体法才有力用,足以牵引能缘识令其生起,如白色境有自体,就能牵引眼识令其与己同时现起。此中己字,设为白色境之自谓。由此之故,才说境对于识为所缘缘。若是无体法,便不得为此缘。如世俗以为瓶子是眼等识之所缘缘,此实倒见,须知瓶子是无体假法,何得为识作缘?或有否认吾说,吾诘之曰:汝所得于瓶子者果何物?汝必曰:看着他是白的,乃至触着他是坚的。殊不知,汝眼识只得白,元不曾得瓶子,乃至汝身识只得坚,也不曾得瓶子。但是汝感识眼等五识,亦名感识。当其现见坚白等境时,一刹那顷能见识和所见境都已灭尽,都成过去,而汝意识紧接感识续起,便追忆坚和白等境,遂妄构一瓶子其物。实则坚和白等境是有体法,可为感识作所缘缘,至于意识所构的瓶子,根本是无体假法,若许为缘,便无义据。瓶子如是,余可类推。或复难言:"公前已云坚白等相是识所现,如何说为实境?"答曰:凡感识所现坚白等相,皆托实境而起,实境亦名现境,是现前实有故。亦是实境的相貌,故应摄属实境,说为所缘缘。

或复问言:"感识所现坚白等相摄属实境,得许为缘,是义无诤,但是意识起一切思维时,不必有实境为对象,意识应该无所缘缘。"答曰:意识有所思时,识上必现似所思的相,如我方才思量这种道理,分明和别的道理不同,足证意中必现所思的相,这个相亦名为境。虽复眼识不可得见乃至身识不可得触，然而此境是分明内在的，不是空洞无物，应说此境是所缘缘。意中所现的境，亦是有体法，非空无故。此境依心而起，还能引心令其托于己而起思虑，此中己字，设为境之自谓。故知意识非无所缘缘。

如前所说，为所缘缘决定是有体法，由此，后念识不得以前念境作所缘缘。普光师玄奘弟子。曾说，五识后念得以前念境为所缘缘，此甚错误。须知一切物都是顿起顿灭，无暂住时，如眼识前念青境，实未至后，后念青境乃与后念识同时新起。普光不了此义，乃谓前念境得为后念识作所缘缘。其所以错误者，盖因意识继前念感识而起，极为迅速，能忆前念境，即现似前念境的影像，此影像本意识所现，实非前念境，但意识仍作为前念境而了解之。又因意识乍起太迅速，吾人每不悟，当做前念境来了解者是意识，而竟以为后念感识是由前念境为所缘缘。普光错误在此，故宜刊正。

二、所缘缘是识之所托。因为心不孤生，决定要仗托一种境方才得生。如眼识非仗托青色等境必不孤生，乃至身识非仗托一切所触境亦不孤生。意识起思构时，必现似所思的相，此相虽依心现，而心即以此为其所托，否则心亦不生。如果说心可以孤起，不必要有所托，此必疏于内省而妄持说也。

三、所缘缘是为识之所带。带字是挟近逼附的意思，谓所缘境令能缘识挟附于己。此中己者，设为境之自谓。能缘所缘浑尔而不可分，易言之即能缘冥入所缘，宛若一体，故名挟带。如眼识正见白色时，还没有参加记忆和推想等，即此见与白色浑成一事，无能所可分，此时便是眼识亲挟白色境，所以叫做挟带。挟带义本由玄奘创发。玄奘留学印度时，正量部小乘之一派。有般若毱多者，尝破难大乘所缘缘义，戒日王请奘师，并招集一时名德为大会，奘师发表论文，申挟带义，对破毱多。

四、所缘缘是为识之所虑。前所说三义，尚不足成立所缘缘。须知有体法虽能为缘，有体法谓境。令能缘识以己为所托，并以己为所带，但若不以己为所虑，则所缘缘义仍不得成立。要由能缘识以所缘境为其所虑，即所缘境对于能缘识得成所缘缘。譬如镜子能照人和物，但人和物虽是镜子之所照，而不是镜子之所虑，因此，不能说人和物对于镜子得名所缘缘。因镜子但能照人和物等境，不能虑于境故。今此言所缘缘者，定是对于能虑的东西谓识而为其缘，方才得名所缘缘。即由此义，唯识道理可以成立。如果说所缘缘但具前三义，不必具所虑义，由此说而推之，必将谓识非能虑，同于镜子，而唯识义毁。今于前三义外，益以所虑一义，即显识为能虑，不同镜子等物质法，故唯识义成。

**附识**：思虑作用最微妙不可测，如逻辑的精密谨严、科学上的创见、哲学上的神解、道德上之崇高的识别，如超脱小己之利害计较而归趣至善，这种识别是最崇高的。乃至一切一切不可称数的胜用，都可见思虑是心的特征。古代印度人有说镜子能见物正与心能了别物相同，向时英人罗素来吾华讲演，亦曾说照像器能见物，都是唯物论的见地。实则镜子和照像器本无思虑，只能于所对境而现似其影像，却不能思虑于境；至若心之取境，虽现似境的相，而于境起思虑故，决不可与镜子等物混同。护法、玄奘诸师言所缘缘具所虑义，以显识为能虑，析义精微，于焉观止。

综上四义，明定所缘缘义界，庶几无失。

**附识**：本章谈所缘缘，博采旧说，断以己意，其根底与旧学不同，学者宜辨。旧学主张八识各各独立，故言所缘缘，徒为悬空构画，烦琐无谓。

云何增上缘？增上犹言加上，旧训为扶助义。此缘亦名为助缘。谓若乙虽不是从甲亲生，然必依藉甲故有，如没有甲即乙也不得有，由此应说甲对于乙作增上缘，而乙便是甲的果。增上缘对于所增上的物亦得名因，所增上的物对于增上缘即名为果。

凡为增上缘，定具二义：一、凡物对于他物而作增上缘者，必具有殊胜的功用，方能取果。果者，谓所增上的物。如有甲故便有乙，即是甲为乙作增上缘，而乙是甲所取得之果，故云取果。

但所谓殊胜的功用，虽谓增上缘对于果有很大的扶助，却不限定如此，只要增上缘对于果不为障碍而令果得有，亦是增上缘的胜用。就近举例，如吾立足于此，五步之内所有积土固是对于吾的立足直接做增上缘，即此五步以外广远地面，甚至推之全地以及太阳系统与无量世界，亦皆对于我的立足为增上。所以者何？吾人试想，假令五步以外山崩河决，又或地球以外诸大行星有逾越轨道而互相冲碎的事情，尔时地球必弄得粉碎，吾人决无在这里立足的可能，故知我今立足于此，实由全地乃至无量太阳系统都有增上的殊胜功用。准此而谈，增上缘宽广无外，凡极疏远的增上缘，只于果无障碍，即是有胜用及于果也。

夫一念心生，必有无数增上缘。试就色识言，眼识了别色境，亦名色识。其增上缘固不可数计，但其间最切近者，则有官能缘，谓眼官与神经系是色识所依以发现故。又有空缘，谓有障隔则色识不行，必空洞无碍，色识方起故。又有明缘，谓若在暗中，色识定不生，必待光明，色识方起故。又有习气缘，凡色识起时必有许多习气俱起，如乍见仇雠面目，即任运起嗔，任运，谓因任自然的运行，不待推求而起。便是旧习发现故。以上几种缘，皆对于色识增上极为密切，其余疏远之增上缘可不计算。色识如此，声识等等都有切近的增上缘，可准知。至如意识起思虑时，若脑筋、若一切经验或学得的知识都是最切近的增上缘。

**附识**：增上缘义最精，科学上所谓因果，大概甄明一切事物间相互的关系，颇与增上缘义相当。但有许多人疑及增上缘太宽泛，将至随举一件事来说，就要以全宇宙作这一件事的因，岂不太繁难？殊不知，每一件事都是与无量数的事情相容摄、相关联，所以每一件事都以全宇宙为因，理实如是，并不希奇。但是学者研求一件事的因，初不必计算到全宇宙，只求得其最切近的因，便可说明其事。例如秤物的重量为如干，若地心吸力、若气压，固皆为其致此之因，即至迥远的太空或太阳系统以外诸恒星，亦无不与这件事有关系，然而学者于此却止详其切近的因，自余疏远的因尽可不管。吾人常能由一知二或由甲知乙者，都有一种剪裁法。

二、凡增上缘对于所增上的果，决定有顺有违。申言之，增上缘对于果，作一种顺缘令果得生，同时便对于此果未起以前之物，作一种违缘令前物不续生，故说有顺有违。例如霜雪对于禾等增上，能牵令禾等变坏其以前青色而成为现生的枯丧，即此霜雪对于现生枯丧是为顺缘，而对于以前青色便作违缘，因为雪霜即增上缘。既顺益枯丧令其得生，同时即违碍以前青色令不得续起。此一违一顺，可见增上缘力用甚大。然复当知，增上缘虽有顺有违，但所谓违缘只是就义理上作如是说。如云霜雪对于前青色作违缘，试问前青色根本没有从过去保留到现在，将对谁为缘乎？然由枯丧是与前青色相违之物，今霜雪既与枯丧为缘，即义说为前青色的违缘，义说者，谓就义理上作如是说。此在理论上无过。顺违者，只是一事的向背，义说为二。霜雪与枯丧为增上缘，是为一事。向背者一事的两方面。与枯丧为缘是向义，既顺枯丧令起，即违前青色令不续起，是背义。由向背义故说顺违。由上所举例，可见增上缘之取果，由其有一顺一违的力用，否则不能取果。

凡识所有诸增上缘，其顺违的力用都很大。姑举作意为例。吾人一念心生时，尽有无量数增上缘，而最重要者厥惟作意。何谓作意，当俟下卷详说，今此且略明之。每一念心起时，总有一种作动或警策的作用与此一念的心俱起。此云心者，指本心之发用而言。此所谓作动或警策的作用者，却是吾人特别加上的一种努力，这个努力不即是心而能警策其心，故名作意。旧说作意，是对于心而作一种增上缘，其一顺一违的力用最极显著。如吾人通常的心总是不急遽的，但有时对于某种迫切的境，而特别作动或警策自己的心来求解决，于是此心整个的成为急遽状态，唯此作意既顺当念之心令成急遽，便违前念不急遽的心使不续起。又如不善的作意起来，顺习心令生，一切坏的习惯势力现起，名为习心。一般人大概任习心来作主而失其本心。即违本来好的心令不得显；反之，如善的作意起来，能顺本心令其现起，即和前念习心相违。据此说来，作意这个增上缘一顺一违的力用，其大无匹。吾人于作意善否，当念念察识分明，不善的作意才起，便截住他，久之念念是善的作意增上，将达乎至善之域。作意一缘如此重要，所以特别提出一说，自余的增上缘，兹不及详。

上来所说诸缘，由识的本身具有自动的力故，遂立因缘；由识的前念对于后念为能引故，遂立等无间缘；由有所缘境为识所托所虑故，遂立所缘缘。除前三种缘之外，尚有许多关系，如官能眼耳等官与神经系或大脑。及作意与已往经验或旧习等等，对于识的现起都有很密切的关系，如果没有这些关系，即识亦不得现起，如官能太不发达，即意识作用亦暧昧而难见。官能是许多关系中之一种，其他各种可准知。所以立增上缘。为什么要分析这些缘呢？因为一般人每将妄心亦名为识。看做是独立与实在的东西，佛家如龙树学派要斥破此种执着，所以分析为一一的缘，于是说此心是缘生法，欲令一般人知道此心只是和电光相似，一闪一闪诈现其相，本来无有自体，并不是实在的。大乘当初所以说缘生的意义只如此，然而后来有宗无着、世亲两位大师却把缘生义渐渐改变，其说以为吾心只是众缘和合而始生起，殆犹众多的极微和合而成物，直将空宗的缘生说变成构造论。余著《佛家名相通释》曾考辨缘生说之演变，兹可不赘。吾人须知，克就玄学或本体论的观点而言，自以般若家空法相而悟真实是为不二法门。般若家谓空宗，法相犹云宇宙万象，真实谓本体。譬如有麻织的绳子在此，人皆习见为绳，不知本是麻也。今欲于绳而透悟其本相，本相谓麻。必须于绳相而无执，执者迷执，若迷执绳的形相，则不可悟其本相即麻也。易言之遣除绳相，而后其本相即麻始揭然昭显。遣者遣去，除亦去义，遣除绳相即此绳相已空。若绳相未能空，何可于绳而透悟其本是麻？绳以喻现象，麻以喻本体。由此譬喻，可知在本体论上是要遣除一切法相。哲学家谈本体，多有把本体和现象对立起来，一方面以现象为实有，一方面便将本体置于现象之背后，或超越于现象界之上，为现象作根源。此种错误大概沿袭宗教，因为宗教是承认有世界或一切法相，同时又承认有超越世界的上帝。哲学家谈本体者罕能离宗教圈套，虽或思纠宗教之失，而其解未洞澈，其说不能自圆，总有本体现象未得圆融无碍之过。余以为谈本体者，如不能空现象以识体，其持说终成戏论。无着学派将缘生讲成构造是极大错误，所以者何？诸师言缘生，盖以众缘会合而得成物，故是构造论，其用意在说明现象所由成，实非遣除现象。据此，既执现象为实有，即不能空现象而透悟其本体，犹如迷执绳相，便不悟其本是麻也。缘生说之本义一失，其错误遂不可胜言，惜哉！

大乘当初说缘生，根本不是表诠此心由众缘和合故生，而确是对迷执法相者予以斥破。譬如人有不了芭蕉无自体，今欲晓之，乃为彼取蕉叶一一披剥，令其当下悟到芭蕉无自体。缘生本义亦如是。或复有问："说缘生故，明心相空，而一一缘相，还复空否？"答曰：此有二谛义，依俗谛故，不妨施设众缘，成立法相；四缘亦称众缘，法相犹云现象。依真谛故，众缘都是假设，析而求之，一一缘相无有独在，云胡不空？龙树菩萨《中论》广破四缘，可以参证。然惟众缘相空而有真实相显，<sub>显者</sub><sub>显发。</sub>犹如绳相空而有麻相显，此般若家深密意趣也。余尝言：佛氏说法，有遮诠、表诠之分。表诠者，其言说的方式，对于所欲诠释的事物或道理作径直的表示。譬如暗室有几而人或不睹，即呼告之曰：某处有几，此即表诠。遮诠者，这种言说的方式，对于所欲诠释的事物或道理无法直表，只好针对人心迷执处而攻破之，令其自悟。如有迷人于暗中几妄计为鬼怪，今从其迷惑处破之曰：暗中影像，汝目不能明见，乃心生疑惑，以为鬼怪，若汝心不惑，怪复何有？如此说法，但破彼惑，未尝直表暗中是几，而卒令彼人自悟是几，此即遮诠。余惟缘生说虽由小乘绍承释迦，要至大乘而其含义益宏深，非精通《大般若经》及《中》《智度》等论而得其言外意者，难与论斯趣也。般若家空法相以识体，盖莫妙于缘生之说。观法相缘生故，无自体，无自体故空，法相空故，方见真实，犹如绳相空而始其本是麻也。学者如悟缘生本义，即知缘生是遮诠而不是表诠。无着学派说缘生，始改遮诠为表诠，此其反对空宗，而实迷执法相，无由透悟法性，熄智炬而塞玄关，其过患可胜穷哉！

**附识一**：有问："法相，犹云现象，即通心物两方面而总目之，识之一名不赅物，其义狭。"答曰：识字有广狭二义：对境而言识，如言眼识，便与色境对，其他可准知。此狭义也。然佛家唯识不许有心外独存之境，故一言乎识，即摄一切境或一切物，据此则识有广义。就识之广义言，则与法相一词虽名不同而其为现象界之总称则无异也。法性，犹云宇宙本体。详余著《佛家名相通释》。

**附识二**：以绳喻法相或现象，以麻喻本体，读者不可因譬喻而生误会，喻与所喻之理，固不可求其全肖也。夫滞于现象者，即不悟真实，犹如有绳相存，即不见为麻。肇公曰"伤夫人情之蔽也，目对真而莫觉"，良由执取现象，故弗睹其真耳。执取，犹俗云执着,亦有胶滞义,如胶滞于绳相之上,即不悟其本是麻也。

夫深穷法性,理绝希夷,法性犹云本体。老子云"视之不见名曰夷,听之不闻名曰希",此言本体无形,非视听所及,故以希夷名之。今谓希夷亦是强为之名,实乃不可得而名,故云绝。佛氏为迷者不悟斯理,故从其迷执处遮拨之,冀其解迷而得默会至理,理之至极无上曰至理,谓本体。此遮诠之妙也。然惟大乘空宗最善遮诠,有宗则已失其旨矣。

至理无从直揭示人,空宗遮诠固是一种法门,若夫即用显体,犹不失为善巧。夫用者体之显,譬如众沤是大海水之显;显者显现。大海水以喻体,众沤以喻用。体者用之体,譬如大海水即遍与众沤为体,非超脱于众沤之外而独在。无体即无用,离用元无体,所以从用上解析明白,即可以显示本体。申言之,吾人克就大用流行诈现千差万别的法相上,来作精密解析,便见得大用流行不住,都无实物,其生而不有、化而不留者,正是真实的显发无穷尽。真实谓本体。此谓即体即用、即用即体,此谓体用不二。由体用不二故,方说即用可以显体。旧唯识师总说二种法:一、不生不灭法。

**附识:**不生略说三义:一者非本无而今生,故云不生;二者无所从生,故云不生;三者异彼缘生法,故云不生。凡法有生方有灭,不生故无灭。

二、生灭法。

**附识:**所谓心与物或宇宙万象,都非实在,只是才生即灭、才灭即生,如众沤之突起突灭,幻现沤相而已,宇宙万象皆如是,故通目为生灭法。

生灭法者，复分现行界及种子界。

**附识**：旧师本以现行为识之别名，然其立论，不许心外有物，故言心，即含摄物在，知此则现行界一词，即心与物或宇宙万象之总名。种子者，是一切现行之因故，取喻物种有能生势用，故名种子，以其能生现行故。

不生不灭法者，一真法界，所谓真如。一真之一，是绝对义。详旧师所说生灭法，相当本论所云用；其所说不生灭法，在彼固指目万法实体。万法，犹云万物；万法实体，犹云本体。用是生灭，而分种现两界。种为现作因，为，去声。现从种生，与真如无涉，种亦与真如无涉。详后《功能》章。体是不生灭，无为无造。用《大般若经》语。既不可说现行由真如现为之，亦不可说种子由真如现为之。据彼持论，体用条然各别，如隔鸿沟，绝不可通，是则谈用只是显用，云何即用而可显体？许多学者每谓无着、世亲诸师之说唯识是即用显体，我却不敢苟同。若如我义，体用不二，用之为言，即于体之流行而说为用，即于体之显现而说为用，是故即用可以显体。难言哉体用也！哲学所穷究者唯此一根本问题，哲学家若于此未了，虽著书极多，能自持一派之论，终与真理无干。我在本章因论缘生为遮词，而推迹梵方空有二宗得失，并略揭本论宗趣唯在即用显体，以作本章结束。

第二章不许有离心独在的境，却不谓境无。今在本章明妄心无自体，无自体故空，然许心有因缘，是妄心虽空而本心之发用毕竟不空。夫妄心空而仍非无心，外境遮而仍非无境，遮者驳斥义。然则心物依何而有，不可以无说，故次之以转变。转变一词见基师《成唯识论述记》，今用此词与原义不必同。转字有变动与变现等义，今连变字作复词用，后言转变者仿此。

# 第四章　转变

从前印度佛家把一切心的现象和物的现象都称名曰行，行字含义有二：一迁流义，二相状义。彼以为心和物的现象是时时刻刻在迁变与流行的过程中，<sub>故者方灭，新者即起，谓之迁变；故灭新生，刹刹无息，因说流行。</sub>不是凝然坚住的东西，所以说迁流义。然而心和物虽是迁流不住，而亦有相状诈现，譬如电光一闪一闪诈现赤色相，所以说相状义。物的相状是可感知，心的相状不可以官感接而可内自觉察。因为心和物具有上述两义，故都名为行。这个命名甚谛，我亦采用之。

印度佛家对于一切行的看法，盖本诸其超生的人生态度。超生谓超脱生死，犹云出世。<sub>见《慈恩传》。</sub>彼乃于一切行而观无常。观者明照、精察等义，无者无有，常者恒常，观一切行皆无有常。易言之，于一切物行观是无常，于一切心行观是无常，故说诸行无常。唯作此种观法，方于一切行无所染着，得超脱生死海，此佛氏本旨也。所以旧学<sub>印度佛家。</sub>说无常，即对于诸行有呵毁的意思。本论谈转变，明示一切行都无自体，此与旧说诸行无常旨趣似相通，而实有天壤悬隔在。旧说一切行无常，隐存呵毁；本论则以一切行只在刹那刹那生灭灭生、活活跃跃、绵绵不断的变化中，<sub>绵绵者相续貌，刹刹皆前灭后生、不中断故。</sub>依据此种宇宙观，人生只有精进向上，其于诸行无可呵毁，亦无所染着，此其根柢与出世法无相似也。

如上所说，心物诸行都无自体，宇宙唯是变化密移，<sub>变化二字，以后省言变。</sub>新新而起、故故不留，岂不奇哉！今有两大问题待解答者，一有能变否？二如何成功此变？先谈第一问题。余以为宇宙本体，不妨假说为能变。云何知有本体？以万变非可从无肇有故，犹如众沤必有大

172

海水为体故，众沤以喻万变，大海水以喻本体。无能生有理定不成故。吃紧。
且世间计无，约分二种：曰别计无，曰总计无。总计无者，如计太虚空
空洞洞，是谓之无。为此计者，乃大迷妄，不足据也。太虚含容万有，
故有相不异于虚，虚相不异于有，元无二相可分，二相，谓虚与有。而世
俗妄计有所谓空无之境，字以太虚，非大迷妄执信之哉？故总计无，全
无是处。别计无者，谓于一一事理或时计为无。如我避寇入川，平日
所有的书现在一本也未带着，我每欲看某书却不可得，此时便说某书
是无。又如古今学者所说许多道理，吾人对于某种道理自加思考却信
不及，便谓某种道理是无。凡此等计，都属于别计无。颇有人说：别
计无，并不是果无。如某书不在手边，犹不能谓之无，此书或在另一地
方是有。又如某种道理，某甲信不及，便说是无，或由某甲智力短浅不
见此理，然而此理确不是无。这种说法，我认为是偏见。如某书纵在
他处是有，而克就我手边说确实是无。又如以道理论，许多道理固有
人见不及而妄计为无，却也有许多道理竟是古今愚妄之瞽说，而实际
确无此理。如昔者贫民以服事剥削者为当然，在今日则公认为无是
理。此种例子正不胜举。所以别计无是有其所谓无，未可斥以无据。
唯总计无，即以为有所谓太虚，本来空洞无物，而从无生有之幻想每原
于此，是乃妄情虚构，不得无辨。从来持虚无论者约分两派：曰极端
派，曰非极端派。非极端派者，一方面依据常识，不否认现前万变的宇
宙即所谓有，但不能透悟宇宙本体，而妄计有生于无。中国自魏、晋以
来凡误解老子的人，多半属于此派。老子本人所谓无，实非空无，但后学多误
会。张横渠以太虚名天，气化依之起，亦有生于无之论。极端派者，不独违反正
理，亦且大胆去违反常识，其不承认现前万变的宇宙是实有，盖视如空中
华一般。即违反常识，更不承认所谓本体，即违反正理。此派之说，无
体即无用，其见地虽迷谬，而持论很一贯。此等思想，中国一向无人倡
导，在印度古时有主张一切都空的空见外道，佛家经籍力斥破之，不稍

宽纵，甚至说宁可怀我见，如须弥山大，不可持空见而自高慢。人皆知佛氏千言万语都是破除我见，而对空见外道却如此说法，可见佛氏以空见为邪迷至极，故嫉之严也。总之宇宙全是真实弥满，恒久不息，学者不可堕虚无而兴戏论。

　　还有许多哲学家并不曾说有生于无，却把万变不穷的宇宙看做是客观独存，唯不肯承认有所谓本体，甚至厌闻本体论，斥以好弄虚玄。迹其持说，对于谈本体论者未尝不可作一诤友。从来哲学家谈本体，许多臆猜揣度，总不免把本体当做外在的物事去推求，遂至任意安立某种本体，或以为是心的，或以为是物的，或以为是非心非物的，总当作外在的物事来猜拟。其立论皆出于推度，要非本于反己证会，与吾侪所见自是天渊。并组成一套理论以解释宇宙，实即各自虚构一宇宙，何可与真理相应？所以本体论上许多戏论足以招致攻难，此无可讳言。然而谈本体者虽有许多任意构画，吾人却不能因此置本体而不肯究，甚至不承认有本体。譬如病者因食而噎，遂乃恶噎而废食，此乃自绝之道，虽至愚亦知其不可。今之不承认有本体者，与恶噎废食何异？俗学不能于变动不居的宇宙进而透悟其本体，执化迹以失真源，人生将毫无依据，等若空华，如此，便与印度空见外道无甚异处。余诚实悟实信现前变动不居的宇宙，刹那刹那故故不留、新新而起，自有其真源，断无凭空幻现之事。余诚实悟四字，至此为句。譬如临大洋岸谛观众沤，故故不留、新新而起，应知一一沤各各皆由大海水为其真源。尼父川上之叹，睹逝水而识常道，神悟天启，非上圣其能若是哉！如只承认变动不居的万有为实在，而不承认有本体，便如孩儿临洋岸，只认众沤为实有，而不知一一沤皆由大海水现为之。此在孩儿固不足怪，成年人而持此见，非愚痴之极乎？智者穷神知化，取譬斯近；凡愚长迷不悟，可悲也夫！

　　综前所说，当知宇宙自有实体，万化万变谓一切行。不是凭空幻现。庄生《齐物》篇曰："日夜相待乎前，而莫知其所萌。若有真宰，而

174

特不得其朕。"原文稍省。向注曰："日夜相代，代故以新也。夫天地万物变化日新，何物萌之哉？"愚谓庄云"真宰"，乃本体之名，非谓神帝。"若有"者，乃故设疑辞，使人参悟也。起索真宰之朕迹而终不得者，明非量智推度所及，此意深远极矣。或有问曰："本体具何等义？"答曰：略说六义。一、本体是备万理、含万德、肇万化，法尔清净本然。法尔者无所待而然，不可诘其所由然。清净者无有染污，即无有迷暗之谓。本然者，本谓本来，然谓如此，本来如此故。二、本体是绝对。若是有对，便不名为一切行之本体。三、本体是实有，而无形相可得。虽无形相，而是实有。四、本体是恒久，无始无终。此中恒久，不是时间义。五、本体是全的，圆满无缺，不可剖割。六、若说本体是不变易，却已是变易的；若说本体是变易，却是不变易的。本体显为无穷无尽的大用，所以说是变易的；然大用流行，毕竟不曾改易其本体固有刚健、清净，乃至种种德性，所以说是不变易的。关于不变易和变易的问题，是极广大、幽奥、微妙而极难穷，今此犹不暇详论，或别为短书阐发之。上来略举六义，学者虚怀默究，不患无脱然超悟时也。

前文已云，假说本体为能变，还要补充一段话，此能变一词的能字，只是形容词，并不谓有所变与之为对。如果说由能变造起所变，必将以能变为超脱于所变之上而独在，不惟同于宗教拟人之神，更有能所对峙不得圆融之大过。须知本体全显为万殊的用，即用外无体。显者显现，他处仿此。譬如大海水全现作众沤，即众沤外无大海水，体用不二亦犹是。夫实体浑然无相，而显为用即繁然万殊，万殊者，诈现之相，非固定，非实在。从其显用而赞为能，本体所以名能变者，其义在此。

已说本体为能变，当知本体非常非断，故又名之以恒转。恒字是非断的意思，转字是非常的意思，非常非断，刹那刹那生灭灭生，故名恒转。此乃即用显体，以立斯名。此中显者，犹言明示之也，与显现义异，他处准知。

以上略答第一问题。次入第二问题，即如何成功此变。要解答这个问题，自当于万变无穷中寻出其最普遍的法则，余以为不外相反相成的一大法则。因为说到变化，必是有对，易言之，即有内在的矛盾以成其发展。变化决不是单纯的事情，单者单独而无对，纯者纯一而无矛盾，诚如此，那得有变化？然若两端对峙，惟互相反而无和同，即令此伸彼屈，而此之独伸亦成乎亢穷，则造化将熄。所以说变，决定要率循相反相成的法则。

中国最古的哲学典册莫如《大易》。太初羲皇画卦爻，以明宇宙变化的理法。其书为六十四卦，每卦皆以两卦合成，然分观之，则皆以三爻成卦。文字涵义深广，略言之，只表示变动。从来解《易》的人罕有注意及此。我常求其义于《老子》书中，老子说"一生二，二生三"，这种说法就是申述《大易》三爻成卦之旨，用以表示相反相成的法则。因为有了一，便有二，这二便与一相反，同时又有个三，此三却是根据一三本不即是一，只是根据于一。而与二反，却能转化乎二以归于和。《易》云"保合太和"是也。惟有两相反而成乎和，所以完成其全体之发展。若惟单纯，固无变化；若惟矛盾而无可转化，则摧伤必多，而胜之一方亦处亢将穷，大化流行何至于是？故每卦三爻，表示变化所循之法则要不外相反相成，非深于化者难喻斯旨。

上来已说变化的法则，今次当谈翕辟和生灭，便可甄明此一公则是一切变化所共由之以成。变化二字，亦省言变。且先翕辟。前面已经说过，本体是要显为万殊的用，因此假说本体是能变，亦名为恒转。夫恒转至无而善动，无者无形，非是空无。善者赞词。其动也，相续不已。相续者，谓前一动方灭、后一动即生，如电光之一闪一闪无有断绝，是名相续，非以前动延至后时名相续也。不已者，恒相续故，说为不已，使其已便成断灭，有是理乎？此种不已之动，自不是单纯的势用，单纯二字见前。每一动，恒有摄聚之一方面。摄者收摄，聚者凝聚。若无摄聚，便是浮游无据，莽荡无物，所以动的势用方起，即有一种摄聚。摄聚势用积极收凝，乃不期而成为无量的翕圈。翕圈亦名形向，以其本无形质而由动势摄聚，有成为形质的倾向也。物质宇宙由此建立。恒转显为翕的势用，殆将完全物化，疑于恒转不守自性，故翕势可以说是一种反作用。此中物化者，谓其变似质碍的物。

然而当翕的势用方起，却有别一方面的势用反乎翕而与翕俱起。二势无异体，无先后，故曰俱起。惟此种势用固是恒转自性显发，毕竟不即是恒转。譬如，说冰自水成，而冰却不即是水。此一方面的势用，是能健以自胜而不肯物化，正与翕相反。申言之，即此不肯物化的势用是能运于翕之中而自为主宰，因以显其至健，卒能转化翕，终使翕随己俱升。己者，设为闢之自谓。升者向上义。《易》云"保合太和，乃利贞"是也。此种刚健而不物化的势用，即名之为闢。

如上所说，恒转之动而成翕，才有翕便有闢，唯其有对，所以成变。恒转是一，其显为翕而几至不守自性，此便是二，所谓一生二是也。然恒转毕竟常如其性，决不会物化，故当其方翕，即有闢的势用俱起，俱起，注见前。此闢便是三，所谓二生三是也。上来已说变化只是率循相反相成的一大法则，于此已可见。又复当知，此中所谓一二三，只是表示变动的符号，并不是有一二三的片段可分，更不是有由一至二、由二至三的先后次第。一只是表示本体无对而已全显为大用，二和三都是表示用之殊诡。殊者殊异，诡者奇诡。大变之妙，不可问其所由然，庄生兴殊诡之叹，余亦云尔。夫大用流行不能不翕而成物，以为其运转之工具，故克就翕上看，便已物化，难得于此而识全体大用。只有三即是闢的势用。既是依据一而有，却又与二相反，而即以反乎二之故，乃能显发其健德，卒以转化二，使之从己。己者，设为三之自谓。据此说来，三是包含一和二，于此方识大用流行，亦即于此可以即用识体。体非超脱于用之外而独存，故可于用识体。申言之，即于三而识全体大用，则于三而说之为体，亦无不可。于用而见体，便只说体，犹之于绳而见麻，便只呼麻。总之，三是不可物化，因此乃于变易而识不易，以本体常如其性故。在昔老子述卦爻义，虽说"一生二，二生三"，而其义蕴却与本论不必相近也，兹不及详。

综上所说，翕的势用有成为形质的趋势，即依翕故，假说物行。行字见前。物即是行，故名物行，下言心行者仿此。闢的势用是运行于翕之中而能转翕从己，己者，设为闢之自谓。即依闢故，假说心行。前面《唯识上》章。曾讲过，物和心物亦对心而名境。是完整体的两方面，现在当可明白。因为翕和闢不可破析，所以说为完整体。注意，此所谓完整体，乃克就大用流行而目之。但有时说翕是一种势用，闢又是另一种势用，其一种一种之云，只明其不单纯，并不含有心物截然对立不可合一的意义。

从前吾国《易》家多有把物说为向下，把心说为向上。如汉儒云："阳动而进，阴动而退。"若辈以阴表物，以阳表心，其所谓进，即向上的意思，所谓退，即向下的意思。因此，有许多人以为吾所谓翕，便是向下的，吾所谓闢，便是向上的，此等比附不无错误。说闢具向上性，不失吾意；说翕是向下，却于理有未尽。当知翕只是摄聚的势用，而不定向下，但从翕势的迹象言，迹象者，即现似形物之谓。颇似向下；然翕毕竟从闢，即与闢俱向上，非可妄计翕闢恒以一上一下相反对无可融和也。"非可"至此为句。

本体流行，方成乎翕，已有闢在。所以者何？翕将成物，似趋于下坠，可谓之反，然本体毕竟不舍失其自性，故翕势方成，已有闢势俱起。此闢，即反翕之坠势而挟以俱升，升者，向上义。能显发其本体固有刚健、清净诸德，无从悉举，故言诸德。闢之殊特在是也。又复当知，翕闢皆大用之名，然翕乃物化，疑于不成为用，只好于闢上识得大用流行，亦即于大用流行而识主宰，以能显发其本体刚健诸德，能转翕而不随翕转，即此而识主宰故。夫闢势运行乎翕或一切物之中而不受物之锢缚，所以说为主宰。此主宰义，虽于用上见而离用无体，譬如离众沤无大海水。则主宰一词亦可以目本体，因从用识体故。

余尝言：闢是称体起用，称者，谓闢不失其本体的德性，是即用即体，故言称也。譬如冰从水现，而冰毕竟不失水性。翕虽成物，亦无固定的物，世所见为质碍物，只是翕势诈现之迹象而已。

或有问言："如公之论，本体流行，翕闢成变，即依闢而说为心，依翕而说为物。持论虽美，然实事求是，则心灵现象始见于动物，而动物发育固在物质宇宙凝成之后，是物为先在，心属后起，确尔无疑。若如公说，翕闢成变，即心物体同用异，无先后可分，然则公之论，殆未免玄而无据矣。"答曰：子恶玄乎？穷理到极处，如何不玄？万化之原、万物之本、万理之所会归，谓之极。玄者，《易》所谓"冒天下之道如斯而已者也"。冒者，包含义，言其无所不包含也。夫摄用归体，夐然无对，心物两不可名。摄者摄入。譬如于冰而不存冰相，直会入水，即唯是水而已。今在宇宙论中说摄用归体，即是于心物诸行相而直会入其本体。夫克就本体而言，即无对、无相、无作意，故心物两不可名也。原体显用，原者，推原其理也。推原体显为用，当如下所云也。用则一翕一闢，以其相反而成变化，故翕闢恒俱转，无有一先一后之次第也。用不孤行，必有一翕一闢俱转，反而成和，是故名用。翕即凝敛而成物，故于翕直名为物；闢恒开发，而不失其本体之健，故于闢直名以心。夫心，辨物而不蔽，通物而无碍，宰物而其功不息，如《易》云"裁成天地，辅相万物"，即宰物之功。而心不溺于物欲，尤见主宰力胜。正是健以开发之势，故知心即闢也。异名同实，方言即，如云孔丘即仲尼。心物同体，无先后可分，理实如是，何用狐疑？子以为宇宙本际，唯有物而无心，本际犹言初际，借用佛籍。此肤见也。如本无心，而后忽发现心灵，是从无生有，断无是理。世俗共计宇宙泰初洪濛一气，渐分凝而成无量诸天或器界，诸天体或物质宇宙，佛氏谓之器界。经过岁时悠远而后地球渐有生物，又自动物以至人类，始出现心灵，其以前确无心灵现象可征也。世俗所见只及此。殊不知，地球当未有生物时，动物知觉与人类高等精神作用虽未曾发现,而宇宙之大心,即所谓翕者,要自周流六虚,无定在而无所不在。上下四方曰六虚,犹云太虚。洪濛未判,此心固与气俱充,无量器界凝成,此心亦随器遍运,不可曰宇宙肇始唯独有物而无心也。曰气曰器,皆物之异名。电子论者言电子振动不循一定规律,电子总在许多轨道中跳来跳去,一忽儿在此一轨道上消失,一忽儿在另一轨道又出生,并无外力使之然,此种动态,殆为其有自由意志之征。植物有知觉,学者颇多承认。吾尝见空庭中孤生之木缺乏日光,其墙壁有一孔穴稍通光线,而是木也,特倾斜其干以向孔穴,使枝叶得近微光,是其有心甚显然。世言葵心向日,实乃植物都有此觉,不独葵也。总之,宇宙心物两方面,从无始来法尔俱转,俱转者,谓心物两方面,如一纸之有表里,非可孤有一面而遗其一面,故言俱;又以其刹刹舍故生新,相续而流,故言转。他处言俱转者仿此。动物及人类未出现时,非是有物而无心。但其时物质宇宙之发展,尚未形成生机体,或生机体才见端绪如植物。而其组织太笨,是时翕之势用虽潜运于物界,毕竟不得彰显发露,而疑于无心。《易》之《坎》卦,阳陷阴中而不得出,即此象也。阳表心,阴表物,阳陷阴中,即心被锢于物之象。夫本体流行,唯是健以开发之翕而已,其翕而成物者,所以为翕作工具也。翕待翕以成化,乃理势自然,非有意为是,造化本无意也。造化,系用为本体之形容词。无意者,本体无形无象,非如吾人有意想造作故。夫翕,无定在而无不在,其势无所集中,未免浮散;翕则分化而凝成众物,物成,即有组织而非散漫。故翕乃得翕为工具,因以显发其势用也。物界演进约分二层:一、质碍层。质即是碍,曰质碍。自洪濛肇启,无量诸天体,乃至一切尘,尘字,本佛籍。佛言尘者,犹今云物质。都是质碍相。质碍相者,生活机能未发现故,昔人说物为重浊或沉坠者以此,即由如是相故,通名质碍层。二、生机体层。此依质碍层而创进,即由其组织特殊而形成为有生活机能之各个体,故名生机体层。此层复分为四:曰植物机体层,生机体,省云机体,下仿此。曰低等动物机体层,曰高等动物机体层,曰人类机体层。凡后层皆依据前层，而后层究是突创，与前层异类，此其大较也。古今浅于测化者，只从物界着眼，遂以物为本原、为先在，而不悟物者，本体流行之翕势所为也。本体流行，元惟健以开发之闢，非深入《大易》乾元性海者，决不解此意。其翕而成物者，盖以闢不可无集中其力用之工具，前屡言之矣。翕为物始，必渐趋凝固，此质碍层所由成。闢者，宇宙大心，亦名宇宙大生命，本论生命一词，与世俗习用者异旨。其潜驱默运乎质碍层，固至健无息也。《易》言乾元统天，即此义。乾元，即本论所云健以开发之闢也。天者，谓无量天体。韩康伯演王辅嗣学，言诸天体为物之至大者，而皆为乾元之所统驭云云。按诸天体即质碍物，而乾元实潜驱默运之，故言统驭，此与郑注微别，而义亦相通。然质碍物已成重浊之势，昔人说物为重浊，正就质碍层而言。重浊即有锢闭与退坠等义，与闢之开发性及向上性正相反，学者倘于生命无体认，即难与语此。闢之力用固难骤展于质碍层而破其锢闭，要其潜之深、积之久，终当一决而出。譬如伏流冥渺，其终横溢为沼泽江河。是故物界由质碍层而忽有生机体层出现，此决非偶然之事，实由闢之潜势阴率乎质碍层中，卒使物界之组织由粗大而益趋分化，质碍层中如诸天体，佛家名之为大，以其相状粗大故。后来生机体出，即是各个小物，如人类机体不过七尺之躯，是分化益细。由简单而益趋复杂，质碍层，如推析至元子电子之小宇宙，亦可见其有组织而非游散，否则不能形成诸天体与地球诸大物。然而诸大物之组织毕竟简单，后来生机体出，始见其组织复杂异常。由重浊而益趋微妙。生机体组织极精微奇妙，故闢之力用得藉以发挥，若质碍层重浊，闢势便隐而不显。生机体层之组织所以迥异乎质碍层者，盖健以开发之大力斡运不息所致。大力，谓闢也。运者，运行义及运转义。斡，则有运义及主领义。深于观化者，当悟斯趣也。趣者理趣。夫闢之运乎物，自质碍层迄于生机体层，逐渐转物以自显其力用，盖从微至著、从隐之显，其势沛然莫御，及至人类机体层，则闢势发扬盛大，殆乎造极。人类之资地与权能，号为官天地府万物而莫与匹者，正以吾人机体是闢势高度发展之所在。今人对生机体之研究尚浅。是故从宇宙全体之发展而观，健以开发之闢，一步一步破物质之闭锢而复其炤明主动之贞常性，明明不是偶然，物先心后之论，自未免肤见，无足深辨。

综前所说，恒转现起大用，<small>恒转者，本体之名。体成为用，即无离用而独存之体，譬如大海水成为众沤，无有离众沤而独存之大海水故。</small>用不孤行，必有一翕一闢。翕势收凝，收凝故，现似物相，<small>相者相状。</small>疑于恒转之动而不守自性，可谓之反。<small>疑字注意，非决定如此，故置疑言。可者，仅可而未尽之辞，不终反故。</small>闢势开发，至一而无畛，<small>闢是流行无息、浑一而不可分的全体，故无畛。</small>至健而不退，<small>闢势不失其本体刚健之德，故恒向上而不退坠。</small>是乃无定在而无所不在，包乎翕或一切物之外，彻乎翕或一切物之中，能使翕随己转，<small>己者，设为闢之自谓。</small>反翕之物化而保合太和。此闢势所以不失其本体之德，<small>德具二义，曰德性，曰德用。</small>亦即于此而可识本体也。前所云即用显体者，其义在斯。

**附识：** 本论文言本第四章有云：翕以显闢，闢以运翕。此二语甚扼要。本体显为大用，只是闢而已矣，其所以成翕者，不翕则莽荡无物，而闢之势用将无所藉以自显，故曰翕以显闢也。闢势毕竟不失其本体之德，毕竟运乎翕之中而挟以俱转，易言之，翕终从闢浑融为一，故曰闢以运翕也。翕闢交相为功，<small>翕能为功于闢，以闢待翕而始显故也；闢能为功于翕，以翕从闢俱进而不退故也。</small>而闢实为主，故曰本体显为大用，只是闢而已矣。

有问："闢至一故，<small>一者，绝对义，全义，非算数之一。详上文。</small>是名宇宙大心，若乃人类与万物各有心，此与宇宙大心为一为不一耶？"答曰：孟子不云乎"夫道，一而已矣"。宇宙大心，即是遍在一切人或一切物之无量心，所谓一为无量是也；一切人或一切物之无量心，即是宇宙大心,所谓无量为一是也。老云"玄之又玄",义在斯乎。

上来阐明翕阗成变,已见大概,今次当谈生灭。

吾国《易》学家都以为宇宙只在刹那刹那变动不居的进程中,这种看法很精审,今欲解释变化,不仅以翕阗说明之,还须发见翕和阗都不守故常,唯是刹那生灭而已。

在谈生灭之前,不能不先说刹那义。印度佛家小乘分析时分,至极小量方名刹那。如《大毗婆沙论》卷一百三十六说:"壮士弹指顷,经六十四刹那。"其云六十四,不知如何计算。因为刹那量小到何等分限,古代既无计时之具,即现时钟表犹不能定刹那量,如何说壮士弹指经六十四刹那? 或谓:《毗婆沙》说,不过显示刹那量极小而已,壮士弹指迅疾而经过六十四刹那,可见刹那量微小至极,不可数计也。惟佛家大乘师谈刹那义,颇不许杂世俗时间的观念。易言之,刹那非时间义,不可说刹那就是极小而不可更析的时分。窥基《唯识述记》卷十八云:"念者,刹那之异名。"据此,则以吾心中一念乍动之顷,名为刹那。吾人反己察识,一念乍起即便谢灭无有暂住,此念即是刹那异名。故知刹那不可说是时间,唯依自心念念生灭而假立之耳。本论谈变,涉及刹那,极赞同大乘义。元来世俗所谓时间,只是空间之变相,空间有分段,如东、西等方是也,时间亦有分段,如过去、现在、未来是也。扼要言之,空时都是物的存在之形式。物之为物,一方面有东西等分布相,依此说空间,一方面有过现未等延续相,依此说时间,所以时相空相都有分段。吾人若夹杂世俗时间的观念来说刹那,是乃以不测之变作实物推观也。庄生曰:"迹者履之所出,守其迹者,未可以观履也。"物者变之所形,泥于形者,讵可以窥变哉? 本论所说刹那,虽未尝不以为至小而不可更析之时分,要是为言说之方便计才用此词,学者须超脱世俗时间观念,以理会变化之妙,庶几不以词害意。

已说刹那,应谈生灭。凡法,本来无有,而今突起,便名为生;<sub>此中</sub>

法字犹言事物,下言法者仿此。前所说翕和闸或心和物,此处通名为法。凡法生已,绝不留住,还复成无,名之为灭。生和灭,本是世间所共知的事情,应无疑问。然而世间都以为一切法生已必住,久后方灭,易言之一切事物生起,必有长期留住或相当时间留住,决非于一刹那顷突起即便坏灭;虽复坏灭迅速,而灭与生断不同一刹那。世间的见解都如此。问题却在此发生。我闻佛说一切物都是刹那灭。云何刹那灭?谓凡法,于此一刹那顷才生,即于此一刹那顷便灭,决不会有一忽儿的时分留住。一忽儿,形容时分极促,等于无时分可言。生灭同在一刹那顷,如称两头,低昂时等。佛说此譬妙极,盖自释迦迄于后来小乘大乘之徒,都无异论。然而佛家以外之学者犹于此义不能信解,攻难颇不少,大乘著述中犹可考见。直到现在,吾侪向人谈刹那灭义,还时时遇着非难。大概古今哲学家深于察变者,虽谈宇宙万象时时舍故趋新,要是宽泛的说法,只以很生动很警切的语句来形容事物之不守故常而已,都未能十分明白肯定直说刹那灭。因为依据刹那灭的说法,则一切法才生即灭,中间没有一忽儿暂住。如此说来,便堕入空见,根本无物存在,甚至自己的身心都不许存在,所以闻者拒而不受。昔曾遇一激烈抗议者云:"如你所说,一切法都是刹那灭,现前有一块石头,此石头如刹那灭,即本不存在,吾将拾此石头打上你的头脑,你果不觉疼否?"余笑而不言。若辈只从大化流行的迹象上去着眼,而不能理会大化流行之微妙,易言之即只看到事物,而不能了解事物之内蕴。佛说刹那灭,实烛理入微,兹据大乘义,并参己意,对于世间疑难一一解答如下。

一、汝计一切法非是刹那才生即灭者,果如汝所计,则宇宙万象应该都是常住。然而万物有成必有毁,成谓一切形物之凝成,毁谓坏灭。有生必有死,有盈必有虚,盈者盈满,虚者亏虚。有聚必有散,凡物由多数分子互相爱合而成曰聚,凡物破坏为散。诸行无常的公理,分明昭著不可否认,诸行犹言万物,行字详章首。汝为甚么怕闻灭之一字?

二、如汝说，并非不信诸行起已当灭，只不信诸行才起即灭，诸行虽不常住，至少有暂时住，后乃坏灭，汝意只如此。吾今问汝：若诸行才生得暂住者，为是诸行自力能住、为是诸行非自力住必待他力而后住耶？如此二计皆将成过。何以故？如谓诸行自力能住，则彼应常住不坏，何故只暂时住而不得常住耶？如许诸行因他力得住，宇宙本无作者，<small>作者犹云造物主。</small>何有他力令诸行住？然则诸行自住及因他住，二义俱不得成。故知诸行是才生即灭，无暂时住。

三、如汝说诸行已生，如不遇毁坏的因即诸行得住，<small>毁坏的因，后省云坏因。</small>遇坏因时，诸行方灭，例如黑色刚硬的铁，<small>以下省言黑铁。</small>由有火为坏因，黑铁便灭，赤色炽热的铁<small>以下省言赤铁。</small>方乃新生，若坏因谓火。尚未至时，黑铁得暂住云云。汝持此说，只是锢于肤见，不究理实。当知凡物不能无因而生，<small>即以物的本身自有力用现起，假说为因。</small>但是凡物之灭，却不待有坏因而始灭，只是法尔自灭，<small>法尔犹言自然。</small>不可说灭亦待因也。大用流行至刚至健，至神至怪，每一刹那都是顿起顿灭，无有一毫故物滞积在，易言之即没有陈腐的势用留存，总是新新突起，所以说凡物之灭，原不待因。世俗以为黑铁之灭由有火为坏因，殊不知当黑铁与火合，即是黑铁灭时，亦即是赤铁生时。<small>一刹那顷黑铁灭，即此刹那赤铁生，生灭时分紧相接故，不异时也。</small>据实而谈，火的功用只为赤铁作牵引因，令彼得起，<small>彼者谓赤铁。牵引因者，谓火不能创造赤铁，而赤铁之起实由其本身自有力用，唯遇火为牵引因，乃得起耳，倘无火为牵引因，赤铁亦不起。</small>不可说火是黑铁之坏因也。黑铁之灭，是法尔自灭，原不待因，易言之即不由火坏灭之也。唯火之起也，则赤铁与之俱起，若无有火，赤铁必不起，由此应说火有牵起赤铁之功用。世俗不知此火为赤铁牵引因，而误计火为黑铁坏因，真是倒见。或复难言："如世现见黑铁未与火合时，黑铁便住，及遇火合，黑铁才灭，若非火为坏因者，云胡黑铁不遇火时竟不灭耶？"答曰：汝信黑铁不遇火果不灭乎？实则黑铁刹那灭故，汝不觉知,如前一刹那黑铁灭已,后一刹那黑铁确是新起,而与前黑铁极相似故,汝先后所见不异,便谓前黑铁犹住至后耳。或复问云:"现见黑铁与火合时但赤铁生,黑铁遂不复起,可见此火仍是黑铁的坏因。"答曰:前黑铁灭时,赤铁即遇火而顿起,黑铁遂不复起。宇宙万变,时有创出一新类型而含其旧类型,此突变之奇诡也。汝无超旷之识,而横执火为黑铁坏因,岂不惜哉! 总之,凡物之灭皆不待因,这个道理须深切体认而后觉义味深远。大化流行刹那刹那革故创新,一切物都在革故创新的进程中,所以凡物之灭只是法尔自灭,非待因而后灭。唯灭不待因,故刹那灭义得成。若必待因而始灭,则坏因未至时,物当坚住,而刹那灭义不得立。

四、如汝说一切物容暂住,终当有灭,今应问汝:若法灭已,得续起否? 若云灭已不续起者,汝便堕断见。若云灭已得续起者,汝则不应说一切物容暂住。所以者何? 当物暂住时,即是造化革故创新之机已经中断,如何得有新物续起? 应知,凡物才生即灭,刹那刹那,前前灭尽,后后新生,化机无一息之停,故万物恒相续起而不断绝也。译者按:印度佛家说刹那灭义,只显无常而已,本论明示化机不息活泼泼地,却别是一种精神。

五、汝以为凡说一切物才生即灭者,即是偏从灭的一方面看去,易言之只见为诸行灭尽,未免堕边见云云。边者,偏执义,偏执灭故。汝作是计,实不了我所说义。如我所说,刹刹灭灭不住,即是刹刹生生不息,刹那刹那,省称刹刹,他处言刹刹者皆仿此。生和灭本互相涵,说生已有灭在,说灭已有生在。前面说过,变化是循相反相成的法则,仍用一二三来表示之:如前一刹那新生,便是一;而新生法即此刹那顷顿灭,此灭便是二,二固与一相反;一是生,二是灭,故相反。然后刹紧续前刹又新生,便是三,此三望前为终,望后为始,所谓终则有始也。凡物刹那刹那生灭灭生,始终循一二三之则,常创新而不守其故,《易》所谓"至赜而不可乱"也。

六、汝以为，若一切物皆刹刹灭故生新者，云何一般人皆见为旧物云云。应知，凡物刹刹方灭方生，若不遇异缘，则后刹续生者，恒与过去物相似。例如黑铁前刹方灭，如无火为异缘，则后刹续生者仍与前黑铁极相似。是名相似随转。<sub>中译佛籍多训转为起义，似前而起，名相似随转。</sub>由相似随转故，吾人于现前一刹顷新生的物事，乃见为犹是前物，其实此物前前灭尽，现在一刹顷续起新物却极似前物，故视之若旧耳。或复问言："若一切物皆刹刹生灭者，云何不可觉知？"答曰：刹刹生灭灭生，密密迁流，云何觉察？汝若以不可觉察即不信刹那生灭义者，吾且问汝：如汝身体息息新陈代谢，犹自视为故吾，汝将以不可觉知，便否认新陈代谢否？

七、汝以为，凡物决非初起即变异者，此实错误。果如汝所计，则一切物初起便住而不灭，是物已守其定形，即不能由一状态转为另一状态。<sub>转者，变异义。</sub>但事实确不如此。例如由乳可至酪，是乳显然无定形，如有定形，决不会变成酪。乳所以无定形者，由初起即变异故。当知由乳至酪，中间经过无量刹那生灭相似随转，唯其相似的程度，则刹刹随其所遇温度等缘而逐渐微异，大概后一刹续生之乳与其前一刹之乳，决定无有全肖者，及至成酪，则由前此无量刹那逐渐微异，至此乃显其特殊，即成为酪。世俗不察，以为乳初起无变异，必经多时成酪，方是变异。愚者暗于观物，其谬至此。

八、汝以为，一切物若才生即灭者，便是刹那顿变，不由积渐而至。然世共见，诸法皆由积渐而至盛大。如太空无始，元气布濩，混沌未分，不知经几许时劫，分化凝结，而后有诸天粲著之奇。又如生物官品，及民群结构，莫不造始简单，终趋复杂。足见一切物皆由渐变得来云云。核汝此论，适足证成我义。一切物若初起即住，便守其定形，无可复变，更何从积渐而至盛大？唯其才生即灭，无定形可守，过去不曾留至现在,现在亦无物留待未来,每一刹顷都是顿变,造化如此新新不住,可谓谲怪极矣。然而诸物刹刹顿变,才得积渐而至盛大,因为前刹的物才起即灭,后刹物紧接而起,必较前增进。譬如河流,前流方灭,后流续前而起者益见浩大。凡物生灭灭生而不已,所以进进益盛。进进,张横渠语。设若初起便住,即已守其定形,何由渐至盛大? 由此应知,所谓渐变,却是由刹刹顿变而形出。王阳明云:"天地之化,合是有个渐的意思。"此语虽是,然非刹那顿变,亦无渐变可说也。朱子云:"天地山川,非积小以高大也。"《中庸章句》。是已窥到刹那生灭,非世儒所逮闻也。庄子善言变,其书有曰:"运而无所积。"运者运行;无所积者,刹刹皆顿变,无有故物滞积。大化之行,至刚至健,所以故故不留,新新而起,终无穷竭也。

九、汝等于诸物,时或起常见,时或起断见。如于一木,今昔恒见,则计为常,是起常见;忽焉睹其烬灭,遂又计为断,是起断见。维此二见,都有过失。若执诸物初起便常住者,应无后物复生;若执诸物灭已便断者,亦无后物复生。应知一切物,刹那刹那故故灭尽,说一切物无有常;刹那刹那新新突生,说一切物无有断。

十、汝以为,如佛氏说,一切物通名为法,其所以名法者,以具轨持二义故。持谓任持,不舍自体。如顷写字的笔,即是一物,此物能任持他的自体而不舍失,故得成为此物也,否则无物可言。轨谓轨范,可生物解。物犹言人,轨范犹云法则,此言一切物具有法则,可令人起解。而轨范义复重要。《诗经》云"有物有则",一切物都具有法则,非是混乱无理,故吾人能对物起解也。佛氏以轨持二义释物,与《诗经》暗合。吾人的知识所以可能,与科学所由成立,实以物具轨持二义故。今云一切物才生即灭,都不暂住,是则一切物根本不曾任持自体,易言之即根本无物存在。物已不存,自无轨范可求,诚如此,知识将不可能,科学亦无安足处,此说何可通云云。汝所见及斯,颇有意义,惜未观其通也。佛氏说凡物皆刹那灭，而又以轨持二义释物，岂自相矛盾哉？夫释物以轨持二义者，此依俗谛，不怀世间相耳。惟由凡物刹刹相似随转，假定一切物为实有，乃可进而寻求物则，物所具有之法则或公律等，曰物则。科学亦此志也。佛于俗谛，言物必任持自体，是假定物之存在；言物有轨范，即当用客观的方法以究物理。科学根据不外此。若乃推入真谛，本无如俗所执实物。如犹像也，像世俗所坚执为实有之物，只因实用的惯习，起兹妄执；若上达真谛，本来无是物也。原夫本体流行，法尔而有翕势，维此翕势刹刹生灭灭生，其势猛疾，诈现迹象，宛尔成物，俗情滞迹，谓物为实。推本言之，翕势刹那不住，何当有物可执实哉？汝如解二谛，当无疑于刹那灭义也。

　　**附识：**佛家有二谛义，曰真谛，曰俗谛。如物理世界，世俗共许为有，佛亦随顺世间而说，是为俗谛。若乃超越世俗知见，进而求真，是为真谛。余以佛说二谛明分真俗界域，以区别知识种类，此为谈知识论者所宜注意。余拟为《量论》，亦当演二谛，然义据与条理，却不能全依佛氏成说，兹未及谈。

　　十一、汝以为，凡物刹刹顿变，似无根据，此乃大谬。变非凭空忽然而起，定有真源，已如前说。真源者，本体之形容词。譬如无量众沤刹刹顿起，皆以大海水为其源，由此可悟万变有源。真源含藏万有，无穷无尽，《中庸》以渊泉时出形容其妙，可谓善譬。渊泉，无穷尽者也，以喻真源。时者，非世俗时间义，乃言其流出绵绵不竭。绵绵者，刹刹灭故生新无已止也，此以喻用。唯其本性具足，禅宗以无穷无尽大宝藏形容本体，王阳明亦云然。故万变常新，无有故物暂住也。

　　上来谈刹那生灭，明一切物都无暂住，以见一翕一阖之势用，常创而不竭，常新而不守其故。易言之，本体流行，无有穷尽，无有停滞而已，《易》所谓"妙万物而为言"者此也。

　　凡物才生即灭，理不容疑。《易》家姚配中云：一切事物只有暂时的存在。见《姚氏易传·乾卦》篇，今本其意而易其词。是于《易》无真解也。《易系辞传》有言："不疾而速，不行而至。"此则明示刹那灭义，何物暂住？夫大变之力，刹刹才生即灭，才灭即生，其舍故创新之迅速如此，并非猛疾作势而然，故曰"不疾而速"。又刹那灭故，前物不曾行往于后，然由刹刹相似随转，宛似前物至后，故说"不行而至"。相似随转义见前。宣圣微言，竟与释迦异地遥合，岂不奇哉！庄子善发挥《易》义，《大宗师》云：有人怕舟失去，便把舟潜藏在险固的幽壑里，怕山失去，便把山潜藏在渊深的大泽里，此亦可谓藏之甚固，然而夜半喻冥中也。居然有大力的怪物喻变化。将那藏在幽壑里的舟与藏在深泽里的山，并负之而疾趋，杳然不可索其踪迹，喻变化神速，不可得其端倪。舟和山竟都不知所在。用语体文翻之。此段话，宏阔深远。郭子玄注曰："夫无力之力，莫大于变化者也。故乃揭天地以趋新，负山岳以舍故，故不暂停，忽已涉新，则天地万物无时而不移也。世皆新矣，而自以为故。舟日易矣，而视之若旧；山日更矣，而视之若前。今交一臂而失之，皆在冥中去矣。故向者之我，非复今我也，我与今俱往，岂尝守故哉？而世莫之觉，横谓今之所遇，可系而在，岂不昧哉！"子玄斯解，直由蒙庄以探《大易》，至可玩也。

　　凡物刹那灭，佛氏和吾儒《大易》都见此理，老、庄亦达《易》旨，然余独宗《易》，究与二氏殊趣。老、庄同为道家，与佛家并称二氏。夫刹那刹那灭，实即刹那刹那舍故生新，儒者以此明人道与群治当体现天行之健，常去故取新，自强而不息也。儒者，至此为句。《乾》卦取象于天行健，以明本体之流行，其德至健也。《杂卦》曰："《革》去故，《鼎》取新。"自强不息，亦《乾》象。佛氏以刹那灭即是无常，而作空观，卒流于反人生。老、庄虽见到刹那生灭，而卒归本自然，遂至守静任化老、庄修己与理群之道，皆以守静为本，因任自然之化，曰任化。而废人能。老、庄皆无裁成天地、辅相万物之功，是不悟《大易》圣人

190

成能之旨。二氏毕竟偏而失正，兹不及深论。

或有问言："公以本体流行，一翕一辟，反而相成，名之为变，然则本体是物耶？否耶？"答曰：本体无形无象，何可说是一团物质？《易乾凿度》曰："太易，未见气也。"按太易者，本体之名。云何名本体以太易？略言二义，曰不易与变易。变易，言其变化不测也。不易者，言其刚健炤明等等德性恒无改易也。万德无从备举，故言等等。未见气者，盖云未见可以气言太易也。古文简省，宜善会。虽有别释，而旨归仍不外此，惟其辞颇晦，故不采。气体轻微，先民或以气为万化之原，故《乾凿度》遮拨之。《乾凿度》盖宗孔子，不主唯物论也。《大易》经孔子制作，集群圣大成，而殷《易》首《坤》之学，已不为正宗。首《坤》即唯物论，其书后汉犹存，然术数家或窜乱之。盖古学至秦汉，无一不失真也。夫本体夐然绝待，至真至实，寂寥无形，老子所谓道，亦本体之名。其言道曰"寂兮寥兮"，寂寥者，无形无相也。可字之曰太易，亦可字之曰功能或恒转等。等者，谓更有多名。此不及举。若直以物拟之，余未知其可也。物者，本体流行之翕势所为，而非果有实质也。本体非独不即是物，实亦不即是心，此中心者，指本心之作用而言，非习心或妄识，他处准知。然以心不失其本体之德故，亦不妨即心显体。显者显示，谓即于心而显示其本体也。如说川中月即是天上月，其实，川月与天上月虽不可分而亦未尝无分也。其实至此为句。解此喻者，可知本体犹不即是心，矧可执物以迷其真乎？真，谓本体。

大哉变也，微妙难言！略彰五义：一、幻有义。翕辟成变，刹刹突跃，譬如云峰幻似，率尔移形，顿灭顿起，率尔，乍起貌。譬如风轮乍转，排山荡海，有大威势，万变之诡谲亦犹是，故云幻有。幻有者，繁然大有，无固定相，《易·大有》之卦，宜玩。故状之以幻。理学诸儒讳言万有虚幻，是以幻字含劣义，吾意不尔。二、真实义。万变皆是真实流行，真实，谓本体。一华一法界，一叶一如来，法界犹云本体。如来者，无所从来故名，今用为本体之代词。讵可离幻相而觅实相？谁有智者怀宝而迷？宝，以喻真实，言人不当

191

自迷其真也。三、圆满义。大化周流，无往而不圆满。试以文字为喻。如一人字必含一切人，简一切非人，否则此字不立，故一人字已包通万有而无遗。人字如是，自余无量字皆然。庄生言：泰山非大，秋毫非小。此非故作奇谈，从万有不齐言，便分大小，从万物并生言，无有孤立，一味平等，何大小之分乎？人亦有言：摄亿劫于刹那，涵无量于微点。理实如是。大化周流，千形万状互相含摄，一切处无亏欠，其妙难思。四、交遍义。万变繁兴，故说世界无量。诸无量界世界，省言界。同所各遍，无量世界，同一所在，各各遍满。非犹多马一处不容，如室东隅处置一马，倘于该处层累多马而置之，乃决不可能者。就此等事而言，则交遍之义不得成，故句首云非犹。乃若众灯交光相网，张千灯于一室，每一灯光皆遍满于此室内。易言之，千灯之光于同一所在各各遍满，即是千灯层复一层而交相网覆互不相障也，故云交光相网。无量世界同所各遍，理亦犹是。学者由此豁悟，则交遍之理得矣。如吾与多人同在北京，俗以为北京是一；其实，北京有多少人，便有多少北京。如张人在北京，固自有一北京，李人在北京，亦自有一北京。所以者何？张人之生活，与其自有之北京交感而日化，确有与李人不同；化者犹云变异，下仿此。李人之生活，与其自有之北京交感而日化，确有与张人不同。而世俗不悟，乃以为北京是一，而张、李之所不同者，实由二人各自所摄受于北京者不同，并非张、李各自有一北京。殊不知，张、李各自所摄受于北京之不同，正由北京本不一，如北京是一，张、李所摄受于北京者，焉得成异？俗论乃倒果为因，云胡可据？故由张、李各一北京而推之，可见北京有多少人，便有多少北京，不得谓北京是一。然无数北京，各各遍满于同一所在，如一室千灯，交光相网，岂不奇哉！五、无尽义。太易是无穷无尽大宝藏，太易者，本体之名，见前。故其流行自无穷尽。流行便是用，前文有云，即于本体之流行而名为用。万流澎湃，过去已灭，现在不住，未来将新新而起，刹刹故灭新生，《易》家所以赞万物富有，《中庸》叹至诚无息也。如上以五义明变，虽复难穷其蕴，亦颇近之矣。

本章要义略尽，今将印度佛家唯识大旨稍加论次，以备参稽。印度佛家立说，大概以人生论为骨干，却把本体论或宇宙论及认识论都包含在人生论里面来说。大乘空宗诸师宗《大般若经》，造《中观》等论，以扫荡一切迷谬知见，令人自悟空理，<sub>空者，遣除迷妄之谓，一切迷妄都空，而真理方显，由此以真理名为空理，谓真理上无诸迷妄相故。然此云真理，乃本体之名，学者宜知。</sub>其为说只对众生或诸外道种种迷妄，悉予破斥，有遮诠而无建立，此其妙也。

其后有宗钜师如无着、世亲兄弟始唱唯识论，世亲作《三十唯识颂》等，遂成精密的宇宙论。今叙次其大纲，一曰现界，二曰种界，三曰真如。先谈现界，略以二义：一、彼所谓现界是众生各别具有，并非一切人所共同。二、彼所谓现界非完整体，却析为各个独立的分子，所谓八识是也。八识者，一眼识，了别色故；二耳识，了别声故；三鼻识，了别香故；四舌识，了别味故；五身识，了别触故；六意识，了别一切法故；七末那识，向内计执赖耶识为自我故；八赖耶识，含藏无量种子故。每一人皆具有八个识，而每一识亦都不是完整体，复析为心和心所。<sub>心上所有的各种作用，名为心所。</sub>心是一，为多数心所之统摄者；心所乃多，而同依一心成为一聚。如眼识，由一心与多数心所合为眼识聚，名为眼识，耳识乃至第八赖耶均可类推。如上述，八个识各各析为心及心所，乃复将每一心析为二分，曰相分及见分，<sub>相分，相当于俗所谓物；见分，相当于俗所谓心。</sub>更有内二分之说，但可并入见分，兹不及详。并将每一心中之每一心所，亦析为二分，曰相分及见分。综前所述，将八个识析言之，只是一切心及一切心所，又将一切心和心所析言之，只是无量见分相分。归结起来，此无量见分相分，通名现界，<sub>现前显现，故云现界，相当于俗云现象界。</sub>却是析为各个独立的分子。

次种界者，前所云现界或无量的见分相分，决定不是无因而生，故应建立种子为现界的因。各人的现界都非完整体，如前已说，可知现界的因，根本差别。如眼识聚，是析为各个相分及见分，其每一见分是从他自己的种子而生，其每一相分即某种色境。亦是从他自己的种子而生。眼识如是，耳识乃至第八赖耶识均可类推。如其说，种子便是万殊。印度轻意菩萨《意业论》言"无量诸种子，其数如雨滴"是也。参考《瑜伽伦记》卷五十一第七页。

又次真如者，佛家无论何派，都说万法实体名为真如，唯识论师不得有异。然唯识家建立种子为现界之因，其言种，种子亦省称种。且立法尔本有种，亦省称法尔种。此法尔种既是现界根源，如何又别立真如？又准彼义，不可说真如现作法尔种，彼云真如是不生不灭法，是恒常法，无起作故。参考《大般若》等经。总之，印度唯识论颇似繁琐哲学，彼等将现界分析为多数的分子，即八个识聚或无量见分相分。因此更建立一切种，又恐说成唯种论，乃建立赖耶来含藏种子，以完成唯识的理论。无着、世亲之一套宇宙论，纯是无谓穿凿。尤可异者，彼等建立法尔种，已是现界根源，却又承用不生灭的真如而说为实体，不知何以解于二本之嫌？余以为空宗不谈宇宙论，只令人剥落一切迷妄知见，方好冥悟实体，此意吾颇赞同。无着派下诸师之论，便增迷网。余于本章，一方依翕阖生灭，施设宇宙万象，迥异空宗不谈宇宙论；一方申明翕阖生灭都非固定相，只是本体流行，此即于宇宙万象不取其相而皆见为真实，取者执着义。仍与空宗密意有相通处。然而本论骨子终与空宗不似也。

# 卷　中

## 第五章　功能上

前章《转变》章。克就变言，则说为一翕一辟之生灭灭生而不息；若乃斥指转变不息之本体而为之目，则曰恒转；恒转势用大极，故又名之以功能。此在前章未及深论，今更详之，而印度佛家所见差谬处尤须绳正。

本章开端，关于体、用两词之意义还须申说一番。用者，作用或功用之谓，其本身只是一种动势，亦名势用。

体者，对用而得名。但体是举其自身全显为万殊的大用，不是超脱于用之外而独存，故体者用之体，不可离用去觅体。

印度佛家将宇宙万象所谓色法和心法通名法相，谓色心诸法虽复无实，而现有相状，故名法相，至于一切法相之实体则名为法性。性者，体义。详彼所谓法性，即我所云体；其所谓法相，我则直名为用，而不欲以法相名之，但有时亦说法相。西洋哲学分别现象与实体，亦近似佛家法相法性之分。

195

一切法相，何故名之为用？且先就心法言。吾人反观自心，固是炯然觉了之相，觉者自觉；了者了别，能了境故。然无可执为实物，此心只是刹那刹那别别顿起，无暂住故。前刹之心才起即灭，后刹之心续前而起，亦复不住，故每刹之心皆别别起。又复当知，此心元是一种健动的势用，健动即是阖，详《转变》章。本周遍法界而实主乎吾身，法界本佛籍，今借用之，犹云全宇宙。虽主乎吾身而实无所不在，弥满太虚，物皆同具。无内无外，未可以声臭求，无自他等相可分，故无内外。声臭俱泯，不可以析物之法推求之。非断非常，不容起有无见，不守其故，曰非常；盛德恒新，曰不断。非常故不容执有实物；非断故不容计为空无。是故名为大用。大者，赞词。

次就物言。物质现象，佛书名为色法。在俗谛中当然以一切物为实在，惟印度佛家将物质析至极微，科学家亦将物质析至元子电子等，然则极微或元子电子可以说为物质宇宙之本源欤？余敢断言元子电子都不实在，都不得为本源。设将来发见有物比元子电子更为细微者，我亦敢断言其都不实在，都不得为本源。谈元子电子者，如拟之微粒、拟之波动、拟之亦波亦粒，要皆是对于化迹之一种图摹，而不可得其情实。云何化迹？曰：本体流行之翕势，动而猛疾，有迹象现，现者现起。动势疾则有迹象现者，譬如燃火楮，猛力旋转，便见光轮；此光轮本非实有，只由旋转猛疾所现之迹象耳。翕势有迹象现，理亦犹是。是谓化迹。犹云变化之迹。化迹渐转渐粗，遂形成物质宇宙。《易乾凿度》曰"夫有形生于无形，天地安从生？今《易纬》本，天地作乾坤，《列子·天瑞》篇引作天地，当是据《易纬》古本，今从《天瑞》。故曰有太易、有太初、有太始、有太素也。太易者，未见气也；太初者，气之始也；太始者，形之始也；太素者，质之始也。气、形、质具而未相离，故曰浑沦"云云。按此段文字，从来无注意求解者。郑玄注甚谬，恐文繁，不及驳正。今略释如后。

有形生于无形者，生字，是显发义；有形者非实在，知其必本于无形；无形者真实无对，下云太易是也。天地者，万物之总称，今问万物安从生，以起下文。

太易未见气者，太易乃本体之名。古代有以气为宇宙本体者，如殷《易》首《坤》是也。孔子正其误，则谓太易不可以气言之，故曰未见气。见者，显现义，太易本寂然无象，故未显为气也。《转变》章引太易，解文句稍异。

太初气之始者，言气始见，是名太初也。见读现。郑玄云"元气之所本始"，其置一所字，则太初犹不即是气，但气以太初为本耳。此解大谬。元气者何？郑复无释，只虚弄名词。余以为气者，势用之称，本体流行而有翕势，猛疾凝敛，是为形质之母，故字曰气。母者，言其未成乎形而形已萌于此，未成乎质而质已胎于此，故曰气者形质之母。

太始形之始者，言能始形见，是名太始也。形者，是形著义，非形象义。成象即有质，当是太素，非太始也。翕势凝敛而名为气，已如前说；自此以往，渐由微而著、由精而粗，于是有胜能著见，胜者赞词，能者能力，见读现。故说为形。气尚隐微，及由微而著，即成胜能，故从其盛著，而名之以形也。

太素质之始者，质者物质。言质始见，是名太素也。素犹质也，太者赞词。胜能著见，又复增盛，而物质始现起也。

气始名太初者，宇宙本体是名太易，太易非气也，而其成用始有气见，见读现。用分翕阖二势，今此只就翕之一方而言。是物质宇宙之初基也，不尊之曰太初可乎？

形始名太始者，资于气以成能，其形著盛大，而物质复资之以始，不尊之为太始可乎？

质始但名太素者，以其不更为他作始故也。素亦质义，质始见而宇宙万象森然，故赞曰太素也。

气、形、质具而未相离者，形固资气以生，而气之自分等流，终无已止也；自分指气的自身而言；等流云云，谓气是刹刹灭故生新、相续流而不断绝也。质固资形以生，而形之自分等流，亦无已止也。是故气、形、质毕具而互不相离，谓之浑沦。浑沦者，言三始究不可分判也。气始、形始、质始，曰三始。据《乾凿度》此文，物质元非本有。其云气始，实即翕势，所谓大用之一方面。用有翕闢二方面，今此云气者，乃克就翕的方面而言。形质二始，皆资于气以生，是化迹之转而益粗显也。余惟万物皆方生方灭，方灭方生，都无暂住，何有实物质？非谓无物质现象，但无实质。且质原于能，能复原于大化摄聚之势，大化犹云大用，摄聚犹言翕。吾推万物之所由然而正名曰用，用者，以本体之流行故名。自是活泼泼地，故法相之名，犹嫌其滞于相也。

大乘空有二宗关于法相的说法亦各不同，且先谈空义。空宗首空法相，空者，遮拨之谓。欲人自悟空理。空理谓本体，亦名真如，以空诸妄相而始呈现，故名空理，非谓本体亦空，勿误会。如第三章中所举喻，若于绳相迷执为实有者，即于绳而但起绳相想，不复能于绳而直见其本唯是麻。今于一切法相迷执为实有，则亦于法相而但作法相想，不复能于法相而直见其本唯是如。如者，具云真如。易言之，即不能空法相而透澈法性。法性，犹云本体。所以空宗遮拨法相，其意趣甚深微妙。

《般若心经》者，从《大般若经》中甄综精微、纂提纲要而别出之小册也。《大般若经》是空宗根本大典，所谓群经之王、诸佛之母也，而《心经》采撮《般若》旨要，足为法门总持。《心经》开宗明义曰"照见五蕴皆空"，此一语，网罗《大般若》全部旨趣无遗。五蕴者，法相之别称，析一切法相而各别以聚，则说为蕴，蕴者，聚义。综计蕴数，则说有五。五蕴者，首色蕴，通摄一切物，如吾人根身以至天地诸大物，总摄色蕴。次受、想、行、识四蕴，则举一切心法而通析为此四。受蕴者，谓于境而有苦乐等领纳故名为受，受者领纳义。此以情的作用而立受蕴。想蕴者，谓于境取像故名为想。如缘青时，计此是青非赤白等，是为取像，由此得成辨物析理的知识。此以知的作用而立想蕴。行蕴者，谓于境起造作故名为行，行者造作义。此以意的作用而立行蕴。又复当知，受想行三蕴通言心所法。心所法者，犹云心上所有之诸作用，不即是心，而属于心，故名心所。唯行蕴中不止一个行心所，更有多数心所，皆不别立蕴者，而悉摄于行蕴，学者宜知。已说心所三蕴，最后识蕴则通摄八个识。按《成论》云"凡言识者，亦摄各心所"，今此五蕴，心所既别开，故识蕴只是心而不摄心所。向见读佛书者每以心、心所之分为难解，余曰：佛家喜用剖析法，将心剖作段段片片，汝只照他的理论去了解。小乘初说六识，曰眼识、耳识、鼻识、舌识、身识、意识，大乘有宗始加第七末那识及第八阿赖耶识。然小乘虽无七八之名，却已有其义，详在诸论。总之，色蕴专言物，后四蕴皆言心，故五蕴总分心物两方面。

上来已说五蕴名义，今释《经》旨。《经》言"五蕴皆空"者，空有二义：一曰空无义，谓一切法相都无实自性故，即皆是空。如以色蕴言，色法无有独立的实在的自体，即色法本来是空。如以受蕴言，受心所法无有独立的实在的自体，即受心所法本来是空。乃至以识蕴言，诸心法无有独立的实在的自体，即诸心法本来是空。言乃至者，中间略而不举故。《大般若经》卷五百五十六有云"如说我等，毕竟不生，但有假名，都无自性。凡人皆执有自我，不悟我者只是依五蕴而起之妄执耳。若离五蕴，我果何在？故知我是假名，求其自性便不可得。诸法亦尔，但有假名，都无自性。何等是色？既不可取，色本空无，如何可取？亦不可生。色本空无，如何有生？何等是受想行识？既不可取，亦不可生"云云。《大般若》全部，此类语句不可胜引，《心经》实总括其要义。二曰空谓空理，唯能空五蕴相者，方得于五蕴相而皆证空理。空理，详前注。易言之，即于一一蕴相无所取著，而直透澈其本体。《心经》说"五蕴皆空"，此一空字实含两义，若执诸法有实自性而不空者，即无由于法相而见空理故。《心经》，基师有幽赞，而依世亲派之见地作解，不必可据。

《心经》复云："色不异空，空不异色，色即是空，空即是色。受想行识，亦复如是。"此中空言，含二义，同前释。一者，空谓空无。俗举空言,便与色异,世间执色为有故;今依真谛道理解析色法,而至极微,更析至邻虚,<sub>极微更析之便无有物,名曰邻虚。</sub>色法毕竟空无。《经》故说言"色不异空,空不异色"。若色与空互异者,色法应有实自性,今既不尔,故知色与空互不相异。既色与空互不异,所以又申之曰"色即是空,空即是色"。此中即言,明示色与空是一非二,因色法无实自性故。色本空无,受想行识将复云何? 须知受等四蕴法,是就众生虚妄分别而言。<sub>分别作名词,即妄识之别名。妄心是缘生法,已如前说。详第三章。</sub>缘生法无自性,究竟空无,故《经》中才说至色与空互不异及互相即之四句,便接续说"受想行识亦复如是"。如上都是遮拨法相。

二者,空谓空理。由法相空故,即于法相而识空理。如色法实性即是空理故,说色不异空;空理即是色法之实性故,说空不异色。由色与空理互不异故,遂申之曰"色即是空,空即是色"。色与空理有互不异及互相即四句,受想行识亦复如是。综上所说,由于色心诸法相都空故,<sub>此云空者空无义,谓不执有色心等相。</sub>因于一一法相而皆见为空理。

《经》复说言:"是诸法空相,不生不灭,不垢不净,不增不减,是故空中无色,无受想行识。"此承上文而申之也。诸法空相者,通色法心法而言之。空相谓实相,亦云诸法本体,以其空诸妄相而始显,乃云空相。凡法本无今有,名生;生已坏尽,名灭。空相绝待,非一向无而今始生,故云不生;凡法有生则有灭,既无生,即无灭,故云不灭。障染名垢,反此名净。空相恒如其性,不受染污,譬如太虚虽云雾四塞而虚性恒时自尔,故云不垢。又言不净者,以净之为名对垢而彰,既本无垢即净名亦不立,故云不净。体相益广名增,反此名减。空相至大无外,不待增益始广,故云不增。凡法可增则可减,既无增,即无减,故复言不减。如上略明诸法空相远离生灭垢净增减等相,即是泯除差别法相,而直证入无差别实相。故《经》复说言:"是故空中无色,无受想行识。"空中者,谓于空相中唯是一真绝待,<sub>一真之一,是无封义。</sub>离相寂然,<sub>离诸</sub>

虚妄分别之相曰离相，寂然者冲虚寂默，难以形容。故约实相言，即无有色法可得，亦无有受想行识等法可得。此《心经》综括《大般若》全部深密理趣，而以极简约文字表达之者也。

上来引《心经》文加以解释，欲令读者明了空宗根本意思，所谓尝一脔肉而知一鼎之味，睹梧桐一叶落而知天下之秋。余尝言：空宗在认识论方面是对于吾人的知识或情见极力大扫荡一番。易言之，即是要将无始时来在实用方面发展之量智所受一切习染排斥尽净，而返诸固有焢明的性智。空宗所谓般若即智义，而不径译为智者，其义深微故。本论所谓性智，亦相当于般若。唯然，故于情见所执取之一切法相遮拨无遗，使外无可逐之物，则内而狂驰之情见亦与之俱熄，惟荡然无执，方得透入诸法实相，空宗善巧在此。然余终与空宗判若天渊者，则以为不妨于俗谛施设物质宇宙，使知识有立足地，且使情见转为正见，亦无恶于情见矣。此意当详之《量论》。空宗虽有俗谛，然余之本旨却不必同于彼。

空宗全部意思，可蔽以一言，曰破相显性。相者法相。性者实性，即本体之名。后仿此。其所以破相，即是排斥知见，才好豁然悟入实性。知者，知解。见者，见解。量智对于事理起推求、察别、筹虑，乃至有所执持或主张者，通名知见。知见起于逐物、析物、执物，逐者，向外追求；析者，分析，始为分析，求适用而已，后乃进而为精究物理之要术；执者，执着不舍。本从现实世界熏习得来，后虽进为纯理之探求，而一向逐物等习染毕竟难为涤除。且量智对于物理世界，不得不假定为心外独存，其即物穷理之术，不得不尚客观而严分析。余以为就俗谛言，此实无可反对。遗物理、反量智、亦云反理智。安浑沌而厌精析，是学术之所大戒。余固非排斥知见者，惟约真谛而谈证量，约有就义，亦有归义。真谛就本体言也。证量，谓证会本体，此为性智之自知自了，非是量智或知见境界。宜覆玩上卷《明宗》章。若任量智以推验吾人与天地万物同体之实相，终是向外求理，推验者，推谓推求，验者体验。世俗亦言深切体验事物之内蕴，但此体验一词，与佛典言证会者截然不同义。不得反己而自识本来面目。此用禅宗语。本体非超越于吾人而独存,正是吾人本来面目,吾人真性与万有实体无二无别,学者宜知。反己二字吃紧,本体非心外独存、非可剖析,故非可向外推验,惟反求诸己乃自识耳。反求之功,详在《明心》章下谈心所处。

此处有千言万语难说得,非超悟儒佛诸宗究竟旨趣而有向上希求者,无可与谈此理。克治小己之私,而识得吾与天地万物同体之实相,方见真己,方是向上。《论语》曰"君子上达"即此意。空宗破法相而扫荡一切知见,自是据真谛立言,《心经》综《般若》旨要,说"五蕴皆空",即于宇宙万象都不执为实有,一切知见无立足处,研佛法者宜识此意。哲学家谈本体者,不可不识此意。人各挟其知见以组成一套理论,而持之甚坚,妄臆真理果如是,则亦如蚕作茧自缚,如蛛造网自锢而已。空宗扫荡一切知见,其旨深远矣哉! 余于真谛赞同空宗者在此。夫泯相以识性,泯除法相,以识法性,譬如泯除众沤相,乃直见其是大海水。乃即流行而识主宰,于相对而见绝对,于万殊而悟一真法界。佛典一真法界,即本体之名,亦真如之代词。孔云"一贯",正是澈此真源。余向时曾蔽于纷杂知见,及闻《般若》,而后臻斯理也。

空宗在认识论方面遮拨法相,遮拨犹云泯除,亦云遣除,遣者遣去。治佛籍者于此等字义须留意。以显法性,此显字,犹云显示之或显明之也,他处准知。余虽赞同,但空宗毕竟偏尚遮诠,遮诠,见上卷第三章总结诸节中。其于法相所由现起,绝不究问,即无宇宙论可言。余丛书中有黄庆所记《显宗记》,可参考。吾侪通玩空宗经论,空宗可以说真如即是诸法之实性,真如者,本体之名。法相,亦省云法。实性,犹云本体。他处仿此。而决不肯说真如显为一切法。此显字,是显现义,譬如说大海水现作众沤。此二种语势不同,其关系极重大,兹以二语并列于左:

(甲)真如即是诸法之实性。

(乙)真如显为一切法。

甲乙二语所表示之意义,一经对比,显然不同。由甲语玩之,便见诸法都无自性,应说为空。所以者何? 诸法实性即是真如,非离异真如别有诸法之自性可得，非字，一气贯至此。故知诸法但有假名而实空无。

由乙语玩之，诸法虽无自性，而非无法相可说。法相者，即是真如显为如是相故，由此应许有一切法相，即不妨假立外在世界。是故乙语不坏法相，甲语便完全毁坏法相。亦复当知，乙语即于法相而显示实性。古德云"信手所扪，皆是真如"，孟子言"形色即天性"，亦同此意。

如上所说甲乙二种语势，甲是说明空宗遮诠密意，而乙则隐示本论原主即用显体，与空宗迥不相同。乙语实系本论旨趣，而文中未直标本论，故置隐示二字，可参考第三章总结诸文。空宗密意本在破相显性，已如前说，惟其毁坏法相，不肯施设法相，所以无宇宙论可谈。《大般若经》第一会，说二十空，空者空无，下仿此。谓内空外空等等。如心法念念起灭不实故是内空，根身如浮沤不实故是内空。外空者，如世所执外在世界，本非实有故。二十空名义殊繁，总略言之，只是于一切物行、行字见《转变》章。一切心行，一一谛观谛者实义，远离虚妄计度，如理观照，是名谛观。皆刹那灭、无有暂住，都是空无。乃至最后反观意想，犹取空相，意中犹作一切都空之想，即是有空相存，故云取空相。取者执也。即此空相复应遣除，是名空空。夫空相亦空，更何所有？此自有说理以来，空诸所有，荡然无执，未有如般若宗也。且空宗不惟空法相而已，虽复涅槃法性至真至实，涅槃一词具有真常寂灭等义，乃法性之别名，今与法性合用为复词。然恐人于涅槃法性起执故，则说无为空。无为亦法性之别名。《大般若》五百五十六云："时诸天子，问善现言：'岂可涅槃亦复如幻？'善现答言：'设更有法胜涅槃者，亦复如幻，何况涅槃？'"是则法相固不可执，若复于法性起执者，虽性亦相，言若执法性为实物，亦与执法相不异。《中庸》有"无声无臭"之叹，老氏有"视不见、听不闻、搏不得"之称，皆明法性不可作实物去想。故应俱遣，一切皆空。渊乎微哉！叹观止矣。会得二十空义，《般若》全部在是。然不读《般若》全部，则于二十空只从名词上粗略玩过去,毕竟无深解。然空宗谈空,不是空见,其所以空一切法相者,只欲人于法相而不取相,得以悟入法性。《大般若》卷五百六十二说"一切法皆会入法性,不见一事出法性外"云云。据此,可知空法相者,正是以一切法相会入法性,非谓法性亦空也。余以即用显体之意通之。法相千差万别,若于法相而悟入真实法性,即一切法皆如。如者真如,法性之名。法相生灭无常,若于法相而悟入真实法性,即于无常而见常德。广说乃至无量义,恐繁且止。总之空宗密意唯在显示法性,余于真谛颇有契于空宗。古今谈本体者只有空宗能远离戏论,凡哲学家各凭臆想组成一套宇宙论,直须空宗快刀斩乱丝手段,断尽纠纷。

余从认识论方面而谈真谛,独契空宗,已如上说。还有不能赞同处,此所关甚钜,今当略论。

空宗密意本在显性,其所以破相,正为显性,空宗经论所反复宣说无非此意。然余颇有疑者,则以为空宗是否领会性德之全,尚难判定。此中领会一词,即自知之谓。此知的意义极深,是冥然无有能知和所知的相状。性德者,法性之德故,名为性德,或德即法性故,名为性德。夫法性无形相、无方所,本无从显示,而心之所可自喻,言之所可形容者唯其德耳。德者得也,谓法性之所以得成其为法性也。全字吃紧。法性本万德具足,毫无亏欠,但人不能不囿于其所习,而难自喻其性德之全。空宗诠说性体,大概以真实与不可变易及清净诸德而显示之。极真极实无虚妄故,说之为真;恒如其性无变易故,说之为如;一极湛然寂静圆明,说为清净。一极者,绝对义。湛然者,深冲义、微妙义。寂静者,无扰乱故、无作意故。圆明者,无迷暗故。如上诸德,尤以寂静,提揭独重。如在凡位,不由静虑工夫即无缘达到寂静境地,便长沦虚妄,而障其真、障其如、障其圆明。故自小宗迄于大乘有三法印,印可决定是佛所说法、非非佛法。此中法字,姑从宽泛解释,谓佛氏所说一切义理。其第三法印,曰涅槃寂静。涅槃,见前。可见印度佛家各宗派都是以寂静言性体。其言亦本于正见,固未容轻议。然复须知,至寂即是神化,化而不造故说为寂,有意造作则不寂,万化之本体虚寂而不起意,故无造作,而万化皆寂也。未可以不化言寂;至静即是谲变,谲者,奇诡不测。变而非动故说为静,万变之本体虚静无形,故不可以有物动转之观念去推测,世俗见物动则不静,此变不尔,实万变而皆静也。未可以不变言静。夫至静而变、至寂而化者,唯其寂非枯寂,而健德与之俱也;静非枯静,而仁德与之俱也。健,生德也;仁,亦生德也。即生即德曰生德。曰健曰仁,异名同实。生生之盛大而不容已曰健,生生之和畅而无所间曰仁。和者,生意融融貌;畅者,生机条达貌。《大易》之书,其言天德曰健,此云天者,乃法性或本体之别名;天德犹上文所云性德。亦名为元,《易》之《乾》即健义,是以健德显示性体。《乾》亦名元,非于健德之外别有元可说也。元者仁也,为万德之首,《易》云"众善之长"。万德皆不离乎仁也。性地肇始万化,地者依持义,假说性体为万化作依持故云性地。畅达无亏,是名亨德,仁之通也;性地肇始万化,含藏众宜,众宜者,不拘一端不守一定之宜故。是名利德,仁之制也;制者,裁制得宜。性地肇始万化,永正而固,正者离迷暗故、不颠倒故;固者离动摇故、毋改移故。是名贞德,仁之恒也。恒无惑障故。《易》之言天或性,则以元亨利贞四德显示之。四德唯元居首,亨利贞乃至众德皆依元德发现,成差别故。老子云"元德深矣远矣",又曰"生而不有,元德,生德也。其生也本真实不容已,而非有心故生也。非有心故生,是生即无生,故曰"生而不有"。为而不恃,生生化化德用无穷,未始无为也,然生而不有、化无留滞,又何尝有为乎? 为而无为,故云"不恃"。长而不宰,含藏众德故说为长,无形无意不同宗教家之造物主,故云"不宰"。王辅嗣云"有德而不知其主也",亦言无所谓主耳。是谓元德"。老子之学出于《易》,其书实发明《易》义。夫元德者生德也,生生不息,本来真故,恒如其性故;生而无染,本圆明故;生而不有,本寂静故。是则曰真曰如,言乎生之实也;实谓无有虚妄。曰圆明,言乎生之直也;直谓无有迷惑,宇宙人生不是由盲目的意志发展。曰寂静,言乎生之几也。至寂至静之中生几萌动,而滞寂者则遏其几焉。**是故观我生**,观我生一词,借用《易·观》卦语。夫吾与天地万物生生之理,岂可向外推求哉? 亦返之我躬而自观焉乃自喻耳。**因以会通《般若》与《大易》之旨。吾知生焉,吾见元德焉,此本论所由作也。**自观自喻,而后参证各家之旨得其会通,未有不由自喻而杂拾诸人可以通斯道也。程子曰:"吾学虽有所受,而天理二字确是自家体认出来。"学者宜知。

**附识:** 古德有云"月到上方诸品静",诸品犹言万类,月到上方乃极澄静圆明之象,万类俱静,寂然不动也。此只形容心体寂静的方面。心体即性体之异名,以其为宇宙万有之原,则说为性体,以其主乎吾身则说为心体。陶诗云"日暮天无云,春风扇微和",以此形容心体,差得其实,而无偏于滞寂之病。日暮天无云,是寂静也;春风扇微和,生生真机也,元德流行也。

谈至此,空宗是否领会性德之全,总觉不能无疑问。空宗于寂静方面领会固极深,惜未免滞寂溺静,直将生生不息真机遏绝,其结果且陷于恶取空,空者空无,取谓执著,恶者毁责词,谓妄执一切皆空,故呵以恶取。至少亦有此倾向。空宗毕竟于本原上有差失在。差失者,谓其不见性德之全。空宗说涅槃亦复如幻,又说胜义空、义最殊胜名为胜义,空者空无,下仿此。无为空。夫胜义、无为皆性体之别名也,涅槃亦性体别名也。此可说为空,可说为如幻乎? 虽则空宗密意恐人妄计性体如实物然,故说空、说如幻,以破其执,非谓性体果是空、果是如幻。然如此破斥,毕竟成过。性体空寂,本不应执为实物,空者,无形名空,非以无有名空;寂者,无扰乱相故。然直说为空、为如幻,则几于空尽生生性种矣。性者,生生不息真机,喻如物种能生。后来清辨菩萨空宗后出之大师也,菩萨犹言大智人。作《掌珍论》,便立量云:量者,三支论式。三支谓宗、因、喻,详在因明。

新唯识论（语体文删定本）

无为无有实宗

不起故因

似空华喻


此量直以无为性体<sub>复辞</sub>。等若空华，极为有宗所不满。如护法菩萨及我国窥基大师皆抨击清辨甚力。<sub>详基师《成唯识论述记》</sub>。平情论之，清辨谈空固未免恶取，然其见地实本之《大般若经》。《般若》破法相可也，乃并法性亦破，空荡何归？清辨承其宗绪，宜无责焉。吾尝言，空宗见到性体寂静，不可谓之不知性。性体上不容起一毫执著，空宗种种破斥无非此意。然而寂寂静静即是生机流行，生机流行毕竟寂静，此乃真宗微妙，迥绝言诠。<sub>真宗，犹云真宰，乃性体之名</sub>。若见此者，方乃识性德之大全。空宗只见性体寂静，却不知性体亦是流行无息，吾疑其不识性德之全者以此。空宗经论具在，其谈到真如性体处，<sub>真如性体系复词</sub>。曾容许着流行或生生等词否？若谈真如而著此等词，则必被呵斥为极迷大谬，无稍宽假。不独空宗，凡印度佛家各宗派罔不如是。《大般若经》说：涅槃亦复如幻，设更有法胜涅槃者，我说亦复如幻，何况涅槃？如此谈空，虽用意切于破执，而终有趣入空见之嫌疑。吾尝言，理见到真处，必不为激宕之词。理实如此，便称实而谈，何等平易；若说理稍涉激宕，必其见有所偏，非应真之谈也。印度佛家毕竟反人生，故于性体无生而生之真机不深领会，乃但见为空寂而已。谓空宗不识性德之全，夫岂过言！

《论语》记孔子曰："天何言哉？四时行焉，百物生焉。天何言哉？"孔子所言天者乃性体之名，无言者形容其寂也。至寂而时行物生，时行物生而复至寂，是天之所以为天也。谈无为空者，何异是哉？《中庸》，孔氏之遗言也，其赞性德云："《诗》曰'德辖如毛'，毛犹有伦；'上天之载，无声无臭'，至矣！"辖者，微义。毛，轻微之物也。伦，迹也。

207

上者,绝对义,上天谓性体。载者,存义。此引《诗》言以明性体冲微无形,若拟其轻微如毛乎,毛则犹有伦迹,无可相拟也。性体直是声臭俱泯,亦空寂极矣;然无形而有存焉,故至诚无息也。"涅槃如幻"之云,岂不谬哉?

空宗唯恐人于性体上起执。如印度外道及西洋哲学家都将本体当做外在的物事来猜拟,人各怙其所见,如众盲摸象,无可证真。此辈倘闻《般若》,何至横持知见迷失自性? 余诚不忍妄薄空宗,然有不能苟同者。空宗当克就知见上施破,不应将涅槃性体直说为空、为如幻,如此一往破尽,则破亦成执,空宗未免差毫厘谬千里。昔梅子禅师从马祖闻"即心即佛"之说,此中佛谓性体,心谓本心,本心即是性体,故两言即。后别马祖,居闽之梅岭十余年。马祖门下有参访至其地者,梅子因问马大师近来有何言教? 参者曰:"大师初说即心即佛,近来却说非心非佛。"恐人闻其初说而妄执有实心相或实佛相,故说双非。梅子呵云:"这老汉又误煞天下人,尽管他非心非佛,吾唯知即心即佛。"马祖闻之曰:"梅子熟了也。"这个公案很可玩味。吾侪勿误解空宗以为一切都空,却须于生生化化流行不息真机认识性体;勿以为性体只是寂静,却须识得即寂静即流行方是性体。余于上卷第三章,已明示即用显体,此是吾与空宗根本不同所在。或有难言:"空寂是体,生生化化不息之几是用,印度佛家以见体为根极,中土儒宗之学只是谈用。今公之学出入华梵,欲冶儒佛于一炉,其不可强通处,则将以己意而进退之,公之议佛,得毋未足为定谳欤?"曰:恶,是何言? 诚如汝计,则体自体而用自用,截然两片物事。用是生化之几,不由体显,如何凭空起用? 体唯空寂,不可说生化,非独是死物,亦是闲物矣。须知体用可分而不可分。可分者,体无差别,用乃万殊。于万殊中而指出其无差别之体,故洪建皇极,而万化皆由真宰,万理皆有统宗。本无差别之体而显为万殊之用,虚而不屈者仁之藏也,仁谓体,下同。藏者,含藏。体本至虚,而乃显为生生化化、不可穷屈，由其至仁含藏万德故也。动而愈出者仁之显也。动而不暂留，新新而起，故云愈出，此是仁体显发。是故繁然妙有而毕竟不可得者，假说名用。万有不齐，故云繁然；此理非思议所及，故谓之妙。万有都无自体，故云毕竟不可得。何以故？万有非离异其本体而别有一一自体故，又皆刹刹顿现，无物暂住故。寂然至无，无为而无不为者，则是用之本体。寂然者，虚静貌。无形相、无方所、无作意、无迷乱等相，故云至无。无为者，非有意造作故；无不为者，法尔含藏万德，现起大用故，成妙有故。用依体现，喻如无量众沤都是大海水显现。体待用存，喻如大海水非超越无量众沤而独在。所以体用不得不分疏。然而一言乎用，则是其本体全成为用，而不可于用外觅体；一言乎体，则是无穷妙用法尔皆备，谁谓顽空可以忽然成用？王阳明有言："即体而言，用在体；即用而言，体在用。"此乃证真之谈。所以，体用可分而又不可分。此意只可向解人道得，难为不知者言也。

　　上来难者之说，正是印度佛家意思，考诸浩浩三藏，佛家典籍分经论律三藏。壹是皆引归证见诸法实相为主旨。实相即本体之名。《法华玄义》引《释论》云："大乘但有一法印，谓诸法实相。"《胜鬘》等经说"澈法源底"，犹云澈了一切法之实相。源底亦实相之形容词也。此不独大乘为然，《阿含》已说真如，小乘无一不归趣涅槃。难者所谓见体为根极是也。玄奘法师于大乘有宗最为显学，其上唐太宗表有云："盖闻六爻深赜，拘于生灭之场；奘以孔子《易经》每卦六爻明变动不居之义，幽深繁赜，但只见到生灭即只谈法相，而未悟法性。奘以此议孔。百物正名，未涉真如之境。"此就《春秋》而言。《春秋》推物理人事之变，始于正名，然未涉及真如，其失与《易》同。奘师总以孔子为不见体。难者谓儒家只谈用，其说实本之奘师。夫奘师讥孔子不见体，而独以证见真如归高释宗者，此非故意维持门户。奘师本承印度佛家之学，只以空寂言真如性体，决不许说即空寂即生化、即生化即空寂。奘师所承之学，只可以孔德言体，孔德，借用《老子》。王辅嗣云："孔，空也。以空为德曰孔德。"而不可以生德言体；生德详前。只可以艮背来形容体,《易·艮》卦曰"艮其背",背,不动之地也,止于不动之地曰艮背。佛氏谈体曰如如不动是也。而不可以雷雨之动满盈来形容体。《易·震》卦之《象》曰"雷雨之动满盈"[1],儒家以此形容本体之流行盛大难思,可谓善譬。印度佛家则不许以流行言体。玄奘习于印度佛家之说,宜其不悟孔子之道。孔子系《易》,曰"易有太极",太极,即本体之名。六十四卦明万有不齐,皆太极之散著。谓《易》不见体可乎?《春秋》本元以明化,董子《繁露·重政》云"元犹原也",此与《易》义相会。《易》曰"大哉乾元,万物资始",《春秋》建元即本斯旨。一家之学,宗要无殊,宗要者,宗谓主旨,要谓理要。谓《春秋》不见体可乎?《易》《春秋》只是于用识体,迥异佛氏谈体而遗用。玄奘守一家之言而蔽焉,故不达圣意也。犹复须知,用固不即是体,而不可离用觅体。本体全显为用,显者现起义。即一一用上都具全体。故即用显体,显者显示。始免支离;离用言体,终乖至道。难者曰:"公谓印度佛家离用言体,恐非彼之本意。"答曰:吾前已云,寂然至无、无为而无不为者则是用之本体,此句中吃紧在无为而无不为六字,而与印度佛家天壤悬隔处尤在无不为三字。余于体上说个无不为,便与阳明所云"即体而言用在体"同义。汝试熟思印度佛家三藏十二部经,其谈到真如性体可着无不为三字否? 佛氏只许说本体是无为,断不许说无为而无不为。盖自小乘以来,本以出离生死为终鹄,故于本体唯证会寂静。及大乘空宗肇兴,以不舍众生为本愿,大乘本愿在度脱一切众生,然众生不可尽,则彼之愿力亦与众生常俱无尽,故终不舍众生也。以生死涅槃两无住着为大行,小乘怖生死,则趣涅槃而不住生死,是谓自了主义。大乘则不住生死,亦不住涅槃。惑染已尽故不住生死,随机化物不独趣寂故不住涅槃,此大乘之行所以为大。虽复极广极大,超出劣机,劣机谓小乘。然终以度尽一切众生令离生死海为薪向,但不忍独趣涅槃耳。空宗还是出世思想,故其所证会于本体者只是无相无为、无造无作,寂静最寂静、甚深最甚深,无相至

---

[1] 此句引文见于《易·屯卦》之《象》,而非《震》卦之《象》。

此，并出《大般若经》。而于其生生化化流行不息真几，毕竟不曾领会到，所以只说无为，而不许说无为无不为，遂有离用言体之失。

或复难言："佛家小乘专主趣寂，诚哉有体无用；而大乘确不然。姑就修行而言，修者修为，行者行持或行履。此行作依持故，能到佛位，即名行持。此行是其所切实践履，即名行履。修行者，所修之行曰修行；或修即是行，故名修行。大乘有六度万行，行而曰万，言其行不一端也。六度者，一曰布施，二曰净戒，三曰安忍，四曰精进，五曰静虑，六曰般若。以此六法，离生死岸而到彼岸，所谓涅槃，是名为度。乃至法云地胜用无边，大乘修行有十地。第十地曰法云地，谓证得真如实性故，名得法身，如是具足自在，如云含水，能起胜用，故此地名法云。如何说大乘有体而无用耶？"答曰：吾所云用，原依本体之流行而说，如澈悟真性流行，真性即本体之异名。是为即体成用，谓即此体全成为用，非体在用之外。即用呈体，体本无相，而成为用则有相，故即此用呈现其体。则体用虽不妨分说，而实际上毕竟不可分。此理非由猜度。试就宇宙论言，万象森罗，皆是大用灿然，即皆是真体澄然，澄然者，寂静貌。云何体用可分？若就修行言，全性成行，性即体。全者，言其无亏欠。一切善美之行皆是性体呈露，故云全性成行。全行是性，善美之行，正是显发清净性体，故云全行是性。亦见体用不可分。行即用之异名，既全性成行，全行是性，则体用不可分甚明。今观大乘谈体处，只是无为无作，无有生生，无有变化。《大般若经·法涌菩萨品》言"诸法真如离数量故，非有性故，譬如阳焰乃至如梦"云云。夫真如为诸法本体之名，此本无相、无对，更无数量，但说为非有性，如焰如梦，究不应理。真如虽无相，而实不空，云何非有性？焰、梦并是空幻，都无所有，岂可以拟真如？《经》意虽主破执，而矫枉过直如此，终是见地有未谛处。审其言，则体为空寂而无可成用之体，是其修行所起胜用，只欲别于小乘自了生死，故不得不修此大行。大行即胜用。若衡以本论即用即体之义，大乘究未圆融。彼虽于一方言胜用，而又于一方以如焰如梦言体，是其体为无可成用之体，云何体用得融为一？总之大乘所自别于小宗者，其根本意思只是无住涅槃，无如其出世思想不曾改变，故其证会真如性体只是空寂无为境界。此种根本意义，大小乘殊无区别。或复问言："如公所说，印度佛家离用谈体，然则其所证见为空寂等德者皆非性体之本然，然谓如此，本来如此日本然。而为其情见所妄构欤？"答曰：汝所计亦非是。佛氏断除惑染，止息攀援，泯绝外缘，入于无待，攀援息，即不见有外在之境，故外缘绝；远离一切分别相，故入无待。默默之中独知炯然，明明之地一寂澄然，佛氏于此亲证空寂真常，离一切相故名空，离诸惑染故名寂，本非虚妄故名真，恒如其性故名常。佛家亲证如是，故说如是，吾侪体认所至亦自信得如是。更参稽儒氏，曰"无声无臭"，亦是空寂义，曰"诚"曰"恒性"，亦是真常义，性唯是善，无改易故名恒。真实曰诚。是故佛氏所证，儒亦同证，何所疑于佛？然而佛氏终不可入吾儒之道者，其观空虽妙，而不免耽空；其归寂虽是，而不免滞寂。观空者，于一切法都无妄执故；归寂者，归趣涅槃寂静，无惑乱相故。夫滞寂则不悟生生之盛，耽空则不识化化之妙，此佛家者流所以谈体而遗用，卒为吾儒所不许也。

尝试思之，佛家或非不悟生化，只是欲逆遏生化，以实现其出世理想。推迹佛氏本意，原欲断除与生俱始之附赘物，所谓染污习气是也。染习足以障碍性体，佛氏欲断除此种附赘，乃不期而至于逆遏生化。有人说："小乘确是逆遏性体之流行，流行即谓生化。大乘不然。"余曰：大乘之异于小者只是不取自了主义，其愿力宏大，誓度脱一切众生，而众生不可度尽，则彼亦长劫不舍世间、不舍众生，大乘之大也在是。但通览大乘经典，寻其旨归，终以出离生死海为薪向，是乃不容矫乱。玄奘有言"九十六道，印度外道学派有九十六种。并欲超生"谓超脱生死。云云，可见古代印度人多怀出世思想，不独佛家为然。

佛氏谈空寂而不悟生化，要非识性德之全。然有不可不知者，惟实证空寂，乃为深知生化。性体无形无象故说为空，离诸惑染故说为寂，惟寂故蓄之深而生生不息，惟空故运而无所积，乃万化无穷。无形即无畛域，故为万化源；有形者域于形，何堪肇万化？老子以空德言本体，几于佛矣。"运而无所积"，借用庄子语。积者，犹云留滞。本体之流行，新新不竭，无有留滞。哲学家持生命论者，皆不悟性体空寂，故其言生命，亦于生生化化流行不息真几鲜有窥见。真几二字吃紧。真者言其不杂后起之习气也，几者言生机微妙也，他处用是等语句者皆仿此。原夫吾人有生以来一切造作，皆有余势潜存，名为习气。吾人每一动念，不论见之行事与否，而念虑发动，已是一种造作。此一念造作，便有余势潜伏，成为习气。如初见某甲有不合之感，后闻人称某甲，每难遽信，即过去遗习未亡也。乃至所承无始种族经验，亦是习气。人类祖先之经验遗于后嗣，而后嗣承之，亦名为习。凡诸无量习气，互相和集各种习气互相结聚，名和集。成为一团势力，潜伏不散。佛家上座部谓之细心，隐微而不自觉，故谓细心，犹晚世心理学所云下意识。大乘唯识师亦云赖耶恒转如暴流，赖耶者，第八识之名，实即一团习气耳。赖耶刹刹前灭后生而相续流，其势盛大，如洪河暴流然。余则名以习海。习海，杂染物也，其在吾人隐然主乎吾身，几于侵蚀吾人固有生命取而代之。吾人固有生命，即是宇宙大生命，易言之即本体。孔子所以悲夫罔之生，失其正直之本性曰罔，罔而生，实犹死也。为其丧固有生命，而沦没于习海也。吾前已云，习海杂染物也，专就染习言。是为迷暗势力之府。佛家无明，数论三德中之暗，皆谓此。诸持生命论者，其体验所至，大都不越习海之域，即以习气视为固有生命，以习海障蔽性海。性海谓固有生命。不独叔本华意志之论如是，彼所谓盲目的意志，即无明也、暗也。其追求无餍，佛氏所谓取也。此取字，有希欲与追逐及贪着等义，吾人有生存欲乃至权力欲，皆取也。众生以取故有生，但如自悟本性者，其生活力自然充实不已而无所取，此非凡夫境界。柏格森辈谈生命，其绵延之物犹是恒转如暴流之习海，非真有见于性海也。绵延之物，此物字即回指绵延而言，非谓绵延是物质也。如老云"道之为物"，即指道言。此意今不及详，当别为文论之。《大易·乾》卦"天行健"之象，正显本体流行，而复明其德相，德有其相，曰德相。曰

"刚健中正纯粹精也"。刚健者，坚固不可折挠，升进而无退转，是健德也；中正者，无倒妄故；佛云无颠倒、无虚妄，与《乾·文言》言"中正"，其义一也。纯粹精者，至善故。无有杂染，故云纯粹精。《大学》言"至善"本此。本体涵备万德，无可悉举，此乃标其总相。学者反己深体之，当信万有根源谓本体。不是一团黑业。黑业，借用佛典名词，不必如其本义。黑犹暗，业者势用义，言本体不是一团迷暗势用。伏曼容言"万事起于惑"，此等宇宙观，甚迷谬。诸持生命论者，颇有崇尚意志强力，不悟意志强力恒成于习，不必自性生。性谓本体，通万有而目其本源则曰本体，自吾人禀之以生而言则亦曰性，他处用性字者准知。《乾》卦之明性德，刚健必与中正纯粹精相浑融而不可分，则不以习气之猛戾为健德也甚明。昔儒之驳者，有言性恶，有言善恶混，其病在以习为性而实不见性故也。西洋学人谈生命虽不无所究，然未能彻悟空寂，毕竟不识自性。自性，犹云自家固有的生命。夫实有而不可象故云空，本论生命一词，以目本体，与世间习用此词者实不同义。吾人与天地万物，从本体上说是同体，即是同此大生命。本体无形无象，老子云"视不见、听不闻、搏不得"是也，故曰不可象。以不可象，说为空，非空无也。至善而不可乱故云寂。性唯是善，不受惑染，佛云无扰乱相是也。如云雾蔽空，而太阳自相无损。寂而不已于生，空而不穷于化，是乃德用自然。空而不穷于化，故化不暂停；详《转变》章。寂而不已于生，故生无所挂。生而不已者，常灭故创新也。常创新，故无挂碍；凡有挂碍即是惑相，乃习气现起耳。生命本如是。君子荡然无系，放于日新，不以习气害其生命，始可与语斯理。无系义极深远，有私图与私好私恶者方是系。舜有天下而不与，仲尼与民同患，皆无系也。

　　或有问言："公于本体论方面以体用不二为宗极，此与佛氏固判若天渊。即求之儒家《大易》，谓其有体用不二意思却不甚分明。而公于二家谋一融通处何耶？"谓空寂与生化融为一片。答曰：善哉问也。俗学分门户，吾之所求者真理也。哲学家谈本体，各持所见，无有同证，学子遂以谈本体为戒，此大谬也。余以为，儒佛二家并谓真理是人人可同证，此中真理谓本体，兹不引二家文，避繁故。在道理上说不容反对。但就事实言，古今学人虽皆以穷真理为务，而求有完全同证者殆不可得。此无他，真理本无穷无尽，而学者又各以情见蔽其正见，其见解杂以妄情曰情见。即与真理全相隔，譬如盲人终不睹日。虽在上哲以思修交尽之功，思修，见上卷《明宗》章。引发正见，得有窥于真理。然复须知，真理无穷无尽，唯有至人于证量境界中，方与真理为一。但证量无分别，是诸见俱熄处。此中有无限意思，须作《量论》时别立《证量》一篇。庄子云"至人无己"，此乃极地，勿粗心会去。才离证量，便涉见际，见所及有限，终不能与真理之无穷无尽者相应。譬如宝塔，有无量方面，睹此一方面，便遗彼彼多方面。彼者，对此而言。彼而又彼，言方面极多，不唯此也。见之用有限亦犹是。故夫明之所在，即为蔽之所由成，明于此者，即于彼彼皆蔽而弗见。浅夫自恃其明，而不悟其蔽。庄生所为大慨也。见属量智，其起也必有感识为依据。佛家五识，吾名以感识。感识本与纯粹感觉相当，虽有异义，此所不取。学者多不许感觉为知识，余不然，俟《量论》详之。见之发展，其为术虽繁，而推度、分析、体验三者为最要。体验之术只是深入，或内有所悟，或向外考察，都须深心融入于事理中，是谓体验。见已定，便有执。此执字有劣与非劣二义。见不正而僻执之，是劣义。正见于事理无违谬，乃执而不移，此非劣义。诸大学派之理论，亦各推阐其所见而已。论见若求详，所涉便广远，须待《量论》。任何大学派，其所见总有限，而且其正见之所在，即为不正见之所伏。执其一方面之正见不可移，而忘却有许多未见到之方面，将过执自见而屏斥他见，则不正伏于斯矣。余自三十五岁后，为学以旁求百氏析异观同为务，以偏至之论为戒，后有达者，当识斯趣也。华梵先哲明体之籍，无过《大易》《大般若》二经。《般若》空寂澈底。澈底二字吃紧，非深玩《大经》与四论得言外意者，难于斯旨。《易》家说"无声无臭"，其于《般若》了义却引而不发。"无声无臭"，《中庸》末章语，然昔儒以《中庸》为演《易》之书。《大易》弘阐生化，《般若》一往破执，不能无病，惟《易》道适矫其偏。故证空而观生，则生而不有之妙油然自得；归寂而知化，则化而不留之神畅乎无极。斯义也深远哉！吾谁与言之耶？或曰："若是，则与昔者三家合一之论奚若？"三家谓儒释道。曰：郑声不可乱雅，先圣言之矣。言三家合一者，自己无有根据、无有统类，比附杂揉而谈合一，是混乱也。会通之旨则异是。体真极而辨众义，辨众义而会真极，根据强而统类明，是故谓之会通。混乱者，寻摘文句而求其似，此不知学者所为耳。会通则必自有正见，乃可以综众家而辨其各是处，即由其各是处以会其通。夫穷理之事，析异难矣，而会通尤难。析异在周以察物，小知可能也。会通必其神智不滞于物，非小知可能也。私门户而薄会通，大道所由塞也，学术所由废也，时俗固可与言学乎？或曰："公之学已异于佛家矣，其犹可以佛家名之否？"答曰：吾始治佛家唯识论，尝有撰述矣。后来忽不以旧师持义为然也，自毁前稿，久之始造《新论》。吾惟以真理为归，本不拘家派，且吾毕竟游乎佛与儒之间，亦佛亦儒，非佛非儒，吾亦只是吾而已矣。

综前所说，吾与印度佛家，尤其大乘空宗，颇有异同，已可概见。至若玄奘介绍有宗，如无着、世亲一派，其持论本欲矫空宗流弊，而乃失去空宗精意，此亦可谓不善变已。今当略论之如后。

有宗之学原本空宗，而后乃盛宣有教，以与之反。考有宗所据之《解深密》等经，判定释迦说教有三时。参考《解深密经·无自性相品》。谓初时，为小乘说有教。大概明人空，谓本无实在的人或实在的我，只是妄情依五蕴法而执为人或我。犹未显法空道理。盖小乘根器浅，只破其人我执而止。第二时，为发趣大乘者说空教。如《大般若经》说一切法都无自性，即法相本空，故名空教。然是有上有容未为了义。有上者，谓更有胜教在其上故。有容者，须更容纳中道教故。第三时，为大乘说非有非空中道之教。妄情所执实我实法，本皆空无，应说非有；然诸法相如心法色法皆是缘生法故，不可说无。又此诸法相皆有真如实性，更不可说是空。

216

由此应说，妄识之所执，诚哉非有；但法性法相毕竟非空。此与《般若》一往谈空者不同，故名非有非空中道教。详此所云三时教，盖大乘有宗假托佛说有随机施教之异，而第三时中道教，则有宗自以为传承释迦最上圆音。且其判定空宗所承为不了义教，是明目张胆反对空宗无疑。夫有宗以非有非空对治空宗一往谈空之弊，用意未尝不是；独惜其所推演之一套理论，适堕情见窠臼，殊难折伏空宗。今欲评判有宗得失，须从两方面去审核，一本体论，二宇宙论。

先从本体论方面审核有宗之说。有宗与空宗相反处，可就《宝性论》中找出证据。《宝性论》系元魏天竺三藏勒那摩提译。此论《本为何义说品》第七："问曰：余修多罗中，按修多罗谓经籍。皆说一切空。按指空宗所宗经而言。此中何故说，有真如佛性。按《宝性论》属有宗。佛性亦真如之别名。偈言：

> 处处经中说，内外一切空。按内空外空等曾见前文。有为法如云，及如梦幻等。按以上谓空宗。此中何故说，一切诸众生，皆有真如性，而不说空寂。按以上谓有宗。

答曰：偈言：

> 以有怯弱心，按此第一种过。空宗说一切皆空，众生闻之怖畏，以为无所归趣，故有怯弱心也。轻慢诸众生，按此第二种过。如一切空之言，即众生都无真如佛性，故是轻慢众生。执著虚妄法，按此第三种。谓谈一切空，而无真实可以示人，故外道皆执著虚妄法，无可导之入正理。谤真如实性，按此第四种过。凡执著虚妄法者皆不知有真如性，故妄肆谤毁。计身有神我。按此第五种过。如外道由不见真如故，乃妄计身中有神我。为令如是等，远离五种过，故说有佛性。"

据《宝性论》所言，足见空宗所传授之经典处处说空寂，及有宗崛起，其所宗诸经便都说真如实相，实相者，有宗谈本体，便重在真实方面故。不似已前偏扬空寂。《宝性论》特别提出此异点，甚值得注意。

《大般若》说七空，详第二分。乃至二十空，详《大般若》初分。于一切法相皆作空观。空观者，屏除情见，如理观察，知一切物本来是空。遂至于法性，亦防人当作实物执着，不惜说为空。此诚太过。后来有宗始以真如广说法性，参考《大论》七十七。如《解深密经》及《大论》与《中边》等论皆说有七真如乃至十真实。真实亦真如之别名。言七真如者，非真如可析为七种，但随义而多为之名耳。如第一云流转真如，谓真如是流转法之实性故，非谓流转即真如。流转者，谓色心法是刹那生灭相续流，故名流转。乃至第七云正行真如，正行谓圣者修道，发起正行。经文有道谛一词，今不引用，恐解说太繁。谓真如是正行所依之实性，或正智所行境，亦非谓正行即真如。十真实随义异名，兹不及述。总之二宗谈法性，一彰空寂，一显真如，其异显然。

或有难言："《大般若经》便已说真如，并非有宗创说。"答曰：善学者穷究各家之学，须会通其大旨，注意各字。不可寻章摘句而失其整个的意思。《大般若》非不说真如，要其用意完全注重破相。若执真如为实物者，人情于经验界诸物事恒迷执为实在，将闻说真如亦当作实物设想。亦是取相，便成极大迷妄。故《般若经》大旨只是空一切相，而欲人于言外透悟真如，言外二字注意。所谓离相寂然才是真实理地。空宗着重点毕竟在显示法性空寂，这个着重点是其千条万绪所汇通处，吾侪于此领取，方不陷于寻章摘句之失。

有宗虽盛显真实，亦何尝不道空寂？如《解深密经》及《瑜伽》皆说有十七空，《显扬论》卷十五。说十六空，《中边》亦尔。《中边述记》卷一可参考。此外真谛译有《十八空论》。以上诸空义，盖有宗根据空宗《大般若经》而采撮之。可见有宗亦谈空寂，但其着重点毕竟在显示法性真实。学者将有宗重要经论任取一部玩索，便见得有宗立说大旨，与空宗对照正是两般。

综前所说，空有二宗谈体各有着重点固也。然复须知，佛家自小乘以来，于体上只说是无为，决不许说是无为而无不为，故离用谈体是佛家各宗派之共同点。追维释迦传法，首说五蕴，即用一种剖解术或破碎术，将物的现象与心的现象一一拆散，都不实在。如剥蕉叶，一片一片剥完，自无芭蕉可得。如此，不独人我相空，即法相亦何容存在？小乘承释尊之绪，已有敷扬空教，要至大乘龙树诸公而后空得澈底耳。

大乘有宗虽矫异空宗，然彼不揣，既建立种子为现界之因，而仍承旧义，以真如为万法实性，万法犹云万有。遂有二重本体之过。盖旧说真如无为，有宗不敢叛，乃别立种子为现界作生因，遂陷于巨谬而不觉。

有人说："《涅槃经》以常、乐、我、净四德显体。无变易故名常，断苦故名乐，主宰故名我，离染故名净。《涅槃经》以此四德显体，亦与空宗偏彰空寂者异撰。"余谓：《涅槃》本有宗所宗之经，虽以四德言真如，终不以生生化化言真如，犹奉空宗规矩。

综前所说，有宗不以生化言本体，始终恪守小乘以来一贯相承之根本义。余于有宗之本体论，犹有未能苟同者。本体是绝对真实，余亦云然；唯其至真至实，所以生生化化不容已；亦唯生生化化不容已，才是至真至实。有宗不悟生化，终是为出世之情见所蔽也。生化之妙难以形容，强为取譬，正似电光之一闪一闪刹那不住。不住故未始有物，是常有而常空；不住故新新而起，是常空而常有。常有常空，毕竟非有；常空常有，毕竟非无。非有非无，是犹此土老聃所谓"惚兮恍兮，其中有象；恍兮惚兮，其中有物；窈兮冥兮，其中有精；其精甚真，其中有信"者耶？是犹此土，至此为句。惚恍言本体无形也。有象有物言其生生化化而非空也。窈冥，深远之叹。精者，言生化至神而不竭，至妙而无疵也。曰真曰信，真极之理于生化而验之也。信，验也。吾侪不能舍生化而言体。若无生化，便是顽空，何以验知此体真极而非无哉？或曰："生化是用，不当于体上说。"答曰：信如斯言，体用截然分离，正是印度佛家差谬处，汝犹不悟何耶？体者对用得名，要是用之体，非体用可互相离异。若所谓用者，不是体之自身显现，则体本不为用之体，而别为一空洞之境，如此则体义不成。佛家常以真如喻如虚空。如《佛地经论》云"清净法界者，按即真如之别名。譬如虚空。虽遍诸色种种相中，而不可说有种种相，体唯一味"云云。虚空无起作、无生化，故诸色种种相虽依虚空故有，毕竟不是虚空自身显为如是种种相。真如亦如虚空，所以真如虽遍诸色种种相中，却不能说真如现作诸色种种相也。是故形上形下成为对立，不可融而为一。形上形下两词，本《易系传》。理之至极，说名上。形者昭著义。真极之理昭著不无，故云形上。形下者，万有著现，故亦言形，成形即异其本，故说为下。形上形下，约义而别立名，实非二界。形下即是形上之著现故。

# 第六章　功能下

已谈本体,更从宇宙论方面详核有宗。上来已说,空宗破相,意在显体。但一往破相,即于法相只有遮拨而无施设,故云空宗不谈宇宙论。有宗恰恰与空宗相反,无着、世亲兄弟参揉小乘谈有一派,小乘原分二十部,总不外空有二派。并匡正大乘空宗,而后张其大有之论。虽复谈有,而超过小乘故称大有。其初期立说,实以三性义为纲要。三性之谈,导源于空宗。三性者,一、遍计所执性。遍计谓意识,意识周遍计度,故云遍计。所执者,谓遍计之所执。如依五蕴而计为我,实则一一蕴上本无我相,但由意识妄计为有,故此我相是遍计之所执。又如依坚白等相而计为瓶,实则坚等相上都无瓶相,亦由意识妄计为有,故此瓶相是遍计之所执。举此二例可概其余。二、依他起性。他,谓众缘,佛说色心诸法,皆依众缘而起。云何众缘?一者因缘,谓诸法非是无因而起故,说有因缘。二者所缘缘,如心法须有所缘境,方得起故,说有所缘缘。三者次第缘,如前念识为缘得引生后念识故,说有次第缘。四者增上缘,如官能等俱是识所藉之以起故,说有增上缘。如上四缘,心法全具,色法唯具二缘。谓色法不无因缘,若从其互相关联而言,亦有增上缘。或说色法有次第缘,而未经众师许可。唯空宗谈因缘,犹是泛说,不立种子。三、圆成实性。此谓真如。圆者圆满,谓真如体遍一切处,无亏欠故。成者成就,谓真如体本自恒常,非是生灭法故。实者真实,亦云真理,谓此真如是一切法之真实性故,犹云宇宙实体。名万法真理。如上已说三性名义。

按《大般若经》言:"慈氏,佛呼弥勒也。应如是知,诸遍计所执决定非有;按可细看前文。诸依他起性唯有名想,施设言说;按想者取像义,如谓

221

青唯是青而非白等。名者诠召义,如色之一名,即以呼召色法而诠释其为质碍物也。吾人于一切事物本由想立名,复因名起想。由名想故,种种言说纷然而起,凡情缘名想言说而生执着,即计为实有宇宙万象。实则心法色法都是依他众缘而起,都无自体,本来空无。且众缘亦是假设,根本无有实在之物可说为缘。《中论》可参究。是故一切依他起法本来空无,唯有随妄情所起之名想,及依名想施设种种言说而已,是则名想言说纯属虚构。奇哉奇哉! 空宗初说依他起性,其义如此,须认清。诸圆成实按诸字谓一切法,诸圆成实犹云一切法的圆成实性。空无我性,是真实有。"按空者,空一切所执妄相;无我者,无有人法二我。法我者,谓执一切法为实有。人我者,谓依五蕴而计为我。空诸遍计所执,人法二我相都无,而圆成实性始全显,譬如云雾消而太阳出,故说圆成实性是真实有。推迹空宗始说三性意思,盖以初性遍计所执。只于妄情上有,而实际上本无。此说自是诚谛,而复说依他起性何耶? 须知,凡妄情之所执,亦必有其所依。例如瓶相,虽是妄情所执,岂无白色及坚度等法相为依而瓶相可凭空突起? 故知色等法相不破,则初性遍计所执。犹未失其所依,正是真理之障。真理谓法性。有法相存,即无由透悟法性,是障真理。空宗诸师有见于此,故说一切法相,若色若心,并是依他众缘而起,都无自体,都不实在。是故一切法相本来皆空,唯有名想,都无实义。无实义犹云无实物。见《大论》等。故承初性而谈次性,依他起性。极有深意。初性但遣所执,次性尽遣妄执之所依即一切法相,然后一真之体揭然昭显,故终以第三性。圆成实。夫于法相而计为实有,则不能睹其本真。本真谓圆成实性。情存于有相,故不得无相之实也。本体是真实有,而无相状可睹。次性遣法相,而后可显圆成,此般若了义也。空宗说三性,实则初及第二并在所遣,遣者除遣,他处准知。唯存第三。初二性并遣,乃于一切法皆见为圆成实。或有问言:"空宗一往破相,甚至说真如涅槃亦如幻如化,是乃三性俱遣,宁有第三性可存耶?"真如、涅槃皆是圆成实之别名。答曰:《经》意恐人于圆成实性而起执故,乃说如幻如化以破其执,岂真谓圆成实性可拨为无哉?

但其偏于破相，语势嫌过，易滋流弊，是可议耳。总之空宗谈三性，不但遣初性，<sub>所执</sub>。即依他起性亦必俱遣。此处所关极端重要，若不遣依他，即依圆二性不得融而为一，<sub>依圆二词均系省称</sub>。便成戏论。细玩《大般若经》及《中观》等论，明明遮拨一切法相，密示圆成，<sub>圆成系省称</sub>。空法相，方见圆成，<sub>此空宗秘密意趣也</sub>。故依他与所执俱遣，<sub>所执乃初性之省称</sub>。正是空宗不可及处。

有宗自无着盛张三性义，以自鸣为非有非空中道之教，特异空宗。盖以为三性中初性纯是所执，是诚非有；依他不应说无；圆成则是真实有。故通依圆总说非空。有宗自谓空有双彰，<sub>所执非有，是彰空义；依圆非空，是彰有义。故云空有双彰</sub>。与一往谈空者异撰，其用意未尝不是。然而有宗虽原本空宗，其归卒与空宗大异者，则因有宗依他性之论旨，根本与空宗违反，由此二宗遂划鸿沟。空宗说依他，元是遮拨法相；有宗说依他，却要成立法相。上章曾云两宗对于法相的说法不同。遮拨法相却是不谈宇宙论，成立法相便有宇宙论可讲。两宗分歧，只从依他性出发。

有宗因谈宇宙论，根本须改变空宗依他性之意义。其改变步骤亦是逐渐完成，当初似未甚失空宗之旨。如其所宗之《解深密经》有云："如眩翳人，眩翳众相或发毛轮等相，差别现前。依他起性，当知亦尔。"释曰："谓眩翳人，似毛轮相，非实似实故，喻依他起非有似有。"<sub>见《一切法相品》，参看唐圆测疏</sub>。详此云非有似有者，盖只说为幻有，并非完全遮拨，虽已稍异空宗，而其乖违犹不显著。迨后无着盛扬唯识之论，其谈依他起性首改变空宗遮诠之密意，因其建立种子遂使缘起说变为构造论。<sub>缘起一词，与依他起一词含义全同。依他之他字即目众缘，诸法依众缘而起曰缘起，亦曰缘生。他处用此词者准知</sub>。有宗自此失去空宗精意。今略为勘定如下：

云何有宗首变遮诠义？空宗谈缘起是遮诠，已见上卷第三章，可覆玩。

缘起说本导源释迦，小乘经典益张之。夫言缘起者，必须安立几种缘，所谓因缘、次第缘、所缘缘、增上缘是也。青目师云："一切所有缘，皆摄在四缘，以是四缘，万物得生。"见《中论释》。据小乘毗昙说，心法待四缘方乃得起，四缘，可覆看前谈依他性一段文。色法亦待二缘，谓因缘及增上缘。如一颗树生长，有他本身能生的力用，即说为因缘；人工、水土、空气、日光、岁时等等关系，均是增上缘。小乘师谈缘起，盖以诸法心法与色法。待众缘会聚始起。如此言缘起，显然承认诸法是有，而以缘起义为诸法所由生成之说明，故是表诠。此与大乘空宗遮诠义，天渊相隔。今将表诠遮诠二种意义对比如左：

表诠，承认法相是实有，而以缘起义，说明诸法所由生成。

遮诠，欲令人空法相而透悟法性，故说缘起，明一切法相都无自体。即法相本空。

如上所说遮表二种意义，判若天渊。小乘有部谈缘起，元是表诠；有部者，此派计执诸法实有，故名。大乘空宗欲遮其执，便非将四缘一一破斥不可。如四缘破尽，则彼妄计有从诸缘而生之色心诸法，乃不待破而自空。龙树菩萨《中论》力破四缘，参考《观因缘品》。今略撮其旨，叙以二义如次：

一曰：缘者由义。若法由彼生故，此生，即说彼法为此法作缘，此法望彼法为果。若尔，是果固待缘始成，即缘亦待果乃成。如无有果，则缘义不成，以缘之名，待果而立故。

既缘待果成，今应问汝：缘中先有果耶，先无果耶？若缘中先有果，便不应说果从缘生，果已先有故。

若缘中先无果，便不应说缘能生果。缘中本无果故，无则不能生有故。如汝计，虽缘中先无果，而有生果之能，故果后时得生者，此不应理。缘中既有生果之能，应一切时恒生其果，而世共见无有此事。如谷子有生芽之能，在仓库时奚不生芽欤？

综前所说，缘中先有果、先无果，二俱不成，故知无有从缘所生果。既无从缘所生果，则缘义不成。何以故？果无，则缘亦无故。

二曰：众缘与所生果都无自性。何故都无自性？由缘待果而成故，缘无自性；又果亦待缘而成故，果无自性。既众缘与所生果都无自性，故知缘起唯是假说，都无实事。

空宗遮拨因果，众缘之缘，即相当于通常所谓因。问："四缘中，初列因缘，何耶？"答：因之义有宽有狭。从宽泛言，则一切缘皆名为因；从狭义言，唯于生果是最亲切的有力者方名因。故四缘虽并得名因，而初之因缘则取义特狭。或议其诡辩。古代学者都计执实有因果，并以为因是决定能创生果，惟空宗独反其说。盖在其本体论与认识论中，主张破相显性，故因缘亦不立也。

大乘有宗谈缘起，始将空宗遮诠意义改变殆尽。小乘说四缘，大概就一切法互相关系间立论。如此法得生，由彼法与力故，即说彼法为此法作因缘。是所谓因缘，实与增上缘无甚差别。小乘说有六种因，皆相当于增上缘。如此，虽未得空一切法相以透悟本真，然依俗谛说，却无失。独至无着菩萨，乃特别改造因缘义，以组成一套宇宙论，实乃陷于空想妄构，甚乖《般若》。考无着造《摄大乘论》，始建立功能，亦名种子。种子亦省言种。复建立阿赖耶识，摄持一切种，种子为数无量，故云一切。阿赖耶者含藏义，谓含藏一切种故。于是以种子为宇宙万有因缘。因缘亦省称因，万有犹云诸行或一切法。哲学家推求宇宙本体说为第一因，亦同此旨。《摄大乘论》有言："于阿赖耶识中，若愚第一缘起，按谓赖耶识中种子是一切法的本因，故名第一缘起。愚者，言其不悟。此中意云：若不悟赖耶识中种子是万法本因者，便起如下各种迷谬分别。或有分别自性为因，按数论建立自性为心物诸行之因，数论所谓自性者其本身是非心非物的。或有分别夙作为因，按夙作犹云夙世所造作，亦云先业，如尼乾子等计先业为诸行之因。或有分别自在变化为因，按婆罗门等计有大自在天能变化故，为诸行之因。或有分别实我为因，按僧佉等计有神我为诸行因。或有分别无因、无缘，按自然外道及无因论师并空见外道等，皆妄计一切法无有因缘。复有分别我为作者，按胜论立神我，谓其有造作的力用。我为受者。按数论立神我，谓其受用诸境，如色声等物是神我之所受用故。譬如众多生盲士夫未曾见象，复有以象说而示之。彼诸生盲有触象鼻、有触其牙、有触其耳、有触其足、有触其尾、有触脊梁。诸有问言：象为何相？或有说言象如犁柄，或说如杵、或说如箕、或说如臼、或说如帚，或有说言象如石山。若不解了此缘起性，无明生盲亦复如是。"按谓，若不解了种子为诸行之因者，即由无明成盲，不悟正理，亦如盲人猜象也。无明亦云无知。据无着此一段话，以为各派哲学谈到宇宙本源，都是臆猜妄想，其评甚谛。然无着建立种子为宇宙第一因，颇近多元论；而复立赖耶识，含藏一切种，成其唯识之论。其构画诚工，果能免于各派之失乎？

问："赖耶虽是八个识中之一，而号为根本，谓其含藏前七识各各种子，固可成说。眼识至第七，称前七。各各二字注意，每一识皆自有种，不共故。然无着等言赖耶亦自有种子，今应问者，赖耶是所生果，赖耶之种是能生因，如何果得藏因？"答曰：因果同时故，若因先果后，则果不能藏因；今说因果同时，故果得藏因。能所相依故。赖耶是所藏处，而赖耶自种及前七识种都是能藏者，故能所相依。故彼所计，于理论上非不成立。

有宗本以一切众生各有八个识，此说在小宗已有端绪，要至大有始成体系。而每一识都可析为相见二分。如眼识，其所缘青等色即是相分，而了别此相分者即是见分。合此相见二分通名眼识。眼识如是，耳识所缘声是相分，了别此声相者是见分。乃至第八赖耶识各各有相见二分，类准可知。鼻识所缘香是相分，了香相者是见分。舌识所缘味是相分，了味相者是见分。身识诸所触境是相分，了触相者是见分。意识起思虑时，必变似所思之相，是名相分；思虑作用是见分。第七识缘赖耶为我时，必变似自我之相，是名相分；计执有我相者是见分。如上已说前七识各各相见二分。至赖耶识相分，则析以三部分：一器界，俗云自然界或物界是也，二根身，三种子。赖耶自己种子及前七识种子皆藏于赖耶自体内，而为赖耶之所缘。如上三部分，通是赖耶识之相分。问曰："根器自是相分，如何种子亦名相分？"答曰：根器各从种子生，种子本不应与根器同类，但彼以种子为赖耶见分之所缘故，亦名相分。

据有宗所谓一切识或一切相见，通名现行，现者，现前显现义；行者，相状迁流义。亦可总称现行界。用今哲学上术语，即是现象界。彼既肯定有现界，现行界之省称。故进而推求现界之原因，于是建立一切种子，为现界作根源。种子潜隐于赖耶识中，自为种界。现界虽从种子亲生，但其既生，即离异种子而别有自体，如亲与子判然两人。所以，种现二界元非一体。无着言种子具六义，其一曰果俱有。果谓现行，由种子为因，现行方起，故现望种而名果。俱者，两物故言俱也。谓种子与其所生现行果法同时并有，故云果俱有。参考《瑜伽》《摄大乘》《成唯识》等论。种现对立成为二界，此自无着创说，传授世亲，尔后众师纷出，于此都无异论。

现行界一切识或一切相见⋯⋯⋯⋯⋯⋯果所生

种子界一切种子⋯⋯⋯⋯⋯⋯⋯⋯⋯因能生

无着《摄论》只说一切识各各有自种，但每一识复析为相见二分，此二分种为同为别，则自世亲以后之十师遂成诤论。护法折衷众义，说根器及五尘相皆与见别种。根器皆赖耶相分，均是色法，故各有自种，而不与赖耶见分共一种生。五尘谓五识所缘色声香味触，此五尘相亦各有自种，非与五识见分同种。若第六意识缘一切法时，其相分纯由见分变现者，即与见分同一种生。故二分种，有同有别。参考吾著《佛家名相通释》。吾国窥基一遵护法。

如上所说，无着学派始变更空宗之因缘义，而建立种子为宇宙第

227

一因。今核其大谬,略言以四。一曰:划种现二界。如果说万化本隐之显,种界隐,现界显,其说未尝不可持。然复须知,隐显不可判能所。隐者,其化几之新新不息者耶?化几者,言乎乍起之动势。动势无暂停,刹那刹那灭故生新,无有止息。显者,其化几不已之迹象耶?天地万物皆化几之迹象耳。故显者隐之迹,隐者显之本。谓隐是显的本相,而显非异隐别有自体。隐显可假说本迹,而不可判能所。有宗以一切种为能生,潜藏赖耶识中自为种界;一切现法为种子之所生,却别为现界,所谓宇宙万象是也。能生所生条然二界,不谓之戏论得乎?现行亦得名现法,见《成论》诸疏。

　　二曰:始变缘起说为构造论。空宗谈缘起,本明法相非实有,所谓遮诠是也。参考第三章及本章前文。有宗无着派始用缘起说而易其义,以诠释法相所由生成。详无着等谈三性,其于依他起性特异空宗者,即肯定一切法相是有而非空。因此,乃建立实种子为因缘。实字吃紧,彼等以种子为实有故。然若谓一切法相单从各自因缘即种子而生,则种子便与无待而能变化之梵天无异,此说必不可持。故无着等改四缘说为构造论,则以法相不是单从因缘而生。如心法虽有因缘,必待所缘、次第、增上诸缘会合乃得生。色法虽有因缘,必待增上缘会合乃得生。《摄论》种子六义,其五曰待众缘,是其所以异于梵天等计也。众缘,谓因缘以外之诸缘。门人黄庆艮庸,精研世亲唯识学,曾疑缘起说,谓众缘会合,似是杂乱凑集,如散沙聚,本无生机,如何得生一切法相?此难极有理趣,非好学精思不能兴此疑也。余谓世亲诸师已见及此。《成论》有言:"谓诸作者,假诸作具,成办事业。"此是说士用果之文,兹不具引,避繁杂故。士用者,士谓士夫,犹言人也。如人有造作之力用,曰士用。士用果者,对士用因而得名。《成论述记》卷四六云:"因法为作者,按因法谓因缘。缘法为作具故。"按缘法谓所缘、次第、增上诸缘。作具犹言工具。据此,则以因缘喻如作者,作者犹言能作的人,此以作者譬喻因缘,即言种子有造起现行法相之力用。易言之,因缘为众缘中之主动力。余缘喻如作具,余者,犹言其他,谓众缘。而缘会确

228

无杂乱凑集之嫌。众缘会合,省言缘会。妙哉于缘会中说士用义。而宇宙间法相森然,自非散漫无结构,此与空宗说缘起,以破析法相令归空无,如剥蕉叶——剥尽即无所有者,相去何止天渊? 余昔作《破破新论》,曾考察缘起说之演变,谓至无着派始变成构造论,良实不诬。本论文言本初行,南京内学院出《破新论》一册,余因有《破破新论》之作。然于空宗遣法相以认识法性之旨,遣者,遣除之也。则晦塞而不可复悟,是有宗之不善变也。

三曰:种子分本有、新熏,成大混乱。自无着《摄论》评斥各派哲学之宇宙论,而建立种子为万法之本,其所谓种子,自是法尔本有无疑。法尔犹言自然;本有者,本来有故,非后起故。世亲以下诸师更兴异论,有主唯是本有,有主现行新熏。此中现行谓前七个识。熏者熏发。前七识起时,虽不暂住,而有一种余势熏发出,是名习气,即投入赖耶识中成为新种子。至护法师始折衷二家,本新并建。其说以为,不立本有种,则无始创起之现行便无种子,将堕无因论,故应建立本有。然现行从本有种生时,有大势用,得熏生新种投入赖耶,故新熏种义当成立。有宗种子亦名习气,即由新熏得名。吾国奘、基师弟,并宗护法。或谓:"若唯本者,即将种子说成宇宙本体;今本新并建,则种子亦由心造,非本体也。"有宗以现行为识之别名,识从种生,即名现行,以其显著,不同种子沉隐故。他处言现行者仿此。现行熏新种入赖耶,同时即令赖耶中本有种增长,故是心力能造种也。余晓之曰:既未废除本有种,则本有种即是万法本体亦何疑? 今言现行熏新种,却是一团混乱。据新熏种之论,如吾现行眼识复词。才对色尘起了别时,便熏相分种子,投入赖耶中,此新种将复为因缘,生起后来尘相。如此说法,未免太荒诞在。有宗说眼识所缘色,是实尘法,犹云实在的物质。

四曰:种子、真如是二重本体,有无量过。《摄论》广破诸宗之宇宙论,此中宇宙是广义,通本体与现象而言。他处用此词者准知。而后揭出自家主张,即以赖耶识中种子为诸行之因。诸行犹云心物万象,亦可泛称万法。其种子明明是万法本体，而佛之徒无知，犹有妄议余为曲解者。余曰：有宗建立赖耶为宇宙人生根本，其所云器界即是大自然，而彼说为赖耶识之相分。据彼持论，赖耶实从其自种而生，<small>种子省言种。</small>余识谓前七<small>识。</small>亦各从自种生，然则种子为万法本体，义至分明，余何曲解之有乎？无着派既立本有种，却又承袭旧义，有所谓无为之真如，说为万法实体。如此，则真如与种子相待，竟成二重本体。是乃铸九州铁，不足成此大错。空宗谈依他起<small>即缘起。</small>本是遮诠，便遣除宇宙万象。有宗反之，而肯定宇宙万象为实有，即不得不说明万象所由起。<small>宇宙万象，犹云一切法相。</small>而旧说真如本体是不生灭法，无为无造，<small>真如本体，系复词。</small>固无可说真如为宇宙万象之因，于是建立本有种，以为万法生因。<small>万法犹云宇宙万象，万法生起之因曰生因。</small>然本有种与真如作何关系，有宗亦复无说。毕竟妄添一真如无为法，与本有种对峙，成为二重本体。此等过失，不独小乘迄大空所未有，<small>大乘空宗，省称大空。</small>即远西诸哲多未见本原，犹未至支离若是其甚也。

上来评判空有二宗，大义粗备。空宗谈体而遗用，由其有趣寂之情见在。<small>寂者寂灭，超出生死海而趣入寂灭，故云趣寂。庄生所谓"无何有之乡"，亦几于寂灭也。灭者，惑染灭尽，非谓本体断灭，然只是寂静之体，无有生化，亦名无为。</small>有宗根本未改趣寂宗趣，而复以不谈用为未是，故着重依他起性，而建立种子以变更空宗缘起说，遂成构造论。反空而不澈底，其归本真如无为，犹秉空宗本旨。其立种子为生化之源，既与真如并为二重本体，又与现行判为能所二界，种种支离，自相矛盾。余于有宗绳正空宗一往谈空之失，深美其用意；独惜持论支离破碎，未可折空宗也。

本论以体用不二为宗极，反空宗之恶取，<small>有宗詈沦空之徒曰恶取空。取者执着义，所执违理，故斥之以恶。</small>救有宗之支离。<small>有宗无着派唯识之论，自世亲至护法，种种支离，不可究诘。吾国奘、基师弟不辨其短，而宣扬太过。本论力为扫荡，非得已也。</small>世亲成《二十论》，自谓已尽我能，余亦可假其言以自况。文言本初出，学者于体用义犹多不了，余昔答人书有二，较易解滞，今举之于后。

其一曰：现象与本体，为哲学上幽深复杂问题所在。本体一词，新论亦省云体。现象者，万有之总名，《新论》不目以现象，而直名为用。万有皆大用流行之迹，是以不言现象而言用也。

体无方所，无形象，而实备万理，含万善，具有无限的可能。

用者，言乎本体之流行，状夫本体之发现。本体空寂而刚健，空非空无，以无方所无迷暗故名空。寂者寂静，极虚灵故，无昏扰相故。刚健则力用至大而不测。故恒生生不已，刹那刹那新新而生，不守其故。化化不停。刹那刹那变化密移。即此生生化化说为流行，亦名为用。

克就体言，是一极绝待，无方无相。无方所，无形相。

克就用言，是幻现相状，宛尔万殊。大用流行，有迹象现，所谓万有是。如燃香楮，猛力旋转，见旋火轮相，此乃猛力动转之迹象，亦云相状。本体流行幻现相状，义亦犹是。既有相状，便条然宛然成众多相，故云万殊，故说万有皆大用流行之迹。

体，喻如渊深渟蓄之大海水。

用，喻如起灭不住之众沤。

曾航行海洋者，必见大海水全现作众沤，不可于众沤外别觅大海水；又众沤各各以大海水为其体，各各二字注意。非离大海水而各有自体。非字一气贯下。

体与用本不二，而究有分；虽分，而仍不二。故喻如大海水与众沤。

大海水全成众沤，非一一沤各有自体，沤之体即是大海水故。故众沤与大海水本不二；然虽不二，而有一一沤相可说，故众沤与大海水毕竟有分。体与用本不二而究有分，义亦犹是。

沤相虽宛尔万殊，而一一沤皆揽大海水为体，故众沤与大海水仍不二。体与用虽分而仍不二，义亦犹是。

体用义至难言,如上举大海水与众沤喻,最为方便,学者由此喻而悟入,当知空宗遮诠虽是,而以如幻、如阳焰喻实体,毕竟废用;有宗任臆想构画,徒逞戏论,未可与入道也。总之体用本不二而究有分,虽分而仍不二。从来哲学家于此终无正解,今不及广辨。再克就用而言,则大用流行决不单纯,必有两方面曰翕曰辟。翕辟只是方面之异,不可作两片物事去想。辟乃谓神,神,心也。翕便成物。凝成物质故。物有分限,神无分限。心是无在无不在,《楞严经》七处征心,十番显见,形容得甚妙。神遍运乎物而为之主,固为常理;物亦可以乘势而蔽其神,则事之变也。物成则不能无坠退之势,无机物犹不得发现心神,植物已发现心神而仍不显著,乃至人类犹常有心为形役之患,物能障蔽心神,乃后天事势所有,不容否认。但神终为物之主,可以转物而不为物转,究是正常之理。然神毕竟主乎物,宇宙自无机物而生物,生物由植物而动物、而高等动物、而人类,一层一层足见心神逐渐显著盛大,确尔官天地,宰万物。而事势终亦不越乎常理矣。

其二曰:本体真常,老氏名以"常道",佛氏字之曰"真如",真者真实;如者,常如其性不变易故。不变易者,常也。从来学人习闻之矣。余于真常意义,体究数十年。若道本体是虚妄法,何得为万化根源? 何以名为本体? 然真常之云,若以不生不灭不变不动为义,则此本体便是兀然坚住的物事,自与生灭变动的宇宙互相对立,如何可说为宇宙本体? 吾于此苦究数十年,而后敢毅然宣布《新论》以体用不二立极,非敢轻心持论也。夫真常者本体之德,非虚妄故曰真,不易其性故曰常。譬如水可化汽或凝冰,而其湿性无改易。由此譬,可悟本体恒如其刚健与至善等性而不易也。真常以本体之德言,非谓本体是兀然坚住法。德字义训,曰德者得也。若言白物具白德,则以白者,物之所以得成为是物也。今于本体而言真常乃至万德,则真常等德,是乃本体之所以得成为宇宙本体者也。若无是诸德,何可肇万化而成万物乎? 德字含二义,曰德性,曰德用。德性之性,不可以西文性质译,此性字极灵活也。德用之用,亦不可以西文能力或作用翻，此用字极灵活也。**本体之德性有常**，常者恒常，无改易故。**德用无穷尽，故称万化根源。真常二德，乃统万德而无不包。学者不究乎此，而仅恃思辨之术以谈本体，则自误误人而已。**

如上二书，文约义赅，分疏体用，庶几详悉。第二书谓真常以德言，甚吃紧。若或误计本体是兀然坚住法，则为无用之体矣。学者诚深了体用义，则克就体言，湛然一真，即是万殊，是言体而用在；此中一者，绝待义。克就用言，繁然万化，皆是一真，是言用而体在。由即体即用、即用即体故，而能变与恒转、功能等名，是大用之称，亦得为真如本体之目，以体用互相即故。真如本体系复词。学者如不悟体用不二，必将以体为兀然坚住法，而对之起超越感，常易流于出世或遗世思想，其谬误不可胜穷也。

谈至此，还有一个问题须论及者，我国哲学上两宋以来盛谈理气，而理气是否截然为二？此一问题至今犹为悬案。今不暇博引群儒之说一一评判，只合本余之意，予理气以新解释。气字，自非空气之谓；平常每以形气二字连用，形气二字含义很宽泛，宇宙万象亦总云形气。今此气字，犹不即是形气之称。余以为此气字只是一种作用的意思。此气是运而无所积，运者，动义或流行义，动势生灭灭生相续而流，故云流行。无有实物故无所积。刹刹突跃，不可作实物拟议，轻微难测，困于形容，以无实质，故云轻微。姑名为气。此气字本出于《易》，而汉以来《易》家都不求正解，是可惜可怪！详核此所谓气，正是余所谓用。至于万有或形气，唯是大用流行所现之迹象，要非离作用有实形气。

理字，本具有条理或法则等义，但不可如宋明儒说是气上的条理。宋儒颇有以气为实有，而谓理只是气上的条理，如此，正是建立气为唯一实在。明儒持此种见解者更多。阳明后学一面谈良知，即本心。不得不承认心是主宰，一面谈气是实有，理是属于气上的一种形式，颇似心物二元论，甚乖阳明本旨。余以为理与气不可截然分为二片。理之一词，是体与用之通称；气之一词，但从用上立名，已如前说。

理之一名为体用之通称者，就体而言，虽是寂然无相，而实含缊众理，故本体亦名为理。又体之为言，是万化之原、万物之本、万理之所会归，故应说为真理，佛家说真如名真理。亦名实理，程子每言实理，即斥体言之。亦可说是究极的道理。此中道理系复词。

就用而言，翕闢妙用，诈现众相，即此众相秩然有则，灵通无滞，亦名为理，即相即理故。两即字明其不二，相即是理故。前所云理，当体受称，是谓一本，实含万殊；后所云理，依用立名，是谓万殊，还归一本。理虽说二，要自不一不异。体用义别故不一，即体即用、即用即体故不异。析理期详，俟诸《量论》。

本章将结束，还须与有宗简别一番者，本论从用显体，即说本体亦名功能，然有宗本建立种子，别名功能。自无着创说时即以功能为现界之本体，惜其将能与现分成二界，不可融而为一。功能省称能，现界省云现，后仿此。易言之，即是体用截成两片。此在前面已驳辨，似可不赘，但余言功能与有宗迥异者，究非一端，故须简别。今综举数义如次：

一曰：本论功能即是真如，无二重本体过。有宗功能是潜存于现界之背后，为现界作因缘，其功能已是一重本体，而又承佛家传统思想，说真如是不生不灭法，是万法实体，明明犯二重本体过。本论摄用归体，故说功能即是真如；吃紧。会性入相，性谓体，相谓用。譬如将大海水直作众沤观，即无别大海水可说。会性入相，义亦犹是。故说真如亦名功能。以故谈体无二重过。

二曰：本论依功能假立诸行，诸行谓心物诸现象，亦云现行。无体用分成二界过。据有宗义，功能是现行之因，而潜伏不显，是名种界；现行从功能生起，而自为现界，粲然显著，所谓宇宙万象。故有宗之能与现，对立成二界。本论依功能自身之一翕一闢，假说心与物，功能是体，其一翕一闢即名为用。故非实有现界与功能对峙，故无体用析成二界过。

三曰：有宗功能亦名种子，是为众多颗粒，轻意菩萨云"其数如雨

234

滴"是也。故须有储藏之所,乃建立赖耶识。赖耶含藏一切功能,说见前。此种说法可谓之多元论。殊不知本体无对,是全体性,何可以多元言本体?此固不待深论而其失易见。本论功能不得说为种子,而因其备涵生生化化流行不息真几,可名为恒转;因其无虚妄性,可字曰真如;此乃浑一之全体,浑者无分貌,一者无待义。而法尔现作万殊。法尔屡见前。所以者何?功能之流行也,有翕辟二势。原夫流行迅疾,忽然有一方面,因动之疾旋而凝敛以成众圈,可名之曰翕圈。其每一翕圈颇似微点,忽然者,莫有使之然而自然,故云。是物之始也。成翕圈故,名为翕势。翕圈众多,畛域遂形,故翕势恰与功能相反。功能者本体之名。本体无象,即无畛域,但本体流行有翕而成物之方面,却形成畛域,故相反。然功能毕竟不物化,故翕势方起,即有健以开发之势与翕俱起,而力反翕之坠退,是为辟势。俱起二字注意,非翕先辟后故。辟势无定在而无不在,本无畛域。然其遍运乎无量翕圈之中,便随各翕圈间组织之情形不同,而有显发与否之异。如物界当质碍层期,即一切翕圈间之组织太简,辟势难显发。《转变》章有一段说此意,宜覆看。故知全体显为万殊,由其流行有翕辟异势,以反而成化故也。

每一个翕圈,皆有翕辟两极,互相反而互相成,此亦奇怪。由此应知,变化不原于数论所谓暗德,其间确有一种主宰力,是为辟极。辟极运行乎翕极而为之主,盖具有明智之德用,虚灵无碍说为明智。故能破翕极锢闭之势,而显其开发与升进之健也。

复次无量翕圈互为主属。属者从属,从属于主故。如甲圈,对乙圈乃至无量圈而为主,乙圈等等则对甲圈而为其属。同时乙圈,亦对甲圈乃至无量圈而为主,甲圈等等则亦对乙圈而为其属。一切翕圈皆互相为主属,法尔如是。法尔屡见前注。余尝言,穷理之事,任从多方层层推究,推到极处,不可复问其所由然,只合付诸法尔。《易》曰"不测之谓神",此意深远至极,与法尔道理可互明。此中不及深谈。或疑予言法尔,不必尽合佛氏本义。予曰:虽有引申,要无悖也。又由一一翕圈各为主故，即皆是自由自在，由一一翕圈互为属故，即互相涵摄而为全体。是故于相对见绝对，而体用不二无可疑。翕圈，亦可云小一及小一系群。俟《成物》章另详。综上所说，功能是全体性，翕阖成变，而心物成象森然，自无有宗种子论之种种谬误。有宗种子，即是功能之别名。

四曰：本论功能、习气不容混同。有宗立义最谬者，莫如混习气为功能。世亲迄护法诸师以为一切功能，其由来有二：一者本有功能，谓无始法尔而有故。无始犹云泰初，而云无始者，不可知其始期故。二者新熏功能，谓前七识一向熏生习气故。前七识者，一眼识，二耳识，三鼻识，四舌识，五身识，六意识，七末那识。一向者，佛家承认每人之生命是无始无终，故此言一向，乃约无始以来而说。习气，见前注。无着已说前七识皆是能熏，第八赖耶识是所熏。能熏者，如眼等五识取外境故，能熏发习气；第六意识攀援一切境故，能熏发习气；第七末那识恒内执有我故，能熏发习气。唯第八赖耶识则受持前七所熏之习气故，故名所熏。习气藏赖耶中即成为功能，是名新熏功能。本新并建，自护法至中国玄奘、窥基师弟，遂成定论。余谓此说最无理。须知功能原唯本有，无别新熏。所以者何？功能为浑一之全体，具足万德，无始时来法尔全体流行曾无亏欠，岂待新生递相增益？设本不足，还待随增，何成功能？有宗根本谬误正在能习不分，故说本外有新。习气亦省云习，功能亦省云能，后皆仿此。其实有宗所谓习气，我亦极成。但习气如何而有，诸师终欠说明，只谓习气是由前七识各别熏生，而于所以熏生之故，则犹未究。

余固承认习气是有，但吾之言心，不许剖成八个，因此无所谓前七各熏。余以为凡人意念乍动之微，与发动身语或事为之著者，通名造作，亦名为业。意念乍动曰意业。即由意业转强，而发为口语曰语业，发为身体上之动作曰身业。后二业即已见之行事。一切造作不唐捐故。犹云不虚费。必皆有余势续起，成为潜在势力，是名习气。无量习气所以各各等流不绝者,等流者,谓一切习气其自身都是刹那刹那、生灭灭生、相续而流,故云等流。等者似义,后起似前曰等。则因人生有储留过去一切作业,以利将来之欲。业曰作业,取复词便称。此欲虽不显著,确是凡有血气心知之类所同有。如其无此欲,则一切作业才起即灭,都无余势续流,即过去皆消失殆尽。然而人生常依据过去,以奔趋茫茫不测之未来,必不甘过去都消逝无余,以致绝无依据。所以凡业起时,恒有保留其业之欲在,故所作业虽方生方灭,而此业灭时,即有余势续生,名为习气。业方灭时即其余势续生,而生灭之间,亦无间隙。吾人一切习气,恒在吾人内部生活之深渊等流不绝,其复杂至极,藏伏最深,可以说为习海。习海是吾人所取资,却足以沦没吾人,是乃可惧。吾人本来生命本来生命者,谓吾人与天地万物同体的大生命,与世俗通用生命一词异义。必藉善习后云净。为其显发之资具。如儒者所谓操存、涵养、居敬、思诚种种工夫,皆是善习,生命之显发必由乎是。然亦以有恶习后云染习。遂至侵蚀生命,且直取而代之。谓染习为主,直取生命而代之也。不幸人生恒与恶习为缘,常陷入可悲之境。故哲学对于人生之贡献,要在诏人以慎其所习。要之,习气自是后起,本不可混同功能。尝以为能习二者,表以此土名言,盖有天人之辨。天者,非如宗教家所谓造物主,乃即人生真性或宇宙本体,说名为天。人者,谓众生自有生以来凡所自造之业储留而不失、直成为一己生活之所依据者,则谓之人。功能者天事也,习气者人能也。以人混天,即以后起同所本有,便将人生从无始来沦溺现实生活中凡所有之一切坏习,亦认为天性。因此,无从自识性真,而人乃无复性之可能,人生役于形,囿于恶习,便失其性。此真人道之大患也。有宗能习不分,是诚千古巨谬。本论特严能习之辨,略举三义如左:

一曰:功能即主宰,习气但为资具。功能是宇宙本体,亦即是人生真性。昔人有言,人之生也,形气限之,此即表示人生有坠退之患。然吾人性分上毫无障染,譬如太阳,虽有云雾起为障染,而其赫然光明之体恒自若也。本性无障染，义亦犹是。毫无滞碍、流行不息，而无所住着。毫无亏欠，德用圆满。毕竟能主宰形气而不堕于形气。吾人自省视听言动之际，其不涉于非礼者，明明有内在主宰，是乃吾人秉彝恒性，即功能之昭著于吾身者也。"秉彝"见《诗经》，言人生秉受美善之恒性也。恒者，不变易义。

习气为资具者，就善习说。资具犹云工具。功能是万有之本体，若从其在人而言，即是吾人本来无漏自性。无漏，犹云无垢。善习者，如吾一切作业，自意想乍动，以至一切言行或施为，通名作业。皆顺从吾所固有与天地万物同体之无漏自性以发，而不杂以小己之私欲与迷妄者，是为善业。孔门克己，佛氏破我执，所克之己小己也，所破之我亦是小己。皆不违害其自性故。儒佛虽同无己，然佛氏出世法，其无己之诣，究与吾儒异，此不及论。善业方起，便有余势等流，是名善习。善习积而益多，其潜伏于吾人内部生活之深渊，力用至大，足以激引本来无漏自性使其显发无碍。孔子所谓"人能弘道"，即此义。人者，谓人能自造善习。《论语》全部皆在人生践履中说，即皆善习也。道者，谓本来无漏自性，唯善习足令自性显发，故曰人能弘大其道。无着、世亲之学，以熏生净种为要归，净种即善习。不可谓无真见处，惜其理论种种支离。详玩本论可知。总之，吾人自性之显发，必待善习为资具，否则恶业多而恶习深，则自性障蔽之久，将剥丧无余，人道绝矣。然则习气为显发自性之资具，此中习气，专指善习。确尔无疑。凡所待以行者，通名为资具。自性待善习而始显，故善习对自性即名资具。

二曰：功能唯无漏，习气亦有漏。唯者唯独义。漏谓垢染法，取喻漏器随流下坠。有漏无漏，相反得名。亦者，伏无漏二字。习气不唯是无漏，亦通有漏故。纯净义、升举义，都是无漏义。升举，犹云向上。杂染义、沉坠义，都是有漏义。功能是法尔神用不测之全体，吾人禀之以有生，故谓之性，亦云性海。此性至大无外，含藏万德，故喻如海。性海元是光明晃曜，无有障染，自性无滞碍故云无障，自性无垢污故云无染。故说功能唯无漏性。此中性字，是德性之性，与上言性字有别。上性字即指目功能，此中性字谓功能所具之德性也。宜

238

随文准知。是以物齐圣而非诬，微尘芥子同佛性故。行虽迷而可复。人生无恶根故。若有宗计功能通有漏无漏者，有宗析功能为个别的，因计一切功能有是有漏性、有是无漏性，故概称功能，即通此二。则是鄙夷生类，执有恶根，可谓愚且悍矣。有宗立本有功能，亦有是有漏性者，即是斯人天性固具恶根。故本论所说功能，与有宗截然异旨，学者宜知。

惟夫习气者，从吾人有生以来一切作业皆有余势等流，万绪千条，展转和集，如恶叉聚。其性不一，有漏无漏，鳌然殊类。展转，相互之谓。和集者，无量习气互相依附成为一团势力，故言和；然非混合而无各别，故言集。恶叉聚者，果类有不可食者，名无食子，落在地时多成聚故，梵名恶叉聚。此喻习气头数众多，互相丛聚。无漏习气亦名净习，有漏习气亦名染习。夫习，所以有染净异性者，揆厥所由，则以吾人一切作业有染净之殊故。染业者，如自作意至动发诸业，作意谓意业，此以意欲创发乃至计虑与审决等心理过程，通名作意，与心所法中作意义别。动发，即见之身语而形诸事为，此业便粗。壹是皆徇形躯之私而起者。此业不虚作，必皆有余势潜存，名有漏习。余势二字吃紧。凡业虽当念迁灭，而必有余势续起不绝。如香灭已，余臭续生；丝竹停奏，余音入耳。又如春日犹寒，严冬之余势也；秋时厉暑，盛夏之余势也。凡物皆有余势，何况有生之物？灵长如人，其所作业，余势强盛，自非物质现象可比。佛家向以人之知虑迄于行为等等造作，通名为业。萌于意者为意业，自意而发诸身体动作者为身业，自意而形诸口语者为语业。虽复分别说为意业、身业、语业，要之总名造作，亦名为业。凡业，皆有余势等流不绝，以此余势为过去所惯习故，名之为习。此习遗于种族即名种族经验，其播于社会者谓之风气。总之人生一切作业，决非过去便散失，都有余势等流，谓之习气。而人每忽焉不察，须沉心体之自见。下言净习，亦可准知。问曰："吾人本性无染，何故流于恶？"答曰：只徇形骸之私，便成乎恶。王阳明所谓"随顺躯壳起念"是也。凡情迷执形骸，便一切为此身打算，即凡思虑、行为，举不越此一身之计,千条万绪之恶业皆由此起。须反身切究,始觉痛切。

净业者,如自作意至动发诸业,壹是皆循理而动,未尝拘于形骸之私者。此业亦不虚作,必皆有余势潜存,名无漏习。一切净业皆是循理而动,乃顺从乎天性本然之善,而动以不迷者也。《中庸》所谓"率性"是也。率性即不役于小己形骸之私。孟子以"强恕为近仁"。恕者,即能超乎一身利害之外,唯理是从,不以己身与万物作对,而通物我为一者也,故曰近仁。仁之为德,生而不有,至公无私,即性也。强恕则复性之功,犹未即是性,故以近仁言之。强字吃紧。意身等业皆不外乎强恕之道,即业无不净,而动皆率性。此等净业之余势等流便名净习,凡习染净由来,大较如此。若复分别染净行相,行相,谓习气现起而行趣于境,有其相状,故云行相。当俟《明心》章下,谈心所法处。

是故习有染净。净习顺性,染习则与性违。染净消长,吉凶所由判。染长则净消,丧其生理,凶道也;净长则染消,全生理之正,吉道也。然生品劣下者则唯有漏习一向随增,净习殆不可见。前文已云,功能者天事也,习气者人能也。人乘权而天且隐,吾人所禀之形与其所造之习通谓之人。已成乎人矣,则人自有权,而其天性反隐而难显。易言之,即后起的东西来作主,而固有生命竟被侵蚀。故形气上之积累,不易顺其本来。习与形气俱始,故是形气上之积累。愚者狃于见迹见读现,见迹谓染习。而不究其原,不悟众生本性皆善。因众生染习流行,遂以测生理之固有污疵。有宗立本有有漏功能,与儒生言性恶者同一邪见。果尔,即吾于众生界将长抱无涯之戚。然尝试征之,通古今文史诗歌之表著,终以哀黑暗、蕲高明为普遍之意向。足知生性本净,运于无形未尝或息。悠悠群生,虽迷终复;道之云远,云如之何?险阻不穷,所以征其刚健;无染习之险,何以见克治之健?神化无尽,亦以有夫剥极。物之生,不能皆灵而无蠢;人之习,不能尽善而无染。蠢与染皆缺憾也,《易》之所谓剥也。然天道无择于长育,圣哲常垂其教思,故神化无尽也。若有小心,睹宇宙之广大,将恐怖而不可解。《易》道终于《未济》,不为凡愚说也。

《大易》之书，为六十四卦，而以《未济》终焉，此义宏远。万化不齐，乃化道之所以不息而至妙。真理恒存，正以其有乖反乎真理者，乃益见真理之不可毁而至尊。人生希望，唯存乎常处缺憾而蕲求不已之中。未济，诚终古如斯矣，夫何忧何惧？

三曰：**功能不断，习气可断。**可者，仅可而未尽之词也。**功能者体万物而非物，**体万物者，谓其遍为万物实体。非物者，功能自身本无形相，虽为一切物之本体，毕竟不即是一切物。譬如假说水为冰之本体，而水究不即是坚冰相，故不可以执物之见而测功能。**本无定在，故无所不在，穷其始则无始，究其终则无终，故说功能永无断绝。**

**习气者，本非法尔固具，唯是有生以后种种造作之余势，无间染净，**造染则有染势，造净则有净势。**无分新旧，**旧所造作者皆有余势潜存，新所造作者亦皆有余势潜存。**展转丛聚，成为一团势力。浮虚幻化，流转宛如，**宛如者，流动貌。**虽非实物，而诸势互相依住，恒不散失。**吃紧。**储种无尽，**习气，可譬之世间所谓种子。**实侔造化之功；**王船山云："习气所成，即为造化。"**应机迅熟，是通身物之感。**物感乎身而身应之，即由习气应感迅熟。**故知习气虽属后起，而恒展转随增，力用盛大，则谓习气为吾身之主公，无不可也。然则习气将如功能，亦不断乎？曰：功能决定不断，如前说讫。习气者，非定不断，亦非定断。所以者何？习气分染净，上来已说。染净相为消长，不容并茂，如两傀登场，此起彼仆。染习深重者，则障净习令不起，净习似断。**非遂断绝也，故置似言。**又若净习创生，渐次强胜，虽复有生以来染恒与俱，而今以净力胜故，能令染习渐伏乃至灭断。**始伏之，终必断。**断于此者，以有增于彼，**染增则净断，净增则染断。**故概称习则仅曰可断，而不谓定断也。为己之学，**哲学要在反求诸己，实落落地见得自家生命与宇宙元来不二处，而切实自为，无以习害性。**孔子曰："古之学者为己。"无事于性，**性上不容着纤毫力。**有事于习。**修为便是习。**增养净习，始显性能，习之为功大矣哉！然人知慎其所习而趣净舍染者，此上智事，凡夫则鲜能久矣。大氐一向染习随增，而净者则于积染之中偶一发现耳。如孟

241

子所举乍见孺子入井而恻隐之心，此即依性生者，便是净习偶现。若乃生品劣下者，则一任染习缚之长驱，更无由断。其犹豕乎，系以铁索，有幸断之日乎？故知染习流行，傥非积净之极足以对治此染，则染习亦终不断。要之净习若遇染为之障，便近于断；近字注意。净习本无全断之理，然不得乘权，则其势甚微，已近于断。染习若遇净力强胜以为对治，亦无弗断。故习气毕竟与功能不似也，功能则决不可计为断故。

综前所说，性与习之差别处，较然甚明。性谓功能，注见前。有宗乃混而同之，是所谓铸九州铁不足成此大错也。余不许宠习以混性，但亦不贵性而贱习。虽人生限于形气，故所习不能有净而无染，此为险陷可惧。一流于染即堕险陷。然吾人果能反身而诚，则舍暗趣明，当下即是。本分原无亏损，染污终是客尘。本分谓性。譬如客尘虽障明镜，然明镜无亏损，故拂拭尘垢，则鉴照朗然，本性无损亦犹是。坠退固不由人，克敌还凭自己，人生价值如是如是。

本论所谓功能，与有宗根本异旨，如上所陈诸义，已可概见。今将根本大义，重行提示，以作本章结束。

一曰：体用二词，随义异名，其实不二。印度佛家以无为有为截作两片，西洋哲学其于实体与现象亦无真解，未得圆融无碍，本论皆救其失。又依本论究竟义趣，于一一微尘皆是全体，非可以一尘为大全中流出之一微分。大全谓本体。《大易》三百八十四爻，于一一爻皆见为太极。《南华》喻斯趣，曰"秋毫非小"，至矣微哉！远西玄宗未审有达者否耶？

二曰：至真至实，无为而无不为者是谓体。无为者，此体非有形故，非有相故，非有意想故；无不为者，此体非空无故，法尔生生化化流行不息故。

从其生化流行，彰以用名。然即用即体，非用别成一物与体对待。非字一气贯下。何以故？生而不有，化而不留，流行而无故之可守，一无形无相无想之本然也。是即用即体也。

无形者空寂也，空者，以无形无染名空，非以空无名空。下准知。无相者亦空寂也，无想者亦空寂也。空寂复空寂，离诸滞碍，含藏万有，具备万德万理，无可称美而赞之以神。神故生，神故化，神故流行不息，是故称之以大用也。用也者，言乎其神也。神者不测之称，穷理至极处，不可更诘所由，故曰不测，故曰神。是即体即用也。

夫用外无体，体外无用，故曰体用随义异名，二之则不是。

三曰：用也者，一翕一辟之流行而不已也。翕辟势用，刹那刹那顿起顿灭，顿灭顿起，本无实物存在。然而刹刹势速，宛有迹象，如旋火轮。势速者，前刹那方灭，后刹那即生，新新而起其势迅速。夫灭故生新，流行不住，势用盛故，有迹象现。旋火轮见前。因此，施设宇宙万象。

四曰：宇宙万象，惟依大用流行而假施设，故一切物，但有假名。而世间执化迹以为实物，化迹者，犹言大化流行之迹象。盖由实用习成云尔。

五曰：穷神顺化，即于流行而识主宰，于化迹而悟真实，故不待趣寂趣寂见前。而廓然无系。

上来假设功能，以方便显示实性，今当覆取前章《转变》。谈心物而未尽其义者，郑重申之，曰成物，曰明心，以次述焉。

# 卷下之一

## 第七章　成物

平常提及一物字，总以为物者物质，即对碍义。<sub></sub>对亦碍义，凡物有实质故名对碍。有宗唯识论师说器界及五尘并有对碍，器界即目自然界；五尘者，色声香味触也。似不符唯识。然诸师说器界是第八识见分所变之相分，五尘是五识见分各自所变之相分，如色尘相是眼识见分所变，声尘相是耳识见分所变，乃至一切所触尘相是身识见分所变。盖以相从识变，成其唯识之论。然复有一问题，自无着、世亲已建立实种子，大乘师有说种子非实，无着终以种子为实有。世亲后之诸师有主相见别种，诸师以每一识分为相见二分，而赖耶识之器界相及五识之五尘相，皆有实质，理应不与见分同种生，于是区种子为二类：曰见分种子，曰相分种子。是为相见别种。若如别种家言，则赖耶器相及五识尘相，并各从自家相种生，如何说是各识见分之所变？而主张别种者，亦谋避此攻难，乃谓诸识从种生时，其见种挟带相种而起，仍得说为相从识变，故唯识义坚立不摇。无着学派说明物质宇宙缘起，略述如上。无着派所谓器界与五尘等相分，即是色法。色者犹云物质，今总目之曰物质宇宙。又复当知，物质现象亦通名现行界，却是现界之一方面，因现行一词，实通心物而总目之，非专目物质现象故。世人读佛书，于其繁碎之名词每不知其所指目，更何从求其义乎？上卷《转变》章末后谈佛家唯识论一段文，提控纲要，名义不紊，读者毋忽。**今按彼论**谓无着派之唯识论。**实建立种子，为万物作能作因。**为，去声。能作因一词，大小乘通用，今借用之，谓相种能生相分，故说相种对于相分而名作，能作即是因，故名能作因。**然种子说根本谬误，不可成立，《功能》章已破讫。且相见别种颇近二元论，亦无足取。又种子无量数，藏伏赖耶中，见种挟带相种，谁为配属？诸师虽巧于钩心斗角，终无可弥缝其缺。余于无着学派唯识之论，不能无悬空构画之感也。**

  **附识：**有宗唯识之学，只是用一种剖解术，将心剖作二分乃至三分或四分，但第三第四两分均可摄入见分，遂以相见对开，而说二分。详在《成论述记》及诸疏。见分是能缘，相分是所缘。见相二分，相当于通常所云心物。在无着派唯识论之体系内，不许有心外独在之物，故破除外物之观念，而将一切物名为相分，即当作心之一分。尽管物是有实质，而亦说为心之一分。治其学者宜知此意。

  无着学派以种子为物之本源，本源，即是本体之形容词。此是其根本谬误处。佛家小宗大乘都有出世之情见在，故其言真如本体，无为无造，不生不灭，直是兀然坚住，等于僵固之物。真如本体四字作复词，他处准知。余谓空宗谈体而遗用，实乃各宗之通病，不止龙树学派为然。有宗欲正耽空之误，不能不服其睿识。奘师弘宣有宗，其见亦卓。独惜不敢匡正旧师单以无为言真如之过，而妄添一重多元之本体，所谓"无量诸种子，其数如雨滴"者是。种子云云，本轻意菩萨《意业论》。此粒子性之种子，如何可说为心物根源？本心固是全体流行之一面，言本心者，别于妄心。全体者，谓本体是全体性，夐然无对，不可说如众多粒子。流行者，谓本体是生生化化流行不息，故单以无为言真如者大误。然即于本体之流行而名为用，故即体而言，用在体，非可遗用以谈体。流行有一翕一闢，本心乃依闢之一方面而立名。**物界又何尝不是全体流行之一面？**物者，依翕之一方面而立名。**而臆想有数如雨滴之种子为心物作根源，岂不谬哉？**

余以本体流行、翕闢成变，假设心物万象，已说在《转变》章。今在此章，将详于翕义。

夫翕闢非异体，只势用殊耳。此二种势用，不可分割，名之为势用，即不可当作实物来想，何可析为二片物事？更无先后。不可说翕先而闢后，亦不可说闢先而翕后。**闢势本一，**一者，言其为浑然全体。无定在而无不在，新新而不守故，进进而无退坠，是其德之盛也。翕与闢同为本体之流行。然翕有异于闢者，则以翕之动势，唯是收摄凝敛，将为物始，有趋于顽钝与沉坠之可能。是乃动而反其本体者欤？然本体毕竟常如其性，故翕势方起，即有闢势与之俱起。其义见前，兹不赘。夫本体之动，不能无反，惟反乃成物。此反之为用，奇哉不可测也。《庄子·天地》篇曰"留动而生物"，此一留字下得奇特，从来治《南华》者都不求解。动者流行之谓，留即翕义，非浮散无攸聚，非莽荡无所凝，是谓动而有留。有留即成物。本体流行无已止，惟有凝摄之一方面所谓翕势，乃使健以开发之闢势，有所依据、集中，以显其胜用，其妙如此。庄子所谓"若有真宰，而特不得其朕"者，傥谓是欤？

闢之一方，浑一而不可分；翕之一方，乃分化而成多。问曰："何故翕有分化而闢不尔？"答曰：闢势不改易其本体之自性故。譬如水，已举其自身全成为冰，而冰能不改水之湿性。闢不改其本体之德性，由此譬可悟。无形无象，运而无所积，运者运行，无有停滞曰无积。周流乎一切翕或物之外而无不遍满，斡运乎一切翕或物之中而无有闭阂，斡字，有运行及主领义。其为浑一何疑？翕势乃分化者，由翕之势猛疾旋转，自不期而凝成无量细分。印度胜论师说极微名细分，今借用此名，而不同其本义。譬如水蒸气在空中元是游气遍布，及其渐凝，则分化为无量点滴。因明云，凡譬喻，只取少分相似，不可求其全肖。由此譬况，可悟凝敛必至分化，凝则成多，万物散殊。然斡运乎万物而无不在者则阗也。《庄子·德充符》篇曰："自其异者视之，肝胆楚越也。肝胆，腑藏中物，而犹楚越二国之异。物以形殊，人情易睹其对峙，而难味其联属。自其同者视之，万物皆一也。"阗者，就其在每一物而言，是一物各有之生命；就其遍在万物而言，是宇宙大生命。一物之生命，与宇宙大生命本来不二。《南华》胜义，足与翕阗之理相印证。翕之始凝为细分也，可名之曰翕圈。所以者何？动势猛旋，凝成细分，大概近圆形，故以圈名。细分为形质之端，而尚未著现，即无实方分，所以假定其近圆形。又无量细分宛尔分畛，亦有圈义。宛尔者，似有貌。诸细分之间似互有畛域，不杂乱也。翕圈细微，至于不可破。庄生所谓"形本"，惠施所谓"小一"者，殆指此而言。形本者，谓有形之物以此为本也。惠施曰："至小无内，谓之小一。"无内者，不可破析故，若复有内，即更可破也，惟其无内，故名以小一。小者言其细微，一者言其无可再析也。《中庸》曰"语小莫能破"，殆为惠子之所本。

或有问曰："公以翕圈细分翕圈细分，作复词用。由于动势猛旋之所凝成，任玄想而无征，毋乃未可欤？"答曰：穷理到至极处，不可以小知测。察于散殊之事物以致其知，是谓小知。《易》之《复》卦小辨于物是也。小知诚重要，然其用有限，不可以穷大。玄想可訾乎？玄想者，神解之运，旷然与至理冥会，不当与空想同讥也。神解者，神明无染，脱然超悟。《庄子·知北游》篇曰："夫昭昭生于冥冥，昭昭者，形质显著之谓；冥冥者，未有形质也。有伦生于无形。"有伦犹云万物，物有伦类，故名有伦。无形犹冥冥也。其义本之古《易》说。子以为有物才有动，是从昭昭有伦处着眼，而不穷万化之源也。余以为本体流行，翕阗成变，是谓之动。此动字义冲深至极。动乃生形质，非可以形质为本源。是向冥冥无形处参究。吾与子着眼处已不同，相诤无益也。《大易·乾》之初爻，取象于潜龙。潜者，冥冥无形也。

古以龙为变动不测之物，故言潜龙者，所以隐示冥冥中动势已盛，是万物万事所从始也。汉人言：象犹譬喻。借象以显示其理，而不直言之，故曰隐示。《震》之一阳动于下，二阴乃著，亦此旨。阳以表动也，阴以表物也，动于冥冥中而万物生焉。吾子姑置所疑而深究之可乎？又复当知：才动，即有翕之一方面，形质已始于此，子何以无物为怖乎？

或复有难："如公所言，翕则凝以成多，自多之方面言，每一翕圈谓之小一，无量小一为物质宇宙基本。若尔，更有一问题，即此无量小一，将是各自生灭相续流转不已者乎？抑各小一皆是刹那肇创、不必以新生为已往之续乎？"

由前一说，则诸小一当有定数。如甲小一，初刹那才生即灭，次刹那继起亦复即灭，自此以往，刹刹均是才生即灭。据此可说，甲小一恒是刹刹生灭相续流转不已。甲小一如是，乙小一乃至无量小一莫不如是。故应说一切小一，从无始来各各自类相续。即大宇之内，小一之头数多少，无始迄今乃至未来恒无增无减。果如此，宇宙便是由有定数之细分积聚而成，等于死物。此说甚不应理，余颇有取于后一说。

原夫无量小一都是刹那顿现，前不至后，后不承前，前刹之小一不曾延持至后，后刹续起之小一非有所承于前，亦复才生即灭，刹刹皆如是。此不至彼，彼不因此，此时此处之小一，不曾至于彼时彼处；彼时彼处之小一，亦不因此时此处而有。夫谈义至此，本无时与处可说，但以语言方便假说时处。大化无穷，刹刹突起。《易》云"唯变所适，不可为典要"，犹云不可为之常法要则，以相约束，或不妨说为大变之自由欤。庄生叹其"谲怪"，至可玩也。是故诸小一各各自类相续之谈，徒以妄情揣拟，无关理实。

或有问曰："无量小一都无自类相续，云何成物？"答曰：小一皆于一刹顷才生即灭，决无自类相续。然前刹之小一方灭，后刹之小一即继前而起，此继起者虽非前法之自类，前法，谓前刹才灭之小一。而后者与前自有其相似。后起承前,不妨说为相续。是故每一个小一,都无自类相续,而前灭之小一与后生之小一,或甲小一与乙小一,要皆有相似相续义。大化周流,不常亦不断,老聃所以有"众妙"之叹也。小一无有自类相续,是不常也;前刹之小一才灭,后刹之小一即紧接而起,是不断也。叹者,叹美之也。

复次万物唯依小一而假施设,若离小一亦无万物可说。无量小一相摩荡故,有迹象散著,命曰万物。摩者,相比合之谓;荡者,相乖违之谓。此中用摩荡二词,与《易传》义异。所以者何? 小一虽未成乎形,而已为成形之始。无量小一,其间有互相亲比者而组成为一系,亦有互相乖违者,即各各从其亲比、互别而成众多系,万物以是繁然分殊。凡摩荡之情,只生于彼此相遇之当否,不必臆计其相摩之由于爱,相荡之出于憎,造化本无作意故。《易》每卦六爻,以当位与不当位明变动之异,可深味也。凡系与系之间,亦有相摩相荡,如各小一间之有相摩荡者然。系与系合,说为系群。二个系以上相比合之系群,渐有迹象,而或不显著;迹象亦省云象,积微而显故成象。科学家所谓元子电子不过图摹小一系群之迹象,决无从测定小一也。及大多数系群相比合,则象乃粗显。如吾当前书案,即由许许多多之系群互相摩而成象,乃名以书案也。日星大地靡不如是,及吾形躯亦复如是。故知万物非离小一有别自体。夫小一至微至微者也,积微乃成著。微分术以数起于无穷小,乃积之可以成诸有。《中庸》曰:"夫微之显,诚之不可掩。"此言真体成用,其凝也至微,而积微遂显为万有,一本于至真至实之昭著不可掩。其旨深远矣哉!

小一相摩荡而成各个系,系与系相摩荡而成各个系群,由多数系群比合显为万物,所以万物无自性。或有问言:"诚如公说,则万物本来皆空,似违世间,世间现见有万物故。"答曰:称实而谈,万物本空;随情设施,则由小一系群有迹象现,亦云化迹,即依化迹假说万物。此于义可成立,无沦空之患也。

附识：原本此后有多文，皆谈范畴，盖犹《诗》云"有物有则"之义。谈知识论者或以范畴纯属主观，余极不谓然，故本章论及此。顷思此项文字以移入《量论》为是。倘《量论》不复作，将来当存之杂录。

复次在本章中虽依翕之一方面而假说物，其实言翕即有阖在，前文屡经说过。今更申明翕阖相反相成之旨，则翕之所以为物者其义益见。吾将借用《易》之八卦，以达吾旨。

|  |  |
|---|---|
| ☰ 乾 | ☵ 坎 |
| ☷ 坤 | ☲ 离 |
| ☳ 震 | ☶ 艮 |
| ☴ 巽 | ☱ 兑 |

如右所列八卦，系分为两层排次之。此种排列法纯为篇幅之便，并非有何意义。

今先说《乾》《坤》二卦。此中以《乾》卦之幽，表示阖；以《坤》卦之明，表示翕。明者，专凝成象而可见，故是翕；幽者，其势用默运深潜而难知，故是阖。

幽者明之缊，明者幽之表，幽明本不二。明为物，幽为神。神犹言心。明则万象森然，而幽乃无尽宝藏。幽之所可有者，无复限量，精神之运，思惟之极，其奥无穷，其变无方。如道德之崇高与日新、智虑之广远幽深繁赜均无止境，若夫发明创造，新事物日出而源源不竭，凡此皆幽之所大有。而其内涵之潜德潜能所无弗可有者，孰知其极乎！

《乾》《坤》二卦，以表翕阖。自余六卦，则皆因翕阖错综之情不一，而著其不测之变。错者相对义，一翕一阗，故是相对；综者相融义，翕阗以反而相成，故是融和。

次谈《震》《巽》两卦。《震》卦本合上下两《震》卦而成，如下所列：☲。上卦只是因而重之。

《巽》卦合上下两《巽》卦而成，如下所列：☴。上卦系因下卦而重之，例同《震》卦。《震》《巽》两卦恰恰相反，比而观之，其义可见。

凡卦阳爻，吾皆以表阗；凡卦之奇画皆阳爻。其阴爻，吾以表翕。凡卦之偶画皆阴爻。

《震》，一阳在下，其上二爻皆阴也。

《巽》，一阴在下，其上二爻皆阳也。《震》《巽》二卦相反，而实相资。

《易》之为书妙于取象，凡卦举象以示，而其意义昭然若揭矣。《震》卦取象于雷，雷出无形，震动乎幽蛰，其力盛大而不可计量。《震》卦一阳潜动于下，故以雷象之也。又有帝象，帝者主宰义。《震》卦一阳居幽，居幽者，初爻居下，隐而未见也。而为动之主，故有帝象。

《巽》卦取象于风。此有二义：一、风者轻微之象，《巽》卦一阴在下，卑顺以从阳而不自为主也，故取象于风之轻微。二、风之大者磅礴六合，《巽》卦二阳在上，周通无碍，周者周遍，无亏欠故；通者通畅，无隔阂故。故取象于风之周通。

由《震》卦言之，物质宇宙虽依翕立，然而默运之且主宰之者则阗也。《震》之初爻，一阳潜动乎下，明示阗势潜伏，斡运乎万物而无不在。其上二爻皆阴，则明示翕而成物，粲然著见。

《易纬》言《坤》，谓其势不自举。《坤》即吾所谓翕。故知翕而成物，即失其本体之健德，不能不有待于阗也。翕随阗转，故云势不自举。《震》卦一阳潜运，所以表阗之运翕，其势用盛大不可测，故以雷象之。又因阗主乎翕，故有帝象。

《震》《巽》二卦，反而相成。《震》卦阴外见，二阴在外卦，名外见。而阳居幽以动之，初爻名居幽。表翕之斡运乎翕也。《巽》卦则阴居下而从阳，一阴从二阳。明夫翕势无定在而无所不在，既运乎翕之中，亦包乎翕之外，故翕惟顺以从翕也。顺而不为主，是轻微也，轻微莫如风，故《巽》取此象，以明翕唯从翕。

已说《震》《巽》，次《坎》及《离》。

《坎》卦合上下两《坎》卦而成，如下所列：☵。坎是险陷之名，此卦一阳陷于两阴之中，即阳为阴所障碍而不得显发，故阳在险陷中也。《坎》之象为水，水之流也，可度悬崖，可入坑井，甚且泛滥乎渊广不测之海洋，此至险也，故《坎》卦象之。

《离》卦合上下两《离》卦而成，如下所列：☲。《离》卦爻象恰恰与《坎》相反。

$$☵ \quad 坎$$

$$☲ \quad 离$$

《坎》卦一阳在中，为险象，以其受阴之锢蔽故也。《离》卦一阴在中，而阳则破阴暗以出，故为明象。上下两《离》卦，故为重明也。其明继续不已，故为重明。又阴在二五，为居中得正之象。上下两卦合数之，从下卦初爻数起，阴居二爻及五爻。二者下卦之中，五者上卦之中。则以阴能顺阳，是履中正之道。非若《坎》卦阴失其道而锢阳也。失道，谓阴不顺阳即失其中正。

有难余者曰："公所谓翕，即物之一名所依以立；公所谓翕，即心与生命、精神诸名所依以立。本论心与生命、精神三名虽殊，而所目则一。以其为本来灵明之体则名曰心。但有时以习气或妄识名心者，便与此心字异义，宜随文辨别。又以此心是生生不息周遍流行则名曰生命。但与世俗习用生命一词确不同义。又以此心刚健不挠妙用不测则名曰精神。故三名虽异，而非别体。三名在全书中散见，他处未及注。公固以翕翕为同行异情，翕翕非异体，故名同行；动势殊，故云异情。

252

阚主乎翕,翕终顺阚,此心物所由不二。而以阚为主故,克成唯心之论。<small>以上难者叙本论之旨,下乃其所申难。</small>虽在理论上不妨如是主张,而揆之事实却有大谬不然者。物质先在,心乃后来偻然发现。第就天文学征之,其事甚明。公言唯心,奈何不注意及此? 姑以三端略诘:

"一、物质宇宙重重无尽,吾人所居地球是八大行星之一,八大行星与太阳乃组成太阳系。在此太阳系之外,还有许多天体系列,其数目之多,远过恒河沙数。天文学者琼斯有云:天际星球之数,几与全世界各海岸的沙粒那样多。汤姆生云:夫以太阳系之硕大广漠、宜无伦匹,而在众星云之大宇中乃渺乎沧海之一粟耳。由此可见,充塞太空只是无量物质宇宙。

"二、生物所可存在之域,其与一团烈火相似之热度最高圈围,距离必不过远,亦不过近,而恰为温度合适之域。若不及此域,或距烈火圈过近,则生物必枯萎,或距烈火圈过远,则生物必冻毙。唯吾侪太阳系中之地球温度恰好,但散布太空之无量星球,其类似地球之绕太阳而有适宜于生物之温度者,确甚难得。

"三、依天文时间计算,行星年岁甚小。太阳系之造成,大概因两星云之相撞,而两星云相碰一次之机会约须七兆兆年。据此,则太阳系之年岁在星云中已甚幼稚,地球是从太阳中分裂而出,其年龄较太阳更小。而地球形成之后,又不知经多少时劫,始有生物。自生物中进化为人类,才有高等心灵发现,则又不知历时几许矣。

"综上所说,散布太空之无量天体,皆大物也。而具有心灵之生物或人类,其出现甚为偶然。可见物质先在,心非固有。公所持翕阚之论,明明与事实相反,将何以自解耶?"

上来已述难者之说,今当审正其谬。哲学总观宇宙,<small>与科学之为析观者不同。</small>务在穷其源底。<small>源者本源,底者底蕴,乃本体之形容词。见《胜鬘经》。</small>余言本体流行、翕阚成变,是从源底处立论。今难者从诸天体之研究,而推定生物之发现甚为偶然，易言之，即物质先在，心非固有。此其谬误，略言有二。一曰难者于一心字无真解。难者以生物出现，方见有心，故臆断心是偶然。生物一词是泛称，难者之意实指动物与人类。其所以有此谬误者，盖以动物有知觉，人类有高等识别作用，即于此等行相说为心，行相者，心行于境，自有知觉或识别与觉解等相故。而实不了心之真相。夫认取心之觉解等行相而以为此即是心者，无异将心作镜子看，心有觉解，犹镜子能照故。然镜子是死物，心却不然。此心确是健以开发之一大势用，知觉乃至高等识别等行相，皆此一大势用之缘境而发者也。学者必反己体认自家固有健以开发之势用，方识此心真相，决不武断此心是生物出现时偶然而有。所以者何？健以开发之势用，其在我身者，亦即在天地万物者也。是乃磅礴大宇，周流六虚，上下四方曰六虚。无在无不在，无始无终，不可寻其始期曰无始，无有穷尽云无终。是为宇宙之大心。《庄子·天运》篇曰："天其运乎？乎者，故设疑词。下仿此。言天之为物最大，何以能自运乎？必有斡运于其间者。地其处乎？处犹止也。言地非止而不动，亦必有斡运于其间者。日月其争于所乎？日往则月来，月往则日来，日月之相代，非互争其处所也。其往来有则，亦必有斡运于其间者。孰主张是？孰维纲是？"两孰字，皆故设疑词。主张犹云主宰。维纲，谓若网之有纲，使百千孔目相维系为一体也。天地日月与无量星云星球，本非各自离散，必有主宰与维纲其间者。详《庄子》此文，阐明宇宙必有纲宰，神解卓绝。维纲、主宰二词，今省并之曰纲宰。然则纲宰云何？盖非神帝之谓，是乃健以开发之一大势用，磅礴大宇，周流六虚，所谓转翕而不为翕转之闢是已。夫物由翕而成，既成为物，便是质碍沉坠。注意。唯健以开发之势用所谓闢者，能斡运乎万物而通其碍、拔其坠，斡运者，运谓运行，斡字有运行及主宰二义。是故名以宇宙大心。未有我与一切生物时，此心已夐然而固存；夐然，无待义；固存，犹言本来存在，非后起故。我与生物方有，此心亦遍在乎我身与一一生机体中，遂为我与众物各具之心。当知各具之心即是宇宙大心，本来不二，无可离析，无有悬隔故。吃紧。难者言心，只于觉识等行相上认取，因此妄计生物出现才有心，更武断心是偶然而有。其实，心之本身只是健以开发之一大势用所谓阖者是。难者于此若有体认，自不至妄疑生物未出现时便无有心也。古德赞心之偈云："有物先天地，有物者，隐指心而言。先字非时间义。天地，物之最大者也。心不从天地生，而实主乎天地，如《易》云"裁成天地"，《中庸》云"位育天地万物"，皆心之功用也。故言先。无形本寂寥，心无形无象，本来寂寥，然心之德用刚健开发而无穷竭也。若仅从寂寥处体认，则老与佛之所以失。能为万象主，此心主乎天地万物故云。不逐四时凋。"四时有代谢，而心乃无始无终，何凋之有？此偈虽稍杂佛、老，而大体甚谛。学者言心，而从觉识等行相上认取，终不悟心之真相，其疑心非固有，无足怪也。

二曰器界为完整体。难者疑生物之出现为偶然，亦大谬。器界本佛家名词，犹云物界。自散布太空之无量星云与诸天体及声光等，乃至植物之形、动物之躯，一切不摄于心法者，通属器界。广漠无涯之器界，实为变动不居复杂至极之完整体。其各方面之发展，实缘固有无限潜能。如生物发现虽较后，要自无始已有此潜能在，不可以其后出而谓之偶然也。天下如有石女生儿事，乃真可谓之偶然，此等事本无有，佛氏明必无之事，辄设石女生儿为譬喻。故知偶然一词甚不妥，此中不及论。生物出现不偶然，心能宰物而非从物生，其不偶然又何待论？

或复有难："心灵虽盛显于人类，而此优秀之生物在全宇宙中毕竟微小，如太仓中一秭米耳。"答曰：宇宙为复杂至极之完整体，其间各方面实互相依持。持者能持，谓能任持其自相而自为主体故；依者，依属于能持之谓。此一物对其他一切物而为能持，即一切物皆依属于此。彼一切物，亦各对于此物而为能持，即此一物通依属于一切物。万物互为能持，互为依属，故一切即一，随举一物为能持，其余一切皆依属于此一物而不相杂异，故一切即一。一即一切，已说一切即一，而此一物复通依属于一切物，故此一即是一切。大中见小，一切为大，其一则小也。今以一为能持，而一切皆依属于一，是以大从属于小，而不名为大矣，故云大中见小。摄无量世界于一微尘，世界不名大，此何足诧？小中见大。一物虽小，而以一切物为其依属，则小而大矣，故云小中见大。一微尘摄无量世界，何大如之？夫小失其小，大失其大，是小大相空也，妄相空而其真始显。万物互为依持，莫不为主，亦莫不相属，是以不齐而齐，玄同彼是，是，犹此也。纷乎至赜，而实冥然无对。

已说万物皆互相依持。人类之在万物中也，浑然与万物同体；而惑者不知，反妄生区别，而离一己于天地万物之外，顾自视渺乎太仓中一稊米也。善乎杨慈湖之说曰："自生民以来，未有能识吾之全者。惟睹夫苍苍而清明而在上，始能言者名之曰天；又睹夫隤然而博厚而在下，又名之曰地。清明者吾之清明，博厚者吾之博厚，而人不自知也。人不自知，而相与指名曰：彼天也，彼地也。如不自知其为我之手足，而曰：彼手也，彼足也。如不自知其为己之耳目鼻口，而曰：彼耳目也，彼鼻口也。是何惑乎？自生民以来面墙者比比耶？"又曰："不以天地万物万化万理为己，而乃执耳目鼻口四肢为己，是剖吾之全体而裂取分寸之肤也，是梏于六尺七尺之躯而自私也、自小也，非吾之躯止于六尺七尺而已也。坐井而观天，不知天之大也；坐六尺七尺之躯而观己，不知己之广也。"详此所云，甚有理致。犹复须知，唯人类心灵特著，毕竟官天地、府万物，官天地者，人与天地同体，而复为天地之宰，所谓"范围天地之化而不过"是也。府万物者，孟子所谓"万物皆备于我"是也。其不幸迷惑而至自私自小者，非其本然也。人类之在天地万物中也，殆犹大脑之在人体内，独为神明之司、感应无穷之总会焉。宇宙之发展至人类而精粹已极，心灵于是乎昭显，斯盖真实之著见必不容已者，真实谓本体。其不得谓之偶然甚明。

复次印度佛家说植物与土石等物，同属无情，即无生命，情者情识，无情犹云无心。而当时外道多主张植物有生命，颇反对佛氏之说。余谓植物皆有知觉,虽暧昧而不甚著,要不可谓之无情,当以外道说为长。或问:"土石等物亦有心否?"答曰:宇宙大心无定在而无不在,何独土石等物而无心乎?惟其物之构造尚未臻于精良,即翕势流于重闭,而辟之势未得遽显,故似无心耳。

综前所说,世人以为心后于物,其发现为偶然者,已经一一破讫。今次当说《坎》《离》二卦,以申微旨。《坎》卦阳陷于重阴之中不得显发,即表示心为质碍物所障蔽,而未能骤致转物之功。阳谓心,阴谓物。《坎》卦有陷险象,正在此。余尝言,造化有心而无意,造化者,盖就宇宙盛大之变化而言。心之为言是主宰义,起想造作方谓之意。本体流行,法尔有翕之一方面,无翕则莽荡空虚而无物,是本体亦无用之幻境也,理必不然。惟翕始成物,便流于沉坠,沉者重浊义,坠者退坠义。不谓之反其本体不得。然本体恒不改易其刚健、升进、明净诸德性,本体万德咸备,而举要言之,莫大乎刚健、升进、明净三德。《易》六十四卦而《乾》为首,《乾》之德,刚健、升进、明净三者皆备。或曰:"《乾》有健德固也,云何有升进、明净?"答曰:《乾》之下卦由潜而见、而惕若,即表升进之德。《乾》曰"大明",曰"纯粹精",表明净之德。《乾》卦即明体即用,《乾》德谓本体之德。毕竟不物化。故翕势方起,即有辟势与之俱起,健以开发乎沉坠之物,转翕而不为翕转。是故就辟之一方面言,终未尝物化。而主宰之义于此可见,心之名乃立。

其谓之"无意"何?翕辟成变,是谓之动。其动以不容已,非有意想造作,以无作者故。作者,犹云创造世界之神,此用佛籍译名。不容已三字须深玩。《诗经·周颂》云:"维天之命,于穆不已。"天者本体之名;命者流行义;于穆,深远义。盖言本体流行,元是真实力用,浩然无有衰竭,故其动不可已止。所以有深远之叹。

世人以为生物未出现时心不可见,遂断定心非本有,是乃大谬。本体流行,翕辟成变,理不容疑。谓宇宙洞然无物,唯是灵光独耀,固不应理;谓宇宙元始唯是物质充塞,暗然一团无明,又何可为至论?佛言无明，即迷暗势力，此借用之，形容无心之状。夫生物未出现时，非无心也。器界之发展，必须经过质碍层，而后有生机体层。覆看上卷《转变》章。据大乘有宗义，质碍层对于生机体得作五种因，曰起因、依因、随转因、持因、养因。有宗言大种世界，相当于余所云质碍层。其言造色，与今云生机体，义亦相通。起因者，谓质碍层若未起，生机体必不能起，故说质碍层为生机体作起因。为，去声。依因者，谓生机体依据质碍层而得生故。随转因者，谓若质碍层变异，生机体亦随变异故。生物必适应环境，即此因。持因者，谓生机体刹刹故灭新生，由质碍层持之不绝故。养因者，谓由质碍层诸可资生之物，养彼生机体令其增长故。如上五因，可见生机体出现于质碍层之后，盖自然之理，必至之势，断非别有上神作意经画于其间也。自然之理一语，不可作习熟语滑过去。须知理之不可易者，不可问其所由然，自然而已。如老之演《易》曰"一生二，二生三"，何故如是？自然也。但亦须有辨。如印度自然外道说鹄自然白，乌自然黑，如此言自然，便谬甚。兹不及论。惟有当深穷者，造化本无神意预于其间，而不可谓无主宰。宇宙大心即主宰。生物未出现时，心不可见者，则以质碍层构造颇简单，形体粗重，而心或生命乃在物尘缠缚之中不得显发。《坎》卦表示阳为阴所闭锢之险，微哉其深于测化也。世人不悟，乃妄计宇宙本际唯有物而无心，岂不谬哉！本际，犹言初始之际，本者始义。

　　夫心方陷于物而未显，要不可言无。前不云乎？磅礴大宇，周流六虚，无在无不在，无始无终者，是为健以开发之一大势用，谓之闢，亦谓宇宙大心，何可臆断其本来无有哉？邵尧夫诗云"眼明始会识青天"，青天昭昭，而眼有翳者莫睹，要自于青天无损。学者不证心源，其所以失之者，盖于宇宙只作分段看，而不悟其为全体。从分段去看，生物未出现时，不闻无生物有知觉识别等心作用，故疑心非本有。凡物无生活机能者如土石等，通名无生物。此与动植诸物相比较，而为之分类故。《易》言万物皆变动不居，土石等物亦非死物。若乃从全体去看，宇宙由无生物而生物，生物复由植物而低等动物，迄高等动物，以至人类，层复一层，完成全体之发展。是乃健以开发之一大势用，斡运乎无量物质宇宙之中，而破其锢闭以自伸。层层从隐之显，由微至著，常使物质由粗重而进为有组织之生机体，<sub>如由质碍层诸无生物，进为生机体层诸植物。</sub>复由组织较简单之生机体，渐进而至于组织极复杂微妙精利之生机体。<sub>如从植物至低等动物，又至高等动物，更至人类。</sub>其发展不容已，老氏所谓"动而愈出，虚而不屈"，<sub>不屈，犹云不穷竭。</sub>盖亦有窥于此。<sub>动愈出而虚不屈，即阖也。老氏之学出于《易》，惜其溺静而舍健，至差毫厘而谬千里。</sub>是故从宇宙全体看，便见翕之势虽不幸而趋于沉坠，而阖势确然健以开发乎重阴固闭之中盛大不可御。<sub>阴谓翕或物，阳谓阖或心。《坎》卦阳陷于重阴之中，是重阴固闭之象。</sub>易言之，即心灵与生命力毕竟破物质之锢蔽，而发扬无上光明。《大易》演《坎》卦，而次之以《离》。《离》卦为《坎》之反，阳乃破阴暗以出，为大明之象。<sub>上下两《离》卦，为重明，故曰大。</sub>阴居二五者，<sub>下卦之二为阴爻，是阴居中也，上卦之五亦阴爻居中。</sub>则以阴能顺从乎阳，为履中正之道。总之《离》卦阐明阖主乎翕，乃能转翕而使之从健以弗坠，心灵毕竟官天地、府万物。《坎》《离》二卦恰恰相反相成，可见宇宙全体之发展，实为一翕一阖或心与物之相倚，卒归于阖以健帅翕，使之和同而化。<sub>帅者，主义。</sub>伟哉造化！始乎《坎》阴险陷，终乎《离》阳大明。《坎》之陷也，心被锢于物而不显，岂曰无心？《离》之明也，心出险而奏转物之功。故知心能宰物，不可臆断心非本有。

　　夫翕势至于沉坠，即宇宙大生命<sub>亦名为阖，亦名大心。后仿此。</sub>几乎熄。《易》之《坤》曰："阴疑于阳，必战，为其嫌于无阳也。"深远哉斯言，汉以来说《易》诸家罕有悟者。学者如能屏除驳杂知见，精思果力，直凑单微，庶几冥会耳。不得已而强为释。真体之动<sub>犹云本体流行。</sub>本以一翕一阖，反而相成。但翕之一方面，其势物化，偏趋于重浊下坠似无转机，将令阖之势用受其锢蔽而不得伸，余故曰宇宙大生命几乎熄。

阴疑于阳，正就此际而说。阴为翕，阳为辟。疑者嫌疑。下云为其嫌于无阳也，重申上之阴疑于阳，语气便分晓。必战者，翕而成物，所以为辟之具；具者工具，无翕，则辟无所据以为斡运之具。故辟必待翕，亦自然之理，必至之势，非有神意安排于其间也。然物成而沉坠，将害于辟，是固辟之所不得不力战以开通乎重浊之物，否则无以全其本体之德也。本体具刚健、升进、明净诸德，唯辟能全之而不丧。而翕之为功于辟，亦未尝不在是。不有翕之沉坠，辟亦无战胜之功。奇哉奇哉！造化不息其战，所以免于物化之患。宇宙发展，自无生物而生物，驯至人类，层层改造物质，使生机体之组织日益精利，然后生命解缚而心灵独耀，皆力战之效也。道家以任运言造化，任自然之运行，曰任运。殊不悟大造转物之功恒存乎战，此亦自然之运中不容已之几也。大造者形容词，非谓有神帝。若徒言任运，可谓真知化者哉？《易》于《坤》之上六，著龙战之象，龙者阳之象。辟之势用是阳，翕乃是阴。翕成物而流于重浊，则辟受障碍，是阳道穷也。故阳必战胜乎阴，而取象于龙战。斯义广大。非知天者，不堪触悟，不堪信受。天之一名，有以本体言者，有依大化而言者。此中则二义兼具，以即体即用故。

已说《坎》《离》，次谈《艮》《兑》二卦。

《艮》卦合上下两《艮》卦而成，如下所列：☶。《艮》卦取象于连山含藏云气，阴爻并隐伏于阳爻之下，其象为静藏。《易》之取象不拘一格，宜随各卦之情而玩味之。阳，乾也，有天象。天者，空界之名，非谓星球。空界清虚，故可以譬喻本体。凡象，犹譬喻也。此卦谓本体固具无量潜能，以其隐而未现，故取山含云气之象。

《兑》卦合上下两《兑》卦而成，如下所列：☱。《兑》卦爻象恰恰与《艮》相反。

☶ 艮

☱ 兑

《兑》卦阴爻居上，显示本体所固具之无量潜能，自当乘几发现于外。几者，自动之几，非有待于外也。由潜而显，化几通畅，故有欣悦之象。《兑》卦取象于泽。《说卦》云"悦万物者莫大乎泽"，以泽润生万物，万物皆悦。潜能发现，而化几畅，故以泽象之。

谓本体具无量潜能者何耶？本体是圆满至极，德无不全，理无不备，所以目为化原，崇为物始。始字须善会，以其遍为万物实体，故云物始，非谓其超脱于万物之上而独在。本体必显为大用，是即体即用，而不可分体用为二。譬如大洋水现作众沤，无法分大洋水与众沤为二。但克就本体为万化之源而言，却是无穷无尽之大宝藏，故谓其本具无量潜能。《艮》卦之旨在此。

本体备含无量潜能，自必以渐发现。有时甲种潜能发现，而乙丙等等潜能或暂隐而不现。如生物未有时，而心灵尚未显发，是其例也。久之隐伏之诸潜能终当发现，至此则化机通畅，即是本体现起大用渐近完成时。渐近云者，则以事实上无所谓完成。《大易》终篇才示《既济》，而即继以《未济》，其旨深哉！一真之体，显为大用，行至健而无止息也。使有完成，则化几且熄。其然，岂其然乎？《中庸》"至诚无息"与《大易》"未济"之旨互相发明。夫化几畅而及于遂，遂者，上文所谓完成。及于之言，犹渐近也。故有欣悦象焉，此《兑》卦之所示也。欣悦只表畅达之象。化几之运，如自植物以至人类，心灵盛显，可谓畅达而几于完成矣，故以欣悦象之。

大用流行无已止，即是众理显发无穷尽。用者，神变无穷之称。神者不测义。理者，变无定则，而非无则之谓。则字含有形式与规律等义。则无一定，以变极自由，本无拘限故；非无则者，变化繁赜，都不乱故。本体现起无量大用，即由其具足无量众理故。夫惟本体，理无不备，故用以之行。用相之现也，乃即相即理。用者一翕一辟也。相者相状。大用流行，有相状诈现，曰用相。如翕即物相现，辟即心相现。用相即理之所成，故云即相即理。用相有所未现，如太空浑沦一气时，诸天体尚未凝成，即未现也。而理体元无不备，则不可妄臆相方未生即无有此理也。异哉王船山之说曰:"天下唯器而已矣。道者器之道也,无其道则无其器,人皆能言之。虽然,苟有其器矣,岂患无道哉?无其器则无其道,人鲜能言之,而固其诚然者也。洪荒无揖让之道,唐虞无吊伐之道,汉唐无今日之道,则今日无他年之道者多矣。未有弓矢而无射道,未有车马而无御道,未有牢醴璧币、钟磬管弦而无礼乐之道。则未有子而无父道,未有弟而无兄道,道之可有而且无者多矣。故无其器则无其道,诚然之言也,而人特未之察耳。"《周易外传》卷五。详船山所谓道,相当吾所谓理;船山所谓器,相当吾所谓相。相者,具云用相。由船山之说,则理体非固有、非大备、非圆满无亏之全体,直须有如是相,而后有如是理,相方未现,即固无此理也。然则用固无体,凭空突起乎?如观海者不悟众沤以大海水为体而始起,乃直谓其凭空突起,则人无不笑其倒妄者,船山之见又何以异是?夫用则屡迁,迁者,不守故常。而理唯法尔完具。完者,完全,谓理无所不备。具者,谓理乃本来具有,不由后起。人类未生时,而为父为兄之理固已先在;慈爱之理自是本体固有。牢醴璧币、钟磬管弦等等事物未出现时,而为礼为乐之理要皆先在;推之未有弓矢车马而射御之理先在。及凡古今异宜之事,当其未现,而理自不无。夫理备而数立,理极备,故有数,而数亦无不备。相,则理之乘乎数以动而始显。理数者,无假于相而固存,而相则依理数以显。依字须善会,非以此依彼也。相成于理,而相即是理;相因乎数,故不异数。但理之成乎相也,以其圆满大备之全体,深远无穷极,浩浩如渊泉而时出之。出者,出流义。渊泉极深极博,其出非可一泻而尽,故言时出,犹曰时时不已于出耳。夫出者,渊泉之实现也。时时不已于出,则渊泉终不能举其自所固有者而完全实现之,有余故不竭也。理体显为用相,亦同此譬。故相不即是理之全现,而理恒极备矣。

理体渊然空寂,渊然,深远貌。无障染名空,非空无也;无昏扰名寂。空故神,神者,状其变化不测。寂故化。寂故蓄之深,生生化化而不穷。神化者,翕阗

262

相互而呈材，翕为阖之具，阖资翕以行，故云相互。实则一体流行，现作翕阖二势也。材者，具云材质，但此材质字须活看，不可作实质解。**生灭流行不已，而造化之情可见。**翕阖势用才生即灭，无暂时停滞，如此新新而生、流行无已，所以谓之造化。情者动发之几，非机械性，故以情言之。**是故材质者，理之流行所必至之势也。材呈故谓之相。**

综前所说，以八卦阐明体用与翕阖诸大义，靡不包举无遗。物理世界所由成立，于此已悉发其蕴。

本章首刊定旧师佛家唯识论师。建立物种以说明物界，是其妄计。物种旧云相分种子。次依本体流行有其翕之方面，翕则分化，于是成立小一系群，由此施设物界。终之以八卦，大义毕举，心物虽异用，究竟不二。边见之诤，庶乎其免诸？边见，犹云偏见。

复次物理世界，自有一期成毁。一期者，如地球自其初凝迄至毁时，说为一期。凡物有成必有毁。昔邵尧夫说天地当坏灭，学者或疑其怪诞。然近世科学家并不否认星球方在消蚀与放射，则尧夫不为幻想矣。科学家亦有轮回宇宙说，虽义证未足。余以为宇宙坏灭之后，或须经一混沌时期，混沌，无物貌。然后创生新天地。本体流行无有已止、无有穷尽，旧天地毁，当有新天地生，余信为理所必然。

有问："天地毁时，人类之一切努力、一切创造，毕竟归空无，将奈何？"答曰：《易》言"穷理尽性以至于命"，理性命三名虽异，而所目则一。绝对真实，物禀之以成形，人禀之以有生，故谓之命。就其在人而言则谓之性。以其散著为万物万事悉有理则，复说理。穷者，博通而约守之，由散著以会归大本。尽者，全其本有之性，而无以后起之私染害之也。至字义深，与命为一方是至。**老云"复命"**，老子曰"归根复命"，人自有生以后，囿于形、缚于染污之习，渐以梏亡其本命，故须复也。《大易·复》卦即此意。归根与复命同，命之在人，即人生之根源，人必归宿乎此，而后离于虚妄。**佛亦有言"证大法身"。**佛说万物之本体，名为真如，亦名法身。身者自体义，诸佛以法身为自体故。证者证得，诸佛证得此法身故。**盖体合至真，即**

超越物表矣。诣乎此者，是立人极，离常无常及有无相，离字一气贯下读之。以为常耶？而万变无穷，是离常相。以为无常耶？而真净刚健，其德不易，是离无常相。以为有耶？而寂然无象，是离有相。以为无耶？而万物由之以成，是离无相。离去来今及自他相。真体超时空，故离去来今相；证悟真体，便无物我可分，故离自他相。染污毕竟不生，戏论于兹永熄，是盛德之至也。何以名之？吾将名之曰无寄真人。夫无寄则至矣，何天地成毁之足论？上来已说物界，今次当详心法。

# 第八章　明心上

夫说阙为心，即此心之为物此物字是虚字，乃回指上心字而言。是近在吾一身之内，退藏于密，远之弥满六合，无所不在。今于此章最吃紧者，惟求端的示人，如何认识此心，及如何致力。若敷陈理论，恐推演愈博，而于座下相离益远。座下者，譬喻词，指此心而言，亦隐示自家落实致力处。余所严辨者，唯在本心与习心。人生陷于罪恶之中，只任习心作主。若识得本心，纵操存力弱，而隐微间一隙之明，犹自有所不忍与不敢，已是振拔之几，未有亡失主公而可冀其凶迷能悟也。禅家称心曰主公，与《管子》言"心之在体，君之位也"义同。余平生之学，实乏涵养，惟赖天之予我者良厚，焆然不昧本来，本来谓心体。而察识工夫却未敢疏忽，未忍自欺，差幸有此耳。涵养、察识之辨，虽自朱子与张钦夫提起，而其源甚远，《孟子•尽心》篇曰："尧、舜性之也，汤、武身之也。"性之是涵养工夫深厚，身之是察识工夫严密。《大学》"知止定静安虑"一节，虑即察识，知止至安，皆涵养也。佛氏止观，其止即涵养，观犹察识。二法本不可分，但行之不无偏重。然《大学》之虑，不唯内省克己，而格物穷理之事皆在其中。后儒言察识者，似仅为反身知过，便将身心与万物万化万理分开，其所察识者几何？惟苦涵养不力，根本未得焆然坚固。心者身之主宰，故说为根本。涵养工夫，只是不令私意或浮杂妄想起而障碍本心之明。《论语》言"居处恭，执事敬"，言"默而识之"，言"仁者静"、"仁者乐山"，言"非礼勿视听言动"，皆涵养之功。涵养久而纯，即本心恒时为主于中，焆然不可犯，故云坚固。于庄生所谓"大浸稽天而不溺，大旱金石流土山焦而不热"，固未能几，此中引庄语，见《逍遥游》，从来注家无不失于肤浅者。须知至人心入大定，倾天倒岳之险，犹不足动之，何况其他？子玄"无往不安"云云，若非内有主而不摇，何得安？晋人之学无本。于孔子天不言而四时行百物生之叹，"天何言哉"之叹，隐示心体空寂也。时行物生，则空非空无，寂非枯寂。《功能》章上，可覆玩。穷理至此，而广远高深极矣，非文字可达也。佛氏修出世法，只证空寂，却不悟空寂而时行物生。上引庄语，盖几于佛氏所云不动地矣。然若住心于不动，又何异丧其心乎？须猛进始得。心知其意，而钻仰无从。尤以辜负圣灵虚掷此生为大憾也。七十年来困学，犹在闻思境地，何敢不勉哉！见闻与思辨，俗学以此为能，然若自以为有窥于真理，何异蛛之造网而自陷乎？夫发明心地，直指本来面目，本来面目谓心体，此禅家语。单刀直入，活泼有力，吾爱禅家。然旅人望门投止，未可便谓到家。"首出庶物，万国咸宁"，首出云云，《易·乾》卦象辞，从来注家以为言人君之道，实不了圣人取象之旨。夫心不失其本体之德，故即心而识体，譬之于众沤而识大海水也。此即用即体之义，首须明白。既于心而知其是本体显现，则万化真源，不外一心，故说心为万物之主。譬如人君超出众庶之上也。"万国"云者，心为主动，开通万物，纲纪万事，咸得其理。譬如人君垂拱，顺天下之公道而为治，万国咸宁。此乃以心主乎物，而取象于君道。汉人犹闻七十子后学传说，知《易经》字字皆是象。惜其不能进而穷理，惩秦之祸，不敢用思想。其治《易》，乃舍孔子而宗术数，圣意遂晦矣。大哉孔子之道！内圣外王，本未尝遗物，要归于心为物主，学者可不知所趣乎？今将举宗门一二公案，为始学津梁，而后举颜子所述圣门教法，立定宏基。后之从事于心学者勿轻叛焉可也。

　　唐世有大珠慧海者，初参马祖。祖曰："来此拟须何事？"曰："来求佛法。"祖曰："自家宝藏不顾，宝藏喻本心，此是吾生之真，万化之本，故以宝藏喻之。抛家散走作什么？戒其专恃量智或知识向外追求探索也。古今哲学家多是抛家散走。我这里一物也无，求什么佛法？"珠复问曰："阿那个是慧海自家宝藏？"祖曰："即今问我者，是汝自家宝藏。此时兴问之心，清净虚明，不夹杂一毫妄念，故此心即是自家宝藏。一切具足，更无欠少，备万理，含万善。使用自在，有无穷德用，故使用自在。何假向外求觅"云云。马祖教慧海，至为亲切。如前已说，心有本习之殊，本者本心，习者习心。实则只有本心，而习心直不应名为心也。当名之以心所，详在下章。然而一般人皆为习气所缠缚固结,乃直任习气取本心而代之,覆玩《功能》章下,谈习气处。终不自识何者为其自家宝藏。慧海初见马祖问佛法,马祖鉴其妄习未除,于是呵其外逐,令反悟自家宝藏,又示以无可外求。而慧海乃一旦廓然空其胸中伏莽,伏莽,谓一切染污习气。始跃然兴问:谁是自家宝藏? 马祖则直令其反求当下兴问之心,光明纯净,如赤日当空不容纤毫翳障者,此非自家宝藏而何? 若时时在在恒保任得如此时之心,便是药山所谓"皮肤脱落尽,唯有一真实"。皮肤喻习心,谓染习克治尽净也。真实者,无虚妄义,此谓本体呈现。

还有马祖扭百丈鼻孔一公案,足资警悟。百丈怀海大师者,马祖门人也。师侍马祖行次,见一群野鸭飞过。祖曰:"是甚么?"师曰:"野鸭子。"祖曰:"甚处去也?"师曰:"飞过去也。"祖遂回头,将师鼻一扭,负痛失声。祖曰:"又道飞过去也。"师于言下有省,却归侍者寮,哀哀大哭。同事问曰:"汝忆父母耶?"师曰:"无。"曰:"被人骂耶?"师曰:"无。"曰:"哭作甚么?"师曰:"我鼻孔被大师扭得痛不彻。"大师,百丈称马祖也。同事曰:"有甚因缘不契?"师曰:"汝问和尚去。"和尚,谓马祖。同事问祖曰:"海侍者有何因缘不契,在寮中哭告,和尚为某甲说。"祖曰:"是伊会也,汝自问取他。"同事归寮曰:"和尚道汝会也,令我自问汝。"师乃呵呵大笑。同事曰:"适来哭,如今为甚却笑?"师曰:"适来哭,如今笑。"同事罔然。次日马祖升堂,众才集,师出,卷却席。祖便下座,师随至方丈。祖曰:"我适来未曾说话,汝为甚便卷却席?"师曰:"昨日被和尚扭得鼻头痛。"祖曰:"汝昨日向甚处留心?"师曰:"鼻头今日又不痛也。"祖曰:"汝深明昨日事。"师作礼而退。此一公案,值得深参切究。夫众生一向是习心用事,习心只向外逐境,故妄执境物,而不可反识自己。自己,谓吾人与天地万物同禀之本性,以其主乎吾身而言则曰本心。盖习心乘权,则本心恒蔽锢而不显,是以吾人一切见闻觉知只于境物上生解,终不悟自家本性。怀海于向上事,透悟本性的工夫名向上事。用力已深而未及彻,如天将明而暗且甚,破暗即明矣。马祖知其然,故于行次见野鸭飞过,即试诘之曰是甚么?怀海果答以野鸭子,盖习心发露于不觉也。作野鸭子解者只是习心。祖再诘曰甚处去?怀师犹不了祖意,复答曰飞过去也,其为习心所使如故。祖至是乃扭其鼻孔,更警之曰又道飞过去也,怀师始于言下有省。盖其旷劫以来染污习气刹那顿息,由此,豁然识得自己。其后上堂示众云:

> 灵光独耀,谓本心。迥脱根尘。根者根身,尘谓物界,言此心超脱乎一身与万物之表,而为真宰也。体露真常,体,即斥指本心之自体而目之。露者,呈现义。真者,不虚妄义。常者,不变易义。谓灵光独耀者,即此心体灼然呈现,其德真实无妄,恒常而不可改易。不拘文字。俗学拘守经籍,欲由文字以见道,是犹守筌蹄以为即鱼兔也。心性无染,此心自性上本无染污,乃纯净至善者也。本自圆成。万善具足,万化不穷,是圆满义。法尔现成,不待造作,复说成义。但离妄缘,即如如佛。所谓私意、私欲、惑障、染污等等,皆习气之异名耳。习气者,妄缘也。如如者,不变义;佛者,觉义。皆谓本心。妄缘虽蒙蔽心性,而心性恒不变易,终不随妄缘迁改,所谓无染是也。譬如客尘蔽于明镜,而明镜自性不受客尘污玷,故拂拭客尘,还复朗鉴。心性亦尔,但舍离妄缘,即还复本来明觉。

怀师此番话,直综括十二部经旨要。当其被马祖扭鼻孔而有省,始伏除染习,顿悟自心超物独立,所谓灵光独耀、迥脱根尘是也。怀师从此一悟,豁然证见自家本性,乃深悔从前逐物生解而迷其真,今始省悟,所为哀哭而继之以笑也。厥后所造益深远,却自此番省悟扩充去。

或有问曰:"马祖指野鸭子问怀师,而师即以野鸭子对;问甚处去,复答飞过去。师两番酬对,绝无错乱,而祖乃扭其鼻孔,至负痛失声,此何故耶?祖果不承认有野鸭子,并不承认有野鸭子飞过一事实乎?

而挖怀师鼻孔胡为者?"答曰:一般人所以迷失其本心者,只以习心用事,向外逐境。习与物化,障蔽本性,是以积劫痴迷无由自悟。怀师反己工夫反己者,息其逐物之妄,而反求诸己所固有之本心。大概近熟,近者,未至乎熟而近之也。祖于行次,共见野鸭飞过时,因乘机故诘,故者,故意。将诱而进之耳。怀师若果见性,则遇祖之诘,决不同于未见性人直任习心冲口而出以野鸭子答也。怀师若果,至此为句。或问:"应如何答?"余曰:禅家酬对,纯出当下机锋,后人代拟,便是有心论义,殊无谓。祖初指野鸭而故诘之,怀师果滞于习心。祖故再诘,而师犹不悟,乃以飞过去答,此皆习心逐境作解,遂不悟祖密示之机耳。于是而祖挖其鼻孔,至负痛失声,且戒之曰又道飞过去也。而师至是始有省。夫祖之故诘,是何密意?怀师最后有省,省个甚么? 人人皆有灵光独耀、迥脱根尘、夐然无对之本心,而终不自识者,盖自有生以来总任其习心逐物生解,而不自觉,因此便将反己一路堵塞无遗。悲夫! 人之自丧其真也久矣。祖之诘,怀师之省,岂偶然哉? 余尝言,哲学家不会宗门意而谈本体,徒逞戏论,欲其直澈心源,固不可得,虽遇马祖,能救之乎? 此中意义甚深,不是反对格物之学,更非一概毁绝习心,俟详之《量论》。

今世谈禅学者,皆熟闻作用见性一语,然何谓作用? 何谓性? 云何于作用见性? 则谈者鲜不茫然。夫性者,吾人与天地万物所同具之本体。但以其为吾人所以生之理而言则谓之性,以其主乎吾身而言亦谓之心。作用者,即凡见闻觉知等等,通名作用。曰见曰闻曰觉曰知皆作用之名,复言等等者,作用相状复杂,列举不尽故。故举见闻觉知,即摄一切作用在内。

将明作用见性,则非于作用先加解析不可;若于作用加以分析,则非先说明所谓根或根身者不可。

根者所依义,从其为识之所依以发现而立名。虽有别释,此姑不详。印度佛家自小乘以来说有五根,曰眼根、耳根、鼻根、舌根、身根,

此五根者，亦总名根身。<sup>身者自体义，以根是吾人自体故名根身。</sup>

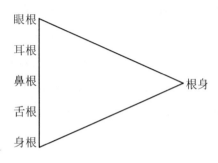

佛典说五根皆是清净色，而大小异义。小宗《俱舍论》云："眼根极微，在眼星上傍布而住，如香菱花。耳根极微，居耳穴内旋环而住，如卷桦皮。乃至身根极微，遍住身分，如身形量。"<sup>乃至者，中间略而不举故。</sup>据此，可见小宗言净色根，虽不必实测及神经系，而其说犹相近。及大乘有宗唯识论，虽用净色根之名，而实变其义。盖以根为赖耶识之相分，微妙而不可见，其意义颇神秘，余甚弗取。今此言根，自是神经系或诸官能之总名，近世心理学家于此颇有研讨，可勿赘。原夫宇宙大生命<sup>亦云大心，即所谓阖势。</sup>斡运乎万物，<sup>万物即翕之所为。</sup>将破除锢蔽。其势用盛大，健进不已，渐以转化物质，而使其组织日趋精密，此乃神经系或诸官能即所谓根者之所由形成。心之发现必以根为所依。古者弓箭有机括，以司发动，根亦心之机括也。其发动力之强无有伦比。心固利用此机括，而利之所在，害亦伏焉。

前文所举见闻觉知等等作用，正是普通所名为心。其实，此等作用不即是本心，<sup>本心亦省云心，他处准知。</sup>只是根门假借心之力用而成为根之浮明，以趣境云尔。<sup>根门者，门以出入为义，心之出发必由乎根，万感之入从乎根，故根有门义。趣境者，凡来感之物皆境也，趣者趣取，犹追求也。</sup>夫根为心之发现而作机括，<sup>为字去声。</sup>易言之，即心用根为工具也。凡用工具者，往往反为工具所利用，心之于根，何独无此患？夫心惟浑一，本来明

新唯识论（语体文删定本）

净，浑者浑全，一者无对。而其依根以发，则易流于虚妄分别。易字注意，只
是容易致此患，并非必然性。所以者何？根已形成独立之生机体，心作用
之发现于根门，而根即得假借之以为己用，便非明净本心之作用也。
得假借之者，言其可得如此，究非必然性。己者，设为根之自谓。譬如笛本无声，
因吹有声，是乃吹笛之人鼓舌发气入笛，便为笛所假借以成笛声，非复
吹者声气之本然。根得假借心作用以为己用，举笛声譬之或易悟。昔
人言心为形役，或亦窥及此。

复次染污习气原于根，而复与根叶合为一。云何原于根？夫根假
借心作用以为己用，即一切见闻觉知等等皆非明净本心之流行，正是
佛氏所谓乱识。不澄明故，谓之乱识。乱识念念生灭，无有暂住，而每一
念识皆有余势潜流，是名习气。乱识之余势，亦是刹那刹那生灭灭生，相续而
流。潜者，谓其深隐。习气自乱识生，是染污性；乱识由根乘权而起，故以
根为染习之原也。

云何习与根叶合为一？无量染污习气，恒潜流于吾人所不自觉之
深渊，而常乘机跃入根门，与根叶合为一，趣逐前境。前境犹云当前之境。
于是障碍本心，令其不得现起作用。乃唯染习与根协合乘权，而本心
亡失。如临水观鱼，活泼泼地，正是物我无间。而人顾有乍动食欲者，
则由一向残食动物之染习，随机顿现，本心不在故耳。世人不以习气
为心者鲜矣。

综上所说，根可以妨碍本心，且与染习为缘，将恒为本心之敌乎？
此亦误解。本心之发现毕竟以根为其利用之具，在无生物之层级中，
根未形成，而心不得显，此明征也。《俱舍·分别根品》说"根者，最胜自
在义"，普光《记》云"最胜自在，即是有大势用"。心将开发重浊之物
质，必用根为机括，非大势用固不胜斯任也。《论语》曰："工欲善其事，
必先利其器。"此言虽近，而有冲旨。根究是心力发动之机括，何相敌
之有乎？夫根之假借心作用以为己用，咎不在根也。吾人不能保任自

心常存而不放，保任二字宜深玩。保者，保持而勿失之也，然非可着意把持，硬将自心作一物事看守，只任其自在周流而已。孟子所谓"操存"亦此意。中无主宰，心者身之主，心不存即中无主宰。则外诱纷投乎根门，而根乃与之相引，无有简择，于是人生有殉没于物欲之患。《乐记》所谓"人化物"，老氏叹盲、聋、爽、发狂。《老子》上篇十二章。人之形存而神丧，岂不哀哉！《论语》言"默识"，孔子以默识列于学之上，此是甚境地，千载无人会得。默然而识者，本心之自识也，须是保任得真宰常现在前。言"不违仁"，仁者吾之本心，即主宰也。常任此心周通万物，兴起事业，而毋以私意私欲参之，是谓不违。言"居处恭，执事敬"，此六字似平常，而实深远。工夫到手时，便主宰常在，动静合一，吾衰年乃深味乎此。《论语》从来无善注。朱子固切实，吾嫌其迂滞，难达圣意。其他可勿论。皆是保任真宰，赫然常现在前。至此，则根常从心。如良骥受命骑士而奔驰，足扬骑士之威势。根之有助于心，义亦犹是。夫根从心，则见闻觉知等等作用，莫非心也。然主公不常在者，要未免认贼作子。

综前所说，约以四要点，重加指示。

一、作用者，即克就见闻觉知等等而名之也。

二、此见闻觉知等等，实即心之力用发现于根门者。故此作用。不即是心体，心体是独立无对，冲寂无朕，故见闻觉知不即是心体。但心体亦非离见闻觉知而独在。若离见闻觉知等等作用而别觅心体，则心体又安在乎？

三、见闻觉知等等通名作用，固如上说。但精以析之，则根不从心，且与染习叶合，其发为见闻觉知等等，固不得名为作用也。若乃心帅乎根，亦无染习为障，则其发为见闻觉知，方是真实作用。恶紫乱朱，不可不严辨。

四、作用义既经刊定如上，则作用见性义亦不待深谈而可知。夫作用者，即本体之流行而言之也。问："流行未即是体之固然，云何作用见性？"答：全体成大用故，不可离用觅体，是故于流行而识体，易言之即于作用见性。

如前举马祖答慧海一公案，即就慧海见闻觉知处指点。缘慧海与马祖酬对时，即发生一组见闻觉知，便谓之心。但此所谓心，是以作用名心，非就本体而目之也。有难："见闻似非内发。"答曰：如引生见闻之人及其语言等，固属外缘，而见与闻却是内发，以见闻不惟是感摄，而是有解悟故。此不可不知。马祖答慧海只令其反躬体认当下虚明纯净、不杂一毫倒妄之见闻觉知，即于此识得性体，所谓自家宝藏，可谓易简真切至极。见闻觉知等等作用，即是性体之流行，故可于作用见性也。犹之于众沤而见大海水。

马祖挒怀海鼻孔一公案，则可与答慧海者反以相明。怀海见野鸭子飞过，正在逐境起解，此解却是根与习用事，马祖欲提醒之，再三而后悟也。吾举此一公案，却从反面说来，以显正义。

总之，性体浑然至真，寂然无相，不可说见闻觉知等等作用即是性体，故但曰作用见性，非谓作用即是性。然不可离作用别觅性体，故必于作用见性。犹之不可离众沤别觅大海水，故必于众沤而识大海水。明代阳明派下多有在发用处说良知者，未免以作用为性体。及聂双江、罗念庵救之以归寂，而于作用见性意思似亦不无稍阂。夫寂然真体毕竟不离发用，如或屏用而求寂，其不为沦空之学者鲜矣，尚得谓之见性乎？

问曰："如上所说，心之一名通体及用。有克就本体而名之为心者，有克就作用而名之为心者，是则心之名虽同，而其所目则异实，不可以无辨也。"答曰：同名异实之云，似将体用截成两片，却成过误。夫义理自有分际，辨析不可不精，而审于辨析者，要在观其会通。夫说作用名心者，当知用不离体，才说作用，便于作用见性。性谓本体。如说众沤，便于沤见大海水。说本体名心者，当知即体而言，用在体。如说大海水，便知大海水不离众沤独在。体用毕竟不可截成二片，是义宜知。在宇宙论上与心学上，均不可将体用分成二片。但此云心学是就哲学言。

273

问曰:"所谓作用者,将纯为本心之流行,而无习与俱乎?"答曰:不然,染习必须伏除,伏者,抑之使不现起;除则断灭之也。净习固当增长。覆玩《功能》章下谈习气处。夫净习原依本心而起,即心之类,其相应于心也,固已和同而化,浑然无应合之迹,故净习亦成为真几之动也。真几谓本心。马祖云:"只如行住坐卧,应机接物尽是道,儒道诸家皆以宇宙真源、人生本性,说名为道。体道之人,其日用云为皆从本性上发出,而不杂以小己之私,故云尽是道。道即是法界,马祖以此土先哲所云道,与印度佛家所云法界同为本体之目。乃至河沙妙用不出法界。"河沙,喻数量无穷尽也,吾人日常生活中一切皆从真体流行。孟子曰:"君子深造之以道,言深造之功将以至于道,非如俗学只务知识而已。欲其自得之也。自得者,实有诸己之谓,非徒尚解悟也。解悟则以心测道,其去道也远矣。自得之,则居之安;居其所自得,处乎至足,夐然无待,如何不安?居之安,则资之深;所资者即其所居,故唯内资,而非有资于外也。夫外资者无源而易竭,内资者不竭,存乎内者源深而无极故也。资之深,则取之左右逢其原。"孟子此言,深得理要。夫资乎内者深远不可竭,故随其取给,或左或右靡不逢原。原者,万有之本、万德之基、万行之宗,资者资此者也,居者居此者也,自得者得此者也,深造者造此者也,是乃所谓道也。日用之间随所取给,左之右之莫不逢此真实本原。起想动念,举足下足,随在皆是道体发现,焉往而不逢之哉?马祖体道之功与孟子深造之诣,皆是习与心融,习者净习,心谓本心。上希天德者也。

夫佛家之学无论小宗大乘要皆归趣证体。证见本体曰证体,盖本体呈露时炯然自见耳,非别有一心来见此体也。略小谈大。空宗形容本体空寂,无相故名空,离染故名寂。甚深微妙穷于赞叹;有宗形容本体真净,离倒妄故名真实,离诸戏论故名清净。甚深微妙穷于赞叹。然诸师颇表现一种超越感,易言之,即对于本体而有无上崇高与庄严之感,同时起一种愿重欣求。此种感固极可贵,吾人所以破现实生活之桎梏者全赖乎此。然诸师固非以此为究竟,盖未免心外有境。超越的本体,便是其心外之境。庄子所为呵列御寇犹有所待者也。必自居超越而浑然亡感，始立乎无待。是故禅家兴，而直指本心，心即是如，真如省云如。如即是心，于是心外无境，在己之心与遍为万物实体之真如是一而非二。故超越在己，即超越不是感。宗门直指本心，其视大乘空有二轮，又进而益亲切也。

　　夫佛氏浩浩三藏，义海汪洋，而本其要归，唯在一心。至宗门兴起，乃更直捷易入，此夫人所知也。然世儒皆好诋禅，即理学诸儒明明有资于禅，亦阚禅唯恐不力。夫学术之功，所资宜博，诸儒既资于禅，倘融其长而阚其短，谁曰不宜。独惜诸儒所资于禅者，每得其似而遗其真，因此之故，其归本孔子，亦不必是孔子之真也。禅家流派复杂，诸师所造浅深不一，凡此皆非本篇所应涉及。第就禅学宗要言之。宗谓宗主，要者要归。一曰反躬自识真宰。心主乎吾身，故云真宰。《管子》云"心之在体，君之位也"，即此义。然吾身真宰即是天地万物之真宰，吾身与天地万物不可分割故，无二本故。"灵光独耀，迥脱根尘，体露真常"云云，百丈反求诸己，灼然自识。此非百丈一人独得之秘也。凡禅家之所求者，皆在此。岂唯禅家，孔门之学，何尝不归本于是？《论语·子罕》篇颜子喟然叹曰"仰之弥高，钻之弥坚，瞻之在前，忽焉在后。夫子循循然善诱人，博我以文，约我以礼"云云。朱子此章集注引胡氏曰："高坚前后，语道体也；仰钻瞻忽，未领其要也。"按道体，犹云本体，亦即本心。余谓胡氏释为语道体，诚得之，但其解有未莹处。夫灵光独耀，迥脱根尘，不亦至高乎？体露真常，不亦至坚乎？瞻前忽后者，形容其无定在而无所不在，其主乎吾身者，亦是官天地、府万物而靡不周遍也。颜子真参实究到此，而胡氏乃云未领其要可乎？曰仰、曰钻、曰瞻，皆形容其参究之功也。颜子，孔门高弟，在三千七十之中卓然独步，独得尼父心传。仰钻瞻忽之叹，固已默识真宰。孔子许颜氏为其继志述学之人，丧予之痛在是。岂偶然哉？后世达磨东渡，传授释迦心印，实与孔门有遥契处，未可以其来自梵方而过斥之也。

理学家皆诋禅宗以知觉运动之灵为心，宋明诸儒不持此等见解以攻禅者，确少极。此实谬论。吾于前文谈作用见性处，自谓义旨宏远。不惟理学诸儒未曾于根与习处精研，佛家教典虽辨析染习之相，而于染习由来，毕竟无甚说明。此中不暇深论。实则染习非无端突起，只由本心力用须仗根为资具，而心力之行乎根门也，根即得假之以自用。凡用资具者，即有反为资具所用之患，此理随处可察。今夫根虽为心力所仗以流行之资具，而实成为小己。根既假借心力以自用，易言之，即心之灵明已被役于根，而成为根之浮明，覆玩前文谈根处。是将供小己之用，以追求外物。所谓知觉运动之灵，即于此际发现，驯至完全物化，谓生命殉没于物。无自在分。分，去声。复次由根假借心力以自用，而发为知觉运动之灵，殉殁于物，于是乎有染习生。由根二字至此为句。无量染习，潜伏于吾人所不自觉之深渊，揉杂一团，而头绪仍非无别，因此，无数染习时有乘机跃现，与根叶合以乘权。故染习者，依根方起，而既起，则又为根之眷属。染习与根之关系，其妙如此。总之，知觉运动之灵，皆由心力之被役于根与障于习而始成，确已失其心之本然。心谓本心，下仿此。习谓染习。易言之，即知觉运动之灵，不得谓之心。上卷《明宗》章言性智作用依官能而发现，即官能得假之以自用云云，须与以上诸文参看。以知觉运动之灵为心者，一般人每如此，一般人，即佛说凡夫之谓。禽兽亦只有知觉运动之灵而无心。其本心不得显发，故谓之无。今谓禅家之道与禽兽同，不亦太无忌惮乎？禅家明明曰"灵光独耀，迥脱根尘"，今谓此迥脱根尘之灵，即是知觉运动之灵可乎？禅家工夫正在保任本心，保者保持，任者任持，即不令本心放失之谓。而使心力之行于根门，恒自为主，即施诸四体之知觉运动，莫非迥脱根尘之灵所遍运，而不当以知觉运动之灵目之也。故曰："运水搬柴无非妙道。"呜乎！斯理微矣。

然禅与儒毕竟有辨。禅家于灵觉而识主宰，儒者何尝不然？《易》明乾元始万物，乾元即主宰也。乾者刚健义，言本体具刚健之德，生生不息，而为万物之原,故曰乾元。以乾元之在人而言,即是主乎吾身之本心。而《乾》卦于乾言知、言大明,固与禅家遥契,以知与大明言乾元,即是于灵觉而识主宰。但吾儒毕竟有异乎禅者。《大易》显乾元之德,德有二义,曰德性,曰德用。不唯灵觉而已,灵觉亦是德。而仁德特重。《乾》之《象》曰"乾为仁",仁者真真实实,纯粹至善,生生不息者也,故成其健。唯于纯粹至善,健动而生生不息之仁,以识吾所固有之主宰,涵养而扩充其力用,是乃所以继天立极也。此之言天,亦本体或本心之名。人能实现本体之德,是即继天以立人极。若仅于灵觉识主宰,却不识其健动而含藏万善与大生广生之盛德,虽云"灵光独耀",亦未免虚而无实。禅家仅于此识主宰,终是佛氏以无为无造言本体之偏见,而有反人生之倾向。惜乎诸儒阚禅不悟及此也!

　颜子博文约礼二语,可见孔门之学穷高极深,广大悉备。朱注引侯氏曰:"博文,致知格物也。"此解得之。古者以自然现象谓之文,人事亦曰人文,故研究自然与人事,谓之博文。礼、理古通用,约礼之礼即理字。乃由万殊而会归于至一之理,故云约。至一者无对义。博文是致知格物,约礼所以尽性致命。《成物》章末,引《易》"尽性至命",有注文,宜覆玩。约礼而不博文,则遗实用,而有蹈空之患;博文而不约礼,则堕支离,而无一贯之道。儒学规模广大,本末毕具,内圣外王融为一片,成己成物完复全体,《易》云"范围天地之化而不过"是也。求仁之学与出世法,相去何止天渊?颜子有为邦之志,孟子称其与禹、稷同道。禹、稷与天下民庶同忧患,而为之谋生养,忘其身之苦,颜子之道在是,独惜早死而不遂其志。战国诸儒犹能固持《周官经》之民主治制与社会理想,以抗吕政,取焚坑之祸而不惧,仁之至也。详余之《论六经》。秦以后儒生,遂失洙泗之绪。如明道《识仁篇》,只是得禅与老之似,而成其独善之学,此中不暇详说。不足为孔、颜后裔也。阳明《大学问》,始就吾心与天地万物痛痒相关处指示仁体,庶几孔、颜遗意,惜其忽视格物,卒莫能复儒之真也。

二曰归寂。禅家发明心地，求复其寂照之体而已。照依寂显，显者显发。不寂便是乱识，焉得有照？乱识见《大论》等，以妄识杂乱故名。凡夫本心不存，皆乱识用事，无有照用。照义甚深，本心炯然至明，恒时任运照了，不蒙昧故。任运者，任其自然之运，无筹度相。寂乃本心澄定之相，不昏不扰，照用斯神。是故宗门涵养心地工夫，毕竟归本在寂。永嘉有云："忘缘而后寂寂，忘缘，断绝妄识也。妄识昏扰，必绝之，而后寂寂真心始显。灵知之性历历。"灵知犹云灵觉，百丈所谓"灵光独耀"也。历历，分明貌，此就明照方面而言。此言非忘缘不寂，而不寂即无照，自不待论。夫心体亦寂亦照，儒者非不体认及此，更非于此不加存养。《大学》首章"定静安虑"一节，自定至安，皆寂之相，虑犹照也。非乱识筹度之虑。然《大易》显示心体，特举仁而言。《论语》记弟子问仁者多，可见孔子以仁立教，如后儒王阳明，其门下多叩问良知之旨，由阳明以良知垂教故。亦足征《大易》《论语》为孔氏一家之学。孔子特举仁以显心体，而不以寂照何耶？禅家体认到寂照，便滞于此，以为即是主公呈露，心主乎吾身，故禅家名之为主公。其实尚远隔在。如禅家以为心只是寂照，则心体恰如镜子一般，镜子自体不受尘染，是有寂义，能照见物，是有照义。神秀说"心如明镜台"，慧能虽驳之曰"明镜亦非台"，但只破其将心当作镜台一类实物而起妄执，却不否认心如明镜。佛家唯识论，明言转第八识成大圆镜智，不独禅家以明镜喻心也。心体果如明镜，即是无有生命，而可谓之心乎？本论生命一词，其意义极深广，盖有真实、健动、至善与含藏万有等义，故有时用为本体或本心之代词，与世俗习用生命一词，绝不同义。《论语·阳货》篇："子曰：'予欲无言。'子贡曰：'子如不言，则小子何述焉？'子曰：'天，何言哉？四时行焉，百物生焉。天，何言哉？'"此章发明心地，真是无上甚深微妙义。虽不明言仁，而确是以仁显心体。其举天以示者，犹《易》之取象也。象犹譬喻，即以天喻仁体，而仁体亦即心体之代词。子贡之学，大抵尚博文而未能约礼，孔子欲其默识心源，犹云心体。而又知子贡不能发问也，故对彼而自抒其意曰"予欲无言"。子贡果不知反求诸心，乃曰"子如不言，小子何述？"孔子于是举天道以示之。两天字，宜各点断。何言者，明天道不可得而言，宜默识之也。四时行、百物生，以此见天道真实、健动、至善无妄、生生不息、流行无间，是诚微妙难思。达天德者，默而体之耳，体之者，谓心自喻，而即于身实现之。《阿含经》言"身作证"是也。其可得而言乎？故复叹之曰"天，何言哉？"此章假天道以示仁体，可谓深远至极。夫寂者，仁体健动不挠，毕竟无昏扰相。照者，仁体真实无妄，故有灵光独耀。无妄者，无有迷妄，即至善之谓。禅者守寂而遗世，明明丧其固有健动之本性，则其寂非本性之寂也，性寂不离健动故。若其保任灵觉，而不务裁成天地辅相万物之经纶，裁辅详《大易》。裁成者，如云征服自然与利用自然，即荀子《天论篇》意思，皆是裁成义。《中庸》言"参赞化育"，更极深微。辅相义甚广大，直是与万物为一体，互相扶勉，而无宰物之私。《春秋》太平世之社会，即本《大易》此义，而禅家都不务此。不顾群生现实方面之疾苦，纵使禅者有以自养其灵，而众生迫于现实，无可发扬灵性生活，则禅者之灵终成缺憾。夫灵性无自他之分，其在我者，亦即在天地万物者也。禅者无以拯群生之灵，即是未曾养得在己之灵，以己之灵与群生之灵本不二故。禅者自耽禅悦，而忽视群生疾苦，是乃丧其灵觉而不自悲也。五代惨极，而禅家大德最多，皆不哀生人之艰，而高趣无上事者也。由其迹以考其中之所存，其学之不切己，亦可知矣。夫真实、健动、至善三德者合，而名为仁，仁具此三德，非深于《易》者不知也。是乃吾人与天地万物同禀之本性也。禅者孤守其寂，而非本性健动不挠之寂，养其灵于七尺之内，而不悟大灵非小己之所得私，是丧其真实至善之本性。揆其所以失，盖由只务存养寂照，而不知求仁；自以为超越现实，而实离群遗世，废绝行四时生百物之大用。是可谓不失其本心乎？余谓其无生命者以此。

问曰："寂照可废乎？"曰：否，否。仁体可曰无寂乎？可曰无照乎？余所病于禅者，存养寂照而不知求仁。则寂非仁体之寂，而不能健动以周通于天地万物成其裁辅之功；照非仁体之照，尽管灵光独耀，而于群生现前疾苦，却是默然遗照。则不谓之失其本心不得也。是故儒者求仁之学，内圣外王合而为一，成己成物的然不二。禅学诚进趣乎此，则余无病于禅矣。

人生从性分上言，复然无对，本来无限。然人每限于小己之私，退坠堕没，无由自拔。惟求仁之学可以克治己私，而宏其天地万物一体之本量，本量者，本来如此故，但人失之，故待宏耳。还复其无对无限之本然。佛氏所称大自在者，其仁人之谓哉？

或有难曰："天地万物一体之仁，高矣美矣。信斯义也，将对于侵剥我者，亦念及一体，爱之而无怨，恩遇之而不以敌视，则社会革命将不可能。而天下无数劳苦小民，唯当永受不仁之待遇，得毋有老氏'天地不仁'之叹乎？"答曰：固哉吾子之论也！道本大常，事有万变。事之变也，每与常道相违，而常道值事之变，骤若不得不与之俱变，终乃不易其常。天地万物一体之仁，其存乎人性者，是大常之道也。天下大多数劳苦小民，受财富阶层之侵剥，则事之变也。受害者对于害己者，怨之而无可爱，敌之而无可恩遇，似反乎人道之常。然为社会去一大害，废除大不平之制度，使天下大多数劳苦人皆被其仁而得乐利，固终复于大常之道矣。毒蛇螫指，壮士断腕，非不以腕为一体而弗爱也。腕将染毒，危及全体，故断之以卫全体，是乃仁术也。吾儒求仁之学，固非守常而不通变也。六经之言治，德为本而辅以刑，礼为本而佐以法，宽为本而济以猛。猛与宽反，适以成其宽也；法与礼反，适以行其礼也；刑与德反，适以正其德也。是故德、礼、宽皆仁也；刑、法、猛皆仁之反，而适以成仁也。持其反而昧于常者，吾未知其可。夫本德以行刑，则刑当罪，适如其罪之所应得，曰当罪。本礼以制法，则法宜民；本宽以威猛，则猛正俗。正疲顽之俗。是皆反而不失其常，群生遂焉。夫仁，人性也。立己立人之道，蔽以一言，不违仁而已矣。子何疑乎？

复有难曰："禅家究是出世法，与儒者求仁之学并行不悖可也，公何必以儒绳禅？"答曰：有生之类，生灭相续而不断绝，是谓世间。此一大生命之流，恒时舍故创新，德盛化神不容已止，法尔如是，未可以凡情猜测。吾儒仁学，即于世间识得大生命，不复虚妄分别世间相，何须求出？位育参赞，所以不亏其大体也。大体，谓大生命。若见有世间而求出，自是宗教情执未化，何得不绳正之乎？余尝言，佛教至大乘，穷高极深而测幽远，《大易》而外，无斯胜义，真是人天少得闻者。大乘不舍众生，不舍世间，而盛唱大悲与大雄无畏，固已与吾儒仁学接近。惜其犹坚持出世法之根柢，致陷于种种矛盾。毕竟以出离生死海为终鹄，其不舍世间者，只为众生难得度耳。大乘仍不离宗教反人生之倾向，由其道，吾人决不能对自家生命有正常之体认，即生活力不得正常发展。上者趋向偏畸，而希度脱；下焉者则对于现实世界，无创造之兴趣与毅力，甚至流于偷靡或沦溺。自佛法普遍深入于中国，颇无好影响，此亦余之《新论》所由作也。

总之，斯学归趣，唯其复其本心。吾国儒道及自梵方输入之佛法，其要归皆在复其本心。但诸家对于本心之体认，颇有见浅见深偏见全之不同，此意难为不知者言。余之所学，却以孔、颜为宗。西洋唯心之论，毕竟不识本心。间与习西学者言此意，有承认，有不承认。然承认者，亦不必真解也。此中一复字，甚吃紧，是为历圣相承血脉。从上诸先哲发明心学，确不同西洋哲学家徒以一番知见与一套理论为其对于宇宙人生之一种说明而已，却是从日用践履中，默识本原。即自幽独之地念虑微萌，以至与天地万物交感而发起事为之际，莫非至真至健至善之本心流行发现，而不以一毫私意间之，是谓之复。《易》云"雷雨之动满盈"，正可形容此境。学问本实践之事，浮浅知见已不成知见，而况杂乱？戏论已不可，而况未成乎论？清季迄民国学子，已将先哲精神荡尽。剥极必复，此其时矣。宗门直捷，初学入手工夫，当资之以为启悟之助；而直彻心源，要当上索孔、颜。宗门每举公案，使学者凝神去参究。根本处参透，而后可六通四阖，小大精粗，其运无乎不在矣。余甚喜宗门此种参究法。今欲就《论语》举出两章。一、《论语·里仁》篇："君子无终食之间违仁，造次必于是，颠沛必于是。"终食者，一饭之顷。造次，急遽苟且之时。颠沛，倾覆流离之际。试究终食等一种情境之下，皆不可违仁，然则仁是甚么？不违二字，尤宜注意。直是有赫然在中监督我者，令我不敢且不忍起一毫私意私欲去违背他，且向这里深深参去。二、前文引颜子"仰钻瞻忽"一章，当与不违仁并究。至于"博文约礼"，立定千古教学规模，此处尤须认清。吾国自孔门而外，言唯心者，易于忽视格物。梵方传来之出世法且不论，道家即有反知与反格物之主张。宋明诸儒，如程、朱一派，其释《大学》格物虽无误，而其治学精神究不在此，故未尝注意于格物之术。陆、王一派，求识本体，固立乎其大，独惜曲解《大学》格物之教。高谈本心，忽视格物，其流不趋于佛家出世，即有离群遗世，甚至玩世之病。夫物无心而不自识，故一言乎物，已有心在；心遗物则游于虚，故一言乎心，当有物在。主唯物者，固不能屏心而不用；主唯心者，又何可绝物而不之格乎？儒者求仁之学，博约兼资，内圣外王合而为一，成己成物的然不二，此百世无可易也。

上来提示本心，大义略备。今将取佛家唯识之论，加以勘定。佛家直指本心，自宗门始，已如前说。若夫自昔号为传承释迦经典，以张其教义者，宗门则目之以教，而自居教外别传。夫宗之所以自别于教者，非徒不立语言文字而已。教中谈识，宗门则主自见本心，此其根本异处，未堪忽视。然宗门旨趣，既在前陈，则教中所谈之识，兹宜略论。

夫教中唯识之论，自无着《瑜伽》，迄世亲《三十颂》与护法诸师释，而后其理论渐臻完密。世亲及其后学所相继阐明之唯识论，其根据皆在《瑜伽》。唐贤号《瑜伽》为一本。本论中卷曾提控其理论之体系而予以评判，覆看《功能》章。今于此中，但欲略述瑜伽宗即大乘有宗。建立八识旨趣，并予以疏决而已。疏者，疏通其滞碍，而在某种意义上可承认其有是处；决者，判决其谬误。

昔在小乘只说六识，及大乘兴，乃承前六而益以末那、赖耶，是为

八识。六识者，随根立名。曰眼识，依眼根故。曰耳识，依耳根故。曰
鼻识，依鼻根故。曰舌识，依舌根故。曰身识，依身根故。曰意识，依
意根故。眼等五识所依根，称清净色根。至于意根，则小乘如上座部等亦立色根，即
心脏是。而余部不许立色根，乃以六识前念已灭识为意根。及至大乘建立八识，始说
第七末那识为意根。或许从境立名。即眼识亦名色识，唯了别色故。唯
者，止此而不及其他之谓，后准知。色有多义，或通目质碍法，则为物之异名，今专言眼
识所了，则为青黄赤白等实物。耳识亦名声识，唯了别声故。鼻识亦名香
识，唯了别香故。香与臭通名香。舌识亦名味识，唯了别味故。身识亦
名触识，唯了别触故。于前四识所了，直举色声香味四境。而于身识所了，乃虚言
触，不直举何等境者，则以身识所了境最宽广，列举不尽，故以触言之。意识亦名法
识，了别一切法故。有形无形的一切事物，乃至一切义理，通名之为法。他处言法
者准知。如上六识，大小乘师共所建立。

　　然大乘于前六外，又建立第七及第八识者。彼计五识眼识乃至身
识。唯外门转，转者起义，五识皆以向外追取境界故起。必有依故，第六意识
内外门转，意识一方面追取外境，一方面内自缘虑，虽无外境亦自起故。行相粗
动，行相者，心于境起解之相。粗者粗猛，动者嚣动。此非根本，粗动故非根本。
亦必有依故。意识自身既非根本，故必有所依。由斯建立第八阿赖耶识，含
藏万有，为根本依。依字注意。彼计前七识各各有自种，不从赖耶亲生，只是依托
赖耶而生，故说赖耶为根本依。赖耶深细，藏密而不显，前六眼识乃至意识。
则粗显极矣。疑于表里隔绝，赖耶是里，前六是表。故应建立第七末那，
以介于其间。第七介于第八与前六识之间。《大论》五十一说："由有本识，赖
耶亦名本识，是前七识之根本依故。故有末那。"其义可玩已。寻彼所立八
识，约分三重。初重为六识，眼识乃至意识。通缘内外，粗动而有为作。
次重为末那识，第七。恒内缘赖耶，执为自我，恒者无间断故。似静而不
静。唯内执赖耶为我而不外驰，故似静也。然恒思量我相，此乃嚣动之极，实不静也。
三重为赖耶，第八。受熏持种，持种者，赖耶自家之种子，并前七识各各之种子，

均由赖耶摄持,所以为万有基。受熏者,谓前七识各各有习气熏发,以投入赖耶自体,赖耶则一切受而藏之,遂成新熏种子也。动而无为。经论皆说赖耶恒转如暴流,是动也;然惟受惟持而已,是无所为作也。大乘说八识行相,其略如此。

又复应知,无着学派以一身所具之识分为八个,即此八识将为各各独立之体欤? 然每一识又非单纯,乃为心、心所组合而成。心亦名王,是主故。心所者,具云心所有法,以其为心上所有之法故。心所亦名助伴,是心之眷属故。心则唯一,而心所乃多云。如眼识,实为心与多数心所之复合体。绝不单纯,特对耳识等等说为独立而已。眼识如是,耳识乃至第八赖耶,复莫不然。每一识皆为心与多数心所之复合体。故知八识云者,但据八聚而谈,聚者类义。非是八个单纯体故。尚考无着建立种子为识之因缘,种子为生识之因缘,识即是种子所生之果。《瑜伽》至《摄论》,明种子有六义,第四曰决定,第六曰引自果。《瑜伽》言种子七义,《摄论》约为六义。世亲释云"言决定者,谓此种子各别决定,不从一切,一切得生,意云:非一切种子各各皆能遍生一切法也。从此物种,还生此物。此物种子还生此物,而不生彼物,所以成决定。引自果者,谓自种子但引自果,引者引生。如阿赖耶识种子唯能引生阿赖耶识"云云。他识种子均可类推。又凡言识,亦摄心所,隐示诸心所亦各各有自种子。据此,则八聚心、心所各各从自种而生。种子省言种,他处准知。如眼识一聚,其心从自种生,其多数心所亦各从自种生。眼识如是,耳识乃至赖耶亦复如是。故知八聚心、心所为各各独立之体,而实非以八个单纯体说为八识,此自无着、世亲兄弟迄于护法、玄奘、窥基诸师皆同此主张而莫之或易者,斯亦异已。

迹小乘谈六识,犹与晚世心理学家之见解略近。如五识实与所谓感觉者相当,以其不杂记忆与推想等作用故。但心理学家或不许感觉即是识,此当别论。至第六意识则亦与心理学上所云意识为近。大乘自无着以后,盛宣第八赖耶识,谓其含藏一切种子为万有基。又析赖耶为相、见二分,虽亦析为四分,而内二分可摄入见分,则只相、见二分也。见分是能缘，即为能了别相分者；相分是所缘，即对于见分而为其所了别者，亦云境界。此所缘相分，复析为三部分：一种子，赖耶所含藏之一切种，为赖耶见分之所缘，即亦名为相分。二根身，即清净色根，谓眼根乃至身根，此非即肉体，据佛家义，则人死时虽肉体毁而根身不亡也。三器界，相当于俗所目之自然界。此三，通是赖耶相分。而见分，则是能了别此相分者。第七末那识亦有二分。因末那内缘赖耶以为自我，此时末那识必仗托赖耶见分，而变似一自我之相分，依此相而起我执者，即末那见分。第六识亦有二分。意识缘或种法时，必变似所缘法之相分。如思兰花时，必变似兰花之相。意识见分，则为了别相分者。五识皆有二分。如眼识相分即青黄等色是，而了别青黄等色者即眼识见分。乃至身识相分即所触境是，而了别所触者即身识见分。综上所述，八识各各由二分合成，如眼识由相、见二分合成，耳识乃至赖耶皆然。又复应知，诸识各分心与心所，每一心及每一心所实各各有相、见二分，而文中只总略为说。是则将心析成段段片片，无异破析物质为各片也。复次赖耶所藏种子应分有漏无漏性。性者德性，有漏者染污义，无漏者清净义。覆看中卷。据大乘义，众生无始以来只是赖耶为主人公，而赖耶中有漏种子发现，无漏种子从来不得现起，必至成佛，方断尽有漏种，始舍赖耶。其时无漏种发现即生第八净识，是名无垢。第八识分染净。有漏种生起有漏第八识，名为赖耶，此赖耶是染污性，即是坏的东西。及经修行而至成佛，则染种断灭尽净，第八染识不复生，即赖耶已舍弃也。此时之第八识，则从无漏种而生，遂名无垢识。赖耶未舍以前，其前七识五识乃至第七末那。悉从有漏种生。《十地》中有别义，姑略之。设问："众生无始时来纯是有漏流行，如何而修？如何成佛？"答曰：据无着等义，唯依圣教，多闻熏习，以生长净种而已。详在《解深密》等经、《瑜伽》《摄大乘》等论。

无着诸师谈八识，其旨趣略说如上。较以小乘六识之谈迥不相同者，则第八识之建立，显然成为宇宙论方面之一种说法。而第八识中种子又成多元论，种子染净杂居，亦是善恶二元。且诸识相、见，劈裂得极零碎，如将物质裂成碎片然。凡此皆不餍人意。若其谈缘生，复成机械论，尤无取尔。<sub></sub>覆看中卷《功能》章。其极悖谬无理者，众生无始时来只是赖耶为主人公，涅槃与菩提于众生分上不可说有，涅槃者寂义，菩提者觉义。而专恃后起与外铄之闻熏，以生长净种，此非无本之学哉？《论语》夫子许颜氏三月不违仁，三月久词也，学者无限功修，只是不违二字尽之。然须识得仁体，而后不违之功有所施，否则茫然无主于中，从何说不违？闻熏，吾亦不谓其可废，要知闻熏但为不违仁工夫作一种参验而已。若如无着一派之学，众生从无始来唯是有漏流行，乃教之专靠闻熏以造命，毁生人之性莫此为甚，吾何忍无辨耶？

　　核实而谈，教中所云识，此言教者赅大小乘。即吾所云习心是，习心即染污习气之现起者是。染习所由生，则因本心之力用流行于根门，而根假借之以成为根之浮明，乃逐物以化于物，由此有染习生，故染习者形物之眷属也。形物谓根身。或复问言："何故说心为形役？前云根得假借心力以成为根之浮明，是心为形所役也。何故说染习缘形物而生？"答曰：本体之显现其自己，不得不凝成为各各独立之形物，以为运用之资具，而形物既成，便自有权能，即有不顺其本体之趋势。易言之，本心之灵明可以转为形物之浮明。本心谓本体。形物之浮明，其运用皆从形骸上打算，即妄执有小己而计为内，同时亦妄见有外而不息其追求。此其虚妄分别孰明所以，而相状复杂尤难究诘，要不妨总名为惑。失其本心，故以惑名。惑之起也无根，吾人自性清净，非有惑根。一刹那才起，即此刹那顿灭，虽复灭已，而实不断。方其灭时，即有余势相继而起，等流不绝，等流者，谓此余势亦非坚住，乃生灭相续而流转下去。譬如吾身并非坚住，乃新陈代谢，前后相等而流，仍名一身。潜伏吾人所不自觉之深渊。此诸惑余势潜伏而不绝者，即名染污习气。夫染习既是惑之余势，而惑非自性固有，乃缘形物而生。今以由惑成染习故，即说染习缘形物生，是义何疑？染

286

习千条万绪潜伏深渊,其乘机而现起者,则与根之浮明叶合为一,是称心所,<sub>如下所举无明与贪嗔等等。</sub>亦得泛言习心。故习心者,乃形物之眷属,元非本有,此不可不知也。

大小乘说六识内外门转,<sub>前五皆向外追求,第六亦外逐,亦内自作种种构画。</sub>此皆习心虚妄分别之相。大乘说末那依赖耶起我执,实则形物之浮明妄分内外而谬计有自我耳,不必立一赖耶以为我相之所托也。大乘说赖耶含藏种子,吾谓习气亦不妨假名种子。但此习种<sub>习种作复词。</sub>千条万绪实交参互涉,而为不可分离之整体,亦可说为一团势力,不必更为之觅一所藏处。夫赖耶实等于外道之神我。果如其说,则众生无始以来有一染性之神我,<sub>有漏性亦名染性。</sub>而自性菩提果安在耶?<sub>菩提者清净明觉义。</sub>宗门崛起,直指本心,而后斯人得以自识真性。染习究是客尘,除之自易,譬如旭日当空,讵容纤障?故知教中谈识及种,实以习气或习心说为众生之本命,岂不悖哉!宗门直指本心,其功大矣。黄檗云:"此心是本源清净佛,人皆有之,蠢动含灵与诸佛菩萨一体不异。"又曰"深信含生同一真性,心性不异,即心即性"云云。如教中谈赖耶,则众生分上直无真性可说,是恶得为正见乎?但教中如《楞伽》等经谈如来藏,容当别论。

夫本心即性,<sub>性者,即吾人与天地万物所同具之本体。</sub>识则是习。性乃本有之真,习属后起之妄。从妄即自为缚锢,<sub>如蚕作茧自缚。</sub>证真便立地超脱。难言哉超脱也!必识自本心即证得真性,便破缚锢而获超脱,得大自在矣。学者或谓动物只靠本能生活,故受锢甚重,唯人则理智发达,足以解缚,而生命始获超脱。夫本能者,吾所谓染习是也,动物以此自锢不待言,理智是否不杂染习却是难说。吾人若自识本心,而涵养得力,使本心恒为主于中,则一切明理辨物之作用,虽名理智,而实即本心之发用也。是则即理智即本心,自然无缚,不待说解缚,本来超脱,何须更说超脱?若乃未识本心,则所谓理智者虽非不因本心而有，但一向从实用中熏染太深，恒与习心相俱，即此理智亦成乎习心，而不得说为本心之发用矣。夫理智既成为习心作用，纵有时超越乎维护小己之一切问题以外而有遐思或旷观之余裕，但以其本心未呈露故，即未能转习心，而终为习心转，所以理智总是向外索解而无由返识自性也。如是，则何解缚之有，又何超脱之有？

本心是无对之全体，然依其发现，有差别义故，差别者，不一之谓。不得不多为之名。一名为心。心者主宰义，谓其遍为万物实体故。二曰意。意者有定向义。夫心之一名，通万物而言其统体，万物统共的实体曰统体。非只就其主乎吾身而目之也。然吾身固万物中之一部分，而遍为万物之主者，即是主乎吾身者也。物相分殊，而主之者一也。今反求其主乎吾身者，则渊然恒有定向，渊然，深隐貌。恒字吃紧，此个定向是恒常如此而无有改易。于此言之，斯谓之意矣。定向云何？谓恒顺其生生不息之本性以发展，而不肯物化者是也。生生者至寂至净也，不息者至刚至健也。故此有定向者即生命也，即独体也。依此而立自我，此非妄情所执之我。虽万变而贞于一，有主宰之谓也。此中意字非平常所谓意识，乃与心字同为主宰义。但心约统体而言，意则就个人分上言之耳。三曰识。谓感识及意识。夫心、意二名皆即体而目之，复言识者，则言乎体之发用也。此中识字意义，与佛氏所谈识，绝不相同。彼所云识，实吾所谓习也，此则以本体之发用说为识。渊寂之体，感而遂通，资乎官能以了境者，是名感识。亦可依官能而分别名之以眼识耳识乃至身识云。动而愈出，愈出者无穷竭义。不倚官能，独起筹度者，是名意识。眼所不见，耳所不闻乃至身所不触，而意识得独起思维筹度。纵云思维筹度亦依据过去感识经验的材料，然过去感识既已灭，而意识所再现起者便非过去材料之旧，只是似前而续起，故名再现耳。且意识固常有极广远、幽深、玄妙之创发，如逻辑之精严及凡科学上之发明，哲学之超悟等等，其为自明而不必有待于经验者，可胜道耶？故心、意、识三名，各有取义。心之一名统体义胜，言心者，以其为吾与万物所共同的实体故。然非谓后二名不具此义，特心之一名乃偏约此义而立，故说为胜。**意之一名各具义胜，**言意者，就此心之在乎个人者而言也。然非识之一名无此义，特意名偏约此义而立，故独胜。**识之一名了境故立。**感识意识同以了别境相而得识名。感识唯了外境，意识了内外境。内境者思构所成境。**本无异体，而名差别，随义异故，学者宜知。**此心、意、识三名各有涵义，自是一种特殊规定，实则三名亦可以互代。如心亦得云识或意，而识亦得云心或意也。又可复合成词，如意识亦得云心意或心识也。

如上所说，感识意识通名为识，亦得泛说为心，即依此心之上而说有其相应心所。谓有与此心相叶合之心所故。夫心所法者，本佛家教中谈识者所共许有。**所之为言，**心所亦省云所，下准知。**非即是心，而心所有，**心所法者不即是心，而是心上所有之法。**系属心故，**恒时系属于心而不相离。**得心所名。**叙得名之由。惟所于心，助成、相应，具斯二义，势用殊胜。云何助成？心不孤起，必得所助，方成事故。成事者，谓心起而了境，如事成就，此必待所为之助也。旧说心所亦名助伴者以此。云何相应？所依心起，叶合如一，俱缘一境故。然所与心，行相有别。行相者，心于境起解之相名行相，心所于境起解之相亦名行相。《三十论》言："心于所缘，唯取总相；心所于彼，所缘。亦取别相。"亦者，隐示亦取总相。《瑜伽》等论为说皆同。唯取总者，如缘青时即唯了青，青是总相。不于青上更起差别解故。差别解者，即下所谓顺违等相是也。**亦取别者，不唯了青，而于青上更着顺违等相故。**如了青时，有可意相生，名之为顺；有不可意相生，是之谓违。此顺违相，即受心所之相也。顺即乐受，违即苦故。等者，谓其他心所。如了青时，或生爱染相，即是贪心所之相也；或生警觉相，即是作意心所之相也；或生希求相，即是欲心所之相也。自余心所皆应准知。旧说心唯取总，如画师作模，所取总别，犹弟子于模填彩。如缘青时，心则唯了青的总相，是为模；而心所则于了青的总相上，更着顺违等相，便是于模填彩。可谓能近取譬已。然二法心及心所。根本区别云何？此在印度佛家未尝是究。大乘师说心、心所各有自种，虽不共一种而生，然种义则同，即无根本区别可得。今如我所说，心乃即性，此中心者，即前所云意识及感识。以其为本心之发用，故云即性。可覆玩前文。心所则是习气现起，此中习气通染净，非单言染习。所唯习故，唯字注意。纯属后起人伪。伪者为义，习气无论染净皆属人为。心即性故，其发现壹本固有，其感通莫匪天明。覆征前例。了青总相，不取顺违，纯白不杂，故是天明，唯心则然。若乃了青而更着顺违等相，熏习所成，足征人伪，是则心所。顺违之情自是熏习，深体之自见。故以性、习判心与心所，根本区别斠然不紊。心即性故，隐而唯微；人之生也形气限之，其天性常受障而难显。所即习故，粗而乘势。习与形气俱始，故粗；其发也如机括，故云乘势。心得所助，而同行有力，心本微也，得所之助而同行，则微者显。所应其心，而毋或夺主，则心固即性，而所亦莫非性也。反是，而任染心所猖狂以逞，染心所如下所举无明、贪、嗔等等。心乃受其障蔽而不得显发，是即习之伐其性也。习伐其性即心不可见，而唯以心所为心，所谓妄心是也。

夫习气千条万绪，储积而不散，繁赜而不乱，其现起则名以心所，其潜藏亦可谓之种子。旧以种子为功能之异名，吾所不许，详《功能》章。然习气潜伏而为吾人所恒不自觉者，则亦不妨假说为种子也。即此无量种子各有恒性，染种不遇对治即不断绝，故有恒性。各有缘用，缘者思量义，但思量的相貌极微细。又各以气类相从，如染净异类。详《功能》章谈习气处。以功用相需，而形成许多不同之联系，即此许多不同之联系更互相依持，自不期而具有统一之形式。古大乘师所谓赖耶、末那，或即缘此假立。小乘有所谓细识者，细者深细。亦与此相当。今心理学有所谓下意识者，傥亦略窥种子之深渊而遂以云尔耶？习气潜伏是名种子，及其现起便为心所。潜之与现只分位殊，无能所异。旧说心所从种子生，即是潜伏之种子为能生，而现起之心所为所生，因果二法条然别异，如谷粒生禾，真倒见也。故知种子非无缘虑，但行相暗昧耳。前谓种子各有缘用，以种子即习气，元是妄识之余势等流不绝故。旧说种子为赖耶相分，即无缘虑，必其所生识，方有缘虑。此盖妄分能所，故有此谬说耳。然种子现起而为心所之部分，与其未现起而仍潜伏为种子之部分，只是隐现之殊，自无层级之隔。无量习心行相此中习心，为习气之代语。恒自平铺，一切习气互无隔碍，故云平铺。其现起之部分心所。则因实际生活需要与偏于或种趋向之故，而此部分特别增盛，与心俱转，谓与意识及感识相应。自余部分种子。则沉隐而不显发。故非察识精严，罕有能自知其生活内容果为何等也。察识犹云观照。若返照不力，则染污种子潜滋暗长而不自知，丧其固有生理，危哉危哉！

**附识：** 本论以习气名为种子，而习气不得与功能相混同，即种子不是功能之别名。可覆玩《功能》章下。故本论种子义，与印度佛家唯识师之种子说根柢已不同，学者宜知。

# 卷下之二

## 第九章　明心下

上来以习气言心所，犹未分析一一心所别相，今当略说。原夫无量种界，势用诡异，习气潜伏即名为种，已如前说。种无量故名无量界。诸种势用至不齐故说为诡异。隐现倏忽其变多端。每一念心起时，必有多数种之同一联系者从潜伏中倏尔现起，而与心相应，以显发其种种势用。诸种元有许多互不相同的联系，而同一联系者其现起必相俱。即依如是种种势用，析其名状，说为一一心所法。考世亲学派之《三十论》，略析五十一法。盖亦承用小乘以来古说，大小谈心所颇有异义及多少不同处，此不及详。取其足为观行之引导而止。观行二字为方法论中名词。行者进修，略当宋明儒所谓工夫之意。观者反躬察识。观即行故名以观行。然颇病繁复，今仍其旧名，而颇有省并为若干数，理董之如次。心所法，须当作自家生活的内容来理会，反观愈力愈觉真切。或问："旧谈心所类以六分，若以今日心理学衡之，果有当否？"余曰：此中大体是描写生活的内容，虽对于心理学有所贡献，却不是讲心理学。须辨之。诸心所，旧汇以六分，元名六位。今约为四。性通善染，恒与心俱，曰恒行

292

*心所*。性通善染之性字乃德性之性，谓多数恒行心所，其性有善有染，故置通言。旧说于善与染二性外更立无记性，此不应理。一切心所其性非善即染，非染即善，无有善染两非者，此义当别论。恒与心俱者，谓其恒与意识感识相应合故。**性通善染，缘别别境而得起故，曰别境心所。**通善染者，如恒行中说；别别境者，所缘义境多不同故。此中诸心所既是缘各别之境方得起，故非恒与心俱者。**性唯是染，违碍善心所令不并起，曰染心所。性唯是善，对治染法能令伏断，曰善心所。**对治者，如药对病症而治之也，亦与儒者言克治义近。善心所则对治诸染，能令染法伏而不起乃至断灭。**如是四分，以次略述。**旧本六分，今多省并。

**恒行心所，**旧说唯五，今并入别境中欲，即为六数，曰触、作意、受、欲、想、思。

**触心所者，于境趣逐故，名为触。**趣者趣取，逐者追求。境义有二：一物界名境，如感识所取色等是；二义理名境，如意识独起思构时即以所缘义理名境故。后凡言境者仿此。**如眼识方取青等境，同时即有追求于境之势用，乃至意识独行思构时，亦有一种势用对于所缘义境而专趣奔逐以赴之者。是等势用，名为触数，而非即是心。**这个趣逐的势用正是习气现起而与心相应合者，故名触心所，却非即是心。**心者任运而转，**任运者任自然而动，非有所为作也。转者起义。**心所则有为作，**心所即是习气现起，而与心相挟附以俱行者。其起也如机括，而心亦资之以为工具，故心所必有为作。如此中触心所依趣逐势用得名，趣逐即是一种为作。**此其大较也。**心恒是任运，心所总是有所为作，后述诸心所皆可准知。

**作意心所者，警觉于心及同起之诸心所故，名作意。心于所缘境任运转故，元无筹度。由作意心所与心同行，而警于心令增明故。**心既被警，则虽无筹度，而于所缘亦必增其明了。**又于他心所同起者警令有力，同助于心以了所缘故。**如远见汽车预知避路，即由作意警觉念心所，忆念此物曾伤人故。又如观物析理时，设有待推求伺察而后得者，而作意力即于寻、伺二心所特别警觉。盖推求伺察时恒有作动兴奋之势，此即作意心所。**又如理作意有大势用，**顺理而起的作意名如理。如惑炽时<sub></sub>惑谓无明及贪等心所。瞿然警觉,明解即生,明解即无痴心所。故惑染不足障此心者,赖有如理作意也。

受心所者,于境领纳顺违相故,名为受。领纳即是一种为作,心恒任运即不作苦乐等领纳。领顺益相,即是乐受;领违损相,即是苦受。旧说于苦乐二受外,更立舍受,谓于境取俱非相故。舍受者非苦非乐故,俱非者非顺非违故。此不应理。夫所谓非顺非违者,实即顺相降至低度,取顺较久,便不觉顺。然既无违相,即当名顺,不得说为俱非。故彼舍受,义非能立。

欲心所者,于所缘境怀希望故,说为欲。随境欣厌,而起希求。于可欣事,未得则希合,已得则愿不离,于可厌事,未得希不合,已得愿离,故皆有欲。旧说于中容境一向无欲,故欲非恒行。此不应理。彼云中容境者,谓非欣非厌故,彼立舍受,故有此境。殊不知,单就境言,无所谓可欣可厌。受心所领于境,欣厌乃生,领欣境久,欣相渐低,疑于非欣,然既无厌,仍属可欣,不得说为俱非。彼云中容,即是欣厌俱非之境。夫领欣境久,则欣相低微,而欲归平淡,要非全无欲者,故不应说欲非恒行。或复有难:"人情于可厌事,经历长时求离不得,其希望以渐减而之于绝。由此言之欲非恒有。"殊不知,历可厌事欲离不得,既久而求离之欲虽渐消沮,终不全无,且其欲必别有所寄。人心一念中不必止缘唯一事境。如郑子尹避难农家,与牛同厩而居,读书甚乐。现前牛粪为可厌境,求离不得,无复望离,然同时读书别有义理之境为其欲之所寄,非一切无希望也。人生与希望长俱,若有一息绝望则不生矣。故欲是恒行,义无可驳。

想心所者,于境取像故,施设种种名言故,名为想。云何取像?此想极明利,能于境取分齐相。分齐相者,谓于境分别自相及共相故。如谓青,非黄非白等,是青为自相;如分别衣之青与叶之青等,则青是共相。如谓青黄赤白等同名为色,则色是共相;如谓色,非声非香等,则色是自相。如谓色声香味触等同名为尘，则尘是共相。尘者犹言物质。自共相视诸境物互相观待之情形而分，元非固定。云何施设名言？由取分齐相故，得起种种名言。若不取分齐相，即于境无分别，名言亦不得起。想形于内，必依声气之动以达于外，故想者实即未出诸口之名言。

思心所者，造作胜故，于善恶事能役心故，名为思。旧分思为三种，初审虑思，次决定思，三动发胜思。审虑则是意中发起造作之几，而犹审度筹虑；决定则已不复审虑，其动势无可遏止；动发胜者，则是行动猛利，一往直前，强盛无匹，名动发胜。详彼所云三思，只是以思心所发展之顺序而分，实不可剖作三种也。初之审，次之决，固参以思想，然是造作力为主，故思心所正取造作之相而立名，非就思想上言，切忌误解。思心所有是善性，有是恶性。善思起，能驱役其心，以成就善事；恶思起，便违心而行，以成恶事。如豪奴夺主，即是主人被驱迫，恶思起而本心不得乘权，亦犹是也。任何心所都是从过去潜伏深而蓄势强之诸习气发现，故其影响于本心之力极大，而思心所尤甚。余以本体流行之阖势名为心，是吾人与天地万物所同禀；以吾人从受生而成为形物，由此累积无量习气，潜伏而成习海，其习气之现起者，始名心所。此义不惟修改印度佛家之论，而吾先哲言心性，亦未详究及此。区区苦心，未知将来有共印者否？

如上六心所，恒与心俱，同行而不相离异曰俱。故名恒行。若以此六配属于心理学上之知情意，则想属知的方面，受属情的方面，触、作意、欲、思皆属意的方面。至于别境等心所，亦均可依知情意三方面分属之。又此六心所之行相，复分粗细，其与眼等识相应者，则行相极细微，乃若全无分别然，故佛家说为现量。

别境心所，旧说为五，今有移并，移欲入恒行，移定入善，而并入不定中寻、伺二数及本惑中疑数。定为六法，曰慧、寻、伺、疑、胜解、念。

慧心所者，于所观境有简择故，名为慧。慧者，由历练于观物析理而日益发展。然必与想心所俱，以于境取分齐相故；若不取分齐相者即不能作共相观,简择如何得起? 亦必有寻伺俱,以于境浅深推度故。浅推度名寻,深推度名伺。由推度已,方得决定。如决定知声是无常,乍缘声境,未知是常无常,必起推度。瓶等所作皆是无常,虚空非所作而唯是常。于是决知声亦所作,故是无常。爰自推度,迄于决定,总名简择。故一念心中简择完成,实资比量之术。此中一念者实摄多念,简择初起只是推度,又必经多念续起推度,始得决定,方号完成。乃综其自创起推度以迄完成,凡经无量念而名一念。但以其术操之至熟,故日常缘境常若当机立决不由比度者,而实乃不尔。又慧唯向外求理,故恃慧者恒外驰而易迷其固有,即无由证知真理。此中真理,即谓吾人与万物同具之本体。若能反求诸性智而勿失之,则贞明遍照,廓然无系。虽复随俗分别,而不滞于物;称性玄同,而万物咸序。此真智之境,非小慧之所行矣。

慧心所非恒行何耶? 若无明与贪嗔等炽盛时,即无有简择故。夫于理之诚妄,事之是非,有所简择而不迷谬者,此则是慧。无明等起时,则简择不起,故慧心所非恒行。

寻心所者,慧之分故,即就慧之浅推度相,检出别说,故云慧之分。于意言境粗转故,说为寻。意言境者,意即意识,意能起言,故名意言;意所取境,名意言境。粗转者,浅推度故云。

伺心所者,亦慧之分故,于意言境细转故。细转者,深推度故云。

寻伺之通相,唯是推度。推度必由浅入深,浅者,粗具全体设臆,犹如作模;深者,于全体设臆中又复探赜索隐,期于印证满足。盖后念慧,续前念慧而起,历位异故,浅深遂分。浅推度位目之为寻,深推度位名之以伺。世以为推度之用,先观于分,后综其全,此未审也。实则慧心所与心叶合取境,才起推度即具全体设臆。当推度创起,设臆固在模糊与变动之中,而实有渐趋分畛之势。分畛者,谓作部分的密察。及夫继续前展,则分畛渐至明确,即全体设臆由分畛明确而始得决定。故疑于先观其分,后综其全耳。又乃由寻入伺,从浅入深,即由全体设臆降为分畔伺察时，则慧之为用益以猛利，常与触心所相俱，奔赴甚力，如猎人之有所逐追者然。旧说寻伺能令身心不安住者，职此故耳。寻、伺二心所并依慧心所，别出言之。慧非恒行，已如前说。

疑心所者，于境犹豫故，说为疑。旧说以疑属本惑之一，<small>本惑后详。</small>此亦稍过。夫疑者，善用之则悟之几也，不善用之则愚之始也。理道无穷，行而不著，习焉不察，则不知其无穷也。然著察之用，往往资疑以导其先。盖必于其所常行所惯习者初时漫不加意，<small>冥冥然遇事不求解。</small>又或狃于传说，<small>如佛教徒以圣言量为依据，而不务反求诸己。</small>安于浅见，<small>不能博求之以会其通，不能深体之以造其微。</small>故于所行所习之当然与所以然者，未尝明知而精识也。<small>知之不明是不著，识之不精是不察。</small>忽焉而疑虑于其所行所习之为何。向所不经意者至此盛费筹度，<small>疑问起时，必作种种筹度。</small>向所信之传说至此根本摇动，向所执之浅见至此顿觉一无所知。于是自视欿然，思求其故，疑端既起，欲罢不能。思虑以浚而日通，结滞将涣而自释，然后群疑可亡，著察可期矣。故曰：善疑则悟之始也。夫疑之可贵者，谓可由此而启悟耳。若徒以怀疑为能事，一切不肯审决，则终自绝于真理之门。须知疑虑滋多，百端推度，只增迷惘。而穷理所困，即事求征，则难以语上，<small>持科学万能之见者，一切必欲依据经验以求之，而形上之理岂可以物推征？</small>刻意游玄，则虑将蹈空。<small>知玄想与空想之辨者，可与穷理。</small>但使知此过患，勿轻置断。疑情既久思力转精，不陷葛藤，则胶执自化。真理元自昭著，患不能虚怀体之耳。若怀疑太过者，便时时有一碍膺之物，触涂成滞，何由得入正理？周子曰："明不至则疑生。明，无疑也，谓能疑为能明，何啻千里？"此为过疑者言，则诚为良药。故曰不善疑则愚之始也。夫疑虽有其太过，而人生日用不必念念生疑，故疑非恒行摄。疑之过者可说为惑，然善疑亦所以启悟，旧说疑属本惑，亦所未安。故今以疑入别境。

胜解心所者，于决定境深印持故，<small>印者印可，持者执持。</small>不可引转故，名胜解。由胜解心所应合于心，便于所缘境，审择决定而起印持，此事如是，非不如是，于决定境才有印持，但印持与决定却是同时。即此正印持顷，更有异缘，不能引转令此念中别生疑惑。异缘不可引转云云，系约当念说，非约前后念相望而言。尽有前念于境审决而印持之，固是异缘不可引转，及至后念乃忽觉前非，而更起审决印持者矣。故胜解者，唯于决定境乃得有此。决定境者，从能量而名决定。不唯现比量所得是决定境，即非量所得亦名决定境。如见绳谓蛇，此乃似现，即非量所得之境。此境本不称实，然尔时能量方面确于境决定为蛇，非于境不审决故，非有疑故，故此境应从能量而名决定。又如由浊流而比知上流雨，实则浊流亦有他因，上流未尝有雨。是所谓雨者，乃似比，即非量所得之境，元不称实，但尔时能量方面确于境决定为雨，非于境不审决故，非有疑故，故此境亦从能量而名决定。犹豫心中全无解起，非审决心，胜解亦无，非审决心者，谓心于境不起审决故名。此心亦即非量。世言非量，或唯举似现、似比。实则似现、似比者非于境不起量度，但不称实，乃云非量耳。更有纯为非量者，即散乱心，于泛所缘境实不曾量度者，即此中所言非审决心。以故胜解非恒行摄。

念心所者，于曾习境令心明记不忘故，名为念。念，必资于前念想心所。想心所于境取像，虽复当念迁灭，而有习气潜伏等流。想之余势不绝者名习气，等流见前。由想习潜存故，今时忆念，遂乃再现。若非想习潜存者，则过去已灭之境像何能再现于忆念中耶？然念起亦由作意心所于所曾经，警令不失，故有忆持。由念能忆曾经，故能数往知来，而无蒙昧之患也。若无忆念，则不能据已知以推其所未知，人生直是蒙蒙昧昧焉耳。

念心所何故非恒行耶？于非曾经事，不起念故；又虽曾经而不能明记者，即念不生。故念非恒行摄。或有难言："若于曾经不明记时，只于曾经某事忘失，说名无念，而此时心非无他念。如我忆念旧读《汉书》，苦不得忆，此于《汉书》名为失念。然此时心于现前几席等等任运了知不起异觉，即由几席等等曾所经故，今乃任运生念，故不觉其异也。是于曾经虽有不忆，<sub>如于《汉书》。</sub>而此时心仍非无念。"<sub>如于几席等等</sub>。详此所难，实由不了念义。须知念者，本由明记得名。于曾经事警令不失，遂有念起，分明记忆，即此明记非任运生，必由作意心所特别警觉，始得分明记取。若汝所云任运生念者，实非是念；乃过去想习，适应日常生活需要，任运潜行。任运者，因任自然而起，不由警觉故；潜行者，以此想习尚隐微故。前云习气潜伏即名种子，而现起方名心所，此等想习亦属种子状态，或亦可说为种子的半现，要不得说为心所也。大抵吾人日常生活中，其应境多由种子潜伏的力用，即所谓不自觉的力用，此等力用本不与明了意识相俱取境，故不名心所也。此与明记截然异相，何可并为一谈？故汝所云于几席等等任运了知者，此犹属种子潜行相状，必忆《汉书》而果得分明记取者方是念故。然则方忆《汉书》不得，即此时明了意识中实无有念，故念非恒行，彰彰明矣。

如上六法，缘别别境而得起故，故名别境。

染心所，旧分本惑及随惑，<sub>惑亦名烦恼，烦者扰义，恼者乱义。一切惑，皆是扰乱相故。本惑者，以其为一切惑之根本故名；随惑者，以随本惑而起故名。</sub>今略其随，而唯谈本。本惑旧析以六，今出疑入别境，存其五法，曰无明、贪、嗔、慢、恶见。

无明，亦名痴心所，于诸理事迷暗故，说为无明。旧分迷理、迷事，今此不取。迷事亦只是不明那事的理而已，非可于迷理外别说个迷事也。故此言理事，取复词便称，实只一个理字的意义。然理赅真俗，俗谛中理，假设为有，曲尽物则；真谛中理，一道齐平，唯证相应。迷者，于俗妄计，于真不求证故。夫痴相无量，或总名之，或专言之。总名之者，一切染法皆属痴故；专言之者，迷暗势用实为一切染心所之导首，即此势用名为无明，亦云痴故。人之生也，无端而有一团迷暗与形俱始。无端二字注意。这个元不是本性上所固有，只是成形之始便忽然有此迷暗，以渐增盛。触处设问，总归无答。反问诸己，生于何来，死于何往，莫能解答。即在宗教哲学多有作答者，然彼一答案，此一答案，已难刊定。矧复任取一家答案，寻其究竟，终于无答。远观诸物，疑问万端。即有科学家以分子元子乃至电子种种作答，复问电子何因而有，仍归无答。更有哲学家出而作答者，终亦等于不答。然从古迄今仍不已于问，不已于答。岂知俗谛，问答都是假名；胜义谛中，问答泊尔俱寂。岂知二字，一气贯至此。胜义谛者真谛之代语。若使循俗假诠，问答随宜如量，固亦无过。如量者称境而知。盖在俗谛本假设一切物事为有，而甄明其所具之则，故得夫物则者，即为称境而知，谓之如量。然所谓如量，亦假设如是而已，寻其究竟便非真解，故以随宜言之。尔乃任情作解，逞臆卜度，既已非量，而不知虚中以契理。此不如量，即迷俗谛理者。矧复于答问不行之境，此谓真谛。犹且嚣嚣驰问，昏昏恣答，如渴鹿趁焰，演若迷头，遗贫子之衣珠，攫空潭之月影。迷真谛理者譬于是。此非至愚而何？总结迷俗、迷真。至若颠倒冥行，无知故作。故作恶业也。虽或自为诡释，适乃长迷不反。作恶者恒自欺，即对于自己良知之谴责而为诡谲之解释，以为所作亦有理道也，自欺正是无明。夫无明一词不可作虚词解，如谓由明无故名无明，便作虚词解，即大误。实有此迷暗习气无始传来，导诸惑而居首，详《缘起经》十二支。负有情以长驱，有情者，人有情识故名。其势用之猛，虽转岳旋岚犹未足喻也。

　　贪心所者，于境起爱故，此爱是贪爱义，非仁爱之爱。深染著故，深染著于境也。语云贪夫殉财，烈士殉名。深玩殉字之义，便知此云起爱及深染著意义。名为贪。贪相不可胜穷，随在发现，故难穷也。略谈其要，别以八种：一曰自体贪，此云自体，略当于身的意义。谓于自体亲昵藏护故。此贪极难形容，强状其情，曰亲昵藏护。人情唯于自体，亲昵至极无可自解，亦唯于自体藏护周密，莫肯稍疏。不独人也，下生动物于兹尤甚。吾昔在北京万寿山园中，见大树上有长约二寸许之厚皮移动甚疾，余猝尔惊曰：树皮既脱，胡能附树疾走而不坠耶？徐取观之，明明一粗块之树皮；及剖视之，则其中固一虫也。此虫不知何名，乃深叹此虫于自体亲昵藏护之切也。此等事生物学上所发见不少。二后有贪，谓求续生不断故。此从自体贪中别出言之。或有问言："世人持断见者，自知死后即便断灭，宜若无后有贪可言。"曰：不，不。爱力非断见可移。由爱润生方有生，人之有生，由爱力滋润之故生。《楞严经》谈此义极透。如汝明知当来断灭，而犹厚爱其生，则爱力非断见所移审矣。汝后有贪，岂随断见而舍耶？汝昨日之生已逝，今日之生已有，今日之生方尽，明日之生当有。故后有贪，为有生类所与生俱有者，何足疑耶？三嗣续贪，谓求传种不绝故。自植物至人类随在可征。四男女贪，谓乐著淫欲故。征之小说诗歌，几无往而不表现男女之欲。忧国情深，亦托美人芳草；即寄怀世外，犹复侈言仙女。五资具贪，谓乐著一切资具故。凡日用饮食、田宅、财货、仆隶、党与、权势、名誉，乃至一切便利己私事，通称资具。人类之资具贪亦从兽性传来，每见禽兽巢穴多集聚刍粮等资具。六贪贪，谓若所贪未及得者，贪心自现境相而贪故。如好色者心中或悬想一美人。七盖贪，谓于前所乐受事，已过去者犹生恋着，即有盖藏义故。盖藏者，言其不肯放舍故。八见贪，谓于所知、所见，虽浅陋邪谬亦乐著不舍故。见贪重者便难与语。如上八种，贪相略明。《瑜伽》五十五说有十贪，但列名目而无解说。《缘起经》说有四种爱，以明贪相。今并有采撮，说为八种。学者以是而反躬察识，毋自蔽焉可也。

瞋心所者，于诸有情起憎恚故，名为瞋。《伦记》五十九说瞋略有三：一有情瞋，于有情而起瞋故；二境界瞋，于不可意境即生瞋故；三见瞋，于他见生瞋故。有情瞋者，由有我见故，即有人见生，人见与我见同时生。由有人我二见故，即有瞋生。瞋与人我二见同时生。瞋相无量，略分粗细。粗者因利害毁誉等等冲突所引发，其相粗动，或转为忿恨等。

细者其相深微，虽无利害毁誉等等冲突，亦常有与人落落难合意故。隐士孤高，正是瞋惑。夫群生怀瞋而好杀，世间历史大氐为相斫书，前世小说诗歌亦多以雄武敢斗为上德，皆瞋之著也。或曰："瞋为习心固也。征以达尔文生存竞争之论，则瞋者当亦出于生存之需，而不必訾之以惑欤？"余曰：互助论者所发见之事实，明与达氏反。伊川释《易》之《比》亦云：万物莫不相比助而后得生。其言皆有证验。故知生存所需者乃比助而非竞争，然则谓瞋非惑而为应于生存之需可乎？境界瞋者，亦有情瞋之变态。由于有情怀瞋故，境界随之而转。遂觉邱陵坎窖并是险巇，暑雨祈寒俱成嗟怨。怼人则器物皆罪，伐国则城邑为潴。忮心每及于飘瓦，诛锄亦逮于草木。此皆有情瞋盛，故随所涉而皆乖戾之境也。见瞋者，复于有情瞋中别出言之，此与前贪数中所举见贪实相因。夫唯贪著己见，故不能容纳他见，遂乃恶直而丑正，是丹而非素。从来朋党之祸、门户之争，皆由此起。凡人不能舍其见贪见瞋，故一任己见以为是非，好用感情的逻辑。而不暇求理道之真，此物论之所以难齐也。

慢心所者，依于我见而高举故，名为慢。旧说慢有七种，今述其略，而稍有省易。一者私其形骸而计为我，自恃高举，名为我慢。二者视材智劣于己者，即谓我胜彼，视材智等于己者，即谓我与彼相等，此皆令心高举，总说为慢。或问："于等己者即谓我与之等，似不为慢。"答曰：由计等故，自心高举，岂若澄怀了无计量？三者于他人远胜我者，我顾自谓少分不及，此名卑慢。虽自知卑劣，犹起慢故，名卑慢。四者于彼胜己，顾反计己胜，斯名过慢。五者己实不德，而乃自谓有德，恃恶高举，名为邪慢。若无知而自谓有知，少得而自谓已足，皆邪慢摄。夫慢多者胸量极狭，不能求贤自益纳善自广。咎始于居满，心怀高举，即是满相。其流极于无惭无愧，儒者谓之无耻，至不比于人，故学者宜先伏慢。

恶见心所者，于境颠倒推度故，慧与痴交杂俱起故，别境中慧心所与染心所中痴同行而成恶见。痴即无明。名恶见。见不正故名恶。恶见相状复杂，不可究诘，抉其重者略谈三见，曰我见、边见、邪见。

我见亦云身见。梵言萨迦耶。由不悟真性故，遂私其形躯而计我、我所，是名我见。言我者，亦摄我所，由计我故，同时即计我所。云何我所？我所有者名我所故。如于形躯，计为自我，同时亦计为我所，云是我之身故。若身外诸法，则但计为我所。如妻子、田宅、财货、权位、名誉，乃至一切为我所有者，皆是我所故。故有我见，即有我所，此是自私根源，万恶都由此起。盖人心隐微中，缘形躯而起自我之见，念念坚执，曾无暂舍，是乃与生俱生而不自觉其如是者，此谓俱生我执。不独在人为然，动物亦执形躯为自体即是我执。植物护其形干，亦隐有我见，但甚暧昧耳。大抵有生之类限于形气而昧其本来，不了自性上元无物我种种差别，乃计其形骸为独立的自体而私之为我，其实非我，特妄计耳。

边见者亦云边执见。执一边故名边执见。略说有二，曰常边、断边。常边者，由我见增上力故，常边见之起，亦由我见加上之力。计有现前诸物，攀援不舍，谓当常住，不了诸物元是刹那生灭曾无实法，但假说为物。不了至此为句。变化密移，今已非昔，而迷者视之若旧，计此相续之相，谓是常恒，此则堕常边过。断边者，由我见增上力故，于物怙常不得，转计为断。由见世间风动云飞，山崩川竭，倏忽无迹，根身器界悉从变灭，如经言"劫火洞然，大千俱坏"，遂谓诸法昔有今无，今有后无，此则堕断边过。若悟物本无实，依何云断？故知断见亦缘取物。然常断二边元是迭堕，是所当知。迭堕者，有时离常，即便堕断，有时离断，还复堕常故。

邪见亦云不正见。略说以二，曰增益见，曰损减见。增益见者，于本无事妄构为有。如于色等法上增益瓶等相，眼识所取唯色，乃至身识所取唯坚，本无瓶等，故瓶等相，纯是增益于色等之上。转增益瓶等无常相。只是重重增益。乃至于形躯不如实知故，妄增益我相。形躯本不实，今乃缘形躯而妄计为自我，即是无端增益我相于形躯之上也。于自性不返证故，妄增益外在实体相。故增益见幻构宇宙，犹如幻术家幻现象马种种形物。损减见者，于本有事妄计为无。治故籍者任情取舍，将于古人确实之纪事不肯置信；今或不信古有大禹其人，非损减见而何？生长僻陋者涉历既狭，闻殊方异物则拟之齐谐志怪；浅见者流不悟深远，则诋玄言为空诞。大氐凭有限之经验以推测事理，则不得事理之真而自陷于损减见者，乃不善学者之通患也。凡增益见以无为有，凡损减见以有为无。然增与损必恒相依，无孤起故。如昔人说地静者，于地上增益静相，同时即于动相为损减故。增益见无孤起之理，既增妄相，必损真相故。然则人生知识无往不是增益妄相，则睹真者其谁耶？或言综事辨物，务得其理，不必纯为增益者，不知约真谛言，一切物皆假设故有，元非实在，云何非增益欤？

综上三见，邪见最宽，一切谬解皆邪见摄。

本惑五心所，各分粗细。粗者猛利，动损自他；其发动必扰乱于心，以损自己，又必不利于物，即损他人。细者微劣，于他无损。然粗者须对治之令不现起，细者与恒行心所同叶合于感识意识以取境，亦当对治，令其伏断。具在善心所中。

善心所，旧说有十一法，今省并为七法，曰定、信、无痴、无贪、无嗔、精进、不放逸。省去无惭等五法，并入别境中定。

定心所者，令心收摄凝聚故，正对治沉掉故，沉者昏沉；掉者掉举，亦云浮散。沉与掉皆不定相。名为定。由如理作意力故，有定心所生。背惑而顺正理，深自警策，名如理作意。定心所必由如理作意引生。定者，收摄凝聚，并力内注，助心反缘，注者专注，助者相应故。定心所以其收摄凝聚的力叶助于心，而自反观故。不循诸惑滑熟路故。诸惑从无始来与生俱有，与形相昵，未曾断舍，故其现起，如率循滑熟路子走一般，所以惑起如机械而不自觉。

今此收摄凝聚力者，即是自己新生之一种定力，却要背惑而行，不肯率循熟路走，是能引发内自本心，使诸惑染无可乘故。本心不由外铄曰内，不从他得曰自。本心既藉定显发，得为主宰，故惑不容生。夫本心者，元是寂静圆明，毫无欠缺。寂静者，澄湛之极，其应恒止；圆明者，虚灵之极，其照恒遍。但惑起障之，则心不得自显而等于亡失，此昔人所以有放心之说也。然心虽受障，毕竟未尝不在，纵惑染流行，而此心法尔自运亦未堪全蔽。如浮云蔽日，而言无日，实则日亦未尝不在。虽复积阴重闭，要非绝无微阳呈露其间者，但势用微劣，而说为无阳耳。无阳犹云无日。定心所即以其收摄凝聚势用，乘乎本心之运不容全蔽如所谓微阳者，乃令其保聚益大而无亡失之忧，使本心浸显而极盛，则诸惑亦渐伏而终尽。故定力者，实能对治诸惑。而云正对治沉掉者，则以定相与沉掉相正相翻故，乃举胜而谈。然既置正言，即显不独对治沉掉可知。定数如是，余对治力余云云者，犹言其他善心所的对治力。可例观也。

信心所者，令心清净故，正对治无惭无愧故，名为信。由如理作意力，引生清净势用，即此净势叶合于心而共趣所缘者，是名信故。清净势用省言净势，此与如理作意乃同时而起者。叶合即相应义。此信所缘义境，略说以二：一者于真理有愿欲故，此中假说真理为信之所缘义境。吾人不甘同于草木鸟兽之无知，必欲洞明宇宙人生之蕴，易言之，即欲自识本来，此即求真理之愿欲。能于真理起信。二者于自力起信，发起胜行，深信自力能得能成故。行者造作义，自思虑之微至身语之著，所有创造，所有作为，总说名行。胜行者，此行纯善，无有迷妄，故名胜行。深信自力能得而无失，能成而无亏，断无力不足之患。孔子曰："我欲仁，斯仁至矣。"亦此旨也。故信之为义极严格。信者清净相，与无惭无愧浑浊相正相翻故，浑浊至于无惭无愧而极。故说信于无惭无愧为正对治。

无痴心所者，正对治无明故，于诸理事明解不迷故，名无痴。无痴依何而起？由定力故，于本心微明保聚增长；微明者，本心之明虽为惑所障，

305

而不无微明呈露故。由信力故，引发本净，本净谓本心清净。于是有性智生；性智即本心，见《明宗》章。依性智而起明解作用，亦云始发智。由前被障今始显发，故云始发。前述别境中慧心所舍染性而纯为净慧者，即此中明解是也。性智全泯外缘，而默然反观，炯然自了，所谓内证离言是也。盖此能证即是所证，而实无能所可分，故是照体独立，迥超物表。明解始发智。则缘虑事物，推理无妄，不违律故，析物博征，务求实故，知周万物，而未尝逐物。世疑圣人但务内照而遗物弃知，是乃妄测。设谓圣人之知，亦犹夫未见性人之凿以为知也，则夏虫不可与语冰矣。凿者穿凿，刻意求入，而任主观，不顺物之理，又乃矜其私智，求通乎物，而未免殉于物也。

无贪心所者，正对治贪故，无染著故，名无贪。由定及信应合于心，有无贪势用俱转。无贪者，谓于贪习，察识精严而深禁绝之，是名无贪。无者禁绝之词。身非私有，元与天地万物通为一体，即置身于天地万物公共之地而同焉皆得，各得其所。何为拘碍形骸妄生贪著，梏亡自性？形虽分物我，而性上元无差别；人若私其形，则必梏亡其性，自丧本真。故自体贪，应如是绝。非绝自体，只是绝自体贪。万物诱焉皆生，而实无生相可得，生生者不住故，刹那灭故。不住故无物，谓无独立存在的物事。无物矣，则生者实未尝有生也。既生即无生，则寄之无生而寓诸无竟，奚其不乐！何不悟生之幻化而欲怙之，妄执有一己之生冀其后有耶？何不，至此为句。生者，大化周流，本无所谓一己，而人之后有贪，则妄执有一己之生，故惑也。故后有贪，应如是绝。非绝后有，只是绝后有贪。嗣续者，大生之流。大生者，万物同体而生故名。如吾有嗣续，亦大生之流行不息故也。物则拘形，私其种息，动植传种，各私其类。人乃率性，胡容私怙我嗣我续？故嗣续贪，应如是绝。非绝嗣续，只是绝嗣续贪。匹偶之合，用遂其生，爱而有敬，所以率性，徇于形者爱恋成溺，或同人道于禽兽。故男女贪，应如是绝。非绝男女，只是绝男女贪。男女合不以理，交不由义，居室恒渎亵而无敬，此即贪之表现，故应绝也。本性具足，无待外求，足乎内者无求于外。养形之需元属有限，随分自适，不亏吾性，狂贪无厌，本实先拨。逐物而失其性，是本拨也。故资具贪，应如是绝。非资具可绝，只是绝资具贪耳。并心外驰，殉物丧己，此贪过重，故应绝。《论语》曰"巍巍乎舜、禹之有天下也而不与焉"，是能绝资具贪者。贪贪、盖贪，参看贪心所中。作茧自缚，心与物化，生机泯灭。故此二贪，应如是绝。真见性者，无己见可执，其有若无，其实若虚，循物无违之谓智，匪用其私。循物云云者，谓率循乎物理之实然，而非以己见臆度与之相违也。庄生曰"道未始有封，言未始有常"，惟自私用知，读智。分畛始立，是非之涂樊然淆乱。故见贪者，应如是绝。如上粗析八种对治，说无贪略竟。

无瞋心所者，正对治瞋故，无憎恚故，名无瞋。由定及信应合于心，有无瞋势用俱转。无瞋者，谓于瞋习，察识精严而深禁绝之，是名无瞋。倘以利害或毁誉等因而于人起憎恶，此念萌时，反诸本心，恻然如伤，不忍复校。校者，计较。心体物而无不在，其视天下无一物非我故也。本心即性，性者物我同体，故云心体物而无不在。然瞋势盛者，犹欲瞒心而逞其惑，俗云理欲交战是也。当此顷间，必赖无瞋势用助叶于心方能胜惑。人能率性，不因利害瞋物而失慈柔，体物所以立诚，体物者，视万物与吾为一体，故无瞋而尽其诚也。备物所以存仁，瞋则损害乎物而不能备之，无瞋不尔。故人极立，而远于禽兽也。禽兽因气昏惑重，天性全汩没，只有趋利避害之惯习，此外无知。至人则不然，却能发展其天性，而有无瞋无贪无痴等善心所著见，此其所以异于禽兽。或有难言："于私利害可不校，至于世间大暴恶者，若强凌弱、富豪侵削劳苦者之类，亦起瞋否？"答曰：于彼大暴恶虽起瞋，而不为瞋。何以故？彼为大暴恶，不利群生，公理所不容，因而瞋之，非吾以私利私害而起瞋也。廓然应物，未尝有瞋之一念累于中也。故虽为讨暴诛恶而动众兴戎，亦不为瞋，吾无私也。夫瞋不以私，则当憎恚因物而起时，其中必有哀痛惨切之隐。曾子所谓听讼得情哀矜勿喜者，称心之谈也，是其发于本心体物之诚而不容已也。若瞋发于私，则惑起而本心已失，心为惑所障故。即物我隔绝，乃唯见有物之可憎，而

307

何有于哀痛惨切乎？于彼暴恶，以瞋相报，便以己同化于彼，可惧孰甚！故有情瞋毕竟应断。安土敦仁，本《易传》。土者境义，言随境能安，乃所以敦笃吾之仁。无入不得。《中庸》云"君子无入而不自得焉。"心为境缚，则天地虽大，诗人犹嗟靡骋；境随心转，则陋巷不堪，贤者自有乐在。故境界瞋毕竟应断。是非之执，每囿于情识。守其一曲，斯不能观其会通，取舍两端，必有偏倚，彼其明之所立，正其蔽之所成。明与蔽相因，斯执碍横生，诤论竞起，诋諆瑕衅，互为主敌。故天竺外道至以斩首相要，此土异家亦有操戈之喻。此见瞋之害也。惟见性者不为情识所封，故能因是因非，玄同彼我，息言忘照，休乎天钧。知辨者之劳，犹虻蚋之于天地，虽不得已而有言，始乎无取，终乎无得，故智与理冥，而喜怒不用，岂复有断断之患乎？故见瞋者毕竟应断。

精进心所者，对治诸惑故，令心勇悍故，名精进。由如理作意力，乃有勇悍势用俱起，而与心同行。凡人不精进者，即役于形、锢于惑，而无所堪任，是放其心以亡其生理者也。无所堪任者，无所堪能，无所任受，如草木鸟兽然也。精进者，自强不息，体至刚而涵万有，体者体现，人性本来刚大，而役于形锢于惑者则失其性，故必发起精进，以体现其刚大之性。唯率性者为能尽其知能，故云涵万有。立至诚以宰百为，诚者真实无妄，性之德也。百为一主乎诚，即所为无不顺性，故是精进。日新而不用其故，唯其刚健诚实，故恒创新而不守故。进进而无所于止，故在心为勇悍之相焉。旧说精进为五种：一被甲精进，最初发起猛利乐欲，如著甲入阵，有大威势故。二加行精进，继起坚固策勤无稍懈故。三无下精进，有所证得，不自轻蔑，益勤上达故。四无退精进，忍受诸苦，猛利而前，虽逢生死苦，亦不退转故。虽云无下，逢苦或休，故应次以无退。五无足精进，规模广远，不为少得便生餍足故。尧、舜为政，兢兢业业，一日二日万几，正是精进。孔子曰："我学不厌，而诲不倦也。"又曰"发愤忘食，乐以忘忧，不知老之将至"云尔。又曰："忘身之老也，不知年数之不足也，俛焉日有孳孳，毙而后已。"此皆自道其精进之概。总之人生唯于精进见生命，一息不精进即成乎死物，故精进终无足也。精进即身心调畅，古师别立轻安，今故不立。精进与平常言勤者异义，如勤作诸恶者平常亦谓之勤，此实堕没，非是精进。

不放逸心所者，对治诸惑故，恒持戒故，<sub>恒字吃紧。</sub>名不放逸。由如理作意力，有戒惧势用俱起，叶合于心，令心常惺，惑不得起，为定所依。佛氏三学，以戒为本，由戒生定，故戒是定之所依，不放逸即摄戒。儒家旧有主静主敬之说，学者或疑有二，不知敬而无失，始能息诸憧扰；主一无适，内欲不萌，即是静也。此中说定，即该主静；说不放逸是定依，即该主敬。夫微妙而难见者心也，猛利而乘权者惑也，吾人于本心若无操存之功则惑乘之，陵夺其位，心即放失。喻如寇盗相侵，主人被逐。《记》曰："斯须不庄不敬，则暴慢之心入之；斯须不和不乐，则鄙诈之心入之。"故必斋明俨恪，收摄止畜，<sub>卦名有取于畜者，畜止即存在之义，与放失相翻。人心不止畜则流荡，凡虚妄攀援皆流荡也。</sub>然后此心微妙不可睹闻之体，始得显发于隐微幽独之地而力用常昭，默存于变化云为之间而不随物靡。《易》谓"显诸仁、藏诸用"者即此义。识得此体，须勤保任。故朝乾夕惕唯恐或失，见宾承祭同其严畏，造次颠沛亦莫之违；防检不忽于微渐，涵养无间于瞬息；绝悔吝于未萌，慎枢机于将发。斯能正位居体，不为诸惑之所侵矣。故儒者言"闲邪则诚自存"，又言"不敬则肆"，禅家谓"蹔时不在，即同死人"。此皆不放逸之教，其言至为精切。《诗》谓文王"无然歆羡，无然畔援"，此即不放逸相。学者当知，始自凡夫至于大觉，戒惧之功不容或已。故曰惧以终始，无可纵任。<sub>纵任，有作自在解者即是胜义，有作放肆解者即是劣义。此中是劣义也。</sub>安不忘忧，治不忘乱，有不断惑之众生，即如来无可忘其戒惧。<sub>自本心言之，众生与如来本是一体，众生惑相，即是佛自心中疵累，何得不戒惧耶？经云"有一众生未成佛，终不于此取泥洹"，亦此义也。</sub>唯知几其神，斯自强不息。故敬也者所以成始而成终也。今以不放逸为诸善心所之殿，此义甚深，学者其善思之。或疑常存戒惧，有似拘迫，而碍于心。不知拘迫由惑起，戒惧则惑不得乘，而不失此心坦荡之本然，即当下受用。故戒惧恒与和乐相依，何有拘迫之患耶？又戒惧之保任此心，犹如舵工持舵，不敢稍疏，初时似劳照应，久之功力纯熟，则亦即身即舵，如庖丁解牛，游刃有余。象山有言："得力处即省力。"故以戒惧为拘迫者，无有是处。

如上七法，是清净性故，对治染故，名善心所。夫染心所即染习之现起，而染习缘形物故生，已如前说。善心所即净习之现起，而净习由循理方起，如《功能》章说。《功能》章有云：如自作意至动发诸业，壹是皆循理而动，未尝拘于形骸之私者，凡此所作，必皆有余势潜存，名无漏习云云。故净习者，实以本心发用而有余势故名。净习属心，染习属物。染习现起为染性心所，即障自性；净习现起为善性心所，此即工夫，亦即于此识自性。旧言心所，但具名数，无甚说明，又以染净一一相翻，有似头痛医头、脚痛医脚，全无立本之道，如何对治得去？大抵世亲以来言唯识者，全走入辨析名相一途，颇少深造自得之功。奘、基介绍此学于中土，虽盛行一时，而终不可久，宗门迅起代之，亦有以耳。

综前所说，心者即性，是本来故；心所即习，是后起故。净习虽依本心之发用故有，然发现以后，成为余势，等流不绝，方名净习，则净习亦是后起。夫本来恒任运，本心只是任自然而行。后起是有为；本来纯净无染，后起便通善染；本来是主，对于后起的习而说为主。后起染法障之，则主反为客；无据曰客。本心障而不显，虽存若亡，故说为客。后起是客，染胜而障其本来，则客反为主。吾人生命只此本来者是，然吾人常以染习为生命，一切所思所学所为所作莫非滋长染习，而真生命乃日戕贼于无形，故客反为主。如斯义趣，上来略明。今更申言：欲了本心，当重修学。盖人生本来之性，必资后起净法始得显现，虽处染中，而由自性力故，常起净法不断。起者创义，依据自性力而得创起净习不断，即自性常显而不至物化。惟舍染趣净，方是一切学术中究竟之学。古训学之为言觉也。学以穷理为本，尽性为归，彻法源底之谓穷，无欠无余之谓尽。性即本来清净之心，理即自心具足之理，不由外铄，不假他求，此在学者深体明辨。今略举二义，以明修学之要。一者从微至显，形不碍性故，性之所以全也。本心唯微，必藉引发而后显。微有二义：一者微隐义，以不可睹闻言之；二者微少义，以所存者几希言之。此兼具二义。原夫性之行也，不得不自成乎形，以为运用之具。既凝成形气，则化于物者多，其守自性而不物化者遂为至少。如《易》消息，从《姤》至《剥》，仅存在上之一阳。此段道理极难说，须深心体究翕阖之故才得。参看《转变》《成物》诸章。上云心是本来，本来者性之代语。性者，言其为吾人所以生之理也。若赅万有而言之，则亦假名恒转。形气谓身躯，此即恒转之动而翕所凝成者。易言之，即此形气亦是性的发现。但形气既起，则成为顽钝的物事，忽与本来的性不相似，可以说性至此几乎完全物质化。然尚能守其自性而不至全化为物者，此即所谓阖或心。但就其存乎吾身者言之，此阖或心实可谓至少的一点，如《易·剥》卦中所剩下的一阳而已。这点真阳才是吾人的生命，而主宰乎形气者即此。王弼《易略例》所谓"寡能制众"者是也。然此只就原理上说，未可执一曲以衡之。盖此点真阳若不得显发，即未能主宰形气，而为物役者其常也，故不可持一曲之见以疑此原理为妄立也。此仅存之真阳即性。虽遍运乎形气之内而隐为主宰，然其运而不息者固法尔自然，未有为作。而形气既生，即自有权能，形气底权能，本当随顺乎性，而亦可以不顺乎性。则性之运于形气中者既因任无为，因任者，因而任之无所为作故。形乃可役性以从己，宛尔成乎形气之动，形之役性，非其固然也，故云乃可。己者，设为形气之自谓。而性便失其主宰力矣。所谓本心唯微者此也。然则形为性之害乎？曰：否，否。若无形气，则性亦不可见，且形者性之凝，即形莫非性也。孟子曰"形色，天性也"，形何碍于性乎？形之役夫性者本非其固然，特变态耳。如水不就下，而致过颡或在山者,此岂水之固然哉?染习与形俱始,随逐增长,以与形相守,而益障其本来,染习与形相守,故学者难于变化气质也。遂使固有之性,无所引发而不得显。如金在矿,不见光采。反之,性之主乎形者,则以净习增长,足以引发自性德用,流行无碍。犹云雾消而日光显。如《易》消息,从《复》之一阳,渐而至于纯《乾》。如炼矿成金,不重为矿。性既为主,即形气亦莫非性,故先儒有践形尽性之说。恶可歧形与性而二之,谓形必碍性哉?其次曰,天人合德,性修不二故,学之所以成也。《易》曰:"继之者善,成之者性。"全性起修名继,性是全体流行不息,是万善具足的,故依之起修而万善无不成办,是谓全性起修,即继义。全修在性名成,修之全功,依性而起,只以扩充其性,非是增益本性所无,故云全修在性,即成义。本来性净为天,后起净习为人。故曰人不天不因,性者天也,人若不有其天然具足之性,则将何所因而为善乎?天不人不成。后起净习则人力也,虽有天性而不尽人力,则天性不得显发,何以成其为天耶?此上二语,本扬子云《法言》。故吾人必以精进力,创起净习,以随顺乎固有之性而引令显发。在《易》,《乾》为天道,《坤》为人道,《坤》以顺承天,明人当善继《乾》健之德。《坤》卦表示后起底物事,吾人自创净习以引发天性,即《坤》法天之象。是故学者继善之事,及其成也性焉。《论语》曰:"人能弘道,非道弘人。"《论语》言道,当此所谓性。人能自创净习,以显发天性,是人能弘大其道也。人不知尽性,即化于物,而性有不存者矣,故云"非道弘人"。弘道之目,约言之,在儒家为率循五德,在佛氏为勤行六度。五德本性具之德,其用必待充而始完;六度乃顺性而修,其事亦遇缘而方显。然儒家言五德,克指本体,于义为精。故曰:无不从此法界流,无不还归此法界。法界即性之异名耳。此谓天人合德,性修不二。学者于此知所持循,则精义入神以致用,利用安身以崇德,皆在其中矣。或曰:"染缚重者,恶乎学?"曰:染净相资,变染成净,只在一念转移间耳,何谓不能学耶?夫染虽障本,染法障蔽本来。而亦是引发本来之因。由有染故,觉不自在;

不自在故，希欲改造，自己改造自己。遂有净习创生；由净力故，得以引发本来而克成性。性虽固有，若障蔽不显，即不成乎性矣。故人能自创净力以复性者，即此固有之性无异自人新成之也。古德云："一念回机，便同本得。"明夫自心净用未尝有间，诸惑元妄，照之即空。苟不安于昏愚，夫何忧乎弱丧！故学者首贵立志，终于成能，《易》曰"圣人成能"，人能自创净习以显发其性，即是成能也。皆此智用为主。智体本净，不受诸惑，辨惑、断惑，皆是此智，净习之生，即此本体之明流行不息者是。引而不竭，用而弥出，自是明强之力，绝彼柔道之牵。《中庸》云"虽愚必明，虽柔必强"，此言其力用也。《易》曰："困于金柅，柔道牵也。"柔道即指惑染，以诸染法皆以柔暗为相，阳德刚明，自不入于柔暗，故智者不惑。如杲日当空，全消阴翳，乃知惑染毕竟可断，自性毕竟能成。斯称性之诚言，学术之宗极也。故曰：欲了本心，当重修学。

# 附　录

余初服膺无着、世亲之学，尝据其义以造论。潜思既久，渐启疑端。民国十一年，讲世亲唯识之论于北庠。<sub></sub>国立北京大学。忽不自安，遂辍讲。翌年，改造《新论》，<sub></sub>《新唯识论》，省称《新论》。仍以未定稿讲于北庠。自是历十年，稿亦屡易。壬申<sub></sub>民国二十一年。始删定成书，自印行世，是为《新论》原本。戊寅以后，复依原本而改用语体文重述之，<sub></sub>详初印上中两卷序言。于是《新论》别有语体本。

《新论》之旨，本出入儒佛，而会其有极。<sub></sub>极谓理之至极而不二也。观众理之万殊而会其通，则不二。然原其所由作，始则不惬意于无着一派之学，终乃于佛法全体之宗趣，亦有未敢苟同。书中评及有宗者特多。上中两卷印行时，每闻读者于中卷评有宗大义处，辄以未易了解为苦。实则，《新论》叙述有宗，提控纲要，极其详明，读者若肯细心往复寻索，则脉络分明而义蕴昭揭矣。<sub></sub>前后文义相为钩锁，故有前所陈义，待后方显；后所述义，承前以彰。通前后往复数番，即众义毕见。然有宗之学，自昔以来号为难治，则亦有故。其持论尚剖析，而析得太零碎；既破碎已，而又为之拼合排比，极穿凿之能事。故欲究其说者，非耐心以索之，则不可详其条绪；条绪未详，则莫由察其所以立说之意。夫不得其意矣，而可辨其为说之短长乎？是以论正古学，贵乎好学深思，心知其意也。

或问："佛家大乘学，向分空有两宗。龙树、提婆实启空宗，提婆乃龙树弟子。无着、世亲是为有宗。世亲乃无着异母弟，而传无着之学。有宗亦曰法相宗，空宗亦曰法性宗。参看《佛家名相通释》。近日欧阳大师复以无着、世亲之学互有不同，因区别法相、唯识二宗。世亲成立唯识，是唯识宗；无着以方便解析一切法相，是法相宗。参考大师所著《瑜伽师地论序》及诸论序。章太炎盛赞其说，称为'独步千祀'。据此而谈，则《新论》评正有宗处，其内容多属唯识宗，未可以概有宗也。"答曰：宗者宗主义，凡学之异宗者，必彼此主张有特别不同处，非只理论上疏密之异而已。无着之学，根柢在《大论》。《大论》取材甚博，自是汇集众说而成书，然无着贯穿诸义，自有宗旨，故成其一家之学。世亲成立唯识，其中根本大义，如八识及种子与缘生义、三性义，并据《瑜伽》。《大论》本名《瑜伽师地论》，省云《瑜伽》。其以转依为宗趣，亦禀《瑜伽》。转依有二义，曰转舍，曰转得，转舍杂染，转得清净故。宗趣者，宗谓宗主，趣者归趣。自昔以来未尝拔唯识于法相之外而别号一宗者，要非无故。夫法相宗立言，其始详于分析，犹未有严密之体系。及世亲秉无着之旨，盛张唯识，无着作《摄大乘论》，成立第八阿赖耶识，以授世亲。于是作《百法论》，首以识统一切法，色法即物质，是识之所变，故不离识。乃至无为法即真如，是识之实性，亦不离识。故一切法皆统于识。又作《二十论》《三十颂》，而后体系宏整，完成唯识之论。故法相宗自世亲唯识论出，其理论始严密，而面目一变。要其根本大义悉据《瑜伽》。无着析薪，世亲克荷，精神始终一贯，似不必以一家之学强判为二宗也。然大师弘阐久绝之唯识，其功要不可没。夫有宗谈境，境谓所知，法相法性是所知故，说之为境。法相即指宇宙万象而言，法性犹云宇宙本体。莫备于唯识。《新论》评有宗特详唯识，亦有以哉。

学者研唯识，每苦不易了解，此或弗思之过耳。夫振衣者揭其领而全章理，举网者提其纲而众目彰。《新论·转变》章末后，叙述有宗唯识论,总其纲领而说以三,曰现界,一切现行,总称现界。曰种界,一切种子,总称种界。曰真如法界。法界犹云万有之实体,真如即法界之名,此以真如法界连用为复辞。循此三纲领而析求之,则有宗谈境处宜无不可晓者。《转变》章结以此段文字,正为后二章《功能》上下评正有宗义,发其凡耳。

现行即识之别名。现者显现义,行者迁流义。识从种子而生,不同种子潜伏,故说显现。识生而不暂住,念念前灭后生,复说迁流。识之一名,义分广狭。狭义则识以对境或物而得名,即能缘名识,所缘名境或物。广义则识之一名,实赅全宇宙而举之,盖一切境或物皆摄属于一切识,故一言乎识,便已包含境或物在内,非与境物对待立名。此中则约广义。

有宗谈唯识,不许有离识而独在的世界,故欲知其宇宙论,则八识之谈宜详玩也。

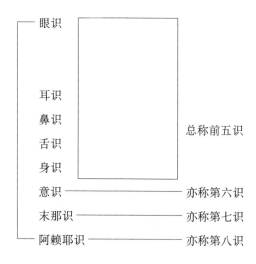

每一众生身中皆具有八个识。此八个识,前五皆是向外追求,其所追求之境物乃是五识各各自所变现。如眼识变似色境,耳识变似声境,鼻识变似香境,香与恶臭通名为香。舌识变似味境,身识变似所触境是也。变似之言,简异世俗执有离心独在之境,谓诸识所缘境皆识自变似之,非是离心别有实境也。第六意识能与五识同时变似色声香味触境，复能独起思构，<small>五识不起时，意识独起</small>。变似独影境。独影境者，谓所变境非如色声香味触等有实质故，如思维一切义理时，意中亦变似所思之相，此相无质，名独影境。第七末那识，唯内缘赖耶为自我，<small>阿赖耶识省云赖耶</small>。即依托赖耶见分，变现一自我之相而缘之。五识及意识变似色声等境时，便视为外物而追求之不已，故云外缘；末那唯内执有自我，非外缘也。第八赖耶识，其所缘境则有三：曰种子，此非赖耶之所变，但是其所藏而已；曰根身，眼耳鼻舌身五根总名根身，赖耶即执持根身以为自体；曰器界，相当于俗云自然界或物质宇宙。根与器皆赖耶之所变现，非离赖耶识而独在也。

如上八识，各各析为二分，曰相分及见分。如眼识所缘色境是名相分，而了别此色境者是名见分，即此二分，合而名识。乃至第八赖耶所缘种子、根身、器界，是名相分，而了别此根器种者是名见分，二分名为识，复如前说。<small>乃至者，中间略而不举故</small>。其更析每一识为三分或四分者，取义别故。<small>详《佛家名相通释》</small>。此略不举。

又复应知，凡言识者，义摄心所。<small>见《成唯识论》</small>。如说眼识，此非单一体，乃由一心与多数心所复合而名为一眼识。<small>心上所有的各种作用，非即是心，而实各有自体，但与心相应合以取境，是名心所</small>。眼识如是，耳识乃至第八赖耶，皆可例知。

每一识，各各析为心及诸心所。<small>此中"每一"及"各各"等字须注意。心所有多，故置诸言</small>。而每一心，析以相、见二分，每一心所，亦复析以相、见二分。故前言八识各各析为二分者，当知举识则隐含心所，宜准知。

一切心及一切心所，总括而谈只是千条万绪的相分见分而已。据此看来，有宗唯识论竟将完整的宇宙剖得极细碎。盖其所谓千条万绪的相分见分，各各从种子而生，其种子亦复不共。相、见既是段段片片，则其所从生之种子，亦是纷然众粒，故谓剖得极细碎也。然则宇宙殆如一盘散沙乎？有宗亦知其不妥，故建立赖耶识。赖耶所由立，略说有二义：一、含藏一切种子故。盖现行界或一切相、见，非无因而得起，故应建立种子为现界之因。现行界亦省云现界。然种子是个别的，纷散如众粒，故建立赖耶为种子所藏之处。赖耶者，藏义、处义，是一切种子所藏处故。二、为诸现行作根本依故。夫诸现行或一切相、见，若唯任其散漫无有统摄，此于理论上亦说不通，故建立赖耶为前七现行作根本依。赖耶亦名为根本依，见《三十》等论。前七诸相、见各各有自家种子为因，故得生，本非赖耶所亲生，然前七诸种子皆藏伏赖耶中故，又必赖耶生，前七方得生故，故说赖耶为前七之根本依也。依字吃紧，前七各有种子，但依赖耶而生，非由赖耶亲生故。

赖耶与前七并名现行，亦名为识，是前七识之所依，已如前说。然赖耶深隐，难穷测云。赖耶析为相、见二分，其见分及根器相分，亦各从其自家种子而生。赖耶自家之种子是因，赖耶则对因而名果，因果同时，故赖耶得含藏种子。如种子先在，赖耶后生，即因果不同时，便不可说赖耶能含藏种子也。今说因果同时，故无过。

佛家立第八识，而分染净。众生自无始有生以来，其第八识唯从染种而生，即此第八识唯是染性，而名之曰赖耶。赖耶非可宝贵之物，乃沦溺生死海而大苦不可拔者也。众生以是故，应发心求无上菩提，菩提者觉义。积劫修行，渐断赖耶中染种，久之染种断尽，即赖耶亦俱断。然非第八识可断，注意。盖染种断尽时，赖耶即舍，舍亦断义。斯时第八识中净种发现，易言之，即是净种生第八现行。现行即识之别名。由此而第八识乃不名赖耶，惟名无垢识而已，此无垢识则永无可断也。故染种与赖耶断时，只是第八识舍染得净，所谓转依是也。转舍染第八识，而转得净第八识，前后第八识虽相续，而后之净第八识与前之染第八识，确然不同性，前后种子染净异故。然则佛家第八识，无异神我论，其言无我者，谓不当于我而起执耳。执之义甚深，贪瞋痴等惑，皆依执我而起。执，即增长赖耶，而真净之我终不得发现矣。

问曰："有宗建立染种与赖耶，则与荀卿性恶之论相通矣。"答曰：荀卿不见本体，其所谓性，非真性也，乃后儒所谓气质之性耳。气质不能无恶。有宗染种与赖耶之说，其不悟真性与荀卿同，而任空想以构成一套理论，则荀卿无是也。

上来略说现界，次谈种界。种子者，以其具有能生的势用故名，种子省言种。象物种为能生故。象，犹取譬也。物种，如稻等种。种子亦名功能，功者功用，能者能力，能生现行诸相、见，是其功用，即是其能故。更有许多异名，此姑不述。

有宗建立种子为现行生起之因，其构画颇密，今以七义略述：

一、种子是个别的，不可说为全体。姑据《瑜伽》种子七义及《摄论》种子六义，其为个别的意义已甚明白。轻意菩萨《意业论》云"无量诸种子，其数如雨滴"是也。种子纷然如众多粒子，故其所生现行或一切相、见，则亦千条万绪、各各独立，所谓法相厘然不乱是也。

二、种子是有实自体的，故说藏在赖耶中，而为赖耶所缘之相分。但其自体非兀然坚住法，却是刹那生灭法。易言之，每一个种子，其自体均是刹刹前灭后生，相续流而不绝。唯其是生灭法，故有能生的势用；若是坚住法，便等于死物，何能生？

三、种子与现行是一能一所互相对待。余尝言，如种与现只作为隐显的说法，其潜藏则谓之种，其呈显则谓之现，如此较有意义。而有宗种现之谈，确不如是。盖有宗以种子为能生，现行为所生，其一能一所乃相对峙。藏伏赖耶中之一切种，是隐于现界之后而为现界作根源；现界虽从种而生，但既生，则有自体，即别为显著的物事。所以种现二界成为对峙。

四、凡种生现，各各不乱。如眼识种，亲生自类现行，即眼识。决不生他现。他现，谓眼识以外的识。眼识种如是，耳识种乃至赖耶识种，各各生现不杂乱，皆可例知。如世豆种不生麻，麻种亦不生豆。

五、种子分本始。本者具云本有种，亦云法尔种。始者具云始起种，亦云新熏种。无着在《瑜伽》及《摄论》等建立种子，尚无本始之争，及世亲以后诸师始兴异论。有主种子唯是法尔本有，不由后起者。法尔犹言自然，法尔本有即不可更诘其所由来。有主种子竟是始起者。此派谓种子非本有，后来始起。其说以为前七识皆为能熏，熏者熏发。如眼识只是相见二分，此二分从其自种生起时，便能熏发一种习气而投入第八赖耶中，成为新种子，是谓能熏。眼识如是，耳识乃至第七末那识，各各熏生新种，皆可例知。至第八赖耶识，则唯是所熏，即接受前七一切熏发习气，而持之勿失已尔。新熏种复能为因，得生后来相见，其功用与本有种不异云。如上二说，互相乖竞，及至护法师始起而折衷之。乃谓种子所由来，有是法尔本有，亦有由新熏始起者，于是种子有本始二类。若无本有种，则无始创生之现，便成无因；现者，具云现行。若无始起种，则现行才起即灭，无有习气续流，亦不应理。故本新并建，护法自以为折衷至当。

又复应知，由新熏义成立故，于是说前七现行熏发习气投入赖耶时，即对于本有种之同类者，亦能熏令增长势用。因此，而一切种无论为本为新，得通名之以习气。有宗诸师谈种子义至此，虽持论愈密，而其支离究不可掩。夫既建立本有种矣，而又以现行熏发之习气名为种，遂使习气与法尔种混同不分，谓非矫乱论得乎？且如新熏之论，则吾人眼识缘青色时，便熏生一青色相分种在赖耶中，将来能为因，而生起有实质之青色，岂不太荒诞哉？

六、种子分相见。盖自世亲以后诸师，既于每一识析为相见二分，因此不得不讨论二分之种为同为别。同者，谓二分同一个种子而生；别者，谓二分各别有种，即相分有自家种子，非与见分同种故。护法折衷众说，谓二分种子有同有别。如意识相分，有与自识见分同种生者，如思量一切义理时，见分上必变似所思之相，此相无有实质，即与见分同种生，是为相见同种。至于五识等相分即色声香味触，皆有实质故，不应与见分同种。乃至第八根器相分，若谓其与彼自识见分同种生者，何故见种忽生有质之相？亦复无理可说。故相见自有别种者，何可一概否认？护法调融同别，颇近二元论。于是有难者云："相分既有自种，如何说相由识变？"吾国窥基释此难，则以见分种为主动，相分种只依托见分种而起。据此以谈现行，仍可说相分从识变现。

七、一切种子性通染净。性者德性，德者得也，言种子之所以得成其为心物诸行之因也。无量数种子有是染性，有是净性，非一切种同一性也，故置通言。净性种子名为净种，染性种子名为染种。染种所生现行即是染法，染法犹云染污的物事，切勿将法字误解为规律。下言净法，准知。净种所生现行即是净法。众生国土是秽，国土犹云宇宙或世界，非谓国家壤地。菩萨犹言圣者。国土是净，则以菩萨能伏除本识中染种，而令净种发现；伏者伏灭，本识即第八识之别名。众生不能断除染种，即一向是染种发现，而净种恒隐，直等于无。

上来略说种子义，今当简述缘生义。缘生者，谓依种及现安立诸缘，以说明现界由众缘会合而得生起。略举四缘如左：缘亦得名为因，而因缘之因，则以其能亲生自果故名，自余三缘便非能亲生果，但于果有相扶助之关系而已。

```
┌─ 因缘 种子为现行之因缘，是能亲生现行故
├─ 次第缘 前念现行对后念为因，是能引生后念现行故
├─ 所缘缘 现行相分对现行见分为因，以境能引生识故
└─ 增上缘 增上缘甚多，可考余之《佛家名相通释》
```

每一现行生时，必具四缘，如上所述。初因缘，依种子立，余三缘皆依现行立。有宗虽建立种子为现界之因，然非仅恃孤因，必待众缘会合，方可生果。果谓现行，以所生现行对于能生之四缘而名果故。无着说种子六

义中有待众缘一义，众缘谓次第、所缘、增上诸缘。惟其建立四缘，故缘生义得以成立，孤因则无缘生义也。缘生之论，本始自释迦，逮小乘以迄空宗，<sub>龙树、提婆学。</sub>其说屡变，及至无着、世亲，则其言缘生，始变为构造论，而无复龙树遮诠之旨。学者宜知。<sub>参考本论中卷谈有宗缘生义处。</sub>

上来略说种现二界，今次当及真如法界。真如者，普光<sub>唐玄奘弟子。</sub>释云："法性<sub>犹云一切物之本体。</sub>本来常自寂灭，<sub>寂灭者，谓法性本无惑染，幽微湛寂故。</sub>不迁动义，名为真如。"窥基云："理非倒妄，故名真如，真简于妄，<sub>简者，简别。</sub>如简于倒。"<sub>如者，言其德性恒无变易，故离颠倒。</sub>又曰："真如者，显实常义，<sub>实者真实，常者恒常。</sub>真即是如，<sub>古译真如，只一如字，亦或作如如。如字本形容词，盖至极之理非思想所可及，默然不起分别，他是那模样，就还他那模样，此如义也。又克就法性自身言，其德性恒不改易，故曰恒如其性，此亦如义。又法性是不可诘其所由来，佛氏所谓"法尔道理"，老云"自然"，庄生云"恶乎然？然于然"，此皆如义。</sub>如即无为。"<sub>真如亦名无为法。无为者，法性湛然常住，无所造作，故曰无为。</sub>总光、基二师之释，真如义趣可知。

有宗既立本有种为现界之因，即本有种已是法性，而又承诸佛菩萨相传之说，更有真如。此真如既不是本有种，又不可说本有种是真如变现，以真如无为无造作故。然则本有种与真如究是如何关系？有宗于此竟无所说明，此实其理论上之最不可通者。学者稽考有宗诸经论，其谈种子义则与真如无融会处。其在三性中谈圆成实性，亦与依他性中种子无融会处。由有宗学说之体系衡之，种子既是现界根源，而又于种界外，别说真如法性，则不得不谓之有二重本体，可谓谬极。<sub>真如法性，作复词用。</sub>

有宗盛张三性义，谓遍计、依他、圆成三性。详在本论《功能》章下。读者如字字留心，并不难了解。三性义极重要，学者研究有宗，须有此个大纲领在胸中。

有宗学说根本是一个对待的观念。其言种与现，则曰能藏所藏，第八识为所藏，种子是能藏者。曰能生所生，种子为能生，现行或相见是所生。曰能熏所熏。立新熏种者，则以前七现行皆为能熏，第八现行则是所熏。其言识与境，则曰能缘所缘。此中识字，只就见分言，境即相分。见为能缘，相为所缘，此据相见二分义立论。凡此一能一所均是互相对待。至其以种与现并名有为法，亦名生灭法，以其是生灭灭生相续故名。真如是无为法，则有为无为亦截成二片，对峙而不可融通。诸经论中虽说无为法是有为法之实体，然绝不许说无为法是无为而无不为，绝不许说有为法即由无为法现为之，三藏十二部经具在可按。然则其所谓无为法者，只是有为法之所依托而已。无为界是无形无象、无障无染、清净湛寂、真实恒常、离诸倒妄，有为法只是于无为界中显现，如种种色相在虚空中显现。经论中每举虚空喻真如，以此为切合之喻，其旨可见。由佛氏之说，无为法毕竟与有为法相对，非可说即无为即有为，或即有为即无为。故其谈证量也，量者犹言知，但非世俗所云知识。证者亲知之谓，盖能知入所知，即所相亡，而能相亦泯，能所亲冥为一，故谓亲知也。以正智为能证，真如为所证，虽欲拂能所之迹，而实际上究是能所对待。总之有宗唯识之论，虽极其繁密，而骨子里究是一个对待的观念。夫对待观念本依据常识，如物我、内外、大小、长短种种相，皆是对待，此常识所夙习也。若徒于事物见对待，而不悟宇宙为流行不息反而相成之全体，则其于化也远隔在。世有能读余《新论》者，必知余非故与诸菩萨相背也。虽然，有宗唯识之论，剖析详密，系统宏整，其奥义纷出，益人神智实不少，吾于有宗不能不慇重叹服。治哲学者不可不养成其解析与组织的能力，则有宗之学固为凡治哲学者之所必需探讨而不容或忽者乎？

以上略谈有宗唯识论大意。自此以下，检札记中有关本论之答辩者择录之。

或问："《新论》遮拨赖耶，何哉？"答曰：有宗不见本体，直妄构一染性之神我，以为吾人本来有此个体的生命，有宗赖耶说，实不异神我。是其大谬。若证见本体,即知我所以生之理与天地万物所以生之理,元来无二无别。易言之,吾人生命即是宇宙大生命,非可横计有个体的生命如所谓神我也。如果执有个体的生命,则生命界应有一定之数量,远从无始,尽未来际,其数恒尔,无增无减,如此,则造化将一守其故,而无创新可言矣。此神我或神识之说所以难通也。或曰:"公固尝言,习气丛聚,成为一团势力。诚如此说,人身虽亡,而此一团势力不必散失。《礼记》所云知气者,或即此,今以此成立个体的生命可乎?"答曰:吾所谓生命者,指吾人与天地万物所共有之性海而言也。性海为本体之别名,以其妙用无穷,故喻如海。习气本后起之虚幻物,纵许其等流不绝,终不得谓之生命。《礼记》知气与有宗赖耶,均以存而不论为宜。此事纯属信仰,然虽信死后非无物,亦不当作出世想,此中不欲详论。

客曰:"《新论》之言性也,即斥指本体而目之。真实无妄之理,为万物所资始,则曰宇宙本体。今克就其在人而言亦谓之性。本体真实刚健、清净空寂,至善者也,公故反对有宗建立染性之赖耶。然《论语》'性相近也'章,似谓人性无善无恶,故言相近耳。《新论》主张毕竟与孔子异乎?"答曰:汝不得孔门意,又不辨性字有异义。夫性字之义不一。有以材性言者,材性,即就气质言。如人与动物,灵蠢不齐,则以人之躯体,其神经系发达,足以显发其天性之善与美,动物躯体构造远不如人类,即不足以显发其天性之美善;人与动物成形之异,是谓气质不同,气质亦云材性。若夫言性,而就人生本原处目之者,则不可与材性相混。如"性相近也"之性字,即材性之性。相近之言,即据中材立论,凡属中材,其材性皆相去不远,故云相近。但视其所习,习于上则成上智矣,习于下则流为下愚矣,故云习相远也。唯上智之人其材性生来即是上,不会习向坏处;下愚之人其材性生来即下,难得习向好处。故曰"上智与下愚不移"。此章性字明是材性,从来注家胡乱不清,极可惜。至如《中庸》"天命之谓性",此性字便克就人生本原处而言。此章朱子注欠妥。今按天、命、性三名所指目者是一。一者何？曰本体是已。本体绝待，随义而异其名。"无声无臭"曰天。《中庸》末章："上天之载，无声无臭至矣。"上者绝对义；天者，宇宙本体之目，非谓神帝也；载者，言其备万理含万化也；无声无臭者，言其寂然无象也。"于穆不已"曰命。《诗》云："维天之命，于穆不已。"命者流行义；维天之命者，言乎本体之流行也；于穆，深远义；不已者，真体之流行无有止息也。"民之秉彝"曰性。彝，美也，此美绝待，非与恶对，天命者本体之目，本体具万善，至美者也。民犹言人。夫人皆秉天命以有生，即秉至美之理以成为人，故克就此至美之理之在人而言则曰性。然则性即天命，玩之谓二字可见，岂可外自性而别寻天命乎？此性字即目本体，与《新论》所言性者同义。材性之性，实非此之所谓性也。子比而同之可乎？从来言性者不辨天性与材性，<sub>天命之谓性，省言天性。</sub>故成胡乱。朱子注《论语》"性相近也"章，亦欠分晓。荀卿、董仲舒诸儒之言性，都只说得材性。孟子灼然见到天性，故直道一善字。客曰："人之天性本是至善，如何材性得有不善？"答曰：天性是本体，本体之流行那有一毫杂染？但其流行也不能不翕而成物，否则无所凭藉以自显。然翕也者，造化之无有作意而一任其自然之几，非有定准可为之齐一也。故人物之气质有通塞不齐。虽云物之自致，而物所得为，要非不本于其在大化中之所受与所遇。受之有量，遇之有适不适，而气质之通塞以殊。夫通者足以显发其天性，即全乎固有之善；塞者难以显发其天性，斯成乎不善。而不善者特气质之偏，因不齐之化，而偶成其如是，要非天性之本然也。君子之学贵乎率性以变化气质，固不以材性之或偏而累其天性矣。

有问："先生所言材性，亦云气质，气质者实就生机体之构造而言也。气质有通塞，通者能显发其天性之善，塞者则否。通塞如何分？则必以神经系或大脑之发达与否为衡。然脑筋发达者或有知能过人而不必优于德慧，<sub>德慧一词见《孟子》。慧者明智义，德者纯善之谓。</sub>其义云

325

何?"答曰:气质通塞,以神经系或大脑之发达与否为判,此亦略言其大较耳。生理微妙,孰能一切穷其所以。尼父生而将圣,商臣生而蜂目豺声,非商臣天性异于尼父也,直以气质上之缺憾,易以习成乎恶,而难以显发天性,故卒成弑父之逆耳。夫气质有通塞不齐,此可从其大较而言之者也。若气质不美者,如所谓塞。其缺憾果何所以,欲测知之固有所不能悉也。然复当知,同为人类之气质,其相差也不必甚远。虽下愚之资,倘能从事尽性之学,保任本心而无以惑染间之,即天性显发,是谓尽性。以慎其所习,则气质可以转化,而不至障碍其天性。是在庄敬日强,毋自暴弃而已。然则孔子"下愚不移"之言,非欤? 曰:言匪一端,义各有当。孔云"不移",责之之辞也,所谓不屑之教也。人皆有天性,不当受限于气质,故困知困行皆有成功,实孔门相传教法也。

或问:"大乘谈真如,却是归仰崇高无上的法性而追求之,《新论》意思似不如此。"答曰:般若家言,智及智处,智处谓真如,以是智所缘处故名。并名般若。般若即心,般若系译音,义即智慧。是则亦以真如名之为心矣。但玩其辞义,只是摄境从心,真如名智处,即对智而名境,故摄境从心,真如亦名般若;实则智为能,而如为所,究非一体。非谓智即是如也。佛家谈真如,实有归仰此崇高无上的超越感。《新论》却破除能所对待观念,乃即吾人与天地万物所共有之性海而言,则曰真如;克就其在己而言,亦曰自性;更就其主乎己之身而言,复曰本心;即此本心元是圆明昭澈,无有倒妄,又曰性智。故其谈证量也,直是性智自明自识,谓之内证。亦云自证。故智即是如,如即是智,非可以智为能、如为所,而判之为二也。此是《新论》根本大义所在,确从反己体认得来,非意之也。

问曰:"《新论》既破除对待观念,则在《新论》中之真如,当不可说为万法之所依托,却是以为万法条然宛然皆是真如自身显现。"答曰:善哉! 汝已得解。譬如大海水,遍现为众沤,大海水喻真如,众沤喻万法,每一沤皆以大海水为体。覆看上卷《明宗》章。真如遍为万法实体,义亦如是,所以体用不二。

或问："如《新论》中本体之意义，亦可说为万法之因否？"答曰：此看如何说法。因者因由义，万法由其本体现为如是，不妨假说体望用有因义。此中当云体望万法，今不曰万法而言用者，以万法皆依用上假立故，非离用而别有万法故。但此因字的意义极宽泛，只谓大用流行非如幻如化无有实体故，虽不妨假说因，而实非对果名因，应如理思。

或问："体用云何不一不异？"答曰：体无形相，其显为用，即宛尔有相；宛尔者，不实而似有之貌。乃至体无差别，其显为用，即宛尔万殊。故知体用不一。譬如水非坚凝，其显为冰即成坚凝，而水与冰非一矣。然复当知，体即用之体故，而非超脱于用之外；譬如水显为冰，不可说水在冰之外。用即体之显故，非离其本体而别有自性。譬如冰，非离水别有自性。故知体用不异。由不异义故，即于相对见绝对。而从来哲学家有于形上形下不能融会者，其误可知。由不一义故，当即相以会性，相者法相，犹云宇宙万象；性谓本体。不可取相而迷其真也。《新论》全部，可说只是发挥体用不一不异意思。

本体是无对，而克就一一用相上言却是有对。大用流行幻现相状，曰用相。但于一一用相而透悟其本体，即一一用相，都是无对。所以说一华一法界，一叶一如来。法界与如来，皆用为本体之代词。有问："庄子云'秋毫非小'，亦是此意否？"曰：自是此意。复问："庄子云'泰山非大'何耶？"曰：此言大者，以对小得名。泰山虽较秋毫为大，若于泰山而透悟其本体，即泰山相与一切物相俱遣，将何所对而名大耶？故曰"泰山非大"。所谓不坏假名而说实相，即此旨。假名者，如泰山，如秋毫，乃至一切物，都非实有，只是假名耳。然证真者并不毁坏一切假名，却于一一假名而显示实相。如泰山，假名也，此假名所表诠之山相，本来空无；但山相空，而有不空者存，不空者实相也。即假名而说实相，是谓即俗诠真。

有人问:"《新论·明宗》章云'今造此论,为欲悟诸究玄学者,令知一切物的本体,非是离自心外在境界'等语,然则石头的本体亦不离吾心否?"答曰:此是开宗明义语,向下细读去容有悟期。石头与汝何尝是各自独立的? 当知汝所以生之理,与石头所以成形之理,只是一理,没有二本,难道石头的本体竟是汝心外之境耶? 汝只误将自己与天地万物分离开,所以不信汝之本心即是石头的本体。实则主乎汝身之本心,也就是汝与石头或天地万物所共有的性海,如何分割得? 既分割不得,如何说石头的本体在汝心外呢?

或问:"翕辟与《大易·乾》《坤》之义,颇相当否?"答:大概说来,辟与《乾》之义为近,翕与《坤》之义为近。然从来《易》家讲《乾》《坤》者,多不能无病。无论汉宋各家派,其言乾则曰阳气也,言坤则曰阴气也。其所谓二气之气字,含义究如何? 亦无明白之训释。《新论》说翕辟是用,则气之为言,当作用义解,此气字只形容其有势用显现而不实在不固定的意思。用者体之显,元非离其本体得有自体者。譬如众沤是大海水之显,即非离大海水得有自体。而用之动势只是一翕一辟,刹那刹那顿起顿灭,生生不息,如电光之一闪一闪活跃无匹,所以说有势用显现而不实在不固定。气字之意义,亦只形容其如此。

《易》家谈阴阳二气,有近二元论者。如王船山《易内外传》,其言"乾坤并建",颇近二元,根本处未透在。《新论》说体显为用,本唯是辟,刚健、升进、至善、清净,乃至万德,皆辟也。而不能不先有一个翕,先字非时间义,乃着重之词。否则只是虚无莽荡,将无所据以自显。虚无非空无之谓,以其未构成形物故云。故翕而成物,乃妙用之不得不然,实则翕亦是辟,非其本性与辟有异也。故《新论》说翕辟,与《易》家误解乾坤为二元者,自不可同年而语。或曰:"汉儒荀氏言升降,以为阳常升而不降,阴常降而不升,复推乾坤之本,合于一元,世儒以为得《易》之大义。《新论》翕辟之旨,与荀氏义亦有合否?"答曰:阳常升而不降,与《新论》辟义有合;阴常降而不升,则甚违《新论》翕义矣。翕而成物,固有降之趋势,然翕之本性究不异辟,故翕终随辟转,则非常降而不升也。使一升一降为二者之恒性,则阴阳何可融和? 荀氏亦难自圆其说矣。至谓推乾坤之本,合于一元。合字亦未妥。乾坤本自一元,何待推之使合乎?《易》学自汉以来纠纷难理,百家之书虽各有所明,而真得宣圣旨归者其谁耶?《系传》本孔门传授,然战国及汉初儒者当有窜入,兹不及论。

或问:"由翕辟之论,则物质、生命、心灵三者,虽其发展有层级,但决不可说泰初物质世界成就时,尚无生命或心灵也。只是物质方面显著,而生命或心灵方面尚潜伏未现,却非无有。"答曰:汝已得《新论》意。《成物》章说得极分明。《大易·屯》卦意思深可玩。屯,难也。其卦☳《震》下、《坎》上,故《象》曰"动乎险中"。《震》卦初爻,为阳动于下之象;《坎》卦二阴锢一阳于中,为阳陷于险之象。夫阴者所以表物质,阳者以表生命或心灵。生物未出现时,则生命心灵潜而未显,为《震》阳动于下之象。此时物质锢闭生命、心灵,令其不得显发,故云"动乎险中",此其所以为屯难也。

或问:"《新论》说万物互为主属,是义云何?"答曰:如就汝与万物或众人言,当知汝自为主,而一切人物则为汝之属,如五官百骸之属于一体然。汝与天地万物本为一体,但其间自有主属之别。又于天地万物中,随举某物或某人为主,亦皆以汝及其他一切人物为属,万物互相望皆然。由互为主言之,万物莫非主,一微尘却是三千大千世界之主体;由互为属言之,万物莫非属,故不可得一超物之上宰。据此以明群化,则太平世之社会,人类皆互相属,而亦各自为主。《大易·比》卦,言万物互相比辅而生,不容孤立,是互相属义。而《乾》卦阐明群龙无首,是各自主义。此二义甚深宏大,《春秋》太平大同之治,其义据在是也。

问曰:"《新论》说每一翕圈,都具翕辟两极,辟极即是心的方面,翕极即是物的方面。据此原理,即不得说无机物无生命或心灵也。"答曰：无机物之形体，尚无精密组织，不足为生命或心灵发展之资具，而实非无生命心灵，但未著见耳。

《新论》根本意思在遮遣法相而证会实体，超出知解而上探化源，伏除情识而透悟本心。情识，犹云妄识。既悟本真，本真，犹云本心。而后依真起妄，情识亦现，但悟后之识，识者，具云情识。依真起故，斯能称境而知，于所缘境无有谬解，谓之称。离于倒妄，便与未悟之识截然异性。故知妄法亦真。妄法，即谓情识。

《新论》要义有三：一、克就法相而谈，心物俱在。心起即物与俱起，心寂即物亦俱寂。二、摄用归体，则一真绝待，物相本空，心相亦泯。所谓遮法相而证实体者，即此旨。三、即用显体，则于本心而识体，虽复谈心未始遗物，然心御物故，即物从心，融为一体，岂有与心对峙之物耶？《大易》立乾元，便是即用显体。坤元即乾元，杨慈湖最说得透。《新论·明宗》章首揭本心，正是即用显体，与《易》义通。如上三义，学者了然于胸中，则《新论》不难读。而亦有庄生"六通四闢，小大精粗，其运无乎不在"，与阳明"横说竖说皆是"之乐矣。

夫体之为名，待用而彰，无用即体不立，无体即用不成。体者一真绝待之称，用者万变无穷之目。夫万变无穷，元是一真绝待；即用即体。一真绝待，元是万变无穷。即体即用。《新论》全部只是发明此意。中卷平章空有，在在引归此意。古今学术，或从万变中追寻绝对，故有哲学深穷本体；或循万变之迹而辨析精严，则科学自此兴。宇宙万象，皆迹也。

或问："《新论》评佛法，不及中土诸宗何耶？"答：《新论》改革印度佛家思想，只从根本旨趣上立论，不可枝枝节节为彼各宗派作论文也。此点须认清。佛家自小迄大，只分空有两轮，小空不及大空，小有不及大有，故吾只扼住大乘而谈也。虽中土自创之宗如天台、华严等，其渊源所自，能外于大有大空乎？凡著书者如评判某一大学派，则必抉其本根，撮其要最，加以衡断，始畅己意，至其支流可勿具论。吾书乃自成一家言，自有体系，非为佛家作概论或历史也，焉得一一取而论定之乎？

昔者梁任公尝疑小宗或优于大乘，此盖揣测之谈耳，任公固未研此学也。吾于小乘虽未暇致力，但就涉猎所及，当以大乘为长。般若家解空，可谓深远极矣，小乘无此境界。《大般若经》，《大智度》与《中观》等论，广大幽远已极，凡夫何能攀援此等境界？小知者读此等经论，厌其重复，难以终卷；智者会心于文言之外，而后穷于赞叹也。夫言之重复，而后使人之印入也深，善读者其敢忽诸？无着一派谈境，<sub>境，谓法相及法性。</sub>拆得极零碎，而后排比拼合，甚不餍人意。然摄一切法归唯识，比小宗较有统系。且其谈三性及行解处，义旨宏深，亦非小乘境界。余于此不及详，愿善学者，深究而融化之。

有问："《新论》评及空有二宗大义处，有据本体论的观点云云及据宇宙论的观点云云，窃谓本体论、宇宙论只是西欧学人作此分别，佛法中似无此等意义。"答曰：异哉斯言！不审如何读佛家书也。佛典并用三分法，叙述法义，曰境、曰行、曰果。境之为言，是所知义，其间分别谈法相、法性。<sub>法相省云法，犹俗云现象界或万有。法性之性，作体字解，犹云万物本体，亦名真如。</sub>次行，谓功修。<sub>犹云修习的工夫。</sub>次果，谓所证得。<sub>功修是因，所得是其果故。</sub>今试问境中法相一词，与哲学中宇宙论一词，其意义颇相通否？境中法性一词，与哲学中本体论一词，其意义复相通否？若云当用法相法性二词，不应采时行术语者，则吾固尝筹度及此。凡古今流传之伟大学派，必皆于至道有所证见，其给人类以光明而资益吾人生命者，功亦钜矣。讲古学者当发明其要义，使有智者得解，可以取长舍短，与道消息，不应以陈言僻语而述古学，使人不可措思也。昔人论文，多不喜用奇字僻典，而故作艰深、无实义者尤可恶。顾亭林即持此主张之一人。即征之佛说，如《楞伽经》中，以执着种种美妙言词易堕迷妄，为学者戒。宗门语录，盖遵经旨。<sub>《楞伽》为宗门所本。</sub>昔在北京,冯芝生尝谓佛书难读,宜以时下语言疏释,使其意义了然可解,其说甚是。不图高明之论出吾意外。试问佛家浩浩三藏,是归趣证见圆成实性否?如何漫道佛家无本体论?佛家自《阿含》以迄小宗大乘,其五蕴之谈首以色蕴,即将内而根身、外而物质宇宙,析别相状,平列叙述,而总归色蕴,不谓之有宇宙论的意义得乎?至大乘空宗遮拨一切,正可窥其对宇宙论方面的见地。有宗八识与种子及缘生诸义,明明谈宇宙论,《新论》中卷叙述颇详,虽具广长舌又何可辨?强辨亦难诬事实。孔子之学具在《大易》,《春秋》亦从是出也。《易》为义海,六十四卦显无量义,要归"易有太极"一语,谓《易》无本体论可乎?乾道变化,品物流行,二语系节录《乾》卦。画为卦爻,而表之以数理,神哉神哉,巧不可阶,妙不可言,而谓《易》无宇宙论可乎?哲学上大问题,中、印与西欧学人都会注意到。

有问:"外间颇议《新论》中卷谈空,不免以清辨邪宗上逆《般若》者。"清辨为空宗后劲,有宗如护法、窥基诸师力诋之,谓其为恶取空。恶者,毁责词。取者,取着。以其耽空,呵为恶取。答曰:《新论》叙空宗义,特引《心经》,依文训释,彼义既明,乃伸吾意,此亦矜慎之极矣。夫空宗随说随扫,不似有宗持论有所建立,条件分明,易以核举。不似,至此为句。吾初欲依《般若》达其神旨,继念世人虚怀者少,将谓吾逞臆说,于是思得一法,即引据《心经》以彰幽旨。盖《心经》为《大般若》之撮要,以少文而摄无量义。基师尊重此经,厥有幽赞,然以《瑜伽》之学《瑜伽师地论》为有宗所据。妄附《般若》之意,甚失其真。余举经文,加以疏解,辞略义备,归于至当。夫探衡圣意,既如其分理,而发抒创获,要无所偏私,平情以精义者将自知之,奈何以清辨邪宗妄相诬诋?以此推知,古人论著之苦心,为并时与后人之所不肯体察者岂少也哉?有宗起于空宗之后,而亦称大乘,评判空宗而自唱有教,虽有承宣空义处,而骨子里究与空宗本旨不同。故有宗虽诋清辨以恶取空,要未可据为定评。

有难："《新论》以《心经》解《般若》，巧取捷径，亦失玄宗。夫《毗昙》结小说之终，《般若》启大乘之始，息息相关，学历如此。经言五蕴自性空者，色空变碍性，受空领纳性等，皆于《毗昙》见其真诠。《般若》正宗在不离一切智智，而以无所得为方便，故遍历染净百八句，以为观行，此岂五蕴皆空得限之耶？五蕴不摄无为也。《新论》于此等处一无所知，乃谓能由《心经》以彰《般若》幽旨，吾不敢信。"答曰：来函所论，均属肤谈。夫所言色者，唯是变碍性，色者，是可变坏与有质碍的东西，诸论定色之义界皆如此。非离变碍性可有色之名。今言色空变碍性者，易言之即色空也。受空领纳性，例色可知。小宗只空我执，不执有实自我。未空法执，法执意义深广无边，治《般若》者须于言外会意。今云《般若》空五蕴性，于《毗昙》见其真诠，试问《毗昙》结小说之终，既足为空蕴性之真诠，则《般若》何须出？此吾所不解也。夫《般若》谈空，岂是茫无归着，盖破相以显性也。《心经》言五蕴皆空，盖即于色蕴，而见一一色法都不是独立的实在的东西，是色变碍性空，乃至于识蕴，而见一一心法都不是独立的实在的东西，是识了别性空。诸论说识，以了别为自性。由诸法相皆空故，而其本有不空真性，不可作色变碍性想，不可作受领纳性想，乃至不可作识了别性想者，斯乃可得而悟矣。《心经》弘阐《般若》究竟了义，《新论》以空相显性释《心经》，如何轻诋巧取捷径有失玄宗？邵尧夫诗云"眼明始会识青天"，恐眼有翳哉！若乃五蕴不摄无为，此正《心经》妙处，而高明未得解耳。《般若》说无为空，正恐人于无为法上着相，如将无为法当做实在的物事想，便是着相。故说空，以破其所执相。然一往施破，易滋流弊，设有误计法性亦空，则为空见外道矣。《心经》空五蕴，即空一切法相已尽，而不空无为者，正所以存性，此《心经》善宏《般若》也。来教"《般若》正宗在不离一切智智，而以无所得为方便，故遍历染净百八句，以为观行，《新论》于此等处一无所知"云云。夫《新论》中卷所谈，若核以佛家术语，只是谈境而已。法相法性，通名为境。其引用《心经》以彰幽旨者，自亦取其有关境论之部分。《新论》自有体要，不可为《般若》作通论也，何得以其有所不谈遂谓一无所知耶？至谓《般若》正宗在不离一切智智，而以无所得为方便，吾犹有疑者，从来尊宿皆喜谈一切智智，而此词究作何解，窃恐不茫然者无几。如何是一切智智，将谓横尽虚空，竖穷永劫，一切事理无所不知耶？以此言一切智智，虽三尺之童将知其不可矣。若云性地贞明，俗谛一切知见所不能蔽，法执尽净，真理现前，真理，即真如之代语。现前，犹云显发。世谛正知，必依此而始发者，是则名为一切智智，此智是一切知之源，故名一切智智。斯固吾之所许。佛家喜弄名词，即以智言，其名数之多几不胜数，其于各种智所示之分际与境界，时有令人起治丝益纷之感。此等繁琐哲学，非经一番改造不可。更有言者，一切智智为是修所显，修谓功修，亦云修行。抑是熏习始起？修所显者，谓智即真体自有之照用，但惑染障之，必待修而始显，故智非与真体为二也。熏习始起，则此智由外铄，甚不应理，天下固未有无根之木、无源之水也。无所得三字尤忌在字面上作解，须先在生心动念处，察识如何是有所得心。心才生，念才动，便如向外有所追求与有所构划者然，便失其明照之本然，便不与真理相应，此即有所得，非无所得也。若只熟诵许多经文，有甚相干？却非不要诵经。大示谓遍历染净百八句以为观行。吾谓百八句，昔人自是聊示方隅，后学不可死于句下。人心染净之相，略举染净两字亦无不赅，欲详究之，十万八千句也说不尽。观行下手处只在当人切著己，恶可守古人一定句子耶？且以观行言，《心经》空五蕴，是彻下彻上工夫。色蕴空，是所缘空也；受等四蕴空，是能缘空也。能所双亡，即染妄尽而真体显，故曰彻下彻上工夫也。玄奘大师宣译之业，以《大般若经》为最慎重，殆舍身命以从事，其契入之深可以想见。其临殁诵持，犹是《心经》之旨。则知善发《般若》者莫如《心经》，孰谓《心经》犹不切于观行耶？

有难"《新论》中卷批评无着三性说，引据《大般若经》，以为三性始于空宗，无着更张原意云云。此解无稽，真出意外。盖所引《般若》，为《慈氏问品》，原系《瑜伽》所宗晚出之书，取以自成其三性说者，此与空宗何关？罗什《大品》不载此文，梵本与藏译旧本《般若》亦无此品，乃至奘译《无性摄论》引用经文者，西藏译本亦不见有，可证其流行之晚也。西藏《大藏经》目录亦谓龙树于龙宫所得《般若》大本并无此品，又可证其非龙树学之所宗也。今存藏译二分《般若》有此品，乃晚世补订加之。题名《般若》之经，非空宗所专有者，如《般若·理趣分》，密宗所依，亦与空宗无关。岂可一见《般若》，即目为空宗之说"云云。答曰：《新论》所引《般若》说三性文，居士据梵本与藏译旧本《般若》都无《慈氏问品》，断为《瑜伽》所宗晚出之书。吾意，谓之晚出，则或然也；谓为《瑜伽》所宗，与空宗无关，则期期以为不可。夫大小诸经多由释尊后学依据圣言广为推演，其卷帙极繁重者，如《大般若经》之类，原非一人所制。盖自释尊殁后，诸大弟子之言论，空有分途，隐有端绪，逮小乘繁兴，其异遂著。空派文籍，前后流传当极繁富，及龙树菩萨出，以雄才睿智搜罗谈空一派之众说，而运以精思抉择贯穿其间，辑成巨典，此《大般若经》所由传。而龙树集谈空之大成，遂为大乘开山，犹孔子集群圣之大成，乃为儒宗开山也。旧谓龙树于龙宫所得《般若》大本<sub>龙宫</sub>不过自神其说，只是深山崛宅储藏文献之地。无《慈氏问品》，吾则以为，欲推论《慈氏问品》之早于龙树或晚于龙树，二者皆有可能。龙树仅为空教之集大成者，小乘早有空教之思想已可证，《大般若》非一手之为，观其书之体势而可知。各宗所传承之钜大典籍，皆非一人所为，不独《般若》也。龙树搜集空派文献时，或未得见《慈氏问品》，其所辑《般若》大本，因缺此品，此固事理之所可有者。如此推论而确，则《慈氏问品》为早于龙树之般若家言，不得以其未见收于龙树，遂判为《瑜伽》所宗也。即今推为晚于龙树，要是承龙树之思想而开演之，不得判为瑜伽宗说。居士谓题名《般若》之经非空宗所专有，如《般若·理趣分》为密宗所依,与空宗亦无关云云。吾则谓《般若·理趣分》为密宗所依,此言甚是,与空宗无关,此言甚误。密宗本依据《般若》,而得云无关耶? 居士又谓此经已有三性名称,则《阿毗达磨经》亦不必费大周折,以幻等异门为《般若》说三性之证,又清辨《般若灯论》亦无由破斥《瑜伽》建立依他之非。殊不知,三性名称是一事,建立依他性与否又是一事。经文于依他性明明说唯有名想,施设言说,何曾建立耶? 此经既不曾建立依他,则《阿毗达磨》之曲说与清辨《般若灯》之破斥,皆有由矣。又居士据瑜伽宗以色等三法配合三性,杂揉空有,矫乱实甚,颇厌繁文,姑置不答。

有难:"性相之称,原同考老转注,三自性即三自相,而在《新论》乃以附会于本体与宇宙,甚不可也。"答曰:佛书中凡言相者有二义:一者相状,二者体相。凡言性者性字多与体字互训。有二义:一者自性,亦云自体。二者实性。亦云实体或本体。实性者,具云诸法实性,省云法性。即是真如,亦云圆成实等等。名字甚多。自性,则随举一法皆有自性可言,如说青则有青之自性,以其不同于黄赤白等等故,乃至说真如,即真如有自性,真如不即是诸法而是诸法之实性,故说真如有自性。又如刚才说这一句话,应知这句话亦有自性,以其与前一句话及后一句话都不同故。由此可知,自性与实性二名大有区别。即自性一名,随所指目,全不固定,而实性一名,却是专目万法本体,此不可无辨。性字既已辨清,而后性相二字非一概可以互训,乃不待辨而明。试举二例如左:

(甲)如云"识,以了别为自性故"。此中性字亦可改用相字,因为佛书中凡言相者,有处须作相状之相解,有处须作体相之相解,依后解而用之相字,应训为性字。或体字。如本例中自性之性字,与作体相解之相字,可互训也。自性或自体。一名本不固定,随所指目,今克就识言,即识有自性,或自体。不同色等法故。此中相字,与作体相解之相字可以互训，而与相状之相要不可互训也。

（乙）如云"真如是识之实性"。此中性字与作体相解之相字本可互训，真如亦名为万法之实相，<sub>犹云实体</sub>。经论皆有明文，但决不可与相状之相字互训。又实性一名，犹云万法本体，与自性一名之全不固定者，截然不容混视，此则前已说明。

如上略举二例，可见性相之称原同考老转注之说，谬误太甚。至于三自性亦云三自相，诸本译文随所用之，吾岂不知？但吾欲问居士者，此中自性一名究作何解？夫三自性者，一遍计所执自性，二依他起自性，三圆成实自性。夫遍计所执，全无物事，意识周遍计度，名为遍计。而此计度，不称实故，陷迷妄故，由此妄有所执之相，是名所执。如依眼等识所见坚白等相，而妄计度有整个的瓶子，其实眼等识只各得坚或白等，都不可得整个的瓶子，瓶子只是迷妄所执，故云全无物事。而于此用自性一名何耶？盖此遍计一词所表之意义，与后二词<sub>依他起及圆成实</sub>。所显示者互不相同，故说到遍计所执，即此一词有自性也。后二<sub>依他起及圆成实</sub>。本与初之遍计所执虚实不同，据有宗义，依他起法于真谛中说为幻有，幻有即非无，于俗谛中且说为实有矣。圆成实是真实有，而亦说为非有非无者，谓于此圆成实之上本无遍计所执相，故说非有，而圆成实亦名真如，是万法实体，故说非无。非有非无乃是实义，非玄谈。故后二皆实，不同初之所执全是虚无。而乃各置自性之词者，第二依他法不同于初之全无，亦不同于第三之为绝对真实，故应置自性言，明此依他起自性不同初与第三两种自性也。第三圆成实亦置自性之言，准初及第二，可以例知。佛书中修辞极谨严，凡立一名词必有其自性可言，否则只淆乱不清，所谓名不正则言不顺也。故此三自性只是名言之自性，易言之，即三句话所表诠者，各不同而已。居士弄得如斯紊乱，诚不可解。夫圆成实即真如之异名。圆者，本来圆满、无亏欠故；成者，亘古现成、非所造故；实者，绝对真实、无倒妄故。试问真如一名若非指目万法本体，万法犹云万有。当作什么会去？居士谓佛家无本体之义，佛家岂是空见外道耶？夫法相之相是相状义，与俗云现象者义亦相通。佛书中凡谈蕴、界、处蕴即五蕴，详在《新论》中卷引《心经》处。界、处之说，只将五蕴另变一种排列耳。或八识等，通属法相，凡稍有哲学头脑能读佛书者，当知法相一词之所目者有其一定之范围。易言之，即真如法性不在法相一词所目之内。真如法性，合用为复词。谓真如法性是一切法相之实性，则是；谓真如法性亦名法相，即大悖。而曰性、相之称原同考老转注可乎？至于三自性中依他起自性，吾只谓其属宇宙论方面的说法，何曾以依他性一词径训为宇宙二字乎？而曰以之附会宇宙，极不成话。夫依他之他是缘义，依他起者，明色心诸相皆依托众缘而生，所谓缘生论是也。缘生亦名缘起，虽有稍加分别者，却无关要义。佛家缘生论屡有变迁，释迦首唱十二缘生，只在人生论方面讲；及小乘说四缘，便变为宇宙论方面的说法；大乘有宗始建立种子为因缘，虽与小乘同为宇宙论方面的说法，而实际则与小乘截然异旨。小乘不立种子，其谈缘生与晚世哲学家谈关系论者，义趣颇堪和会。至无着、世亲兄弟立种子为因缘，其后学一脉相承，始说因缘为作者，余增上等缘为作具，详见《新论》中卷。自是而缘生论乃复变成构造论，此则其不及小乘处也。然大有大乘有宗之省称。既立种子，则其谈缘生不变成构造论不得也。依据种子论者之思考与理论，必推演至此而后已，此固无足怪者。三自性中依他性，即据缘生论而立名。实则大有种子论出，已变缘生论而为构造论，《新论》中卷言之已详。依他性中，本是说明宇宙万象互相为缘而起，宇宙万象犹云一切法相。而居士必谓佛家无宇宙论，以居士之明，岂见不及此？或由轻视西洋哲学太甚，并其名词而唾弃之；或自是太过，于迂陋所言，必横施破斥。此皆有所未可也。

有难"《新论》强分空有，殊欠妥。龙树、无着之学后先融贯，两家皆对一切有而明空，乃从清辨立说，谓空有异轮，此为唐贤章疏所误也"云云。答曰：居士所谓唐贤章疏者，即指窥基、圆测二师之疏。测、基著述太多，于枝节处容有疏漏；若空有分宗，自小乘二十部已显然异帜，《异部宗轮论》略见其概。龙树、无着二宗之学，皆前有所承，都非突起。无着出龙树后，亦自标大乘，虽复承宣空义，要其骨子里确是继小乘以来谈有一派之精神，而缘饰以龙树之空，自鸣中道，此征之《解深密经》与《大论》，其用心所在，历历可考见也。龙树之学不建立依他，《中论》破四缘。而无着一派所宗经论，无不盛张三自性，极成种子以坚固依他性之壁垒，此其精神与面貌根本不同，而居士乃谓后先融贯何哉？乃以诬诋测、基章疏，岂不冤哉？夫奘师之在天竺也，有大乘天之称，其学精博，天竺尊宿未能或之先也。测、基在奘师门下亲承音旨，何至于空有宗派尚茫昧无知，任意传讹遗讯后世，如居士所诋者乎？吾国近来治古学者好逞臆见，而轻翻前人成案，异乎宣圣好古之风。夫义理无穷，前人亦有见不到处，后人尽可补救与发明；至于古人学问渊源脉络自有庐山真面，治古学者不可以己意为之曲解也。若恐空有二宗之学不相融会，而欲如郑康成揉通今古、陈兰甫调和汉宋之为，此意未尝不佳，但当如王辅嗣所云"异而知其类，睽而知其通"，却不可将其本异本睽之真精神消失尽净也。

有难："公于大乘空有二宗之学，夙依旧说：空宗所宗经则《大般若》，所宗论则《中》《百》《十二门》；有宗所宗经则有六经，所宗论则有一本十支。此乃相沿之误。龙树兼主《华严》，罗什传习亦以《十住婆沙》与《智论》并宏，而谓空宗单宗《般若》可乎？无着通宗《般若》《宝积》，《瑜伽》决择解整部《迦叶品》，以见大乘宗要，《中边》亦有遵依《般若》《宝积》明文，乃以为专主六经，亦大误。六经自是《成唯识论》所依，且《如来出现》即是《华严》一品，何得并称为六？"答曰：《华严》相传龙树得自龙宫，是否依托之词殊难断定；即令果自龙树得之，而是否奉为宗主又别为一问题。龙树精神命脉不能不谓其全在《中论》,《智论》是释经。殊难见有兼主《华严》之征。有宗所主六经,居士却谓只是《成唯识论》一书所依,此其致误之由,则以将无着、世亲兄弟授受之学而强分为二宗,其说虽始自宜黄大师,然吾未之敢信。世亲唯识之论,其根本大义一切依据无着,只持说之体系较诸其兄之诸作为更完密,非主旨有异,故不必以一家之学判为两宗也。整个有宗之学既不可分,则不得以六经为世亲唯识所专主,而谓无着未尝有是也。夫无着所宗《解深密》等经、《瑜伽》等论,明明以《般若》为不了义教,而谓无着宗《般若》可乎? 居士谓《瑜伽》抉择解整部《迦叶品》,《中边》亦有遵依《般若》《宝积》明文,以此证无着通宗《般若》《宝积》,此等论证法太不合理。古今哲人为学莫不有所宗主,亦莫不汲纳众流、旁参博证,焉得以其采择所及便是其宗主所在乎? 郑玄释经杂谶纬,谓其有取于是则可,谓其所宗在是则不可。基师曾云:清辨有言,应当修学。将谓基师亦宗《掌珍》等论乎? 且无着诸作,出入群经,岂止《般若》《宝积》,将谓其无所不宗耶? 居士以罗什传习《十住婆沙》,证空宗主《华严》,论证不成,毋须复辨。又凡佛家巨册大典,本由搜集众说而成,岂是一人之作。《如来出现》虽是《华严》一品,或者《华严》未总辑时,此品早已单行;或是《华严》总辑以后,无着等特尊此品,故抽出单行,与总经并列,以示提倡。如《大学》《中庸》本属《礼经》中二篇,今自宋以来谈经籍者,以《学》《庸》与《礼经》并举,孰谓其不当耶? 总之,异宗之学,谓其不能不有互相兼取与融通之处,则理所应尔,我亦无遮。但如欲将各宗根本主张与其特有之精神,一概矫乱而混同之,则违实事求是之规,非吾所仰企于明哲也。又凡宗派之分,远自古昔,本属成案,后人如欲沟通之,只合明其异中有同,断无可即消成案。古学不曾分宗,而后人以意强分之者,亦是徒劳,此皆谈古学者所宜谨也。

有难:"无着据《瑜伽》以谈境,备在《显扬》,以二谛开宗,无所不

包；建立依他，又无比其要。公一向持论，谓《摄论》《唯识》，独详何
耶？"《唯识》，即《成唯识论》省称。答曰：《显扬》于《瑜伽》设教节目提控较
详，若云谈境，岂二谛开宗便可包括耶？建立依他，《显扬》果何特要？
须知无着之依他义，首在种子，《摄论》首建赖耶以含藏一切功能，功能
即种子别名。而历评诸外道所各立之万有初因，以为皆不如己之种子
说。复随《瑜伽》之种子七义而约为六义，又申熏习义，自是种子义确
定。世亲及其后学承之，只有推演加详，而无有丝毫改易其本义者。
依他建立，特异空宗，若非原本小有，小有，谓小乘有教。藉鉴外道，以组
成精严体系之种子说，则三自性中之依他性又如何建立得起？孰谓
《摄论》谈境不如《显扬》耶？《唯识》谈境，堪称义海，以言其广则无所不
包，以言其细则无所不入，规模宏远，体系谨严，虽与《显扬》等论并列
十支，而实《瑜伽》以后最伟之作。《中边》虽善，详密远逊。吾生今日，
虽病其悬空构划，兼厌琐碎，但在印度古代哲人工玄想、精解析、尚排
比之学术空气中，但在，至此为读。《唯识》甚有其长，而亦难避其短。玄
想甚为重要，西洋人颇富玄想，故能有科学上之发明；印度前哲亦富玄
想，然复过富于宗教之情趣，遂多陷于空想。印度人极精解析之术，但
不务质测，辄以空想而流于繁琐哲学。其持论尚排比而每失伦类，如
五蕴中色蕴本以分析物界，即以物质名之为色，然内心之相亦名为色，
列在色蕴极无伦类，此例不胜举。总之，印度人长短之处，自外道、小
乘以至大乘随在可见。平情而论，世亲《唯识》其骨髓的承无着，而运
思之密、立论之精，实受当时外小影响，而或有融摄、或相反对，所资者
博、所造者宏，其为彼时代极伟大之创作，而亦佛家有派中谈境最精最
备之书。原其成立依他性，恢宏小有之绪，而矫大空末流沉空之弊；新
熏种义应用于人生论方面，却极有贡献，与《大易》"日新之谓盛德"可
相和会，《新论》谈净习亦本其旨。自余可称者多，兹不暇详。在历史
上价值之钜，固永不可磨灭也。自唐以后，此学渐成绝响，近世宜黄大

师赫然之绩实在于是,其可忽哉! 自吾《新论》出世后,学者或轻视世亲《唯识》一书,以为不足深研,甚者至欲遗世亲而独崇无着,则是寻金沙之源而不肯睹扬子江流之广远也。夫不深穷世亲《唯识》一书,则亦不知《新论》所由作,宜其视《新论》如无物也。

有难:"基师纂《成唯识》,淆乱三家,迷离莫辨,既误安慧说为难陀,又以胜子等说改护法,今有安慧论梵本与护法论净译本可证,测更自郐而下。公一向误信两师解说有据,奚可哉?"答曰:奘师之译世亲《唯识》也,本主十释别翻,基请糅成一部。即今存《成唯识论》。别翻与糅译,互有短长。基师于《论本》外,别为《述记》,用意良善,惜《述记》成得殊草率,此无可为讳。然既是糅译,只十师要义不遗,足以发挥世亲之旨,便称善本;至于某义发之谁氏,记忆有误,自所难免。曾见后生稍有记问考核工夫,于章实斋书中发见引用故事错乱颇多,遂狂诋实斋为不学。余喟然曰:须识得章书旨要,枝节之误虽亦宜知,究无伤大体。吾尝与人笺,谈皮锡瑞《五经通论》,而误将皮字写为裴,设讥吾改皮书为裴书可乎? 以此推知,居士所举基师某说误为某,及以某说改某,似未足为基师深病。要之基译《唯识》不失世亲本旨,未容轻议;测公精博或逊基师,然彼似多存真谛学,时有卓见,岂可等诸自郐? 真谛所传唯识,本不属无着、世亲一派。测、基皆亲灸玄奘,学有渊源,吾侪不信测、基而谁信? 至谓玄奘喜以晚说改易旧文,此或偶有是事,然若以极少数之发见,辄疑奘译诸籍无不改窜,则奘师将如世儒所讥之刘歆,吾不敢信。且所发见改易之处,吾犹存疑。俄之梵文专家钢和泰曾校奘译《摄论》,称其谨严,此一证也。

《新论》原本印行时,民国二十一年。南京支那内学院刊布《内学》第六辑,曰《破新唯识论》,其书诋《新论》甚力。吾时作《破破新唯识论》,曾答之云:夫取精用弘,学问斯贵;博览遍观,唯虞孤陋。吾友马一浮与人书曰:耻为一往之谈,贵通天下之志。此言若近,而有远旨。融摄诸家,讵为吾病? 前过汉上,曾遇人言:佛家与此土诸宗,理当辨异,无取融通。余曰:自昔有三教融通之谈,吾亦唾之夙矣,其所谓融通,非融通也,直拉杂耳、比附耳。习比附者绝望于悬解,喜拉杂者长陷于横通,今古学人免此者寡,如斯之流,公所弗尚,吾何取焉? 若乃上智旷观百家之学,虽各有条例、各成系统,而如其分理,不齐斯齐,会其玄极,同于大通。故乃涵万象而为宰,<sub>遍征群虑而自有宗主,否则与拉杂比附何异?</sub> 鼓鸿炉而造化,<sub>融会贯穿,新有所创,成为化学的变化。</sub>同归尽自殊涂,百虑何妨一致? 斯固小知之所骇怪,一察之所不喻,宜其等华梵于天渊,视内外若矛盾,道隐小成,明穷户牖,其所患岂浅哉! 昔罗什东来,睹远论而叹与经合,见肇文而欣其解符,此皆三玄之绪也,而什不以为异,何哉? <sub>远公著《法性论》,什览而叹曰:"边国人未有经,便暗与理合,岂不妙哉!"肇公四论,什见之曰:"吾解不谢子,文当相揖耳。"远、肇两师之学其根底只是三玄,什未尝以为异也。</sub>夫学,必析异以尽其偏曲,必一贯以睹其大纯,知异而不知同,非所以为学也。吾说未竟,而彼人欣然会心。故知世无宗匠,士溺近习,脱闻胜论,忍碍通途。《破破论》久未翻印,世人得见者甚少。

牟生宗三云:"有宗说话,处处分割得太死煞,《新论》破之已详。空宗,从玄学之观点去看,只是破而不立,自无有宗之失。然谈到心地,与《新论》所云全性成行,全行是性,及智即是如等等意思,毕竟迥别,不知何故?"余曰:佛家思想根本多矛盾,此意非简单可说,亦难为不知者道。佛家派别甚繁,各宗之高文典册多半是总辑众家之说而成,其思想本不完全一致,甚难董理。余通玩佛家大旨,约有三端,是其超越古今处。一、于人生惑染方面深观洞照,详悉说与人令其自反。孔子不訾毁人生,不肯从这方面说,佛家偏要揭穿,虽不无短,<sub>佛家出世思想由此,而且将人生看得太坏,自有许多不良影响。</sub>却亦是不可少的说话。吾以为人生惑染方面识得最透者,自有天地以来,恐无过于佛家。

343

中外文学家揭人生坏处者固多，然其态度冷酷，且从其小知小解而说出来，不是从广大心发出。二、佛家书形容一真法界空寂、清净、真实，远离一切倒妄与戏论，无上庄严，真令人有颜子欲从末由之感，吾于此直是穷于赞叹。人生不识此味，极可惜，孔子于此方面只是引而不发，大概恐人作光景玩弄，欲人深造自得之。孔子甚切实，但有佛家说一番却好。三、佛家书破除知见或情识处，直是古今中外无量哲人罕有如斯深远。老、庄虽反知，迹其言说，犹未臻妙境。欧西哲人大抵不出思辨窠臼，更难望老、庄矣。孔子境界高，直教人从实践中涵养本原，自不蹈情识一路，而其事大难，佛家一说也好。昔在北京与友人林宰平、梁漱溟言，佛家之学须看他大处深处，若云理论，则为宗教思想与空想所误者亦不少，余故欲评而正之。吾国向来嗜佛者大概属名士，谈玄说妙，无不陷于笼统与混乱，久为思想界之毒，其于佛家罕能得真知实见。今后从事西洋哲学者，甚愿其于儒佛二家学，作极深研几工夫也。

向与宗三言：从来哲人反知主张，余弗取，然哲学至乎穷高极深，当有超知之一境，俗学陷于知见中，不知有向上一层，亦大误。理智或知识，其效用终有限，未可与适道也。

与友人言：东方哲学皆谈本体。印度佛家阐明空寂之一方面甚深微妙，穷于赞扬；中国《大易》阐明神化之一方面甚深微妙，穷于赞扬。《新论》融佛之空，以入《易》之神，自是会通之学。《易》云"神者不测之谓"，穷理至万化真源处，无可致诘，不测而已。杜则尧问："《十力语要》卷一有真实流一词，似费解，先生嘱玩《新论》，终不会，请见示。"答曰：本体显为大用流行，譬如大海水显为众沤，从众沤言，其起灭腾跃而不住，浑是一大流，余所谓大用流行者，可由此譬而喻。然复当知，大用既是本体之显，即非虚妄，故名真实流。向时章太炎以六经四子言天命，天者本体之名，非谓上神；命者流行义。天命犹云本体之流行。拟之佛氏赖耶生相，余《语要》中曾驳之，但未详耳。近日黄艮庸记有《摧惑显宗记》一册，收在十力

344

丛书中，可参考。太炎于儒佛两无所解，后学勿为所误。

则尧记余语，有云："《新论》谈本体，则于空寂而识生化之神，于虚静而见刚健之德，此其融二氏于《大易》，而抉造化之藏，立斯人之极也。若只言生化与刚健，恐如西洋生命论者，其言生之冲动，与佛家唯识宗说赖耶生相恒转如暴流、直认取习气为生源者，同一错误。若如东方释与道之只证寂静，却不悟本体元是寂而生生、静而健动，却不，至此为句。则将溺于寂、滞于静，而有反人生之倾向，佛氏是也。或安于阴柔，甘于颓靡，老、庄影响于汉以后之中国人，为害不浅也。江左以后，佛教与道家合流，实中国人之大不幸，此不及详。《新论》所资至博，非拘于某一家派之见。要皆反己体认于斯理，无门户可依，不虚妄造说，体系宏阔，百家之言其长处皆可融纳，其短处皆可避免，盖先生一生心力在此。"

西洋人之学尚思辨，吾先哲之学慎思明辨而毕竟归于体认。体认最上之诣，即孔子所云默识。秦汉以后学人，思辨、体认二者俱废。宋明诸儒不求思辨之术，虽高谈体认，而思辨未精，则不以浑沌为体认之实得者鲜矣。清季以来世变日亟，吾国学人缺乏独立创造精神，急于稗贩，则难言艰深思辨之业，炫于理论，更不悟有体认之境。西哲之理论，是从艰深之思辨得来，吾决不轻视。吾先哲由思辨而归于体认，直证真理，自无铺张理论之必要，此境界极高。近世学子目炫于西哲理论，而又不曾自用思辨，却轻妄菲薄先哲，吾平生提及学风便愤骂，实有所苦。余于哲学，主张思辨与体认二者交修，惜《量论》未能写出，今精力不堪用矣。

从来谈本体真常者，似谓本体自身就是一个恒常的物事，此种想法，即以为宇宙有不变者，为万变不居者之所依，如此则体用自成二片，佛家显有此失。西洋学者或受希伯来宗教影响，承认有超越万物之上神，固与吾之体用不二义极端违背；其或否认上帝，而建立本体以为宇宙第一因，则因与果仍自不一；或以为一一物依于种种形式而成，形式元是先物固存。今人遂有以形式相当于吾先哲所谓理。殊不知，

345

儒家以理为本体之名者，则以本体元是至诚无息，涵备无穷条理，为万物所资始，故以理名，至诚，犹云至极真实。非直取空空无实的形式以为本体也。此云空空，系复词。本体如是空空无实，何得肇万化乎？总之西洋学人谈本体，皆近于佛氏所谓戏论，此中不及详谈。原拟作《量论》时，于《证量》一篇中论及之。

《新论》阐明体用不二，今揭大旨如左：

一、浑然全体流行，备万理、含万德、肇万化，是谓本体。

二、本体流行，现似一翕一辟，反而成变。如是如是变，刹那刹那，顿起顿灭、顿灭顿起，实即刹刹皆是顿变，无有故物可容暂住。奇哉大变！无以名之，强名曰用。

三、离用无体，本体举其自身全显为用，无可于用外觅体。譬如大洋水全现作众沤，不可于众沤外觅大洋水。

四、离体无用，大用流行实即本体显为如是。譬如众沤起灭腾跃，实即大洋水显为如是。哲学家否认本体者，便如小孩临洋岸，只睹众沤相，而不悟一一沤相皆是大洋水也。

五、体备万理，故有无量潜能；用乃唯有新新，都无故故。

六、本体真常者，是以其德性言，非以其自体是兀然坚住、无生无造、不变不动，方谓真常也。非字，至此为句。真常二德，实统众德。

综上六义，体用虽有分而实不二，其义易明。

西哲总将宇宙人生割裂，其谈宇宙，实是要给物理世界以一个说明，而其为说却不从反己体认得来，终本其析物之知，以构画而成一套理论。殊不知，人是官天地、府万物，如离开人生而纯从物理方面以解释宇宙，即其所说明之宇宙便成为无生命之宇宙，如何应理？余一向主张科学之外，应有哲学，即因科学对于宇宙只从物理方面分别部门去研究，而哲学直须向天地万物与吾人不可分割处作综会探索。综会之中亦自有精析，要是先见其大，而复加文理密察工夫，先哲所谓精义是也。各科学

新唯识论（语体文删定本）

之理论自有可供哲学理论上之参证，然欲领会宇宙大生命，却非反己体认不为功。所以者何？宇宙大生命与吾人生命不可割裂为二故，若非反己体认，而徒以析物之知推演以成一套宇宙论，其于实际不相干，何待言？<small>实际，谓宇宙大生命。</small>此种意思，原拟为《量论》时详说，兹恐不及。《新论》以翕辟成变、辟为翕主，发宇宙人生之蕴，实从《大易·乾》《坤》推演而出。此中义海，无量无边，语言文字本无从透达，兹略提示。吾人须反己切究如何是自家生命，<small>此中自家一词，不是指小己而言。</small>倘于一念清净炯然炤明时，认识吾固有宝藏中，天然活活跃跃、健以开发之几，其动也充实不可已，浩然磅礴大宇，不知其从来，不知其所止者，是乃所谓辟，而吾人与天地万物共有之大生命即此物也。<small>物字系虚用，回指上文所谓辟。</small>孟子说"上下与天地同流"，说"万物皆备于我"，庄生云"独与天地精神往来"，都缘识得此物，故能不为七尺之形所碍，而复其天地万物一体之本然耳。吾人有裁成天地、辅相万物之任务与功能，正是一体流通无闭阂也。<small>吾人只有反己识得天然活活跃跃健以开发之几上，才是吾固有宝藏，才是吾与天地万物共有之大生命；若私意私欲纷然缠扰时，便与天地万物隔截，开发不了。从来黠慧者能以强力宰物，终是丧其本来与天地万物共有之大生命，《易》所谓凶者是也。惟为天下除大患去大不平，而无私意私欲杂于其间者，方足发扬大生命。老氏所谓"生而不有，为而不恃，长而不宰"是也。老学出于《易》，而多改变，唯此数语未失《易》之本旨。辟是健以开发之力，只于此识生命；人生自强不息，宇宙变动不居，皆原于辟。然辟之健，是大明无染，要不可以小己之强，杂于私慧者为辟也。</small>

徐生问："今有人以事物之理与宋明儒所谓天理，须分开讲，其说然否？"答曰：前儒言天理，谓本心也。此主乎吾身之心，即是主乎天地万物者也。理无定在而无不在。阳明说"心即理"，吾亦印可。然彼复曰"心在物为理"却未妥在。心是万理皆备之心，物亦是条理灿然之物，于心而见其即是理，亦应于物而见其即是理。如伊川说"在物为

347

理",是以理专属之物,而心乃空洞无理,纯为被动,吾反求诸心,而实不然,伊川不无失也。阳明说"心即理",而反对伊川"在物为理"之说,因于在字上加一心字,是以为物本无理,由心在物,方赋予物以理,是穷理者只求之心,可不征于物。姚江学风所以见恶于晚明诸子也。余以为心作用之发现,万物之散著,同是天理流行,分殊即不无,本原何可二?

徐生鉴心谓时人疑余谈及西洋思想,辄以武断之态度而轻有所抑,此乃于吾书不求甚解之故。西洋思想来源,一为希腊思想,一为希伯来宗教思想。其来自希腊者,在哲学方面为理智之向外追求;其来自希伯来宗教者,为情感上对超脱万有之上神起超越感。余平生之学,主张体用不二,实融天人而一之,与宗教固截然殊途;至于西洋哲学专为思辨之业,余未尝不由其涂,要自不拘于此涂。恃思辨者以逻辑谨严胜,殊不知穷理入无上甚深微妙处,须休止思辨而默然体认,直至体认与所体认浑然一体不可分,思辨早自绝,逻辑何所施乎? 思辨即构成许多概念,而体认之极诣则所思与能思俱泯,炯然大明,荡然无相,则概念涤除已尽也。余之学,始乎思辨而必极乎体认,但体认有得,终亦不废思辨,唯经过体认以后之思辨,与以前自不同。循物之则,而不容任意浑沌过去,由乎思想规范、论议律则,无别神异。唯洞彻本原,无侈于求知而陷大迷,知识虽多,而不见本原,非大迷而何? 无纷以析理而昧理根,郭子玄《庄注》有理根二字,予深味之。穷理至万有根源处,无可复问其所由然,此方是理根。科学上各专门之知,哲学上各宗派之论,皆务析理而昧其根者也。夫穷理者穷至其根,必将豁然于追问之徒劳,而默然自明也。宋人小词云:"众里寻他千百度,回头蓦见那人正在灯火阑珊处。"妙哉妙哉! 吾谁与语? 无徒劳外逐而忽于求己,思辨之功,都是王阳明所谓用力于外,而本原之学不得不求诸己。用力于外者,朱子《大学》格物补传所谓"即物穷理",今云客观的方法是也。外求法,确是不得不用之一种方法,吾决不反对,但徒劳于此,而失其在己,则庄子"小知间间"之讥，与"人之生也若是芒乎"之叹，吾诚有同感矣。是乃体认有得后之特殊境界，非徒逞思辨者所可几也。

中国学术思想，孔氏之儒为正统派。晚周诸子仅存者，及印度传来佛法，今后之学者皆当精究。魏晋玄言与宋明理学，亦各有独到，不可一概菲薄。或曰："书太多，甚难读。"余曰：此不知抉择耳。学问之事，由博而约，古哲已言之矣。不博而求成学，犹缘木求鱼也。然切忌一往杂博，人生精力有限，古今载籍无穷。且近世学术分类綦繁，欲专一学，拓基必宽，基址过狭，向上如何建筑？又凡一种学术之发展，必有其密切相辅之学，亦必有其极端相反之学，斯二者皆未可忽而不求，否则无以自广、无以自树，故博览工夫重要不待言。但如何博览去，确成问题。学术太繁，书籍太多，即一门学问之中，其书亦汗牛充栋，将如何博览耶？此在有眼识者，能于本业及旁治诸学，<small>旁治，谓相辅与相反之诸学派。</small>访求其根本大典，及第二三等书籍，分别列在专精与涉猎之目，三等以下可姑置。<small>三等之书虽存其目，如精力不足，则或不阅，或匆匆一览可也。</small>更有须注意者，思想界凝滞日久，忽有鼓吹变革之作，虽偏激，究是新生之几；旧学废绝，犹有孤存坠绪之文，虽固执，其中必有不可易者在。此皆不可忽而弗问。如余此说，则博而不至于杂，自有归约之余裕。且哲学家得力处，毕竟在神解独运，如毕生之中每日恒是以文籍充塞脑府，易致目倦神疲，心灵无超旷之余地，如何得有神解？此心息息与天地万物流通而不自觉，可奈何？余平生于读书外，总有散步山野，望云气、看飞鸟之时机；惟促处都市乃大苦耳，然亦时于庭院中苍茫望天也。任何国家至少当有若干真正学人，担荷学术与文化责任。清人埋头作考据工夫，故思想闭塞；清季迄民国，上庠教者学者浮杂见闻多，而绝学无忧矣。予欲无言。